P. JULIO MEINVILLE
DOCTOR EN TEOLOGÍA Y FILOSOFÍA

DE LA CÁBALA AL PROGRESISMO

JULIO MEINVILLE
(1905-1973)

Julio Meinvielle fue un sacerdote católico argentino, teólogo y filósofo conocido por su postura ultraconservadora y su oposición al comunismo y al liberalismo. Ordenado en 1930, escribió sobre filosofía tomista y defendió una visión católica tradicionalista de la sociedad. Entre sus obras destacan "El comunismo en la revolución anticristiana" y "De la cábala al progresismo". Fue una figura influyente y controvertida en los círculos católicos de Argentina.

DE LA CÁBALA AL PROGRESISMO

EDITORA CALCHAQUÍ, *Salta, Rep. Argentina* Enero de 1970

Publicado por
Omnia Veritas Limited

www.omnia-veritas.com

© Omnia Veritas Ltd - 2024

Reservados todos los derechos. Queda prohibida la reproducción, distribución o transmisión total o parcial de esta publicación, en cualquier forma o por cualquier medio, incluidos el fotocopiado, la grabación u otros métodos electrónicos o mecánicos, sin la autorización previa por escrito del editor, salvo en el caso de citas breves incluidas en reseñas críticas y otros usos no comerciales permitidos por la legislación sobre derechos de autor.

PRÓLOGO 15
CAPÍTULO I 21
LA TRADICIÓN JUDEO-CATÓLICA Y LA TRADICIÓN GNÓSTICO
CABALISTA A TRAVÉS DE LA HISTORIA HUMANA 21
    Las dos tradiciones orales 21
    La tradición judeo-católica 23
    Las tres economías de la tradición judea-católica. 26
    El Concilio Vaticano II reconoce las tres economías de la tradición
    judeo-católica 27
    La Cábala antigua de los judíos 30
    Perversión de la Cábala judía 31
    Contenido de la Cábala pervertida 33
    La tradición primordial 37
    Contenido fundamental de las dos Cábalas o tradiciones 40
    Etapas de la Cábala pervertida judía 43
    La mezcla de tradiciones y pueblos en el siglo sexto antes de Cristo 44
    La gnosis brahamánica 44
    La gnosis iránica 45
    La gnosis sumero acádica 47
    Gnosis egipcia 47
    Extractos de los Textos de las Pirámides 48
    Gnosis hermética 49
    La gnosis hebraica 50
    El Sefer-ha-Zohar 55
CAPÍTULO II 56
LAS DIVERSAS INTERPRETACIONES DE LA CÁBALA 56
    l. LA INTERPRETACIÓN CRISTIANA DE LA CÁBALA 56
        1. La ley escrita y las dos leyes orales: una legal, la otra mística o
        cabalística 58
        2. Principales doctores de la Cábala. El Zohar 59
        3. Tratados y libros complementarios del Zohar 59
        Idea verdadera de la Cábala. Su uso en la Sinagoga 60
        1. La emanación de la Cábala y los diez sefirot o esplendores. Los tres
        esplendores supremos 61
        2. Los siete esplendores comprendidos bajo la denominación de
        Conocimiento o los atributos divinos 64
        3. Los siete espíritus del Apocalipsis, I, 4 65
        4. Las siete luces deslumbrantes en el Apocalipsis, IV, 5, y los siete
        ojos de Jehová en Zacarias IV, 10 67
        5. El árbol cabalístico. Et nolite tangere 68
        6. Extractos de libros cabalísticos 69
    II. INTERPRETACIÓN NATURALISTA DE LA CÁBALA 78
        El Zohar 79
        El En-sof 80

El mundo de los Sefirot..................81
El lenguaje, símbolo divino..................82
El yo divino y la Chekina..................82
Dios y la nada..................83
Mística y dialéctica..................85
La sabiduría de Dios y el punto primordial..................87
Dios, sujeto del proceso cósmico..................87
Dios, sujeto y objeto del proceso cósmico..................88
El panteísmo del Zohar..................89
La creación antes del pecado de Adán..................90
Lo sexual en el Zohar..................90
La Chekina como un eón femenino..................92
El pecado original..................92
El origen del mal..................93
La doctrina del alma..................94
Conclusión sobre el Zohar..................95
La Cábala después del Zohar..................95
La doctrina del Tzimtzum..................96
La rotura de los vasos..................96
Dios se plasma a sí mismo..................98
El proceso de restitución en Dios y en el hombre..................99
La metempsicosis..................100
III. INTERPRETACIÓN OCULTISTA DE LA CÁBALA..................101
Antigüedad de la Cábala según los ocultistas..................101
Enseñanzas de la Cábala sobre el hombre..................103
Enseñanzas de la Cábala sobre el universo..................105
Enseñanzas de la Cábala sobre Dios..................106
Influencia de la Cábala sobre la filosofía..................107
El mundo de los "quliphah" o demonios..................108
Los sefirot en los cinco mundos..................110
IV. LA CÁBALA JUDEO-MASÓNICA-DIABÓLICA..................114
El libro de Meurin..................115
Los judíos..................115
Los instrumentos de la destrucción..................116
La Cábala judeo-masónico-demoníaca..................117
La entronización del judío..................117
Aplicación política del Kether-Malkhuth..................118
Conclusión de este capítulo segundo..................120
CAPÍTULO III..................**122**
LA EXISTENCIA DE UNA GNOSIS JUDAICA DESDE EL SIGLO XVI ANTES DE CRISTO..................122
La práctica de los misterios en Israel..................130
Misterios egipcios..................132
Exportación de los misterios egipcios..................133

CAPÍTULO IV **137**
EL GNOSTICISMO CRISTIANO O UN CRISTIANISMO ALTERADO
POR LA CABALA 137
   Origen judío del gnosticismo cristiano 138
      Gnosticismo judaico 140
   En qué consiste el gnosticismo cristiano 142
      La gnosis cristiana 142
   Desarrollo de los sistemas gnósticos 150
      El sistema de Simón el Mago 150
      La gnosis valentiniana 153
      Teogonía 154
      Formación del Hombre espiritual 156
      La consumación final 157
   Significación de Alejandría en la polémica gnóstica 161
      La escuela cristiana de Alejandría 164
CAPÍTULO V **165**
LA INFLUENCIA CABALISTICA EN LA EDAD ANTIGUA Y MEDIA
.... 165
   El maniqueísmo 165
   La herejía arriana 170
   De los maniqueos a los albigenses 172
      Cátharos 172
      Bogomilas 172
      Paulicianos 173
      Albigenses 173
      Los templarios 175
   Juan Scoto Eriúgena 178
      El concepto de creación 181
      La creación inferior y el hombre 183
      La predestinación de los malos 184
      La reintegración de la humanidad en Dios 184
      Apreciación general sobre Eriúgena: 185
   Joaquín de Fiore 189
   Conclusión general de este capítulo 195
CAPÍTULO VI **196**
LA METAFÍSICA CRISTIANA Y EL PROBLEMA DE DIOS, DEL
MUNDO Y DEL HOMBRE 196
   1. ¿Existe una metafísica cristiana? 196
   2. ¿Qué problemas envuelve la metafísica cristiana? 197
   3. La metafísica cristiana frente a la polémica antignóstica 199
   4. Desarrollo de la metafísica cristiana 201
   5. Culminación en Santo Tomás de la metafísica cristiana 203
   6. Las grandes tesis de la metafísica tomista 204
   7. La creación del hombre y los problemas antropológicos 209

8. El hombre, por el don de la gracia, participa de la naturaleza divina 210
Conclusiones 210
CAPÍTULO VII **214**
PENETRACIÓN DE LA CÁBALA EN EL MUNDO CRISTIANO 214
Los comienzos de la Cábala cristiana en España 215
Pico de la Mirándola y el ambiente italiano de la Cábala cristiana 216
Jean Reuchlin 218
La edad de oro de la Cábala Cristiana en Italia 221
El desarrollo de la Cábala en Alemania 223
La Cábala cristiana en Francia 224
La escuela de Guillermo de Postel 226
La Cábala cristiana en Inglaterra 227
La Cábala entre los protestantes 227
La Cábala cristiana y la filosofía oculta 229
CAPÍTULO VIII **231**
LA CÁBALA, UNA VEZ INTRODUCIDA, TRABAJA EN EL MUNDO CRISTIANO CON BOEHME, SPINOZA Y LEIBNIZ 231
Los precursores 231
Dios, la nada eterna y el caos 235
Un Dios que se engendra a sí mismo 236
La Creación ex nihilo 237
La creación por Dios del mal 237
El mundo presente, mezcla de bien y de mal, se explica por una caída cósmica 238
La antropología 238
Adán no se parecía al hombre actual en el cuerpo 239
El hombre se salva a sí mismo 239
El hombre posee una autonomía absoluta 241
Juicio sobre el pensamiento de Boehme 241
Baruj Spinoza 243
Gottfried W. Leibniz 250
Conclusión del capítulo 253
CAPÍTULO IX **254**
LA CÁBALA ACTÚA ABIERTAMENTE A TRAVÉS DEL IDEALISMO ALEMÁN 254
Fichte 254
Schelling 258
Hegel 258
La creación sería una alienación y un desarrollo de Dios 260
El mal dentro de la esencia divina 261
La pasión de Cristo es una alienación y reconciliación de la esencia divina 262
El filósofo debe revivir este proceso de alienación y de retorno a sí de la sustancia divina en la naturaleza y en la historia 263

CAPÍTULO X **265**
LA FILOSOFÍA MODERNA EN CAMINO DE LA NEGACIÓN DE
DIOS Y DE LA DIVINIZACIÓN DEL HOMBRE 265
   1. El principio de la inmanencia 266
   2. El principio de la inmanencia implica la negación del principio de
   contradicción y el ateísmo 267
   3. Descartes introduce el principio de la inmanencia como el primer
   principio de la filosofía 269
   4. Spinoza introduce la inmanencia metafísica 271
   5. La inmanencia metafísica y dinámica del idealismo alemán 272
   6. El drama del humanismo ateo 274
      Feuerbach y solamente Feuerbach 276
   7. Nietzsche y la muerte de Dios 277
      El loco 277
   8. El principio de la inmanencia en la política moderna 279
      El planteo de Eric Voegelin 279
   9. La Revolución moderna 283
CAPÍTULO XI **286**
DIVERSOS CAMINOS MANIFIESTAN LA INVASIÓN DE LA
CÁBALA EN EL MUNDO CRISTIANO 286
   1. Las líneas cabalísticas del esoterismo 286
      La noción de creación o de caos. 287
      La realización metafísica 288
   2. Las doctrinas hinduistas y el Occidente cristiano 292
   3. El Ocultismo 295
   4. La línea cabalista de la filosofía hegeliana 298
      La doctrina cristiana adulterada por el luteranismo 300
   5. La gnosis de la dialéctica revolucionaria comunista 304
   6. La línea cabalista schopenhaueriana 308
   7. El nihilismo de Nietzsche 310
   8. Freud y Jung, o la corriente psicoanalítica de la Cábala 312
   9. La línea cabalista de Heidegger 318
   10. La Cábala y la cultura de masas 320
CAPÍTULO XII **322**
LA CÁBALA DENTRO DE LA IGLESIA O EL PROGRESISMO
CRISTIANO 322
   1. Relativismo en la Revelación y en la teología 322
   2. Se pone en cuestión el carácter histórico de la Escritura 327
   3. Los teólogos de la nueva teología hechos el Primum movens de la
   Iglesia 329
      El cardenal John Heenan denuncia el actual desprecio por el
      magisterio 330
   4. El progresismo tiende a debilitar la firme verdad de la existencia de
   Dios 332

Revaloración del ateísmo en el progresismo 332
Las pruebas de la existencia de Dios 337
5. Algunos teólogos nuevos ponen en cuestión el misterio de la
Santísima Trinidad y el de la Encarnación 340
6. No faltan teólogos que pongan en duda la existencia de Satán 342
7. Se niega el pecado original originante 343
8. Se construye una imagen demasiado humana de la Persona de Cristo
.... 347
La imagen de Cristo en la teología contemporánea 351
Observaciones sobre la imagen de Cristo en la teología
contemporánea 353
Observaciones al conocimiento psicológico de la naturaleza humana
de Cristo respecto al Yo divino 354
9. Se cercenan los privilegios marianos y, de modo particular, su
virginidad 355
10. Rebajamiento del carácter y de la autoridad de la Iglesia 356
11. La nueva teología cuestiona asimismo la transubstanciación 361
12. Se cuestiona el valor histórico de los relatos evangélicos, inclusive el
de la resurrección del Señor 367
13. El cristianismo anónimo de Carlos Rahner 367
14. La justificación en Karl Barth y en Lutero 370
15. Se cuestionan el cielo y el infierno 372
16. Sustitución de la moral tradicional, fundada en la teología y la ley
natural, por una moral fundada en la Cristología y en la situación 372
17. La secularización del cristianismo, aún en los teólogos católicos .. 379
18. Culto y oración en un mundo secularizado 398
19. Algunos hechos que anticipan la nueva Iglesia secularizada 400

CAPÍTULO XIII 402
HACIA UN CRISTIANISMO CABALÍSTICO 402
La esencia del error gnóstico y cabalístico 405
Extractos de los Textos de las Pirámides 406
1. Dios es Nada que sale de Nada 407
2. Esta Nada por evolución se convierte en el mundo y en el hombre
.... 408
3. Lo sexual se cumple en Dios 409
4. El mal está en Dios 409
5. Dios perfectamente cumplido y realizado culmina en el hombre de
la Humanidad 410
La esencia del error gnóstico expresada equivalentemente por alguna
nota predominante 411
El progresismo de los teólogos, una primera etapa de un gnosticismo
cristiano 422
El gnosticismo del Catecismo Holandés 426
El gnosticismo de Karl Rahner 430

    La Encarnación 433
    La Redención 435
    La Trinidad 436
    La Eucaristía 437
    El teilhardismo, una etapa plena de gnosticismo 439
CONCLUSIÓN **448**
Otros títulos **455**

Quid habes quod non accepisti?

¿Qué tienes que no hayas recibido?

PRÓLOGO

Este libro se propone demostrar que, a través de la historia humana no hay sino dos actitudes fundamentales de pensamiento y de vida: una, la católica, que es la tradición recibida de Dios por Adán, Moisés y Jesucristo, y cuyo insuperado expositor ha sido Santo Tomás de Aquino; la otra, la gnóstica y cabalística, que alimenta los errores de todos los pueblos en la gentilidad y en la apostasía del judaísmo primero y luego en la del cristianismo mismo, y que se verifica de modo particular en el mundo moderno.

En su origen primero, estas tradiciones no son dos sino una sola, porque existen únicamente Dios y el bien que procede de sus manos bienhechoras. La tradición perversa y cabalística cobra origen en la tradición buena, que es pervertida por la malicia del hombre, quien, a su vez, se deja seducir y alienar por el diablo. La gran tentación gnóstica de "seréis como dioses" prende en el género humano y lo pierde.

El núcleo esencial de verdades que viene de Dios gira alrededor del misterio inmutable de la Unidad y Trinidad de Dios; misterio de donde viene por creación el Universo y que ha de constituir el objeto de visión de los bienaventurados. Por ello, lo primero y lo fundamental de la doctrina católica es lo inmutable y la metahistoria.

Tal principio gobierna a la historia y al tiempo. Esto explica por qué Santo Tomás en su Suma Teológica *se dedica de modo particular a explicar la aludida inmutabilidad y metahistoria.*

Porque sólo ellas dan razón de la historia. Ya Aristóteles había advertido que sin el Acto no se explica el devenir ni el cambio.

La Cábala mala, por su parte, se funda en el cambio puro, que recibe los nombres de evolucionismo, historicismo, dialecticismo o progresismo. El cambio no se encontraría en la creatura sino en el Creador. Dios se haría con el universo y con el hombre. Dios seria Historia, Evolución, Dialéctica y Progreso. Dios no sería el Esse Subsistens, *en cuya contemplación durante la eternidad han de* encontrar su gozo los bienaventurados, sino que sería un incesante hacerse, un devenir, una praxis, a cuya fabricación ha de aplicarse la creatura.

Estas dos concepciones determinan dos culturas diametralmente opuestas: la una, la católica, que es esencialmente contemplativa, y, en la cual el hombre, en el perfeccionamiento de sus facultades, tiende a contemplar a Dios y sus obras; la otra, la cultura moderna, esencialmente mágica, operativa y fabricativa, y en la cual el hombre ejerce una acción predominantemente transitiva y transformadora, buscando la utilidad práctica de las cosas.

El segundo misterio de la tradición católica es el de la Encarnación, según el cual el Logos, o la Segunda Persona de la Santísima Trinidad, se comunica como don al hombre para que éste pueda elevarse a su vez hasta el Creador. La Humanidad de Jesús, que reúne todas las perfecciones de la Creación, se une en unidad hipostática con la divina persona del Verbo y a través de esta unión levanta toda la humanidad predestinada hasta dentro mismo de la vida trinitaria. Es la unión más alta, sin confusión, de creatura con el Creador. Jesucristo, en quien se cumple esta unión, redime y salva a la Humanidad pecadora.

En la tradición o cábala perversa, en cambio, la creatura humana tiene la insolencia de levantarse hasta Dios, y, por su propio esfuerzo, obtener la divinización. No es Dios quien salva al hombre en Jesucristo, sino que es el hombre quien completa y termina a Dios.

La tradición católica es una cultura de comunicación y de servicio -un don- que se da en humildad, en pobreza y mansedumbre frente a la cultura cabalística que, con soberbia y avaricia, concentra todos los poderes. De aquí que la concepción cabalística conciba las cosas del mundo como si éstas fueran el verdadero motor de la Historia. Se absolutiza lo intrascendente y el pecado. San Pablo, en cambio, muestra que el mundo de Cristo y de los elegidos mueve en función propia al mundo, aún el de los malos.

La tradición católica, que culmina en los Santos y en Cristo, es un hilo apenas perceptible en la historia de la humanidad. Sin embargo, todo el resto no tiene otra razón de ser sino que brille este hilo imperceptible. Las tinieblas de la tradición cabalística, en su gigantesca vanidad y grandeza, ofrecen fondo y contraste a la pobreza luminosa de la tradición católica.

Nos resta decir una palabra acerca de cómo ha sido compuesto el presente libro. El autor confiesa su limitación en el saber de la lengua *hebrea y de lenguas afines, como el caldeo, cuyo conocimiento le habría permitido un acceso más directo a las fuentes de la tradición cabalística. Además, ha carecido de recursos bibliográficos utilísimos, como, por ejemplo, de la edición "príncipes" del Zohar, la de Mantua de 1558-1560, o la de Cremona de 1560. Ha debido contentarse con la consulta, aquí en Buenos Aires, aparte de los artículos corrientes en los principales diccionarios, de las siguientes obras:*

Sepher Ha-Zohar *(Le Livre de la Splendeur), Doctrine ésotérique des Israelites - Traduit sur le texte chaldaïque par lean de Pauly. 1907-1911, París. Tomos II-VI (falta el I).*

Sepher Ha-Zohar. *Doctrine ésotérique des israelites. París, 1906-11, 6 tomos.*

Zohar. *Translated by Harry Sperling, M. Simon and P. Levertofk. 5 vol. Con introducción de J.*

Abelson. London, 1949.

Zohar. *The book of Splendor. Selected and edited by Gershom Scholem. New York, 1949.*

Le livre de Zohar. *Pages traduites du chaldaïque par J. de Pauly. París, 1925, 282 págs. F. Rieder et Cie., Editeurs.*

El autor se ha servido en forma especial de la traducción italiana Le Grandi Correnti della Mistica Ebraica, *de G. Scholem, Casa Editrice de Saggiatore, 1965, Milano, y de la traducción francesa* Les Grandes Courants de la Mystique Juive, *Payot, París, 1968.*

Y también:

Henri Serouya, La Kabbale, *Grasset, París, 1947.*

Siphra Di-Tzeniutha, *ouurage essentiel du Sepher-ha-Zohar, traduction integrale par Paul Vulliaud, Emile Nourry, París, 1930.*

Alexandre Safran, La Cabale, *Payot, 1960, París.*

Papus, La Cabbale, *Éditions Dangles, 2ª édition, París.*

Georges Vajda, Recherches sur la Philosophie et la Kabbale dans la pensée juive de Mayen Age, *Mouton & Cíe., 1962, París.*

Gershom G. Scholem, Les Origines de la Kabbale, *Montaigne, 1966, París.*

Gershom G. Scholem, La Kabbale et sa symbolisme, *Payot, 1966, París.*

Georges Vajda, Introduction a la pensée juive du Mayen Age, *J. Vrin, 1947, París.*

Knorr von Rosenroth, Kabbala denudata.

Robert Ambelain, La Kabbale pratique.

Para exponer una tesis tan delicada como la interpretación cristiana de la Cábala ha querido ceder la palabra al sabio rabino convertido Drach, cuya obra Harmonie entre l'Église et la Synagogue *(París, 1844) tiene un valor incalculable.*

Por otra parte, en el problema capital de la "cabalización" del idealismo alemán, y en especial de Hegel, se ha inspirado en lo que al respecto escribe Claude Tresmontant, quien, a su vez, ha podido disponer del autorizado trabajo de F. Ch. Baur, Die christliche Gnosis oder die christliche Religions Philosophie in ihrer gestchichtlichen Entwiklung, *Tubigen, 1835.*

No hace falta decir que esta tesis de la cabalización de Hegel tiene importancia fundamental en el presente libro. Hegel es la madurez de la cultura moderna. Y probar que el pensamiento hegeliano es transposición de la Cábala equivale a demostrar que toda la cultura moderna es cabalista.

Finalmente debo decir una palabra con respecto a la diversa grafía que se emplea en las palabras hebreas. Sólo se ha tenido cuidado de usar la grafía correcta en el trabajo de Drach, que se reproduce en el segundo capítulo bajo el título de "Interpretación cristiana de la Cábala" y que ocupa desde la página 49 a la 71. Allí había que reproducir palabras hebreas escritas con caracteres hebreos. En el resto, que llena todos los capitulas de la presente obra, no se ha mantenido un criterio uniforme, sino que se ha utilizado la diversa grafía según el diverso autor, de donde, según el caso, se han tomado las palabras hebreas.

El presente libro amplia y sistematiza, en un esbozo de una Teología de la Historia, mis obras anteriores, en especial La Iglesia y el Mundo Moderno. *Esta Teología de la Historia gira en torno del problema-eje que mueve la Historia en la presente providencia y que es el problema de la dialéctica Sinagoga-Iglesia. La Cábala es lo más significativo de la Sinagoga, y por ello, su proyección en la Historia constituye lo más fuerte y dinámico que da sentido a toda la vida de la Iglesia. No hace falta advertir que el carácter polémico que pueda revestir la tesis del presente libro se ha de situar en la cumbre en que se desarrolla toda la Historia, que, en definitiva, como lo ha visto maravillosamente el genio de San Agustín, es una polémica entre la Ciudad de Dios y la Ciudad del Hombre.*

No me resta sino expresar mi agradecimiento a los editores de Gershom Scholem, de Claude Tresmontant, de A. Koiré y de F. Secret, que me han autorizado a utilizar abundantemente los libros citados en la presente obra. Vaya asimismo mi agradecimiento al querido amigo Padre Cornelio Fabro, de cuya obra Introduzione all'ateismo moderno, *transcribo párrafos importantes.*

CAPÍTULO I

LA TRADICIÓN JUDEO-CATÓLICA Y LA TRADICIÓN GNÓSTICO CABALISTA A TRAVÉS DE LA HISTORIA HUMANA

Las dos tradiciones orales

Las verdades naturales-sobrenaturales arrancan de una tradición comunicada por Dios directamente al hombre, desde el primer día de la existencia humana. Esta tradición está en parte, consignada por escrito en los libros del Antiguo y del Nuevo Testamento. A esto llamamos tradición judea-católica. Porque es la tradición que se conserva fielmente primero en el pueblo de Israel, mientras este pueblo acepta el gobierno de Yahvé y en la Iglesia Católica romana, especialmente en su magisterio público. En rigor, esta tradición es anterior a la existencia del pueblo judío, que se inicia con Abraham y Moisés. La tradición judeocatólica a que nos referimos es la de los grandes patriarcas de la humanidad, la de Adán, de Set, de Noé, de Abraham, de Isaac y de Jacob. La llamamos judeo-católica y no judeo-cristiana para evitar el equívoco a que está sometido el nombre "cristiano" en el lenguaje moderno[1].

Decimos también que esta tradición judeo-católica contiene verdades naturales y sobrenaturales. Llamamos verdades naturales a aquellas a que puede llegar la naturaleza racional del hombre haciendo buen uso de su razón. Estas verdades han sido expuestas detalladamente por Claude Tresmontant en una serie de valiosas obras[2] y son la existencia

---

[1] Ver mi obra *De Lamennais a Maritain*, Ed. Theoría, 2ª edic., p. 278.
[2] *Estudios de la metafísica bíblica*, Editorial Gredos, Madrid, 1961; *Les idées maitresses de la metaphysique chrétienne*, Aux Éditions du Seuil, París, 1962; *La metaphysique du christianisme*, Aux Éditions du Seuil, París, 1961; *La métaphysique du christianisme et la crise du treizième siècle*, Aux Éditions du Seuil, París, 1964.

de un Dios trascendente, personal, inteligente y libre, que ha creado el mundo, no de su sustancia sino de la nada, y la existencia de un alma estrictamente espiritual, creada en el momento de la animación del compuesto humano y que, en la muerte, se separa del cuerpo para rendir cuentas a Dios de sus acciones terrestres. En rigor, estas verdades forman parte del patrimonio metafísico de la humanidad. Defendemos, entonces, que en la tradición oral judeo-católica está contenida una metafísica, vale decir, la metafísica natural de la inteligencia humana.

Además de las verdades naturales y racionales, la tradición judeo-católica encierra verdades sobrenaturales, o sea, verdades a las que el hombre no puede llegar sino por una revelación de Dios. Estas verdades consisten especialmente en los dos grandes misterios del cristianismo, el de la Unidad y Trinidad de Dios y el de la Encarnación, Pasión y Muerte y Resurrección de Nuestro Señor Jesucristo. Estos dos misterios incluyen, a su vez, el del destino del hombre, que está llamado en definitiva a unirse con Dios en esta vida por la fe, la esperanza y la caridad, y, en la otra, por la visión intuitiva de la divina Esencia.

Esta tradición oral comunicada por Dios al hombre en el primer día de su existencia en el paraíso terrenal fue inmediatamente deformada y falseada por la rebelión del hombre. La tradición oral judeo-católica dio origen, bajo la instigación del espíritu malo, a una tradición gnóstico-cabalística. Usamos estos términos, como explicaremos más adelante, en un sentido peyorativo. Puede haber una gnosis y una cábala buenas. La tradición oral judeo-católica es la gnosis y la cábala buenas. Pero el uso que ha predominado con respecto a la gnosis y a la Cábala, les atribuye un significado peyorativo. Como luego determinaremos, se llama gnosis y cábala a toda concepción de Dios, el mundo y el hombre que asigna una única sustancia, homogénea, a estas tres realidades. Se parte de un Dios indeterminado -del Caos, del Silencio, del Abismo-, un Dios que contiene el sí y el no, el mal y el bien, lo masculino y lo femenino, y que se va haciendo el mundo y el hombre. El hombre sería, en la concepción gnóstico-cabalista, la culminación del proceso emanativo del universo. Es claro que una concepción de tal naturaleza altera y pervierte las verdades naturales y sobrenaturales de la tradición oral judeo-católica.

Con la caracterización de estas dos tradiciones orales, la buena y la mala, la judeo-católica y la gnóstico-cabalista, está vinculado el problema del conocimiento humano; la tradición oral judeo-católica supone el valor de la razón y de la razón metafísica y, además, el valor del asentimiento de la fe. El valor de la razón se funda en la enseñanza de Santo Tomás, que sostiene que "nuestro entendimiento conoce naturalmente el ser y las cosas que son de suyo del ser en cuanto tal; y en este conocimiento se funda el conocimiento de los primeros principios, como por ejemplo, que no se puede afirmar y negar simultáneamente una cosa, y así los otros"[3]. Es decir, que la razón humana, cuando procede rectamente, se determina por la realidad y en especial por la realidad extramental. El sujeto se determina por el objeto que está conectado con la realidad y de ella depende. El sujeto intelectual, cuando procede debidamente, alcanza verdades objetivas y reales. Alcanza primeramente el conocimiento de las esencias materiales[4] y, a partir de éstas, también el conocimiento del alma espiritual humana y de Dios. Este conocimiento, aunque amplísimo, es, sin embargo, limitado. No puede conocer la esencia divina ni las verdades en ella contenidas[5]. Sólo si Dios se digna revelarle estas verdades puede el hombre acceder a ellas. Pues bien; la tradición oral judeocatólica enseña que Dios se ha dignado transmitir la revelación de los grandes misterios divinos al hombre y que éste puede conocerlos por el acto de fe, es decir, por un acto de asentimiento firme y cierto a la enseñanza de Dios. De esta suerte, con la razón y la fe puede el hombre conocer la tradición judeo-católica. En esta tradición el hombre *recibe*, por la razón y la fe, las verdades naturales y sobrenaturales, cuya aceptación y cumplimiento le aseguran el destino eterno de su existencia.

En cambio, en la tradición gnóstico-cabalista, el hombre, lejos de *recibir*, elabora y construye todo un sistema de ficciones que se refieren a Dios, al mundo y al hombre. Ficciones que no parten de la realidad, sino de la construcción *subjetiva* del entendimiento y de la imaginación humana. Por ello, en la tradición gnóstico-cabalista predomina lo subjetivo y lo inmanentista sobre lo objetivo y lo trascendente.

La tradición judeo-católica

Hechas estas aclaraciones preliminares, vamos a entrar en nuestro tema y a exponer las dos tradiciones orales de la humanidad, la buena y la mala, la judeo-católica y la gnóstico-cabalista.

---

[3] *Contra Gentes*, Libro II, cap. 83.
[4] *Suma*, 1, 79, 3.
[5] Ibid., toda la cuestión 12 de la primera parte.

En el albor de la humanidad el primer hombre recibe la revelación de los misterios de Dios. La teología tradicional de Santo Tomás de Aquino ha considerado al primer hombre en un estado de perfección elevadísima de suerte que pudiera ser principio de los demás no sólo por la generación corporal[6], sino también por la instrucción y el gobierno[7]. Por eso dice San Agustín:

> "Quizá en un principio Dios hablaba con los primeros hombres del mismo modo que habla con los ángeles, ilustrando sus inteligencias con la verdad inmutable, aunque sin concederles tanta participación de la esencia divina como son capaces de recibir los ángeles"[8].

Además de una ciencia elevadísima, Dios había colocado a Adán en estado de inocencia[9]. Esta consistía en la rectitud por la cual la razón estaba sometida a Dios, las facultades inferiores a la razón y el cuerpo al alma. La primera sujeción era causa de las otras dos, ya que, en cuanto la razón permanecía sujeta a Dios, se le sometían las facultades inferiores. El don de la primera sujeción de toda la naturaleza a Dios se aseguraba por el don sobrenatural de la gracia, que era raíz de las otras sujeciones. Las sujeciones por las cuales las fuerzas inferiores se sometían a la razón y el cuerpo al alma estaban aseguradas por el don de la integridad y de la impasibilidad.

---

[6] De acuerdo a esta teología se hace muy difícil sino imposible la hipótesis evolucionista, según la cual el hombre provendría por transformación de especies animales inferiores. El evolucionismo, aunque no es una hipótesis imposible, no está demostrado por los hechos y más bien estos hechos lo repudian. En efecto, la biología, especialmente en su rama la genética, demuestra la imposibilidad de que una especie provenga de otra especie distinta. Y la paleontología es, hasta ahora, una construcción arbitraria que no se funda en hechos debidamente comprobados. Un caso típico lo ofrece el profesor Hurzeler, quien en una entrevista afirma: "Mi descubrimiento del oreopiteco difiere los orígenes del hombre en 60 millones de años". Y allí aparecen fotografiados el oreopiteco (12.000.000 años), el australopiteco (menos de un millón de años), el pitecantropo (menos de 300.000 años), el hombre de Neanderthal (menos de 80.000 años) y el hombre de Cro-Magnon (menos de 30.000 años). Pero el artículo termina con esta confesión: "Con seguridad, no faltan autores que en paleontología aceptan las macromutaciones; es la manera más fácil de resolver el problema (de la evolución de las especies). Pero hasta el presente se carece en absoluto de pruebas" (*Realités*, mars 1964). Ver para esta cuestión mi libro *Teilhard de Chardin o la religión de la evolución*", Ed. Theoria, Buenos Aires, 1965.
[7] I, 94, 3.
[8] I, 94, 1.
[9] I, 95, 1.

Este estado de inocencia aseguraba al hombre un perfecto dominio de todas las cosas visibles, tanto animadas como inanimadas. Comentando estos pasajes de la Escritura en que se otorga al hombre *dominio* sobre la creación, dice San Juan Crisóstomo:

> "Se manifiesta aquí que el hombre tuvo en un principio un principado pleno y perfecto sobre las bestias. Que ahora las temamos y que nos espanten y no tengamos este dominio sobre ellas, tampoco yo lo niego. Pero esto no arguye falsedad en la promesa divina, porque al principio no fue así, sino que, por lo contrario, las bestias temblaban y reverenciaban a su señor. Pero perdimos este principado desde que rompimos nuestra obediencia a Dios".

Además de estos dones de perfecta inocencia, le fue otorgado a Adán el privilegio de la inmortalidad o sea la potencia de no morir.

En la tradición teológica de la Iglesia, la comunicación de Adán, antes del pecado, era habitual con Dios. Había, por tanto, una revelación de Dios al hombre. En esta revelación, Dios había hecho conocer los grandes misterios de la Trinidad y de la Encarnación. Dios había hecho conocer su trascendencia infinita por encima de la creación. Le habría revelado el misterio sobrenatural de la gracia y de la gloria fijado al hombre. El hombre puede entrar en la vida divina de la Trinidad, pero no por mérito ni por sus fuerzas propias, sino por el don gratuito de la gracia. Santo Tomás[10] enseña claramente que "antes del pecado el hombre tuvo explícita fe en la encarnación de Cristo, en cuanto se ordenaba a la consumación de la gloria, pero no en cuanto se ordenaba a la liberación del pecado por la pasión y resurrección, ya que el hombre no fue conocedor del pecado futuro".

El conocimiento del misterio de la Encarnación se le concedió al hombre en el Sacramento natural del matrimonio. "Por esto dejará el hombre a su padre y a su madre y se adherirá a su mujer", como dice el *Génesis* (2, 24) y aclara el Apóstol *(Efesios,* 5, 32): "Sacramento grande en Cristo y en la Iglesia". El cual sacramento, enseña Santo Tomás,[11] no es creíble que el primer hombre lo ignorase.

De aquí que se haya de afirmar, como verdad cierta y segura, que en Adán se inicia una tradición o cábala buena que ponía en conocimiento del hombre verdades naturales y sobrenaturales necesarias para su

---

[10] 2-2, 2, 7.
[11] 2-2 2 7.

salvación. Estas verdades son: la existencia de un Dios creador personal dotado de inteligencia y voluntad. Este Dios crea el mundo de la nada por un acto libérrimo de su voluntad. Lo crea como él quiere, de acuerdo con las ideas o formas ejemplares existentes en la mente divina[12]. El alma humana es una realidad estrictamente espiritual, creada también por Dios, en el momento de la producción de cada ser humano.

Además de estas verdades naturales, Dios le comunica al hombre el misterio de la Trinidad y el de la Encarnación y el del destino del hombre a la participación de la vida de gracia y de gloria.

El hombre puede alcanzar un estado *divino,* no de naturaleza sino de adopción, y ello, no por los méritos propios, sino por una dádiva generosa y gratuita de la bondad divina.

Estas verdades naturales y sobrenaturales de la divina Revelación han sido sistematizadas de modo incomparable y en cierto modo definitivo por el genio de Santo Tomás de Aquino. Santo Tomás ha alcanzado la verdadera cúspide de la metafísica, es decir, la de determinar como forma propia de Dios la del ser subsistente -el *esse subsistens*- y como verdad cúspide de la teología la contemplación en un acto de visión intelectual de la divina esencia trinitaria. Ha logrado también armonizar en un sistema perfecto y equilibrado las relaciones de naturaleza y gracia, de orden natural y sobrenatural, de mundo e Iglesia, de metafísica y teología.

Las tres economías de la tradición judea-católica.

Esta tradición o cábala buena se le comunica al hombre en tres economías. Una *oral* o de ley natural; una *escrita* o de la ley mosaica, y una tercera *evangélica* o de ley de amor.

La primera revelación, en el origen del género humano, es toda oral y, por consiguiente, se transmite de generación en generación durante mil años, antes de traducirse en escritura y *se inserta en la ley natural* en el mismo Adán, prosiguiendo por varios filones de los pueblos; la otra es aquella que se inicia con Abraham, tomando forma con el pacto de la

---

[12] 1, 44, 4.

Alianza, que sólo bajo Moisés se expresará en la ley escrita, y después de Moisés en los profetas y otros escritores[13].

En la línea de los gentiles, que es la de Adán, la Revelación es explícita en cuanto a la Encarnación y, en consecuencia, en cuanto a la Trinidad,[14] según la razón del bien y del mal y se *justifica en el Cristo que ha de venir;* en esta línea hubo auténticos sacramentos, según la inspiración divina conforme a la regla de los actos humanos, que es la ley natural, de donde son dichos sacramentos "según el pan y el vino" de Melquisedech, claramente inspirados por Dios, como demuestra Abraham, que paga el diezmo a aquel sacerdote del Dios altísimo[15].

En la línea de Abraham, que es la del pueblo elegido, la Revelación toma el camino por el que de hecho vendrá la redención, que implica "un más expreso conocimiento de Cristo según la intensidad y la remisión del pecado"[16]. Además de la línea de la ley natural, pero no en contra, la Revelación después de Abraham enseñará, siempre bajo forma de símbolos, que el Cristo será el dominador de las gentes, Hijo de Dios, víctima del holocausto, Autor de una nueva creatura; la cual será su Iglesia, el verdadero pueblo, su Cuerpo Místico, en el cual se renovará colectivamente y uno a uno en sus miembros, el holocausto de Cristo, a fin de que el mérito del único mediador, Jesucristo, sea aplicado a todo el género humano. Todo esto bajo forma de figuras y en modo casi implícito.[17]

El Concilio Vaticano II reconoce las tres economías de la tradición judeo-católica

Estas tres economías de la tradición judeo-católica, es decir, de la Iglesia, ha sido reconocida en el reciente Concilio Vaticano segundo. En él, la Iglesia toma conciencia de su propia profundidad y latitud y en el documento "Lumen Gentium" aparece como *el secreto escondido en los siglos,* cuya difusión e ilustración entre los pueblos fue confiada a San Pablo como su Evangelio[18]. Allí el misterio de la Iglesia aparece

---

[13] *J. Scaltriti O. P.,* Rivelazione e Magistero, *en* Renovatio, 2-67, *p. 205.*
[14] 2-2, 2, 8.
[15] *Génesis,* 14, 18.
[16] 3, 61, 3, ad. 2.
[17] Scaltriti O. P., Jacinto, *Rivelazione e Magisterio,* Ibid.
[18] Ibid.

como la clave de toda la tradición sucesiva y como el motivo de la Revelación progresiva, trasmitida oralmente en el vasto escenario de la historia del género humano antes de Cristo.

> "La Iglesia es en Cristo como un sacramento o signo e instrumento de la íntima unión con Dios y de la unidad de todo el género humano..."[19].

Tal concepto es desarrollado después por la misma constitución en el capítulo II, el Pueblo de Dios[20], y es tomado en el capítulo VII[21] en la prospectiva escatológica de todo el plan redentor, cuando los dos filones de la tradición -en la línea de la naturaleza y por consiguiente de los gentiles, en la línea de la Ley (Antigua y Nueva) y por tanto del Pueblo Elegido en figura (Israel) y ya no figurado (Iglesia de los bautizados) habrán ultimado el designio de Dios a través de las infinitas combinaciones dialécticas de la reversibilidad de los méritos, y Jesucristo volverá la segunda vez en la gloria del juicio universal[22].

> "La Iglesia a la cual todos somos llamados en Cristo Jesús y en la cual, por medio de la gracia de Dios, adquirimos la santidad, no tendrá su cumplimiento sino en la gloria del cielo, cuando verá el tiempo de la restauración de todas las cosas[23], y cuando, con el género humano también todo el mundo, el cual está íntimamente unido con el hombre y por medio de él llega a su fin, será perfectamente restaurado en Cristo"[24].

Este concepto es tomado de nuevo por todos los otros documentos del Vaticano II; en la Constitución de la Liturgia[25]; en la Constitución sobre la divina Revelación[26]; en la Constitución Pastoral "Gaudium et Spes"[27]; en el Decreto sobre las Misiones[28]; en el Decreto sobre Ecumenismo[29]; en el Decreto sobre el Apostolado de los Laicos[30]; en la

---

[19] Lumen Gentium.
[20] Ibid., num. 8 hasta 11.
[21] Ibid., núm. 48.
[22] Scaltriti, O. P., ibid., pág. 207.
[23] Hechos, 3, 21.
[24] *Ef.*, 1. 10. *Col.* 1. 10; 2 *Ped.* 3, 10-13; *Lumen Gentium*, n° 48.
[25] Núm. 1 y 5.
[26] N. 8.
[27] N. 42.
[28] N. 1.
[29] N. 2.
[30] N. 2 y 3.

Declaración sobre Educación Cristiana[31]; en la Declaración sobre las relaciones de la Iglesia con las otras religiones no cristianas[32].

Cierto es que, cualesquiera sean los itinerarios seguidos por la palabra viva de Dios, que siempre ha acompañado la historia de los hombres en sus más íntimos recodos, todos se encuentran a distancia igual cuando la palabra de Dios está por encarnarse y hacerse Hombre, El "Logos" de Platón y la belleza de Atenas, el derecho de Roma y la poesía de Virgilio, antes de ser cosas escritas, son el genio continuado de la "Humanitas" que sufre los dolores de la generación, en la expectación de la revelación de los Hijos de Dios: "Y el hombre que, conocida la propia enfermedad, grita al médico y reclama el auxilio de la gracia"[33].

Y aún también en la línea de Israel, cuando las Escrituras están a punto de cumplirse, hay todavía una "voz"[34] que establece el contacto con la palabra de Dios hecha hombre: una "voz" que grita en el desierto, la voz que por vez primera indicará a los discípulos al Esperado de todos los pueblos: "He aquí al Cordero de Dios, he aquí Aquel que grita el pecado del mundo"[35]. Sólo Juan registrará por escrito estas palabras setenta años después que fueron proferidas[36].

Y en el mismo Juan, el Bautista, la palabra de Dios estaba junto con la "voz" de la tradición cuando todavía crecía en el seno de su madre ante la Visita de Aquella que llevaba en su vientre virginal e inmaculado al prometido de los primeros días de Adán y de Eva[37].

En María estaban juntos la Tradición con la voz del Ángel en el día de la Anunciación, sobre las cosas concernientes al Cristo como Hijo del Altísimo, en la luz de la Santísima Trinidad. En el saludo de María de Nazaret a Isabel, madre de Juan, es la voz de la Revelación la que santifica al Precursor.

Y al reconocimiento de Isabel, María responde con el don del *Magnificat* que es la "voz" de la Tradición, en la línea de Abraham,

---

[31] N. 2.
[32] N. 1.
[33] S. Tomás, *Suma*, 3, 1, 5.
[34] Juan, 1, 19.
[35] Ibid.
[36] Scaltriti, O. P., ibid., pág. 207.
[37] Luc. 1, 41.

como ella misma dice, frente a todas las gentes, que la llamarán bienaventurada[38].

Es la palabra que, nacida de la Señora, como "semilla de Ella", aplasta la cabeza del antiguo adversario, cuya semilla es la mentira, cuya alteración de la Palabra será constantemente documentada como falsificación de las Escrituras[39].

La Cábala antigua de los judíos

La Cábala [40] la escriben los autores más responsables de diversas maneras. "La Enciclopedia de la Biblia", de Diez Macho, escribe Qabbalah; "The Standard Jewish Encyclopedia", de Cecil Roth, Kabbalah; Gershom Scholem, Kabbala; Henry Serouya, Kabbale; G. Vajda y Paul Vulliaud en la misma forma que el anterior; The Jewish Encyclopedia, Cábala. Nosotros, sin entrar en las razones que existen para una u otra transcripción, la escribiremos sencillamente Cábala.

La Sinagoga poseía, anteriormente a los libros de Moisés, una tradición *oral* que servía de alguna manera *"de alma al cuerpo de la letra";* sin la cual el texto corría el riesgo de quedar oscuro o incompleto, o de prestarse a los caprichos de la *interpretación* individual. Nunca *hasta nuestros días* la Sinagoga hubiese tolerado este exceso de demencia.

Ahora bien, mientras la ley civil reposaba en Israel bajo la custodia de la nación entera, la enseñanza *oral* fue confiada a un cuerpo especial de doctores colocados bajo la autoridad suprema de Moisés y de sus sucesores. "Los escribas y los fariseos, dijo Cristo, están sentados en la Cátedra de Moisés; en consecuencia, observad y haced todo lo que os dicen, pero no hagáis lo que hacen"[41].

Y esta tradición de la Sinagoga antigua se dividía en dos ramas: la una patente, era la tradición talmúdica; fue conservada por escrito más tarde

---

[38] Scaltriti, O. P., ibid., pág. 208.
[39] Mateo, 4, 6.
[40] Sobre el desarrollo de todo lo que se va a leer sobre las dos Cábalas aprovechamos el valioso apéndice intitulado: "Las dos Cábalas o la ciencia de las tradiciones", del libro "Le juif, le judaisme et la judaisation des Peuples chrétiens" par le Chevalier Gougenot des Mousseaux, Henri Plon, París, 1869. Este autor tiene una información pasmosa de toda la cuestión principalmente por sus vinculaciones con el famoso judío convertido Drach, quien escribió: "Harmonie entre l'Église et Synagogue", París, 1844.
[41] Mt. 23, 2.

y formó un Talmud puro y distinto de aquellos posteriores a Cristo, y fijó el sentido de la ley escrita. Trataba de las prescripciones mosaicas; se sabía por ella lo que era permitido, obligatorio, ilícito; constituía además el grado material y práctico de la tradición.

La segunda rama era su parte misteriosa y sublime. Formaba la tradición cabalística, o *Cábala*, es decir, según el sentido etimológico de esta palabra, la enseñanza recibida por la palabra.

Esta cábala trataba de la naturaleza de Dios, de sus atributos, de los espíritus y del mundo invisible. Se apoyaba sobre el sentido simbólico y místico del Antiguo Testamento, *"que era igualmente tradicional";* era, en una palabra, la teología especulativa de la sinagoga. *Lo que hay de esencial* en los misterios *de la Santísima Trinidad y de la Encarnación* no estaba en ella omitido, *y varios rabinos se convirtieron a la sola lectura de la Cábala*[42]. Los doctores de la Sinagoga hacen remontar la Cábala antigua hasta Moisés, admitiendo con todo que los primeros patriarcas del mundo habían conocido por revelación sus verdades principales.

Los doctores de la antigua sinagoga enseñan de voz común que el sentido escondido de la Escritura fue revelado sobre el Sinaí a Moisés y que este profeta transmitió por iniciación este conocimiento a Josué y a sus otros discípulos íntimos. Esta enseñanza misma descendió enseguida oralmente de generación en generación, sin que fuese permitido ponerla por escrito.

Perversión de la Cábala judía

Con todo, la cautividad de Egipto primero (1300 A. C.) y la cautividad de Babilonia después (siglo VI a. C.) crearon en el seno de Israel una inmensa perturbación, y la tradición cabalística ortodoxa vino a caer en el olvido. Es más: al retorno de los fieles a Jerusalén recibió la orden de Dios de consignarla por escrito. Pero los sesenta volúmenes de que ella se compone no fueron hechos públicos y el profeta recibió la orden de no confiarlos a otras manos que a las de los sabios[43]. Más tarde, cuando los tiempos se cumplieron, la culpabilidad de los doctores de la sinagoga consistió, no en las indiscretas revelaciones de los

---

[42] Drach, *Harm.*, tomo I, p. X-XI, 1844.
[43] Drach, vol. II, p. XXI.

depositarios, sino, lejos de esto, en el cuidado celoso que tomaron y que les reprocha el Salvador, de esconder al pueblo la *clave de la ciencia*, la exposición tradicional de los libros santos, en cuyas claridades Israel hubiese reconocido en su persona sagrada al Mesías[44].

Hacia los últimos tiempos de Jerusalén y cuando la Judea sufrió los terribles estragos de la idolatría, el culto fue miserablemente invadido por el fariseísmo, cuya abundante vegetación amenazaba seriamente a la sinagoga entera. La atención de los doctores se dirigió entonces a la teología talmúdica, que existía en el estado de enseñanza oral y regulaba el lado práctico y *material* de las prescripciones religiosas, mientras que la teología mística y especulativa cayó en descrédito desde que su tendencia cristiana era de una evidencia palpable. Este movimiento se acentuó sobre todo cuando la crisis suscitada por la oposición de los fariseos a la doctrina que predicaron el Salvador y sus Apóstoles.

La tradición talmúdica se convierte entonces en lo que el Talmud llama *el vinagre, hijo del vino;* y, desnaturalizada en su parte esencial, recibía la mezcla impura de los sueños fantásticos de los rabinos, de sus vanas sutilezas, de sus cuentos absurdos, grotescos, inimaginables. Un poco más tarde, después de la dispersión de los judíos, los rabinos tomaron el gusto por las especulaciones de la metafísica y, volviendo a su cábala mística, introdujeron una amalgama de filosofía griega y oriental cuyos sistemas se oponían a gritos a la revelación mosaica. *Tal la Cábala moderna o Cábala de izquierda, o Cábala farisaica, o Cábala mágica.*

Los rabinos han admitido, casi sin comprenderlas, fórmulas cuyo equívoco se presta al materialismo griego y al panteísmo judío o, digamos mejor, a las sacrílegas vanidades de la magia de los pueblos sabeístas, entregadas a las doctrinas idolátricas de los descendientes de Cam. Era, por otra parte, en medio de estos pueblos que habían vivido sus padres antes de Abraham, durante la cautividad de Babilonia y de Egipto, habituándose a mezclar sin cesar el culto de Dios santo con los cultos de los demonios[45].

Si, por tanto, al consultar a sus doctores, la segunda Cábala es de origen judaico y relativamente moderna, remonta a los tiempos más antiguos

---

[44] Gougenot des Mousseaux, Le juif, le judaisme et la judaisation des peubles chrétiens, pág. 512.
[45] Dii gentium, daemonia, salm. 96, 5. El sabeísmo es la religión de los antiguos caldeos y consistía en la adoración de los astros.

por las tradiciones mágicas y las supersticiones a las cuales se vincula. Los judíos, al apropiárselas para combinarlas con sus tradiciones, las han marcado con su sello.

La cábala farisaica se entregó al culto de los astros o al sabeísmo. En rigor, este culto es anterior al judaísmo. Son cultos de Caldea, de Egipto y países limítrofes. La Cábala, inficionada con estos cultos, penetra entonces e infecta las tradiciones patriarcales, se infiltra en sus libros doctrinarios, se instala en su medicina, se insinúa en su ciencia social, sufriendo modificaciones sucesivas, y acaba por arraigarse en sus costumbres. Así, el judío, bajo el ojo de quien nace el Cristo, se convierte, a pesar de este foco de luz y según los padres de la magia y los Padres de la Iglesia, en el príncipe de la herejía, que el espiritismo mágico impregna con sus venenos, el misionero del mal, el gran maestro del ocultismo cristiano. Porque "la Cábala, nos dice el oráculo de las sociedades secretas, es la madre de las ciencias ocultas; y los gnósticos, estos herejes que empujaron hasta la abominación los errores de la inteligencia y la perversión de las costumbres, han nacido de los cabalistas"[46].

Contenido de la Cábala pervertida

El mundo, dicen los doctores de la Cábala, ha sido formado sobre un plan místico del alfabeto hebreo, y la armonía de las creaturas es semejante a las de las letras de que Dios se ha servido para componer el libro de la vida. Es cierta disposición de las letras lo que hace la belleza y la excelencia del universo; y ya que el mundo ha sido hecho según los dictados del alfabeto, existen necesariamente ciertas cosas adheridas a cada letra, de la cual cada una es el símbolo y emblema. Esto lo descubren fácilmente los iniciados de la cábala, pero les es menester distinguir las letras en simples y dobles.

Digámoslo repitiendo su doctrina: Dios se sirve ventajosamente de las letras y de las combinaciones de su nombre para obrar sobre los ángeles; estos ángeles influyen sobre los doce signos del zodíaco; estos derraman su influencia sobre la tierra y presiden a las diversas generaciones que allí se suceden. Así las letras tienen ordinariamente un admirable poder, no sólo porque ayudan a descubrir las analogías

---

[46] Ragon, *Maçonnerie occulte*, pág. 78, París, 1853, citado por Gougenot des Moussenaux, ibid., pág. 516.

del mundo y ciertas armonías del universo, es decir, de las cosas terrestres y celestes que los ignorantes no sabrían ver, sino sobre todo porque ellas son otros tantos canales por los cuales la acción de Dios opera sobre las inteligencias.

Si tal es la virtud de las letras, ¿cuál no será la de sus compuestos? De este modo los cabalistas se hacen fuertes en obtener por el arreglo de ciertas palabras, en un cierto orden, efectos milagrosos; y estas palabras dan nacimiento a efectos determinados, según la santidad más o menos grande del idioma a que pertenece. Por esto, la lengua hebraica tiene ventaja infinita sobre otras lenguas. Los milagros están en proporción al valor de las palabras que expresan el nombre de Dios o sus perfecciones o sus emanaciones. De aquí, el uso de preferir para este objetivo los nombres de Dios o los diez sefirot.

Los sefirot son los nombres, los atributos de Dios o Dios mismo en sus atributos y los ángeles que representan estos atributos. De los diez sefirot, siete son los ángeles de la presencia de Dios y tres los esplendores de la Santa Trinidad. Estos son los sefirot de la Cábala divina.

Cuando las palabras, y particularmente los setenta y dos nombres de Dios son arreglados de una cierta manera, adquieren una fuerza irresistible. Pero si acaece que las palabras no encierran la significación en la cual reside su fuerza, es menester cambiarlas y existen reglas prescriptas para llegar a este cambio. Así hablan los cabalistas y, por el momento, nos contentaremos con decir que pronunciarse sobre lo que contiene o no contiene la cábala farisaica sería tarea ardua. Pero de lo que no hay que admirarse es que su seno esté abierto a verdades sublimes; y ya que la hemos dado por una caricatura de la verdadera cábala, nosotros expresamos por esto mismo, que al deformarse, ella debe recordar los trazos augustos. Si la mística divina encierra en cierto número una incomprensible virtud, la cábala mágica acumula también innumerables locuras sobre este dogma, sobre esta creencia adulterada de la cual Pitágoras se apoderó en sus peregrinaciones y de la cual recuerda la insondable antigüedad[47].

Los iniciados en la Cábala pretenden captar un encadenamiento fatal entre las causas segundas y los espíritus o las inteligencias superiores. Cada creatura, dicen, participa de las calidades de un ser sobreeminente;

---

[47] Gougenot des Mousseaux, ibid., pág. *521*.

ellos se entregan a saber de qué planeta depende aquello que tienen en vista. Buscan en seguida por qué canales el planeta y la inteligencia derraman sus influencias en este objeto y se esfuerzan por separar los anillos secretos de la cadena que liga al cielo con la tierra.

Una de sus creencias es que las almas son preexistentes a los cuerpos; que, pasando por los sefirot, atraviesan ciertas esferas y del juego de las circunstancias depende su suerte en este mundo. Dios, dicen, cuando el hombre nace, les despacha un guardián, un ángel que lo dirige según las inclinaciones que ha recibido del planeta bajo el cual ha nacido; el cabalista deberá dedicarse a saber cuál es este genio.

Bastante nos parece lo dicho para hacer ver que gracias a estas detestables e invencibles creencias, gracias a sus innumerables variantes los cabalistas judaicos, herederos de la Cábala *sideral* o *sabeísta,* cuya antigüedad remonta a *Babilonia, a los hijos de Cam,* esparcieron de un extremo a otro de la tierra las doctrinas mágicas. Con la ayuda de esta magia sideral los caldeos y los hombres de la astrología judiciaria musulmanes, se apoderaron de la Roma pagana y del espíritu de sus terribles emperadores, infestaron los palacios de reyes y llenaron de crímenes los castillos de la nobleza feudal y las mansiones de los burgueses opulentos hasta tiempos que confinan con los nuestros. La Cábala era, por tanto, la principal raíz de la magia[48].

Todas las religiones verdaderamente dogmáticas, nos dice, en el año 1861, el profesor de magia Éliphas Levi, han salido de la cábala y a ella vuelven. Todo lo que hay de científico y de grandioso en los sueños religiosos de los iluminados -Jacobo Boehme, Swedenborg, Saint Martin- ha sido tomado de la Cábala. Todas las asociaciones masónicas le deben sus secretos y sus símbolos. La Cábala sola consagra el aleluya de la razón universal y del Verbo divino, ella tiene las llaves del presente, del pasado y del porvenir"[49].

En las ceremonias de recepción practicadas por todas las sociedades misteriosas se encuentran las huellas de una doctrina en todas partes la misma y cuidadosamente escondida. Y esta doctrina sagrada que se encuentra en la de la teúrgia o de las altas iniciaciones mágicas, es a la vez la de la Cábala que los judíos nos enseñan, después de haber recibido el depósito de los caldeos sabeístas, salidos de Cam, y quienes,

---

[48] Ibid., pág. *525.*
[49] *Dogma y rito de la alta magia, t. 1, pág. 95.*

según una opinión muy acreditada en la ciencia, eran los herederos de la doctrina de los hijos de Caín.

Familiarizados con los artificios y las supersticiones judaicas, otro Padre de la Iglesia, San Epifanio, nos enseña que los judíos mezclan a su ciencia las artes demoníacas, que con frecuencia no retroceden ante el homicidio, y ponen en práctica el artículo de fe cabalista que Tomás de Catimpré recordaba en otro tiempo en estos términos: "Un judío muy sabio, convertido poco tiempo hacia la fe, me afirmaba que uno de sus correligionarios, a punto de morir, había hecho a los judíos esta predicción: "Vosotros no podéis curaros de la vergonzosa enfermedad que os aflige *sino por el uso de sangre cristiana...,* porque la sangre humana está en el fondo de las prácticas de la magia""[50].

Le es menester a la magia sangre, sangre humana y grasas humanas para cumplir sus ritos y perfeccionar sus crismas sagrados, sus ungüentos maleficiarios, *sus sacramentales,* para alcanzar su objetivo sacrílego. Aquí, allá y en todas partes según el tiempo, según el genio y el grado de civilización de los pueblos, le es menester esta sangre y esta carne, brebaje y medio de regeneración mística. Y, desde el origen de los tiempos históricos, la Biblia misma nos da, sobre el suelo de Canaan, el espectáculo de estas odiosas prácticas, de esta antropofagia sacra, de esta carne y de esta sangre humana que comían y bebían los judíos con los cabalistas de Canaan y cuyos encantamientos exigían el uso.

Procedimientos de cábala y de magia, es decir, medios demoníacos, pero empleados a título de medios *religiosos o científicos,* he aquí dos cosas que se reproducen sin cesar en el judío en el ejercicio del arte de curar o de predecir los males del cuerpo. Y, en el examen atento de los crímenes de niños cometidos por judíos, lo que llamará más vivamente la atención de un sagaz investigador no será siempre y sólo un feroz sentimiento de odios religiosos; será con frecuencia la intención de hacer servir la sangre humana y las carnes desgarradas a operaciones mágicas dotadas de la virtud de curar males del cuerpo y del espíritu.

Pero lo importante y lo que debe ser suficientemente destacado es que el sueño de los conspiradores de la Cábala ha sido siempre apoderarse hábilmente del poder y retenerlo disimuladamente en provecho propio. Debían crear una sociedad entregada a la abnegación por votos solemnes, protegida por reglamentos severos, que se reclutaría por la

---

[50] Gougenot des Mousseaux, *Le juif...*, pág. 535.

iniciación y que, sola *depositaria de los grandes secretos religiosos y sociales*, haría reyes y pontífices sin exponerse a las corrupciones del poder".

Esta idea fue, a su vez, según el cabalista Éliphas, "el sueño de las sectas disidentes de los gnósticos o de los iluminados que pretendían referir su fe *a la tradición primitiva del cristianismo de San Juan*. Ella se convirtió por fin en una amenaza para la Iglesia y la sociedad cuando una orden rica y disoluta, *iniciada en las misteriosas doctrinas de la cábala,* pareció dispuesta a volver contra la autoridad legítima los principios conservadores de la jerarquía y amenazó al mundo con una inmensa revolución. Antecesores de las sociedades subsiguientes del ocultismo, los Templarios, cuya historia es tan mal conocida, fueron estos terribles conspiradores.

La doctrina cabalística, afirma Éliphas Levi -que la profesó con entusiasmo- es el dogma de la alta magia y la filosofía oculta de la magia, encubierta bajo el nombre de cábala, y que está indicada por todos los jeroglíficos de los antiguos santuarios y de los ritos todavía poco conocidos de la masonería antigua y moderna[51].

La gran asociación cabalística conocida en Europa bajo el nombre de masonería aparece de repente en el mundo en momentos en que la protesta contra la Iglesia acaba de desmembrar la unidad cristiana. Ahora bien, los masones tienen a los templarios por modelos, a los rosacruces por padres, a los joanitas por antecesores. Su dogma es el de Zoroastro y el de Hermes, su regla la iniciación progresiva, su principio, la igualdad y la fraternidad universal.

La tradición primordial

La humanidad ha sido instruida en los misterios divinos en su cuna misma. Existe por lo tanto una *tradición primordial* o Cábala, que enseña al hombre las verdades fundamentales de la naturaleza y de la gracia que lo pueden salvar. Sin embargo, aunque la tradición remonte a la cuna de la humanidad, no quiere ello decir que allí se dé completa y perfeccionada. La tradición es progresiva y se va perfeccionando mediante las tres economías que mencionamos más arriba. Cristo mismo es la Perfección de la Tradición. De aquí el gran error del

---

[51] Histoire de la Magie, *págs. 23 y 24.*

tradicionalismo de René Guénon [52], que consideraremos oportunamente. Aquí basta decir que la Tradición auténtica, la judeo-católica, no mira propiamente al *Pasado*, sino que mira *a Cristo*. Por ello, todas las verdades, todos los símbolos y figuras con que estas verdades son propuestas se refieren definitivamente como a su Ejemplar Divino, a Cristo, al Logos hecho Hombre. San Pablo lo enseña magníficamente en *Col.* I, 15:

> "La imagen del Dios invisible, primogénito de toda criatura, porque en Él fueron creadas todas las cosas del cielo y de la tierra, las visibles y las invisibles, los tronos, las dominaciones, los principados, las potestades, todo fue creado por Él y para Él. Él es antes que todo y todo subsiste en Él. Él es la cabeza del cuerpo de la Iglesia; Él es el principio, el primogénito de los muertos, para que tenga la primacía de todas las cosas. Le plugo al Padre que en Él habitase toda la plenitud y por Él reconciliar consigo, pacificando por la sangre de su cruz todas las cosas, así las de la tierra como las del cielo".

Pero esta tradición orientada hacia Cristo es alterada y pervertida de inmediato por la instigación de la serpiente, como refiere el Génesis. La serpiente, la más astuta de cuantas bestias del campo hiciera Yahvé Dios, dijo a la Mujer:

> "¿Conque os ha mandado Dios que no comáis de los árboles todos del paraíso? Y respondió la mujer a la serpiente: Del fruto de los árboles del paraíso comemos, pero del fruto del que está en medio del paraíso nos ha dicho Dios: "No comáis de él, ni lo toquéis siquiera, no vayáis a morir". Y dijo la serpiente a la mujer: No. No moriréis; Dios sabe que el día que de él comáis se os abrirán los ojos y seréis como Dios, conocedores del bien y del mal".

El pecado de Adán consistió entonces en la pretensión de "ser como Dios, conocedores del bien y del mal". No consistió en querer ser como Dios por una "omnímoda equiparancia". Esto no cabía en nuestros primeros padres; era una pretensión imposible. Quisieron imitar a Dios copiando un atributo que no correspondía copiar. Apeteciendo "algún

---

[52] Las obras principales de René Guénon son: *Introduction générale a l'étude des doctrines hindoues*, Marcel Riviere, París, 1921; *L'Homme et son devenir selon le Vedanta*, Chacornac, París, 1941; *Le Roí du Monde*, Edit. Traditionnels, 1939, *La crise du monde moderne*, Bossard, París, 1927; *Le Simbolisme de la Croix*, Vega, 1931; *Les etats multiples de l'être*, Véga, París, 1932; *Le regne de la Quantité et le signe des temps*, Gallimard, 1945.

bien espiritual sobre su medida" y "consiguientemente apeteciendo desordenadamente la semejanza divina"[53]. "El primer hombre pecó principalmente apeteciendo la semejanza de Dios en cuanto a la ciencia del bien y del mal, como le sugirió la serpiente: a saber, que por virtud de la propia naturaleza determinar por sí qué fuera bueno y qué fuera malo". Apeteció por tanto una "suficiencia y autonomía" propia de Dios, quien, con su ley eterna, fija a las criaturas sus límites y, en cambio, no permite que éstas se fijen sus propios límites. Estaba implicado en el pecado de Adán la constitución del orden de la moralidad y de la felicidad. El hombre sería la regla para el hombre. El orden sobrenatural dependería entonces del hombre mismo. Aquí estaba implicada la herejía pelagiana, el naturalismo y el humanismo de la edad moderna. El hombre, arrogándose atributos divinos de legislador supremo. Por esto, el pecado de Adán fue de *soberbia*. Y la soberbia se opone a la humildad y la obediencia de Cristo que se humilla hasta las bajezas de la cruz *(Fil., 2, 8)*.

El pecado de Adán fue un pecado de *gnosis*, de conocimiento. Querer conocer desordenadamente lo que sólo puede conocer Dios. El pecado radicó dentro de la voluntad, pero con respecto a un acto de conocimiento. Y este conocimiento era un acto *privativo* de Dios. El hombre quería gozar de una *prerrogativa divina*, en el conocer, o sea, la de constituir el orden de la moralidad y de la ley. Tal acto de *gnosis*, al adjudicar al hombre un atributo divino, hacía del hombre, Dios. El hombre rechazaba toda trascendencia y se mantenía en la más absoluta inmanencia de lo humano.

> "Angelus in primo suo peccato inordinate diligens bonum spirituale, nempe suum proprium esse, suamque propiam perfectionem, sive beatitudinenm naturalem... ita voluit, ut simul ex parte modi volendi, quamvis non ex parte rei volitae, per se voluerit aversionem a Deo, et non subjici ejus regulae in prosecutione suae celsitudinis"[54]

El ángel, y lo mismo el hombre, en su primer pecado, amando desordenadamente el bien espiritual, es a saber, su propio ser y su propia perfección a la felicidad natural, de tal suerte la quiso que, si no de parte de la cosa querida, sí ciertamente del modo de quererla, haya

---

[53] 2-2, 163, 2.
[54] *Curs. Theol. Salmanticienses*, I. XI d. 10, dub. 1, pág. 559.

querido al mismo tiempo la separación de Dios y no sujetarse a la regla que Este le había impuesto en la prosecución de su grandeza.

En el pecado de Adán tenemos entonces primeramente un acto de soberbia, referido a un conocimiento o gnosis de la propia excelencia o suficiencia por la cual se constituía en un regulador supremo del bien y del mal y en fuente de su propia felicidad. El pecado consistía entonces en un acto de voluntad y de inteligencia por el cual el hombre se constituía en omnisuficiente que no necesitaba de otro y en especial del Verbo que lo plenificase. Este pecado lo cometió bajo la sugestión de la serpiente y por invitación de la mujer. De aquí que diga Dios a Adán: "Por haber escuchado a tu mujer...". Y diga Dios a la serpiente: "Por haber hecho esto, maldita serás entre todos los ganados...". La gnosis del hombre va entonces regularmente mezclada con influencia del demonio y de la sexualidad.

El resultado del primer pecado fue que el hombre quedó constituido en conocedor del bien y del mal, es decir, en un ser de malicia. Por ello Dios dijo: "He aquí al hombre como uno de nosotros, conocedor del bien y del mal"[55].

Esta desviación operada en el corazón mismo del hombre y que afectaba a *su sentido y a su destino,* no podía dejar de influir con respecto a la *tradición* o cábala que Dios había comunicado al hombre. Si el hombre de inocente se transformaba en un ser de malicia, la cábala, asimismo, había de trocarse de buena en mala, sobre todo después del crimen de Caín.

Contenido fundamental de las dos Cábalas o tradiciones

De aquí que a través de la historia se han de desarrollar dos concepciones fundamentales con respecto a Dios-mundo-hombre, la una que, en definitiva, coloca en un Dios personal y trascendente la fuente de todo bien (*Santiago,* 1, 17), y frente a la cual el hombre y el mundo no son por sí mismos sino creadores de desorden y ruina, por lo cual, para ser buenos y obtener la salvación necesitan subordinarse a una Iglesia-Institución que es ley de los pueblos *(Constitución sobre la Iglesia en Vaticano II).* La otra que, en definitiva, hace del hombre y del mundo, en la raíz última y profunda de su ser, un algo divino, de lo

---

[55] *Gen.,* 3, 22.

cual Dios no sería sino como una emanación y epifenómeno. En esta segunda concepción, la Iglesia no tiene razón de ser y si por causas históricas existiera, no sería sino como un epifenómeno o emanación del mundo.

En estas perspectivas surgen dos sistemas de pensamiento bien caracterizados en las siguientes verdades o errores respectivamente.

a) Existencia de un Dios personal, inteligente y libre, trascendente al mundo.	a') La inmanencia de Dios en el corazón del hombre y del mundo. Ateísmo o panteísmo, que diviniza al mundo o hace del mundo apariencia de divinidad.
b) Dios, causa eficiente del hombre y del mundo, cuya realidad saca de la nada.	b') El mundo y el hombre hechos de la substancia de la divinidad.
c) Dios destina al hombre a la divinización, dándole por gracia un destino que supera todas las exigencias de su ser.	c') El hombre está divinizado en su naturaleza. El hombre es Dios.
d) El hombre, habiendo perdido su divinización primitiva, puede recuperarla adhiriéndose a Jesucristo, Dios hecho hombre, quien, en virtud de su pasión y muerte, le devuelve esta divinización.	d') El hombre saca su divinización de sí propio, pero Jesucristo puede indicarle el camino de cómo ha de sacarle de sí propio. El hombre es, de por sí, un *gnóstico*. Jesucristo, primer *gnóstico*, es un paradigma de la divinización del hombre.
e) Jesucristo ha instituido en la Iglesia, su cuerpo místico, un medio de salvación del hombre, quien por sí mismo y de sí mismo, viene en estado creatural y de pecado. El hombre, de por sí, va al pecado y a la ruina.	e') El hombre se salva de por sí y en sí entregándose a la autonomía y libertad de su realidad interior, que es divina. No necesita de la Iglesia. Al menos de una Iglesia contrapuesta al mundo.
f) Existen necesariamente, en virtud del orden establecido por Dios, dos realidades, una que no salva al hombre y otra que lo salva. El hombre tiene en la actual providencia dos dimensiones, una profana y natural y otra sacramental y sobrenatural.	f') No siendo necesaria la Iglesia para la salvación del hombre, no existe otra realidad ni otra dimensión que la puramente humana y la del mundo.
g) La Iglesia existe como institución fuera y por encima del mundo, en virtud de los méritos de Jesucristo, como de necesidad para salvar al mundo.	g') No existe sociedad trascendente al hombre mismo y al mundo.

De aquí que, en virtud de estas dos concepciones irreductibles que, como las dos ciudades de San Agustín, se prolongan a través de la historia, sea fácil discernir la verdad del error.

La negación de la Iglesia como sociedad de salud trascendente al mundo implica la afirmación de los otros errores. Quien niega la Iglesia debe negar a Cristo y por lo mismo negar a Dios. Lo que a veces no surge de inmediato, surge en la dinámica de los siglos, que va operando y realizando la lógica de la ciudad del mal. Así sucede en la Reforma, que al negar a la Iglesia ha preparado y abierto el camino a la negación de Cristo y de Dios, y al proceso actual de secularización.

La palabra Iglesia significa, en sentido general, la colectividad de los fieles del Nuevo y del Antiguo Testamento, que están unidos en la misma fe substancial en un Dios providente del orden sobrenatural y en Jesucristo venido o, por venir, y que participan de la misma vida sobrenatural originada en los méritos de la redención ya operada o debiendo próximamente cumplirse.

En este sentido, San Agustín comprende en la Iglesia universal a todos los justos que, desde Abel hasta el fin del mundo, pertenecen al Cuerpo Místico de Jesucristo[56]. Asimismo, dice Santo Tomás que la Iglesia *secundum statum viae* para todo el tiempo de prueba, *est congregatio fidelium*[57]. Explica cómo la fe de los fieles de todos los tiempos es substancialmente una, en razón de la fe explícita en estas dos verdades que contienen todas las otras, Dios providente y Jesucristo redentor[58]; y como la misma vida sobrenatural antes como después de la redención, proviene de los méritos de Jesucristo y se manifiesta, en uno y otro período, por la misma fe y por el mismo amor en Jesucristo esperado y debiendo rescatarnos o ya venido e inmolado por nosotros[59].

Esta Iglesia o Tradición se desenvuelve en tres economías: una, de la ley natural; la segunda, de la ley mosaica; la tercera, de ley evangélica o cristiana. Santo Tomás trata expresamente esto en el Tratado de la Ley 1-2, 90-108.

---

[56] *Serm.*, CCCXLI, c. IX, n° 11. P. L. XXXIX, col. 1499.
[57] *Sum.*, 3, 8. 4, ad. 2.
[58] 2-2, 1, 7.
[59] 2-2, 1, 7.

Etapas de la Cábala pervertida judía

La segunda cábala, o cábala pervertida, se inicia con Adán pecador y se perpetúa en la Cábala cainita, antes del Diluvio y con la Cábala Camita, después del diluvio. Esta cábala se va desarrollando en tres grandes fechas: la primera en el siglo VI antes de Cristo, que coincide con el exilio de los judíos en Babilonia; la segunda, alrededor de la aparición del cristianismo, culminando con Simón ben Jochai, en el siglo II de la era cristiana; y la tercera reúne las fabulosas elucubraciones del judaísmo medieval, del chasidismo alemán y termina con la elaboración del Sefer-ha-Zohar por Moisés de León.

Ya los hebreos, sacados de la tierra de Canaán por Abraham, tuvieron ocasión de inficionarse, cuando el primer exilio en el Egipto, en el siglo XIV antes de Cristo.

Pero esta contaminación no tuvo caracteres decisivos por la personalidad fuerte de Moisés, que le opuso una tremenda guerra. De aquí que haya de considerarse más peligrosa la cautividad de Babilonia, acaecida en el siglo VI antes de Cristo, ya que ella operaba sobre un pueblo espiritualmente debilitado y sin que una fuerte personalidad fuera capaz de detener la influencia maléfica de las prácticas y cultos babilónicos. Por ello, el centro y hogar espiritual de la *Cábala farisaica* es Babilonia, hacia el año 586 a. C. y de allí hasta el 1040 d. C., cuando las últimas de las academias del Talmud pasaron de Babilonia a Europa, Asia y África.

De las Academias de Sura, Nehardea, Nisibis, Pambeditha, las ideas talmúdicas y cabalísticas fueron aceptadas por los judíos del mundo. La Enciclopedia judía dedica un artículo a la influencia general de Babilonia sobre el judaísmo europeo. Luzzato ("Cartas hebraicas", pág. 865) la describe así: "El Oeste recibió ambas Leyes, la escrita y la oral, de Babilonia. La puntuación y la acentuación también comenzaron en Babilonia; igualmente el piyyut, la rima y el metro. Aun la filosofía tuvo aquí su origen, porque el frecuentemente mencionado, pero poco conocido David ha-Babli o Al-Makammez, que vivió en Saadia, es el más antiguo filósofo judío que se conoce. El más grande si no el más antiguo payyetan, Eleazar Kalir, del siglo IX, era aparentemente un babilonio. Es también verdad, añade Luzzato, que la herejía es un producto babilónico[60].

La mezcla de tradiciones y pueblos en el siglo sexto antes de Cristo

La cautividad de Babilonia de los judíos hay que estudiarla con la remoción general de pueblos y tradiciones que tuvo lugar en el siglo VI antes de Cristo. Por supuesto que, contra Jaspers[61], no aceptamos hacer del siglo VI antes de Cristo el tiempo eje de la historia. El eje de la historia es Cristo y sólo Cristo. Sin embargo, hay que admitir dentro de la historia la significación excepcional que tiene el siglo VI. "En ese tiempo se concentran y coinciden multitud de hechos extraordinarios. En China viven Confucio y Lao-Tse, aparecen todas las direcciones de la filosofía china, medita Mo-ti, Chuang-Tse, Lie-Tse y otros muchos. En la India surgen los Upanishads, vive Buda, se desarrollan como en China todas las posibles tendencias filosóficas, desde el escepticismo al materialismo, la sofística y el nihilismo. En el Irán enseña Zaratustra la excitante doctrina que presenta al mundo como un combate entre el bien y el mal. En Palestina aparecen los profetas, desde Elías, siguiendo por Isaías y Jeremías, hasta el Deuteroisaías. En Grecia encontramos a Homero, los filósofos Parménides, Heráclito, los trágicos, Tucídides, Arquímedes. Todo lo que estos nombres no hacen sino indicar se origina en estos cuantos siglos casi al mismo tiempo en China, en la India, en el Occidente, sin que supieran unos de otros[62].

Los judíos, que en el siglo VI fueran deportados a Babilonia, tuvieron allí ocasión de relacionarse con todas las religiones y tradiciones del mundo, y por lo mismo con todas las gnosis paganas de la humanidad, cuyo contenido es el mismo en todas ellas. Lo vamos a comprobar recorriendo las más antiguas gnosis.

La gnosis brahamánica

En el Rigveda, uno de los más antiguos libros del hinduismo, se nos describe el origen de todas las cosas:

---

[60] The Jewish Ene., *295-296*.
[61] Karl Jaspers, *Origen y Meta de la Historia*, Rev. de Occidente, Madrid, 1950.
[62] Ibid., pág. 8.

"Ni el no-ser existía entonces, ni el ser; no existía el espacio aéreo, ni el firmamento más allá". No existía en este tiempo ni muerte ni no-muerte; no había distintivo para la noche o el día. El Uno respiraba de su propio impulso, sin que hubiese aliento. Fuera de Esto, no existía ninguna otra cosa. Su deseo fue el desarrollo original (deseo) que ha sido la semilla primera de la conciencia"[63].

He aquí estos textos del Brihad-Upanishad, 4, 8, 17: "En verdad, en el origen, *Bráhman* solo existía. No se conocía sino a sí mismo: Yo Soy *Bráhman*. Él, era Todo. Después cada uno de los dioses fue, a medida que se despertaban, el pensamiento. Lo mismo los rsis, lo mismo los hombres. Es lo que el vidente rsi Vamadeva ha declarado: "Yo he sido Manu y Surya". Lo mismo hoy, aquel que dice así:

"Yo soy *Bráhman*, aquel que es el Todo, y los dioses mismos no pueden impedirlo porque son *átman*""[64].

La India, además de la noción de Brahman, un dios neutro, impersonal, indeterminado, con el cual hay que relacionar el *Ein sof* de la Cábala, aceptaba la idea de la transmigración del alma individual. He aquí un texto traducido por Olivier Lacombe en *L'Absolu selon le Vedanta:*

"Afirmamos que el Supremo Señor no experimenta el dolor de la transmigración como lo hace el alma individual. Porque el alma poseída por la Insciencia está constreñida por ella a entrar en un estado en que el cuerpo, etcétera, deviene poco más o menos "su sí mismo", y se imagina abusivamente que ella experimenta el producido por esta Insciencia, diciéndose: "Yo sufro el sufrimiento engendrado por el cuerpo". Pero para el Supremo Señor no hay estado en que el cuerpo le aparezca como "su sí mismo", ni imaginación abusiva del dolor".

La gnosis iránica

Para sintetizar la *gnosis iránica*, de la que se ha escrito tanto, nos ha parecido lo más conveniente traducir unas páginas del gran iranista moderno J. Duchesne Guillemin, "Ormazd et Ahriman", Presses Universitaires de France, 1953, París, pág. 32.

---

[63] Émile Gathier, *La Pensée Hindoue*, Éditions du Seuil, París, 1958, pág. 125.
[64] Ibid., pág. 145.

"Este sistema, ante todo, ¿es un dualismo o uno monoteísmo? Desde cierto punto de vista es un monoteísmo: Ahura Mazdâh es superior a los dos Espíritus que se enfrentan. Es el creador de toda cosa:

> ¿Quién ha sido, en el origen, el padre primero de la justicia? ¿Quién ha asignado sus caminos al sol y a las estrellas? ¿Quién aquél, si no eres tú, por quien crece y decrece la luna? ¿Quién ha fijado la tierra abajo, y el cielo de las nubes, que no cae? ¿Quién ha fijado las aguas y las plantas? ¿Quién ha uncido al viento y a las nubes sus corceles? ¿Quién es, ¡oh, Sabio! el creador del Buen Pensamiento? ¿Qué artista ha hecho la luz y las tinieblas? ¿Qué artista, el sueño y la vigilia? ¿Quién ha hecho la mañana, el mediodía, la tarde, para indicar al inteligente su tarea?

Desde otro punto de vista, el sistema aparece como un dualismo: Ahura Mazdâh es declarado idéntico a su Espíritu Benéfico y es en efecto éste quien crea (ver todo el Yasma, pág. 47); pero él crea sólo un orden bueno, una felicidad posible que ha desbaratado la rebelión de los malos.

Son los hombres responsables de su desgracia, ya que son libres en su elección; es también el Espíritu Malo, por haber dado el ejemplo de la mala acción; de aquí el mal se ha propagado por las daivas hasta el hombre: *Vos habéis frustrado al hombre la felicidad y la inmortalidad. Acto que os ha inspirado a vosotros, demonios, el mal espíritu con el mal pensamiento.*

De todos modos, el Espíritu Benéfico nada tiene que hacer en esto, sea el hombre solo o sea el hombre corrompido por el Espíritu malo y los demonios, que sean causa de este desastre; por consiguiente, Ahura Mazdâh tampoco, ya que le es idéntico. Así, pues, el mundo tiene dos dueños, dos creadores...

Pero, más bien que discutir sobre el monoteísmo o el dualismo de Zaratustra, es conveniente comprobar la ambigüedad de su sistema y acordarse de que tenía otras preocupaciones que la teórica. Su misión era obrar y hacer obra: reformar los ritos, proclamar los mitos nuevos"[65].

---

[65] Ver también *La Religion de l'Iran Ancien*, por J. Duchesne Guillemin, Presses Universitaires de France París, 1962.

La gnosis sumero acádica

Es ésta una gnosis astrológica, el sabeísmo o culto de los astros, como ya lo hemos advertido anteriormente. Eduardo Dhorme en "Les religions de Babylonie et D'Assyrie"[66] nos explica así el carácter de ese culto. ¿Qué idea, se pregunta, se hace uno de la personalidad divina que se venera bajo los más diversos nombres y que se encuentra bajo las formas más variadas? La escritura nos enseña. Un signo determinativo precede los ideogramas a los palabras que representan a los hombres, a los dioses, a los seres sobrehumanos, genios, demonios, héroes. Este signo, en el origen, representa una estrella. Cuando la estrella es empleada como determinativo divino, se le da el valor de "dios", *dingir* en súmero, *ilum* en acadio. Pero según los vocabularios, el sentido propio del signo es el cielo, *an* en súmero, *shamu* en acadio. Cualquiera sea la fisonomía del dios o de la diosa, se le asimila a un ser celeste. Por esto encontramos al Dios-cielo An (sumerio), Anum (acadio) a la cabeza del Panteón en nuestro estudio sobre los dioses del mundo.

Hemos visto que el ideograma que representa el cielo, *an* en sumerio, *shamu* en acadio, había acabado por significar también "dios", *dingir* en sumerio, *ilum* en acadio, y que se podía emplearlo como determinativo delante de los nombres divinos. El mismo signo -estrella- era empleado para designar el cielo personificado, *An* en sumerio, semitizado por los acadios bajo la forma de Anum o, sin mimación, Anu. En la cosmogonía clásica *Enuma Elish* es el dios Anum que aparece primero como personalidad distinta después que los principios del ser se han disociado en Ar-shar y Ki-shar, Universo celeste y Universo terrestre. Emana de Anshar, se convierte primero en su igual y puede rivalizar con sus padres. Es el primero en el tiempo y en el espacio[67].

Gnosis egipcia

Las religiones del Egipto antiguo nos pintan las génesis de las cosas creadas como que no hubieran salido de la *nada* por la acción de una divinidad intemporal. Los textos nos dejan adivinar la existencia

---

[66] *Les religions de Babylonie et d'Assyrie*, por Edouard Dhorme, Presses Universitaires, 1949, pág. 11.
[67] Ibid., págs, 22 y 23.

preliminar de un caos, de un "mundo anterior", se podría decir, que contenía ya en sí, pero en estado latente o bajo una disposición diferente, toda la "materia primera" que va a ser puesta en obra en la creación. Mejor todavía, el demiurgo en potencia está como anegado en el caos; deberá por tanto primeramente tomar conciencia de sí mismo antes de despertarse a la existencia y ponerse al trabajo.

¿A qué se parecería este mundo caótico? El caos no puede ser explicado, no se parece a nada, es, en cierto modo, lo negativo del presente. Así habla una fórmula del *Texto de las Pirámides*, cuando pretende divinizar al rey difunto asimilándolo al demiurgo: " (este rey ha nacido) cuando el cielo no había tomado nacimiento, cuando la tierra no había tomado nacimiento, cuando los hombres "no habían tomado nacimiento, cuando los dioses no habían sido engendrados, cuando la muerte misma no había tomado nacimiento".

Los textos egipcios pintan la génesis como un colocar el universo en que estamos -tal como lo vemos- pero no como un puro salir de la nada: el agua existía ya[68].

La vieja cosmogonía heliopolitana nos es revelada por el *Texto de las Pirámides* (2500-2300 antes de Cristo), por los *Textos de los Sarcófagos* (2300-2000 antes de Cristo), y por el *Libro de los Muertos* (a partir de 1500 antes de Cristo).

Extractos de los Textos de las Pirámides

1. *Antes de la Creación:* "Este (rey) ha sido puesto en el mundo en el Num, cuando el cielo no existía, cuando la tierra no existía, cuando nada existía (todavía) que fuese establecido, cuando el desorden (mismo) no existía, cuando este terror que debía nacer del ojo de Horus no había sido producido (todavía)".

2. *Aparición del demiurgo:* "Saludo a ti, Atum. Saludo a ti, Krepi, que has venido de ti mismo a la existencia. ¡Tú culminaste en este tu nombre de "colina"! ¡Tú vienes a la existencia en este tu nombre de Khepri!".

* * *

---

[68] *La Naissance du monde,* Aux Éditions du Seuil, pág. 24, París, 1959.

4. *El creador solitario:* Atum se ha manifestado bajo la forma de un masturbador en Heliópolis.

Tomó su miembro en su puño; los gemelos fueron puestos en el mundo, Shu con Tefnut[69].

Gnosis hermética

La gnosis hermética ha sido estudiada especialmente por A. J. Festugiere[70] y consiste en una recopilación de escritos que circularon del siglo I a. C. al II d C.; los mismos versan sobre astrología, ocultismo, filosofía, revelación religiosa, dando un reflejo exacto de la situación sincretista y de la ansiedad filosófico-religiosa que invadió al Imperio Romano en los primeros siglos cristianos.

Extractamos del "Poimandres", uno de los libros herméticos más notables, lo siguiente: 2. "Y yo dije: "¿Pero tú quién eres" "Yo, digo, yo soy Poimandres, el Nous de la soberanía absoluta. Yo sé lo que tú quieres y yo estoy contigo en todas partes". 3. Y yo dije: "Yo quiero estar instruido sobre los seres, comprender su naturaleza, conocer a Dios...". A estas palabras, cambió de aspecto y súbitamente se abrió todo delante de mí en un momento, y veo una visión sin límites, todo hecho luz, serena y gozosa, y, habiéndola visto, me enamoré de ella. Y poco después había una oscuridad dirigiéndose a lo bajo, sobrevenida a su vez, horrorosa y sombría, que se había enroscado en espirales tortuosas, semejante a una serpiente, a lo que me pareció... 5. Con todo que, saliendo de la luz... un Verbo santo vino a cubrir la naturaleza, y un fuego sin mezcla se lanzó fuera de la naturaleza húmeda en culto hacia la región sublime...

6. Entonces Poimandres: "¿Has comprendido qué significa esta visión?" - Y yo: "¿Lo sabré?" dije. - "Esta luz, dice, soy yo, Nous, tu Dios, aquel que existe antes de la naturaleza húmeda que ha aparecido fuera de la oscuridad. En cuanto al verbo luminoso salido del Nous, es el hijo de Dios". - "¿Qué, pues? dije. - "¿Conoces lo que yo quiero decir por este medio: lo que en ti mira y entiende es el Verbo del Señor, y tu Nous es el Dios Padre: no están separados el uno del otro, porque su

---

[69] Ibid., pág. 46.
[70] *La Révélation de Hermes Trismegiste,* cuatro tomos, Gabalda, París, 1950-1954; también, *Hermétisme et Mystique Paienne,* Aubier, París, 1967; y asimismo, *Hermes Trismegiste,* ed. Budé, cuatro tomos.

unión es vida". "Te doy gracias, dije". - "Y bien, pues, fija tu espíritu sobre la luz y aprende a conocer esto".

9. Ahora bien, el Nous Dios, siendo macho -y- hembra, existiendo como vida y luz, engendró con su palabra un segundo Nous demiurgo que, siendo dios del fuego y del viento, modeló los gobernadores, siete en número, los cuales envuelven en dos círculos al mundo sensible, y su gobierno se llama el Destino.

12. Ahora bien, el Nous, Padre de todos los seres, siendo vida y luz engendró un Hombre semejante a él, del que se enamoró como su propio hijo. Porque el Hombre era muy hermoso, reproduciendo la imagen de su padre: porque es verdaderamente de su propia forma que Dios se hizo amoroso, y le entregó todas sus obras.

14. Entonces el Hombre... mostró a la Naturaleza de abajo la bella forma de Dios. La naturaleza sonrió de amor, porque había visto los rasgos de esta forma maravillosamente bella reflejarse en el agua y su sombra sobre la tierra. Pero él, habiendo percibido esta forma semejante a él presente en la naturaleza, reflejada en el agua, la amó y quiso habitar allí. Desde el instante en que lo hizo, lo cumplió y vino a habitar la forma sin razón. Entonces la Naturaleza, habiendo recibido en ella a su amado, lo abrazó todo, y se unieron, porque se quemaban de amor.

15. Por esto, solo de todos los seres que viven sobre la tierra, el hombre es doble, mortal por el cuerpo, inmortal por el Hombre esencial.

La gnosis hebraica

En los siglos primeros de la era cristiana, cuando circula la gnosis hermética, ésta -en cierto modo una mezcla griego-egipcia- reunió en sí todo el sincretismo filosófico-religioso de la época. El pensamiento y el sentimiento griego que procedía de los filósofos y de los varones religiosos, como Orfeo, Pitágoras, Platón, los estoicos, para señalar algunos grandes ejemplares; los misterios egipcios que de uno y otro modo querían ponernos en comunicación con la divinidad, traían una carga de todos los mitos y misterios orientales, los de Caldea, Persia, Babilonia, y hasta de la India. En este medio tenemos que situar a la Cábala y al judío para comprender su universalidad y cómo ella, en cierto modo, va a ser *expresión* de todas las aberraciones religioso-filosóficas de todos los pueblos y tradiciones.

La gnosis hebraica se va elaborando lentamente en este ambiente, pero se mantiene como una corriente subterránea, secreta, durante varios siglos. Los nuevos descubrimientos del Mar Muerto van a revelar sin duda importantes escritos de la *gnosis hebraica*.[71] Siempre mantiene actualidad lo que escribe Gershom Scholem en su gran libro *Las grandes corrientes de la mística hebraica*[72], sobre todo en el capítulo 2, "La mística de la Merkaba y la gnosis hebraica".

"La mística hebraica comenzó en Palestina. Conocemos los nombres de los más importantes representantes de la especulación mística y teosófica entre los maestros de la Mishna pertenecientes al círculo de Jocham ben Zakkày; hacia el fin del primer siglo después de Cristo.

Tenemos buenas razones para sostener que la mayor parte, y aún lo más esencial de su herencia espiritual, fue recogido en los conventículos esotéricos y después en los círculos que al fin de la época talmúdica intentaron, en toda una literatura, lograr una síntesis de su nueva visión religiosa del mundo. Los autores de tales escritos no aparecen con sus nombres sino con los de Yochanan ben Zakkày, Eliezer ben Hircanos, Aquib ben Yosef Ismael, el Sumo Sacerdote: estos son presentados como personajes de su obra, "héroes" de la acción mística, representantes y custodios de la sabiduría secreta[73].

"Sabemos que durante la existencia del segundo templo, se venía siguiendo una disciplina esotérica en los círculos farisaicos, en los cuales eran objeto de discusión (que en todo caso era desaconsejado hacer público) especialmente el primer capítulo del Génesis -la historia de la Creación, *Ma'asé Bereshith*- y el primer capítulo de Ezequiel, la visión del carro con el trono divino, la *Merkaba*[74].

"¿Cuál es el verdadero y propio tema de aquellas antiquísimas ideas místicas en el ámbito hebraico? Al respecto no puede haber ninguna duda: la más antigua mística hebraica es la mística del trono. En esta no se trata de sumergirse en la meditación de la verdadera naturaleza

---

[71] No hace falta destacar aquí la significación, para la ilustración de la gnosis hebraica, de las excavaciones y descubrimientos del Qumran. Roberto Grant advierte en *"La Gnose et les origines chrétiennes*, pág. 13, que "los datos suministrados por el Qumran lo mismo que por Nag-Hammadi van a traer una revisión profunda de la historia de los orígenes cristianos... Los esenios del Qumran parecen de una cierta manera ligados al desarrollo ulterior del judeo-cristianismo... Hay que reconocer que en el pasado, el elemento judío, o más precisamente el elemento judío heterodoxo del pensamiento gnóstico ha sido descuidado y que merece ser valorado con demasiada insistencia".
[72] Le grandi correnti..., *pág. 65*.
[73] Ibid., pág. 66.
[74] Ibid., pág. 66.

de Dios, sino en la visión de Su aparición sobre el trono, de la cual habla Ezequiel, y del conocimiento del misterio de este celeste mundo del trono. El mundo del trono significa, para el místico hebreo, lo que para los místicos helenísticos y protocristianos señalados con la designación de gnósticos y herméticos es el *pleroma*, el mundo luminoso de la divinidad, con su potestad, eón y dominación. (...) El preexistente trono de Dios -que contiene en sí en forma ejemplar todas las formas de la creación- es meta y objeto del éxtasis y de la visión mística"[75].

La gnosis hebraica que, como enseña Gershom Scholem, se venía transmitiendo en los círculos esotéricos de los fariseos, será más adelante consignada por escrito. Y así escribe el mismo Gershom Scholem: "Los documentos más importantes de este movimiento -en el cual todavía se afirma su vitalidad original- remontan, como máximo, a los siglos V y VI. Es bastante difícil establecer una cronología exacta, pero muchos indicios parecen indicar una época anterior a la expansión del islam... De todo este material tan fino, mucho no se ha publicado todavía.

Algunos de ellos se llaman "libros de los Hekhaloth", descripciones de las experiencias visionarias, en la última de las cuales se yergue el trono de la gloria divina. Uno de estos escritos fue editado en 1928 con el título de época posterior de "Libro de Enoch" del estudioso sueco Rugo Odeberg. Más importante aún, sin embargo, son los tratados que se han transmitido con el nombre de "Gran Hekhaloth" y "Pequeño Hekhaloth", cuyo texto hebraico se encuentra en ediciones corrientes y que recibieron una reelaboración crítica, un comentario y una traducción como las de Odeberg... Si se hiciese una historia de las religiones que considerase estos trabajos, se habría hecho una de las grandes contribuciones a la historia de la antigua gnosis[76].

Para la comunicación de la mística de la Merkaba había todavía restricciones severas y no debía ser permitida sino por los presidentes de los tribunales o por alguna categoría de hombres designados en Isaías, 3, 3. Asimismo, el capítulo XIII del "Gran Hekhaloth" enumera ocho condiciones morales para ser digno de la iniciación: pero la novedad está en el hecho de que junto a tales condiciones se sumaban criterios, de tipo somático, que nada tenían que ver con las condiciones

---

[75] Ibid., pág. 68.
[76] Ibid., pág. 69.

morales o sociales del adepto. La dignidad del novicio se juzgaba según criterios fisiognómicos y quirománticos, a lo cual debe haber contribuido al reavivamiento de la fisiognómica helenística en el siglo II antes de Cristo[77].

..."Aquellos que, según los criterios mencionados, eran considerados dignos, podían aprestarse al "descenso" hacia la Merkaba que tras un peligroso viaje por los siete palacios celestiales... les llevaba ante el trono de Dios. Esta peregrinación a través del cielo, su preparación, su técnica y la descripción de lo que se ve en su transcurso, todo esto constituye el contenido de los escritos sobre la mística de la Merkaba[78].

"Originariamente teníamos una variación hebraica de la ascensión del alma, que constituía una de las miras de la mística de los gnósticos y los herméticos de los siglos II y III; el alma de la tierra -a través de las esferas de los ángeles de los planetas hostiles y señores del cosmos- alcanza su morada divina en la calma del mundo de la luz de Dios. Esta idea de la ascensión ha sido considerada por ciertos estudiosos la idea central de la gnosis. La descripción de esta peregrinación, que aparece en todo el "Gran Hekhaloth" segunda parte, capítulos XV a XXIII, tiene en general y particular un carácter gnóstico[79].

"Además de esta mística visionaria de la Merkava, se encuentra otra de naturaleza especulativa en los escritos compilados bajo el título de *Ma'asé Bereshit*. Estos textos comprenden la tentativa de una cosmología y una cosmogonía mística: se trata del libro ya mencionado *Sefer Yetzira* o "Libro de la Creación" que a juzgar por su estilo y terminología guarda estrecha relación con la mística del Merkava. Volumen breve, es difícil establecer cuándo fue escrito, aunque probablemente lo haya sido entre los siglos III y IV.

Representa la primera tentativa especulativa escrita en hebreo. Su estilo solemne, y a menudo muy vago y oscuro, es característico de un texto de meditación mística: no es pues para sorprenderse, siendo a veces pomposamente ambiguo, a veces lapidario y adivino, que tantos filósofos como cabalistas medievales lo hayan tomado en consideración[80].

---

[77] Ibid., pág. 73.
[78] Ibid., pág. 74.
[79] Ibid., pág. 74.
[80] Ibid., pág. 103.

"Este librito trata de los elementos del mundo. Como tales indica los diez números primordiales -llamados *Sefirot*- y las veintidós letras del alfabeto hebraico. Estos representan las fuerzas secretas de cuyos encuentros nacen las diversas combinaciones que luego han dado lugar a la creación; son "las treinta y dos vías secretas de la sabiduría", gracias a las cuales Dios ha producido lo que existe. Los *sefirot* no representan diez estadios: la cosa no es tan simple; por el contrario, "su fin está en su principio, y su principio está en su fin, así como la llama pertenece al carbón -cierra tu boca que no hable, y tu corazón que no juzgue. Luego de haber distinguido el autor las funciones de los *sefirot* en la cosmogonía o, por mejor decir, después que los ha aludido de modo subrepticio, se extiende acerca de las funciones secretas de todas las letras en particular: "(Dios) las ideó, las plasmó, las combinó, pesó y mezcló, y por medio de ellas realizó la creación entera y todo aquello destinado a ser creado"[81].

"Pero la gnosis hebraica no era especulativa. Entre el libro de Yetzira y la magia y la liturgia había una estrecha relación. En los círculos esotéricos, más allá de la ascesis estática delante del trono está otra práctica, muy vecina a la magia; por ejemplo, "revestirse del nombre", rito de ceremonial complicado en el cual el mago, por así decir, se impregna del gran nombre de Dios en cuanto viste simbólicamente un mantel donde se ha escrito un nombre. También a esta categoría pertenece la invocación del príncipe o arconte de la Tora, *Sar Tora*. Tales ritos procuran un saber que fundamentalmente es el que se adquiere con la visión de la Merkava, que en algunos casos es revelado por una voz procedente del fuego del trono, mientras en los otros, lo es por el "Príncipe de la Tora": el secreto del cielo y de la tierra, la medida de las dimensiones del demiurgo y los nombres secretos cuyo conocimiento da poder sobre todas las cosas. Por cierto, estos ritos mágicos también prometen una mayor comprensión de la Tora, cuya característica principal es que el adicto no puede ya olvidarla y otras cosas de ese género que para los místicos de las Hekhaloth eran evidentemente importantes pero no en forma tan vital, desde que buscaban conformarse al hebraísmo rabínico, y por ello en el "Gran Hekhaloth" acentuando claramente los lazos con la tradición halakhica. En esta doctrina teúrgica se encuentra, en buena medida, magia y éxtasis. El elemento teúrgico se elabora en una serie de escritos que

---

[81] Ibid., pág. 104.

tienen varios puntos de contacto con los tratados de los Hekhaloth, como, para citar un ejemplo, *Charbà de Moshè*, la espada de Moisés, la *Havdala* de Rabbi Aqiva, y las recetas prescriptas en el libro *Shimmushé Tehillím*, cuyo título significa "El uso mágico de los salmos". Estos han hecho larga carrera en la vida y creencias populares hebreas"[82].

El Sefer-ha-Zohar

Cuando en el siglo XIII Moisés León iba a consignar por escrito, por vez primera, en el Sefer-ha-Zohar toda la plenitud de la gnosis hebraica, ésta se hallaba ya perfectamente madura.

---

[82] Ibid., pág. 105.

CAPÍTULO II

LAS DIVERSAS INTERPRETACIONES DE LA CÁBALA

El libro actual de la Cábala, sobre todo el Zohar, actualizado por Moisés León, reúne en un único y mismo volumen tradiciones orales antiquísimas, buenas y malas, las de Dios y las del diablo, inextricablemente mezcladas. No es posible discernir qué corresponde a una y qué corresponde a otra. De aquí que quepan interpretaciones diversas de la Cábala, como lo demuestra inequívocamente la historia en todos los tiempos, principalmente después de Raimundo Lulio y de los cabalistas cristianos del Renacimiento. Por ello, aquí daremos cuatro interpretaciones de la Cábala: la una, la cristiana, siguiendo en ello al famoso rabino convertido, el caballero Drach, quien ha expuesto este asunto largamente en *Harmonie entre et l'Église et la Synagogue;* la segunda, la que nosotros llamamos interpretación naturalista, que da el sabio judío Gershom Scholem[83]. Una tercera, la ocultista, propia de autores esotéricos y ocultistas, como Papus y Éliphas Levi; y una cuarta, la judaica y demoníaca, tal como la expone el sabio jesuita Mons. León Meurin en *Filosofía de la Masonería,* Editorial Nos, Madrid, 1957.

l. LA INTERPRETACIÓN CRISTIANA DE LA CÁBALA

De la importancia que tiene la interpretación cristiana de la Cábala da cuenta el documentado libro de F. Secret, *Les kabbalistes chrétiens de la Renaissance*[84] El autor se mantiene en el estudio del Renacimiento abarcando España, Italia, Alemania, Francia e Inglaterra. Es un trabajo impresionante por la cantidad de cabalistas cristianos que son revistados. Sin embargo, conviene tener presente lo que dice el

---

[83] *Le grandi correnti della mística ebraica,* Il Saggiatore, Milano, 1965. En francés, Payot, París, 1968.
[84] Dunot, París, 1964.

autorizado Paul Vulliaud a propósito de la Cábala cristiana de Drach[85]: "Ahora bien, Drach no es un revelador. Queremos decir que no descubre a los cristianos una categoría ignorada de los documentos: los textos rabínicos. Aunque él no lo hubiera revelado, la ciencia cristiana no hubiera por eso dejado de conocer lo que él ha repetido con su autoridad de profundo cabalista. El rabino convertido ha hecho la contribución de toda la documentación de los hebraizantes cristianos. Los cita por lo menos. Pero no se sabe en qué grado el homenaje es merecido. Y se lamenta, siendo un hecho sus conocimientos de raza, de que no haya cumplido la obra reveladora que hubiéramos deseado. Esta actitud proviene del carácter tradicionalista del autor y de las tendencias intelectuales de la época en que vivía. No ha considerado la Cábala sino desde el punto de vista apologético y confesional.

No la expone bajo el aspecto teosófico. No estudia la Cábala sino en relación con el cristianismo, es decir que con este autor, como en el tiempo del Renacimiento, el hebraísmo esotérico suministra un material de pruebas tradicionales, como suministraría tal o cual religión y no lo examina en sí en su conjunto. A pesar de todo, su libro es interesante por más de un título. Su autor no había entrevisto el servicio que rendía contra los adversarios cristianos y en especial católicos de la Cábala. ¿Cómo atreverse, después de los trabajos de Drach, a sostener la heterodoxia de puntos esenciales de la tradición esotérica de los judíos?

Escritores hubo que lo hicieron, sin duda. Ellos suscitan la cuestión de si su completa ignorancia es de mala fe". Hasta aquí Paul Vulliaud.

Y ahora lo que dice el caballero Drach, de acuerdo con lo aparecido como apéndice del libro de Papus, Docteur Gérard Encausse, *La Cabbale* sixième edit. Dangles, París.

> "*Lo que los hebreos enseñan a propósito de su Cábala y de su antigüedad. Principales doctores de esta ciencia esotérica. La Cábala, transmitida primero oralmente, puesta por escrito en tiempos posteriores. Libros que nos quedan de esta redacción. Los incrédulos han intentado desnaturalizar su sentido*".

---

[85] La Kabbale juive, *pág. 246.*

1. La ley escrita y las dos leyes orales: una legal, la otra mística o cabalística[86]

El término cábala, que en hebreo quiere decir tradición recibida, qabala, del verbo qbl, indica que esta ciencia es considerada por los rabinos como una enseñanza tradicional. La misma consiste, según estos doctores, en tradiciones que remontan a las épocas más antiguas: hasta Moisés y aún hasta Adán. El legislador del pueblo hebreo, sostienen, ha recibido de Dios no solamente la ley escrita, sino también la ley oral; es decir, su interpretación, tanto legal, esto es talmúdica como mística y cabalística. En efecto, nunca estuvo permitido a los hebreos explicar la palabra de Dios de modo distinto de la tradición enseñada por los antiguos; en última instancia, en los casos dudosos, de la decisión del supremo pontífice de cada época.

Estas dos partes de la ley oral no se componen pues más que de tradiciones y de deducciones lógicas a las cuales han dado lugar para determinar su sentido. Sin duda se han deslizado, por así decir, muchas tradiciones apócrifas o desnaturalizadas, por las cuales los fariseos falsificaban el sentido de la ley santa, y que Nuestro Señor condenara en la forma más severa.

Pero éste es el lugar para recordar la regla que he dado en varios pasajes de mis obras. Hela aquí: toda tradición que lleva el sello de la verdadera religión, la cual, según lo expresa San Agustín, remonta a la cuna del género humano, es indudablemente auténtica. Por cierto, no son invenciones de los rabinos las tradiciones que representan en la Divinidad *tres esplendores supremos* distintos y sin embargo unidos inseparablemente en una esencia de la unidad más absoluta; las que establecían que el Redentor de Israel sería a la vez verdadero Dios y verdadero hombre; las que enseñaban que el Mesías se ofrecería *para cargar* sobre sí la expiación de todos los pecados de los hombres; las que nos enseñan que el Silo, prometido por el patriarca Jacob (Gen. 49, 10), es realmente el Mesías; cosas todas que los doctores de la Sinagoga moderna niegan obstinadamente. No es por cierto un rabino quien intenta dar al Zohar la explicación siguiente, que confirma la del Evangelio, Mateo XXI, 4, 5: *el pobre montado en un asno*, profetizado por el profeta Zacarías, IX, 9, es el Mesías hijo de David.

---

[86] Papus, *La Cabbale, tradition secrète del'Occident*. Éditions Dangles, París, 6ª Ed., pág. 328.

2. Principales doctores de la Cábala. El Zohar[87]

Quien ha enseñado la Cábala con mayor repercusión y ha formado el número más importante de discípulos distinguidos es el famoso Simeón ben Yohhai, rabino de principios del siglo segundo de nuestra era. El dialecto en el cual se expresaba es el usado por los judíos de esa época, el sirio-jerosolimitano, al cual ya se habían mezclado términos latinos y griegos.

Enseñaba la tradición y doctrina de maestros más antiguos que él, y atribuía gran número de ellas al profeta Elías, a Moisés, llamado en el Zohar *el pastor fiel*, y al ángel Metatron. Sus discípulos y los discípulos de éstos se ocuparon luego en poner sus lecciones por escrito, reuniéndolas en un solo cuerpo que recibió el nombre de Zohar, es decir, claridad. Esta redacción evidentemente duró varios siglos, o por lo menos durante un prolongado lapso fue recibiendo nuevas adiciones, ya que se encuentran en ella mencionadas las dos partes del Talmud, la mishna y la ghemara, muy posteriores, y también se habla allí del falso profeta Mahoma. Los historiadores judíos aseguran que nos ha llegado solamente una escasa parte de este escrito. El rabino Ghedalia, en su crónica titulada Salšelet haqqabala, *Cadena de la Tradición*, escribe: "Sé por una tradición oral que esta compilación es tan voluminosa que, si se encontrara su totalidad, formaría la carga de un camello...".

3. Tratados y libros complementarios del Zohar[88]

El texto del Zohar, tal como lo poseemos actualmente, contiene numerosos tratados que se han ido insertando sucesivamente en diferentes épocas. Entre tales tratados se distingue el Seper habbahir, *Libro Ilustre*. Data de antes del nacimiento de Simeón ben Yohhai, pues su autor es Nehhunia ben Haqqané, quien floreció entre treinta y cuarenta años antes de la Encarnación. Se editaron por separado después, para completar la compilación cabalística: 1° los complementos del Zohar; 2° el nuevo Zohar; 3° el Zohar del cántico de los cánticos, el de Ruth, el de las Lamentaciones. Entre los libros cabalísticos no hay que dejar de lado el Seper Yesīra *Libro de la Creación*, y muchos otros libros antiguos, de los cuales una parte ya no se encuentra, oculta entre los manuscritos de bibliotecas. El comentario cabalístico del Pentateuco ofrece extractos de varios de estos libros

---

[87] Ibid., pág. 330.
[88] Ibid., pág. 331.

cabalísticos ahora perdidos. Se menciona también entre los libros más importantes el Seper Razīel, *Libro Raziel*, que es más bien un tratado de teúrgia.

Idea verdadera de la Cábala. Su uso en la Sinagoga[89]

Voy a exponer qué es realmente la Cábala judía mientras someto sin temor mis pruebas a la apreciación de todo hombre de buena fe y sano criterio. Se verá que, según la doctrina fundamental de la cábala, el universo es una creación *ex nihilo* del poder infinito de Dios.

De hecho, toda ciencia debe tener un objetivo práctico. ¿Cuál es, entonces, el de la Cábala? El Zohar, principal código de la Cábala, parte 2ª col. 362, y después de él todos los cabalistas, responde que su objetivo es enseñar cómo se deben dirigir sus intenciones rogando a Dios; a qué *esplendor* y a qué *atributo* de Dios se debe recurrir especialmente en tal o cual necesidad; cuáles ángeles es posible invocar para obtener su intercesión en ciertas circunstancias; por qué medio ponerse a salvo de la ferocidad de los espíritus maléficos, de los cuales está lleno el aire.

Precisamente para indicar con exactitud estas intenciones, estas plegarias y estas fórmulas, el rabino Isaías Hurwitz, uno de los más sabios cabalistas del siglo XVII, ha compuesto un voluminoso comentario cabalístico de las plegarias usuales de la sinagoga bajo el título Sa'ar haššamayīm, *La Puerta del Cielo*. La consecuencia se desprende naturalmente. La Cábala enseña que hay un Dios personal a quien debemos dirigir nuestras oraciones, mientras los panteístas se consideran ellos mismos Dios. Afirman, con un filósofo coronado de Egipto: *Meus est fluvius meus, et ego feci memetipsum*[90] (Ezeq. XXIX, 3).

He conocido rabinos que por primera vez escuchaban cómo se pretendía que la Cábala contiene los principios del ateísmo y que quedaban asombrados. Sucede a veces que, atacados de improviso por una proposición extraña, ridícula, quedamos estupefactos. Una montaña de respuestas se presentan confundidas, cada una a tal punto apurada por manifestarse, que no se sabe por cual comenzar. Estos rabinos no podían exclamar nada más que: ¡Pero no es posible! ¡Es una insensatez,

---

[89] Ibid., pág. 333.
[90] Mío es mi río y yo me hice a mí mismo.

una locura! ¡Cómo! ¡Nuestros píos cabalistas de todos los siglos negando la existencia de Dios!

Los doctores de la sinagoga moderna temen de la difusión de la ciencia cabalística un peligro de naturaleza opuesta. Varios de entre ellos dicen anatema contra quienes publican los libros de la cábala. El rabino Jehuda Arié, conocido como *León de Módena*, escribe en una de sus obras titulada El león rugiente: "Y dudo que Dios perdone nunca a quienes han hecho imprimir semejantes libros... En efecto, algunos israelitas, distinguidos tanto por su ciencia como posición social, han sido llevados a abrazar la fe católica a causa de la sola lectura de los libros de la cábala. He mencionado a varios en mi *Armonía*... Un discípulo del mismo rabino Arié, *Samuel ben Nahhmias,* de una rica familia judía de Venecia, recibió el bautismo en su ciudad natal el 22 de noviembre de 1649 junto con el nombre de Julio Morosini. Este Morosini es autor de un libro en italiano, voluminoso y sabio, cuyo título es: *El camino de la fe mostrado a los hebreos,* Roma Imprenta de la Propaganda, 1683, 2 vol. inc. 4°.

1. La emanación de la Cábala y los diez sefirot o esplendores. Los tres esplendores supremos[91]

Los fautores del panteísmo han creído utilizar en su provecho la cábala porque en ella se habla frecuentemente de *emanación*. Abusando de esta palabra se han burlado de gran número de personas incapaces de verificar las piezas del proceso. Pues bien, precisamente esta doctrina de emanación da a la cábala el carácter eminentemente cristiano que ningún hombre de buena voluntad puede dejar de reconocer. Nada más fácil que su demostración.

La cábala distingue *todo lo que existe* en cuatro mundos, subordinados uno a otro. 1° El mundo *atzilútico* (emanativo). 2° El mundo *briático* (creativo). 3° El mundo *ietzirático* (formativo). 4° El mundo *aciático* (facticio, factivus). Los tres últimos a partir del mundo creativo son, como ya lo anuncia su denominación, creaciones de la Esencia de Dios. Los textos que transcribo más adelante son explícitos.

La emanación se detiene en el primer mundo, que es el solo increado y que permanece concentrado. Es importante describir según la Cábala este primer mundo. El mundo atzilútico comprende diez *sefiroth*, es

---

[91] Ibid., pág. 334.

decir, esplendores. El primero es la corona suprema, Keter'Elyon, llamada también lo *Infinito*, 'En sof. De éste emana el segundo esplendor, llamado la Sabiduría, Hakema.

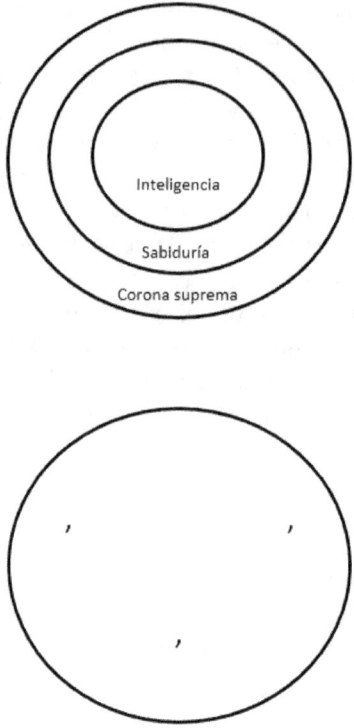

Ella es el *primitivo Adán*, 'Adam Qadmon, llamado así para distinguirlo del primer hombre.

Destaquemos que San Pablo llama a este esplendor encarnado *novísimo Adán* (1, *Cor.* XV, 45).

De aquí, con el concurso del esplendor supremo, emana el tercer esplendor, llamado *la Inteligencia* (Bīna).

Tales son, según enseñan los cabalistas, los tres esplendores superiores o supremos, los únicos llamados intelectuales. Aunque distintos, forman una corona única, son *uno, un absoluto, unum absolutum*. He aquí por qué se los representa por estos tres círculos concéntricos, y que se los figure *santo, santo, santo* (Qadoš, Qadoš, Qadoš), por tres *yods*, dispuestos en triángulo equilátero encerrados en un círculo.

Habría que ser ciego para no percibir, o muy obstinado para no declarar, que estos tres esplendores son la santísima e indivisible Trinidad de Personas en la Esencia Divina, *una de la unidad más absoluta*. La Cábala enuncia esta verdad en idénticos términos que los de la teología católica, como se verá en los fragmentos que transcribo más adelante. Pero citaré un texto curioso. No lo califico como de cabalista judío, pues pertenece al tratado *De natura Deorum*, de Cicerón (libro I, párrafo 21): "Parménides ha imaginado algo que tiene la forma de una corona. Lo llama "stepháne" (en griego, corona), un círculo continuo, brillante, que encierra el *cielo;* asimismo, lo llama Dios". ¿No se observan aquí los tres esplendores supremos formando una sola corona? Destaquemos que el primer esplendor encierra todo el cielo en su círculo continuo sin solución. Cicerón, al no comprender nada de la sublime lección que repetía el metafísico de Elea, agrega con la suficiencia digna de un filósofo: "No podría acudir al pensamiento de nadie que un círculo fuera la figura de la Divinidad ni que el mismo tenga sentimientos". Cicerón, sin embargo, no debía haber olvidado que los egipcios y otros pueblos antiguos renombrados por su sabiduría representaban por medio de una serpiente *enroscada en círculo,* con la cola en la boca, al Dios supremo, eterno, infinito; en términos de cábala, *absque fine,* 'En Sof. Los otros siete esplendores, emanados cada uno del que le precede, son: El cuarto, la *Grandeza* (Gedulla), también llamado *Benignidad* (Hesed).

El quinto, la *Fuerza* (Gebura), también llamado *Rigor, estricta justicia* (Medet haddīn).

El sexto, la *Belleza* (Tif'eret).

El séptimo, la *Victoria* o *Eternidad.*

El octavo, la *Gloria* (Hod).

El noveno, el *Fundamento,* o la *Base* (Yesod).

El décimo, la *Belleza* (Malkut).

Estos siete esplendores forman una clasificación bajo la denominación genérica de *Conocimiento* (Da'at). El *Conocimiento* dice Joseph Qicatilla, en su tratado *Las Puertas de la Luz, ša'arê Hora,* es el modo de ser de las representaciones divinas que vienen según el esplendor *Inteligencia* (Bīna), sin llegar a formar por sí mismo un esplendor especial.

2. Los siete esplendores comprendidos bajo la denominación de Conocimiento o los atributos divinos[92]

Es evidente para todo espíritu exacto que si los primeros tres *Esplendores* son Dios en tres personas en el orden que nos enseña la fe católica los siete esplendores que siguen son, como declaran expresamente los cabalistas, los *atributos* de Dios, y, más exactamente, Dios *en sus atributos*. En efecto, comprenden todas las perfecciones divinas. Estos esplendores son también *emanaciones*, pues los atributos divinos son inseparables de la Divinidad y constituyen una *unidad perfecta* entre ellas y en Dios.

Que los diez esplendores, en hebreo sepirot, no son sino el conjunto; si es lícita esta expresión, lo prueba asimismo el nombre divino adjudicado a cada uno de ellos, a saber:

El primero es llamado 'Ehye, *soy el que es*.

El segundo, YH, abreviatura de Yahwê.

El tercero, Yehowī, el tetragrama con la puntuación vocálica del nombre divino 'Elohīm.

El cuarto, 'Elo, y según otros, 'El, Dios.

El quinto, 'Elohīm, Dios.

El sexto, Yahwê, Yavé.

El séptimo, Yahwê Seba'ot, Yavé de los Ejércitos.

El octavo, 'Elohīm Seba'ot, Dios de los Ejércitos.

El noveno, 'El Hay; Dios viviente.

El décimo, 'Adonay, Señor.

Ya he afirmado que los atributos divinos son inherentes a Dios, como enseñan la filosofía y la teología cristianas. Así se expresa el corifeo de los teólogos modernos, el R. P. Perrone: "No se puede admitir ninguna distinción entre Dios y sus atributos, sean absolutos sean relativos ni entre los mismos atributos absolutos. Porque si se daría tal distinción, se debería admitir en Dios real composición y esta composición no puede darse en Dios, que es completamente simple; debe ser excluida de Dios toda real distinción, sea entre la Divinidad y sus atributos

---

[92] Ibid., pág. 337.

absolutos o relativos, o entre los mismos atributos absolutos". *Praelect. theol.*, De Dei simplicitate, Prop. IV.

Y para que no se diga que esta filosofía de un religioso se arrastra por las vías de la teología, citaré lo que dice un filósofo de ningún modo sospechoso de excesivo celo por las ideas cristianas: "Sostiene primeramente esto, dice Bayle, que nada hay en Dios que no sea Dios y por lo mismo sus divinos atributos no son cualidades o perfecciones distintas de la Esencia divina, sino en cuanto a nuestro modo de concebir". *Systema totius philosophiae*, Metaphysica specialis, cap. III, art. 3.

Al Evangelista no le falta más que una palabra para expresar esta verdad, saber que los atributos de Dios están esencialmente en Dios. *Deus charitas est*, dice Juan (I, *Ep.* IV, 16).

3. Los siete espíritus del Apocalipsis, I, 4[93]

El discípulo bienamado, que ha sido lo bastante feliz como para hacer descansar su cabeza sobre el sagrado corazón de Jesús -recumbens in sinu Jesu- ha agotado en esta fuente divina el conocimiento de los misterios más profundos y temibles. No vacilo en afirmar que veo los diez *esplendores* con claridad, enunciados en el célebre versículo I, 4, de su Apocalipsis: Gratia vobis et pax ab eo qui est et qui venturus est, a *septem Spíritus qui in pectu throni ejus sunt*. No repetiré que estos tres tiempos del verbo *ser*, venturus est, equivale según el hebreo a *erit* y son, si así se puede decir, como la moneda del nombre divino Yahwê, que por sus elementos expresa admirablemente el misterio de la Santísima Trinidad. Graves comentarios han demostrado que el Apóstol designa con estos tres tiempos del verbo por excelencia a las tres adorables Personas del Dios *uno;* yo mismo, en mi *Armonía*, he desarrollado extensamente este significado del Tetragrama. He aquí, en primer lugar, los tres *Esplendores supremos*. Mas lo que me propongo establecer aquí es que los *septem Spiritus* de este versículo son realmente los siete últimos esplendores, es decir, Dios en sus atributos absolutos.

La opinión de los que consideran ángeles a estos siete espíritus parece a muchos inadmisible.

---

[93] Ibid., pág. 339.

Pues solo Dios, con exclusión de toda criatura, por elevada que esté aún en la jerarquía celeste, tiene el derecho y el poder de llegar a este estado de gracia espiritual, llamado *gratia et pax*, traducción verbal del hebrea hen wšalom. Estos dos términos bíblicos expresan nítidamente la feliz unión del alma con Dios; la gracia: ¡vaso precioso muy frágil entre las manos de débiles hombres!

El capítulo quinto distingue los *siete espíritus* de los ángeles en forma tal que no sería posible confundirlos. Véanse los versículos 6 y 11. En ningún párrafo del Apocalipsis se llama *espíritus* a los ángeles. Esta salutación *gratia et pax*, la repite San Pablo a la cabeza de casi todas sus epístolas (salvo la dirigida a los Hebreos), tesoro de la teología cristiana. Pues bien, el gran Apóstol no atribuye este don celeste más que a Dios: *Gratia et pax a Deo patre nostro et domino nostro Jesu Christo*. Cabe concluir, entonces, que en nuestro versículo del Apocalipsis San Juan pide para las siete Iglesias de Asia *la gracia y la paz del alma* por parte de todo lo que está en Dios, sus hipóstasis y atributos.

La preposición *et*, antes de *Septem Spiritus*, no distingue a estos espíritus de lo que precede.

Grocio, con sus dotes de observador, observó que se daba aquí la figura tan común entre los hebreos y griegos de expresar una sola cosa de dos maneras. En su comentario explica que los *siete espíritus* son la Providencia divina que se expresa en diversos modos llamados más adelante (cap. V, 6), *los ojos de Dios:*...siete ojos, que son los siete espíritus de Dios enviados a toda la tierra", dice San Juan. Grocio agrega: *"Y así era...; se hacen votos para que venga la paz de Dios y de los siete espíritus, esto es, para que venga de Dios operando por estos siete modos"*. El Apóstol del Verbo declara simultáneamente en su Apocalipsis que el Verbo es Dios y que en consecuencia los siete espíritus le son inherentes tanto como a su Padre. Se expresa en este sentido cuando en la quinta Carta que ha escrito por orden de Ntro Señor dice: *Esto dice el que tiene los siete espíritus de Dios*. Un sabio jesuita, el Padre Alcasar, autor de un voluminoso comentario sobre el Apocalipsis ha reconocido perfectamente que estos siete espíritus no son otra cosa, en el sentido literal, que los atributos divinos absolutos. He aquí cómo Cornelio a Lápide resume su exposición: "Alcasar por estos siete espíritus entendió siete virtudes o atributos en los cuales consiste la íntegra perfección de la Providencia. Porque estas dotes son en Dios y son en realidad *el mismo Dios:* de donde, Juan *de ellos* pide para los suyos la paz y la gracia. Pues estas virtudes son en Dios inmensas, no tienen ningún fin ni límite: por esto se llaman espíritus ya que Juan llama ángeles en el Apocalipsis a los ángeles y no espíritus.

4. Las siete luces deslumbrantes en el Apocalipsis, IV, 5, y los siete ojos de Jehová en Zacarias IV, 10[94]

Que estos siete espíritus sean precisamente los siete últimos esplendores de los cabalistas es algo que el texto del capítulo IV versículo 5, hace incontestable. Se dice allí positivamente que los siete espíritus son las *luces deslumbrantes* y resonantes de las hogueras que resplandecen ante el trono celeste. *Et de trono procedebant fulgura et voces et tonitrua, et septem lampades ardentes, ante thronum, qui sunt septem spiritus Dei.* Todo este versículo trata de una sola cosa, como se ha dicho antes. Estas luces, atributos, modos, de la Providencia de Dios son llamadas en Zacarías IV, 10, los siete ojos de Jehová que se pasean sobre toda la tierra. El apóstol San Juan declara a su vez que *ojos* son los *espíritus* de Dios. *Et oculos septem (scil Agni tamquam occisi) qui sunt septem spiritus Dei, missi in omnem terram.* Los cabalistas sostienen que según el texto de Zacarías, los siete esplendores estaban figurados por las siete luminarias del candelero del Templo; que estas luminarias representaban al mismo título los siete planetas, por influencia de los cuales, según creencia de los Por fin, lo que acaba de confirmar que tal es el sentido de los siete espíritus de San Juan, es que el Apóstol, en el capítulo V del Apocalipsis, después de haber atribuido al cordero para repetir el *Deus erat Verbum* de su Evangelio, hace en el versículo 12 la exacta numeración de los siete esplendores: 1, Virtus; 2, Divinitas; 3, Sapientia; 4, Fortitudo; 5, Honor; 6, Gloria; 7, Benedictio.

Se ve por lo anterior que los comentaristas de gran autoridad han reconocido a fondo en estos espíritus a los atributos divinos. Eichorn, que en el siglo XVIII se hizo famoso por sus grandes trabajos sobre la Biblia, dio el último paso con su Introducción al Nuevo Testamento. En el tomo primero, página 347, no vacila en declarar que los siete espíritus del Apocalipsis pertenecen a un sistema *sefirótico* de la Cábala. "Cabbalistischid sind, dice, die sieben Geister Gottes".

Tal es, por lo tanto, el mundo atzilútico de los cabalistas, el solo mundo *increado*, es decir, Dios con sus atributos relativos y sus atributos absolutos (sus perfecciones, en tanto que Dios *uno*).

---

[94] Ibid., pág. 340.

Estos primeros diez sefirot son por consecuencia un todo indivisible. "Misterio de los misterios desde el primero de los días, dice el Zohar, que no ha sido develado ni a los ángeles". Es el *Deum nema vidit unquam* de San Juan, cap. IV, 18. Tampoco los ángeles, dicen los padres de la Iglesia, pues se trata aquí de lo que los teólogos llaman *visión comprehensiva*.

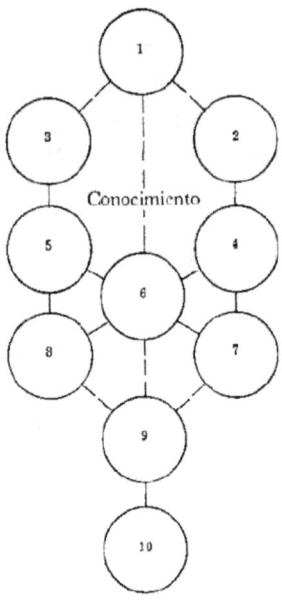

5. El árbol cabalístico. Et nolite tangere[95]

La más común figura con la cual se representa a los diez sefirot es conocida como *árbol cabalístico* y se reproduce en la página siguiente. Los mundos diversos, las categorías de ángeles tanto buenos, como malos, son igualmente distinguidos en diez *Sefirot*. Cada sefirot, a su vez, tiene parejamente diez Sefirot. Resulta un número ilimitado de árboles cabalísticos. A esto se llama el *vergel* (Pardes). He aquí por qué los cabalistas enseñan que quien procura sacar de este sistema doctrinas erróneas, *destruye las plantas*, y que pretender escrutar estos sublimes misterios es *introducirse en el vergel*.

---

[95] Ibid., pág. 342.

El Talmud, tratado Ilhaghiga, fol. 14, menciona cuatro individuos que han osado *introducirse en el vergel*. El primero padeció una muerte súbita. El segundo, alienación mental. El tercero *destruyó las plantas* y, pese a su profunda ciencia en la santa doctrina, devino impío y murió impenitente. El cuarto se retiró a tiempo y no sufrió ningún accidente.

Citaré aquí gustoso estas palabras del admirable libro La Imitación: "Si no entiendes, ni comprendes lo que está debajo de ti, ¿cómo has de comprender lo que está sobre ti?".

Los rabinos cabalistas de la Edad Media no se volvían ante estos castigos ejemplares, y agitaban cuestiones tan curiosas como peligrosas. Entre otras cosas, se preguntaban: Llenando Dios todo el espacio ¿dónde la Corona suprema, causa de las causas, ha podido hacer emanar de sí algún otro sefira, por ejemplo el primero? Es como preguntarse: ¿en qué lugar la inmensidad, la ubicuidad del Padre ha podido engendrar al Hijo? Responden que *el Infinito* ha efectuado sobre sí mismo una especie de contracción, que se ha retirado en sí mismo, sin que el espacio quedara privado de su luz. Hay que convenir en que *Introducirse en el jardín* del modo más temerario y suscitar cuestiones semejantes está muy cerca de *destruir las plantas*.

Por lo demás, los cabalistas eran demasiado *rabinos* para comprender que en la esencia divina atzilútica la existencia de la *Causa de las causas* y la generación o procesión de las *causas, causatorum,* son coeternas, sin comienzo ni fin, *nihil prius aut posterius.*

> "Gloria santissimae et individuae Trinitati, Patri et Filio et Spiritui Sancto; sicut erat in principio et nunc et semper, et in saecula saeculorum. Amén".

6. *Extractos de libros cabalísticos*[96]

Advertencia al lector

No saco estos extractos sino de libros que gozan de una autoridad incontestada. Hubiera podido multiplicar su número hasta el punto de integrar un grueso volumen; pero me limito a los que bastan para aportar pruebas en mi tema. Los textos de los cabalistas de la Edad Media encierran a veces oscuridades que no siempre he podido remediar en esta traducción, la cual quiero de una escrupulosa exactitud. En ciertos pasajes, sin embargo, me he permitido agregar una

---

[96] Ibid., pág. 344. Aquí continuamos citando al rabino convertido Drach.

o dos palabras que aclaran el sentido. Los mismos rabinos se expresan a menudo de modo que disgustará a los teólogos católicos: hay que recordar que si el fondo pertenece a la tradición verbal, el estilo pertenece a los rabinos que la han puesto por escrito.

El tomo primero de mi "Armonía" contiene buen número de textos que tienen relación con nuestro tema. Como esta obra está, gracias a Dios, muy difundida, me limito a remitir a ella.

I. Zohar, parte 3ª, columna 307: Hay *dos* a los cuales se une *uno*, y forman *tres;* y siendo *tres* no son sino *uno*. Estos *dos* son los dos *Jehová* del versículo, *Escucha, oh, Israel,* etc. *(Deut.* VI, 4).

'Elohênu *(nuestro Dios)* está unido. Y es el sello del Sello de Dios: VERDAD. Y estando unidos en conjunto son *uno* en la *unidad única.*

Es el *Unissime* de San Bernardo.

II. Idem, parte 2ª col. 236, sobre el texto del Deut. citado: Yahwê 'Elohênu Yahwê 'ehad (Yavé, nuestro Dios, es el único Yavé). "De una unidad única, de una voluntad única, sin ninguna división".

III. Idem, sobre el mismo texto: "El primer Yahvé es el punto supremo, principio de todas las cosas. 'Elohênu, misterio del advenimiento del Mesías. El segundo Yahvé se une al que está a la izquierda en un único conjunto".

IV. Idem, col. 116: "Ven y considera el misterio del nombre de Yahvé. Hay tres grados, y cada uno de estos grados es distinto, y sin embargo es un conjunto único, entrelazado en la unidad, grados inseparables uno del otro".

La cábala emplea a menudo la expresión *grados* por *hipóstasis,* según nuestra teología. Lo mismo se encuentra en los Padres de la Iglesia. Tertuliano, por ejemplo, escribe: "Tres autem, non statu sed *gradu;* quia unus Deus, ex quo et gradus isti, et formae et species, in nomine Patris et Filii et Spiritus Sancti", adv. Praxam, cap. II.

V. Idem, parte 3ª col. 131. "Las vías ocultas, las *luces* insondables, las diez *palabras,* salen todas del punto inferior que está bajo el aleph. Los *Sefirot* emanan de la libre voluntad de Dios. Los *Sefirot* no son criaturas, sino *nociones* y *rayos* de lo *infinito,* en consecuencia, eternas como lo Infinito mismo".

Es poco menos que superfluo subrayar que *vías, luces* y *palabras* en éstos y otros lugares de la Cábala significan *Sefirot.* La letra aleph es especialmente el símbolo del mismo *Infinito*. El Zohar insiste sobre el punto.

VI. Idem, 3ª parte, col. 302: "El Santísimo, loado sea, posee tres mundos en los que se guarda escondido. El primero es el mundo supremo (el atzilútico), el más misterioso que no podría ser visto ni conocido que por Él que allí se esconde. El segundo es el que se acerca al mundo supremo (el briático). El tercero está por debajo de los dos primeros, separado de ellos por alguna distancia. Este es el mundo donde se encuentran los ángeles de las alturas (el ietzirático) ".

Algo más lejos, el Zohar, tratando del cuarto mundo (el aciático) dice: "Ven y considera que si el hombre no hubiera pecado no gustaría de la muerte en este mundo inferior cuando debe elevarse a los otros mundos (superiores); pero porque ha pecado debe probar la muerte antes de elevarse a esos mundos. El espíritu se separa del cuerpo que permanece en este bajo mundo, y el espíritu es enseguida purificado según su culpabilidad; esto hecho, entra en el paraíso terrestre. Se le acomoda otra vestimenta, luminosa, pero en su forma y aspecto enteramente semejante a la que tenía en este mundo".

Se observa algo parecido al *purgatorio*. En la 3ª parte el Zohar enseña la *eternidad* de las penas que sufren los impíos muertos en la impenitencia. "Los que descienden al *horror*, dice, *nunca gozarán de Dios;* porque los que descienden al *horror* quedan para siempre en el infinito, *in gehenna permanebunt".*

VII. Complementos del Zohar. "El artesano admirable y oculto, que es *no, no ser* ('yn, 'en), comprende en sí los *Tres Sefirot* (supremos). El 'alep (de este nombre) es la *Corona;* el yod, la *Sabiduría;* el nun, la *Inteligencia".*

El cabalista rabino Schabbati desarrolla estas palabras del modo siguiente: "Por las explicaciones que hemos dado en los capítulos precedentes, es posible formar una idea del misterio enseñado por los maestros de la Cábala; saber que los tres primeros (Sefirot) son considerados como uno solo. Y es posible preguntarse: ¿Por qué *son considerados como uno solo* y no *son uno solo* absolutamente, ya que todos los *sefirot en conjunto* son una sola unidad? Respuesta. Porque los tres primeros, la Corona, la Sabiduría y la Inteligencia son tres *cerebros,* y aunque se manifiesten en un solo punto, únicos simple, no quieren que se los confunda, porque cualquiera de estos cerebros es distinto de los otros dos. Lo que está en los otros siete *Sefirot* se encuentra en los tres primeros, y los que está en los tres cerebros se encuentra en la unidad del punto, y lo que se encuentra en la unidad del punto se encuentra en lo Infinito, loado sea; de modo que no hay diferencia entre los *Sefirot".*

VIII. Aquí el rabino, a imitación del Zohar, parte 1ª col. 27; parte 3ª col. 376 y *alibi pluries,* compara el misterio de los *sefirot* a las partes integrantes de un árbol, que en su totalidad es un individuo único. Continúa: "Lo mismo ocurre con cuanto tenemos por delante. La corona, misterio del punto, es la raíz oculta; los tres cerebros son el tronco: están unidos al *punto* que es la raíz. Los otros siete sefirot, que son las ramas, están unidos al tronco que son los tres cerebros, y el conjunto está unido en el *punto,* que es la raíz. Por esto, todo en conjunto, el *punto* y los tres cerebros y los siete Sefirot son llamados una *unidad absoluta,* una *unidad única,* 'Ehdut 'ehad. Por esta misma razón los doctores de la Cábala han representado los diez sefirot con un árbol, puesto que se asemejan a un árbol, como hemos explicado y continuaremos haciéndolo. Y si alguien separara de entre sí los sefirot, *quod absit* y los escindiera *quod absit,* los mismos doctores han pronunciado que este hombre *destruiría las plantas:* pues sería como si alguien cortara nuestro árbol en pedazos, o le arrancara de su lugar las raíces, por donde recibe su savia...".

IX. Suplementos del Zohar, fol. 17 de la edición de Livorna, con el comentario que acompaña al mismo texto en el libro ietzira.

Lo que se reproduce en mayúsculas es del discurso atribuido al profeta; el resto, pertenece al comentario.

"Discurso del profeta Elías. ERES TÚ, OH SEÑOR DEL MUNDO QUIEN HA PRODUCIDO LAS DIEZ PERFECCIONES. Es decir, lo *Infinito,* loado sea, ha hecho emanar, sacándolas de su propia esencia, las diez perfecciones, que son los diez Sefirot, instrumentos de sus perfecciones para la perfección de los mundos. Pues por ellos crea, forma y hace todo lo que crea. El mundo briático (creativo) forma el mundo *ietzirático* formativo, y hace el mundo aciático (facticio).

Quiere decir que estos diez sefirot están en lo *Infinito,* loado sea, como un instrumento en manos de un artesano, para perfeccionar por su intermedio todas las obras.

"Y NOSOTROS LOS LLAMAMOS SEFIROT. Es decir, estas *Perfecciones,* que Él, loado sea, ha hecho emanar, ha producido de su propia esencia, los llamamos *Sefirot.* La intención de Elías, de bendita memoria, es hacernos comprender que no es necesario, engañarnos pensando y diciendo que las diez perfecciones estén separadas de él como la herramienta lo está del artesano. Cuando el artesano precisa trabajar, toma su útil, y cuando ha terminado su trabajo, lo guarda y deja en el lugar en que lo conserve a fin de retomarlo cuando lo vuelva a necesitar: pues la herramienta no está inseparablemente unida a la mano del artesano por una unión continua, eterna. También tú podrías caer en el error de pensar lo mismo de los *Sefirot*, asimilándolos a las herramientas que se dejan a voluntad, y de decir que son una sola cosa aparte de lo *Infinito*, loado sea. He aquí por qué Elías, de bendita memoria, nos advierte que no es así. Las diez perfecciones que nos ocupan se designan como *Sefirot*, término que en hebreo significa *luces que brillan*. Lo hacen de la Esencia misma de lo Infinito, loado sea; persisten, y son inherentes como el fuego a la brasa ardiente. Este fuego está en la brasa, y no podría subsistir sin ella. Así sucede con los Sefirot: son llamas sagradas, luces que hace brillar un hogar oculto, tesoros santos de la Esencia, de lo Infinito, loado sea. Están todas ligadas, unidas, a lo infinito, loado sea, por una unión, una conexión, un lazo incesante, eterno; y también están unidas entre sí, inseparables durante toda la eternidad. Él (Elías) las designa *Sefirot*, que significa *luces, esplendores*. La raíz de este nombre significa *alumbrar, brillar con estallido de luz*, como dice el texto sagrado en el Éxodo, XXIV, 10, y en Job, IV, 7. Es lo que Elías nos hace entender con estas palabras: PARA ESCLARECER POR ELLAS LOS MUNDOS OCULTOS QUE NO APARECIAN Y LOS MUNDOS QUE APARECEN. El sentido es: para esclarecer por los *Sefirot* mismos y por medio de ellos para esclarecer, digo, los mundos escondidos y ocultos, que son:

1º Los mundos de la Bria (2º mundo) llamados el trono de la gloria, en número de diez tronos, diez mundos briáticos. Su quiddidat y su modo de ser están por encima de nuestra comprensión, de modo que lo desarrollaré en la sección del misterio de los cuatro mundos *Atzila, Bria, Ietzira* y *Acia*.

2º Los mundos de la Ietzira (3er mundo), que forman diez mundos de ángeles. Estos son mundos ocultos, escondidos al ojo material.

Estos dos mundos, el de la *Bria* y de la *Ietzira*, se llaman *mundos que no aparecen*. Estos, a su vez, sirven para esclarecer y crear, no solamente por su intermedio, sino también por su propia sustancia, por la inteligencia de los seres materiales que componen los mundo del *Acia* (4º mundo), pues el *Acia* comprende diez mundos, diez esferas que son diez cielos. Y nuestros doctores enseñan que estos diez cielos están unos de otros a distancia de quinientos años de marcha, que cada uno de ellos es un mundo aparte, y que envuelven toda la obra de los seis días de la Creación, es decir las esferas y todo lo que ellas encierran hasta el fondo de la tierra, las estrellas, los planetas, las *cortezas*, las potencias de la impureza, el demonio de los malos pensamientos. Esto es lo que se llama los *mundos aparentes*.

Pero volvamos a las palabras de Elías. Y POR ELLAS [los *Sefirot*] TE ESCONDES DE LOS HIJOS DE LOS HOMBRES. Quiere decir que como el *infinito*, loado sea, ha hecho todos sus actos por intermedio de los sefirot, loados sean y no por sí mismo, *se esconde y oculta detrás de ellos*, del mismo modo en que un hombre que se oculta a la vista de los demás cubre toda su persona con un vestido que así es lo único visible. Dios no se da a conocer sino por sus actos y éstos se operan por sus Sefirot, que son sus vestiduras.

Agrega después: Y ERES TÚ QUIEN LOS UNE Y AGRUPA EN CONJUNTO. Esto significa que, aun cuando los sefirot se manifiestan actuando sobre todo los mundos, su acción no es, sin embargo, independiente de lo Infinito. No se debe pensar que los sefirot solos actúan, mientras lo Infinito permanece extraño a lo que ellos hacen. Eso sería una impiedad, puesto que no actúan más que en virtud de la todopoderosa influencia, la cual los atrae y une en una unidad perfecta, absoluta. Los sefirot se vinculan a lo Infinito como el fuego a la brasa. Él es, pues, la fuente y resorte de toda su actividad.

Y PUESTO QUE TÚ ERES EL NÚCLEO Y EL HOGAR, CUALQUIERA QUE SEPARARE ESTOS DIEZ SEFIROT UNO DEL OTRO, SERÍA CULPABLE COMO SI TE DEGARRARA Y CORTARA EN PEDAZOS A TI MISMO, OH AMO DEL MUNDO. Esto significa que, puesto que lo Infinito está en el interior de las llamas en que brillan los Sefirot, pues no resplandecen más que de la gran claridad que no tiene límites, y que él mismo se reviste de la potencia de las luces que salen de sí, para obrar por ellas todas sus acciones, cualquiera que separare al uno del otro diciendo: la potencia de luz que está en tal Sefirot no está en otra Sefirot, que posee una potencia de luz diferente, al dividir, separando y dispersando los Sefirot, cometería el pecado enorme de cortar, dividir, escindir la Esencia única de lo Infinito, loado sea. Pues Él es la unidad más simple, y los Sefirot emanados de esta unidad simple. Es la fosa, la perdición, la muerte y el fuego del infierno del más profundo abismo para el que osara hacerse culpable".

X. El sistema cabalístico del libro ietzira, que los rabinos atribuyen al patriarca Abraham, está enteramente basado sobre el dogma de la Trinidad divina. Distingue en Dios *Tres Esplendores,* Sefirot, que se confunden en el *Esplendor Supremo,* y que no constituye en conjunto más que *una esencia,* a saber:

1. Lo Infinito, llamado también *la corona, suprema.*

2. La Sabiduría.

3. La Prudencia.

Estos tres Esplendores supremos son también llamados, en los libros de los cabalistas, *las tres vías, los tres grados, las tres ramas superiores* (del árbol cabalístico), *las tres columnas.* Lo que transcribiremos en mayúsculas pertenece al texto del libro ietzira.

LA PRIMERA VIA SE LLAMA INTELIGENCIA IMPENETRABLE, CORONA SUPREMA. ES LA LUZ PRIMORDIAL, INTELECTUAL; LA GLORIA PRIMEM, INCOMPRENSIBLE PARA TODOS LOS HOMBRES CREADOS.

Comentario de R. Abraham-ben-David, comúnmente llamado Raabad:

"El misterio de esta *Vía* está indicado por la letra aleph. Las letras de que se compone el nombre de este carácter, pe, lamed, 'aleph, forman igualmente el nombre pele, que significa *el Admirable.* Esta denominación conviene a la primera Vía, pues está escrito: *Y se le llamará el admirable, el consejero, el Dios fuerte* (Isaías, IX, 6).

Este pasaje de Raabad es notable. Reconoce que el capítulo IX de Isaías se refiere al Mesías, y que el Mesías es realmente Dios, Dios hecho hombre. Parvulus enim natus est nobis, et filius datus est nobis; et vocabitur nomen ejus *admirabilis.*

LA SEGUNDA VÍA ES LA INTELIGENCIA ILUMINATIVA. ELLA ES LA CORONA DE LA CREACIÓN, EL ESPLENDOR DE LA UNIDAD. ELLA ESTÁ POR ENCIMA DE TODAS LAS COSAS. LOS MAESTROS DE LA TRADICIÓN LA LLAMABAN GLORIA SEGUNDA.

El rabino Saul, hablando de esta segunda vía, se expresa en términos análogos. Novissime diebus istis locutus est nobis in Filio, per quem fecit et saecula; qui cum sit splendor gloriae et figura substantiae eius, sedet ad dexteram majestatis in excelsis (*Rom.* I, 1).

LA TERCERA VÍA SE LLAMA LA INTELIGENCIA SANTA. ELLA ES EL FUNDAMENTO DE LA SABIDURIA PRIMORDIAL LLAMADA FE INQUEBRANTABLE. AMÉN ES LA RAÍZ DE LA CALIDAD DE ESTA FE. ESTA VIA ES LA MADRE DE LA FE,

PUES LA FE EMANA DE LA VIRTUD O SEA DE LA FUERZA QUE HAY EN ELLA.

Nuestra Santa Madre Iglesia nos enseña que la fe es uno de los frutos de la tercera vía de Dios, el Espíritu Santo.

Se ha visto antes que el término *grado* no pertenece exclusivamente a los rabinos cabalistas. El término cabalístico *vía* remonta a una alta antigüedad. Es del todo cristiano, y me prosterno ante el Divino Redentor cuando se hace conocer como la *Vía*. Al preguntarle Santo Tomás: -

Señor, ¿qué vía debemos seguir?, le responde: "Yo soy la *Vía*". Seis siglos antes, Isaías, el profeta evangélico, en el capítulo XXXV donde anuncia el advenimiento del Mesías, anunció que entonces estaría en la tierra la *vía santa*. Et erit ibi semita et via, et *via sancta* vocabitur.

XI. Moisés Nahhménides, comentario sobre el primer versículo del Génesis: La doctrina de nuestros maestros es que la palabra bere'sīt (que significa *al comienzo*) indica que el universo ha sido creado por intermedio de los diez sefirot. Y (esta palabra) designa especialmente la sefira llamada la Sabiduría (la segunda Persona de la Trinidad Suprema). Ella es el fundamento de todo el tema de nuestro texto, pues está escrito: *Yahvé ha fundado la tierra por la sabiduría* (Prov. III, 19). La palabra *bereschit* denomina pues a la Sabiduría. Esta es, ciertamente, la segunda en el orden de los sefirot, pero es la primera que se manifiesta. Ella es, en efecto, el comienzo de los comienzos. Por eso los targum de Jonatán y el Jerosolimitano traducen en caldeo: *Por la Sabiduría Jahvé creó*.

XII. Comentario del mismo Moisés Nahhménides sobre el comienzo del Génesis, desarrollado por el cabalista Isaías Hurwitz en su libro Schelah, fol. 271: "El Santísimo, loado sea, ha creado todas las creaturas, sacándolas de la nada absoluta. Y no tenemos en la lengua santa otro término que bara'(creó) para expresar *hacer salir de la nada al ser*. Y no hay nada de todo lo que ha sido hecho bajo el sol o encima de él cuya existencia no haya tenido comienzo. Él (Dios) ha sacado de la nada más absoluta un elemento sutil, impalpable, potencia productora susceptible de recibir formas sensibles. A este elemento primitivo los griegos llamaron hýle.

Después del hýle ninguna otra cosa ha sido creada; pero de este elemento ha sacado, formado y moldeado todas las cosas, revistiéndolas de formas que fueran apropiadas al uso que cada cosa tendría. Y sabed que los cielos con todo lo que contienen son materia; también la tierra y todas las cosas que contiene son una sola materia. El Santísimo, loado sea, ha creado lo uno y lo otro de nada. Y han sido creados por separado, y luego han sido creadas todas las cosas que les acompañan. Y esta materia hýle se llama en hebreo tohu, y la forma de la cual se reviste esta materia se llama en hebreo bohu. Tal es lo que quieren significar nuestros doctores en el libro ietzira: *Ha formado todo del propio* tohu, *y ha hecho esencia lo que no existía*. Así, el texto se explica naturalmente según la letra. *Al comienzo Dios creó los cielos*. Ha sacado de la nada su materia. *Y la tierra*. Ha sacado de la nada su materia. Y en esta creación fueron creadas todas las creaturas del cielo y de la tierra".

XIII. Menahhem de Recanati: "Los tres primeros Sefirot se llaman śekalot, *intelectuales, nociones,* y no da'at, *conocimiento, atributos* (como los siete restantes).

XIV. Meir, hijo de Todros de Toledo: "Los tres Sefirot supremos, que son la *Corona superior, la Sabiduría y la Inteligencia*, son los Sefirot intelectuales, las nociones: y los otros siete Sefirot son aquellos nombrados en el libro ietsira *Esplendores atributivos*.

XV. Abraham lrira, en su libro *La puerta del cielo:* "Dios en sus diez Sefirot no comunica su naturaleza a los tres mundos briático, ietzirático y aciático... Los Sefirot no son sino la *Divinidad determinada*. Los mundos briático, ietzirático y aciático son creaciones *ex nihilo*. No sucede lo mismo con los Sefirot. Estos no han salido de la nada, sino que emanan eternamente de la sustancia del *primer Infinito;* y éste, su causa inmediata, no experimenta ninguna disminución, así como una luz comunica su claridad a otra luz. Los sefirot son de la misma naturaleza del primer Infinito, con la sola diferencia de que el Infinito existe por sí mismo, *est a se ipso, causa sine causa,* y los Sefirot emanan de él; en una palabra, son causados por la causa primero. De lo Infinito, unidad la más absoluta, se produce, se engendra, el *mundo celeste,* es decir, lo que en cábala se llama el *hombre primitivo, Adán primitivo,* 'Adam Qadmon, ser divino que no debe ser confundido, según advierten los cabalistas, con el primer hombre, primer Adán, 'Adam hari'šon, terrestre. El Adán primitivo es uno y múltiple, pues todas las cosas son de él y en él".

XVI. En el mismo libro, Disertación III, capítulo IX, Irira desarrolla más ampliamente lo que acaba de señalar, y explica en detalle la naturaleza de los ángeles de las diversas jerarquías, tema que no trataré en esta noticia.

Se ha escuchado a los más grandes maestros de la cábala de los hebreos, y podría aumentar considerablemente el número de mis citas. Que se juzgue ahora si los filósofos incrédulos tienen fundamento para invocar esta cábala en favor del panteísmo".

II. INTERPRETACIÓN NATURALISTA DE LA CÁBALA

La Cábala admite también una interpretación naturalista o panteísta. El primero que modernamente efectuó esta interpretación fue el judío ortodoxo Adolfo Franck en 1843, adherido en consecuencia al mosaísmo. Después de Franck fue ésta la interpretación corriente de la cábala, modernizada en nuestros tiempos por el sabio judío, especialista en mística hebraica, Gershom Scholem.

Gershom Scholem estudia el asunto detenidamente en "Le grandi correnti della mística ebraica"[97], donde dedica dos largos capítulos al "Zohar". En el primero estudia la antigüedad de la Cábala, en especial del Zohar, inclinándose por atribuir el libro a Moisés de León en el siglo XIII. Gershom Scholem toma una posición categórica y determinante: "Asimismo, dice se eliminan también ciertas teorías que hacen remontar las doctrinas cabalísticas, sin otra forma de proceso a la antigüedad. Estas teorías, tal como han sido defendidas en la obra con frecuencia consultada de Adolfo Franck, no pueden ser ya científicamente discutidas".[98]

"Todos los testimonios[99] concuerdan en decir que el Zohar viene divulgado en torno a los años que van entre 1280 y 1290 por el cabalista Moisés de León, que hasta 1290 vivió en la pequeña comunidad de Guadalajara, en el corazón de Castilla, habitó después en varias localidades y transcurrió los últimos años de su existencia en Ávila, donde quizá se sintió atraído por la aparición en el año 1295 de un "profeta" hebreo que en su tiempo suscitó llantos y murió por fin en 1305 en la ciudad de Arévalo, mientras volvía de Valladolid, sede de la Corte Real, a Ávila.

---

[97] El texto original apareció en alemán en Rhein-Verlag A. G., Zurich, 1957, con el título "Die jüdische Mystik in ihrem Hauptstr6mungen". En italiano, Casa Editrice Saggiatore, Milano, 1965.
[98] *Les origines de la Kabbale*, Aubier-Montaigne, París, 1966, pág. 14.
[99] Le grandi correnti, *pág. 251, y en francés:* Les grands courants de la Mystique Juire, *Payot, París, 1968.*

Pero aparte de estos pocos datos relativos a su vida, sabemos que Moisés de León publicó una notable cantidad de escritos en hebreo, que nos son conocidos en la mayor parte, de los que sólo dos fueron dados después a la imprenta; sabemos también que tuvo relaciones íntimas con la familia de Todras Abulafia, perteneciente al ya citado círculo de cabalistas gnósticos, y que tuvo parte en el círculo de un hombre de posición eminente en el ambiente hebraico de Castilla entre 1270 y 1280. Moisés de León dice expresamente que el primer libro por él escrito (y de él formalmente reconocido) ha sido el *Sèfer Shusham Eduth*, "Rosa del Testimonio"; este libro -del que queda cerca de la mitad- fue escrito en 1286, y en 1287 fue seguido de una obra de notable importancia sobre el significado de los mandamientos, el *Sefer ha Rimmon:*

> "Estas dos obras, pero especialmente la segunda, contienen, en toda su extensión, alusiones más o menos explícitas a fuentes místicas. Si el autor no cita expresamente el Zohar, un examen atento de sus citas prueba que utiliza las partes principales del *Midrash ha-ne-elam* hasta la sección relativa al Levítico y a los Números.
>
> "Ahora bien, ya que no queda en pie nada de las varias fantasías sobre la redacción del Zohar en épocas diversas, sobre su procedencia del oriente, sobre la antigüedad de sus fuentes, y que no es posible que se suscite alguna duda acerca de que la obra haya nacido en Castilla, y de que haya que reconocer claramente la intensa dinámica que determinaron su redacción y difusión"[100]

El Zohar

Como es sabido, el libro del Zohar es el primero por importancia de la Cábala. A su vez, *El Zohar comprende diversas obras*:

1. *Sifra di Tseniutha* o "Libro del Arcano".

2. *Idra Rabba* o "Gran Asamblea".

3. *Idra Zutta* o "Pequeña Asamblea".

4. *Idra di-be-Mashka,na* o "Asamblea con ocasión de una lección sobre el Tabernáculo".

5. *Hekhaloth* o "Descripción de los siete palacios".

---

[100] Ibid., pág. 251; edic. franc., pág. 203.

6. *Raza de Razin* o "El misterio de los Misterios".

7. *Sava* o "El viejo".

8. *Yenuka* o "El niño".

9. *Rav. Methivtha* o "El jefe de la Academia".

10. *Sithre Tora* o "Los misterios de la Tora".

11. *Mithnithin*.

12. *Zohar del Cantar de los Cantares*.

13. *Kav Ha-Midda* o "La medida mística".

14. *Sithre Othioth* o "El misterio de las letras".

15. Un comentario sin título sobre la visión de la Merkaba.

16. *Midrach Ha-Neelam* o "Midrach místico".

17. *Midrach Ha-Neelam* o el Libro de Ruth.

18. *Raya Mehemna* o "El pastor fiel".

19. *Tikkune Zohar* o Comentarios al primer capítulo de la Tora.

20. *Tikkune Zohar* u "otros textos del mismo estilo.

Expondremos inmediatamente la interpretación que llamaremos naturalista y que surge del sentido obvio de los escritos del Zohar. No creemos que haya autoridad más indiscutida para dicha interpretación que la de Gershon Scholem en "Las Grandes Corrientes de la Mística Hebraica" y por eso la utilizamos aquí.

La doctrina del Zohar gira en torno a dos grandes temas: El nuevo Dios, que no es otro que el viejo Dios de la Creación y de la Revelación, y en su relación con este Dios, el Hombre; pero todo ello explicado en una teosofía racionalizada, que intenta adentrarse en los secretos mismos de la divinidad[101].

El En-sof

El Dios escondido -por decir casi la subjetividad más íntima de la divinidad- no tiene cualidad ni atributos. Esta, su más íntima esencia, es llamada *En-sof*, esto es, infinito. El mundo del *En-sof*,

---

[101] Ibid., pág. 284; edic. franc., pág. 221.

profundamente escondido, no se muestra ni es conocido por nadie fuera de Dios mismo.

El mundo de los Sefirot

Hay un segundo mundo conocido por los atributos divinos. Sin embargo, los dos mundos constituyen en realidad una unidad dinámica, como el carbón y la llama, para usar una semejanza del Zohar (III, 70 a) y aunque el carbón subsiste sin la llama, su vida secreta se manifiesta sólo cuando se exterioriza en la llama.

Este mundo está constituido por los diez Sefirot que son emanaciones del *En-sof*. La emanación de los Sefirot es un proceso que tiene lugar *en* Dios mismo, pero que al mismo tiempo da al hombre la posibilidad de llegar a Dios. En la emanación de los Sefirot algo brota de Dios mismo e irrumpe a través de la cerrada cáscara de su ser escondido: esta cosa es el poder creativo de Dios que por esto no vive solo en la creación terrena, aunque naturalmente vive también en ella y le es inmanente y de ella reconocible. Este poder creativo aparece al cabalista como un mundo teosófico puro y propio, que precede al mundo naturalmente y le es subordinado. El Dios escondido, *En sof*, se muestra así a la intuición del cabalista bajo diez diversos aspectos o manifestaciones que, sin embargo, tienen dentro de sí infinitos matices y gradaciones. Todos los Sefirot forman un complejo edificio del simbolismo místico.

Los nombres de los Sefirot son los siguientes:

Kether Elyon, la suprema Corona.

Hochma, la Sabiduría.

Bina, la Inteligencia.

Hesed, la misericordia.

Gevurah o Din, la Severidad.

Rahamin, un Sefirot que ejerce funciones de mediador entre los precedentes.

Netsa, la paciencia constante de Dios.

Hod, la Majestad de Dios.

Yesod, el fundamento de todas las fuerzas activas en Dios.

Malkuth, la "realeza" de Dios. También se llama *Chekina*, este Sefirot.

Los sefirot de la "mística corona del Rey santo" (*Zohar*, III, 30 b)... son los vestidos de la divinidad, son los diez grados del Todo, por los cuales Dios desciende de los más recónditos recesos hasta la revelación de la Chekina. Son el arquetipo del hombre, el "Makro-Anthropos", y también los días primordiales de toda la creación de los cuales brota el tiempo de la creación real[102]".

El árbol de Dios. Los diez sefirot forman el místico árbol de Dios, cuya raíz escondida es el *Ensof,* de donde se comunica la linfa a todas sus ramas. Este árbol de Dios es, al mismo tiempo, la estructura del universo; crece a través de toda la creación y extiende sus ramas en todas partes. Así todo lo que está en el mundo inferior, en el mundo terreno, existe porque en él vive y opera algo de la potencia de los sefirot[103].

El Adam Kadmon. Junto a la imagen del árbol está la del hombre. El hombre creado a imagen de Dios, tiene como contraparte el considerar a Dios como el hombre, como el *Adam Kadmon.*

La concepción de los Sefirot como miembros del Anthropos místico en el Zohar lleva a un simbolismo anatómico excepcionalmente apretado[104].

El lenguaje, símbolo divino

También otros símbolos, como el del lenguaje, se aplican a los nombres de Dios. Los Sefirot son los nombres creativos que Dios evocó en el mundo, los nombres con los cuales Él se llamaba a Sí mismo. El mundo de las emanaciones divinas es así un mundo de los Sefirot que, uno después de otro, representan la abisal voluntad, el pensamiento, la palabra interna, que no puede ser escuchada, la voz perceptible, y, finalmente, el discurso, esto es, la expresión articulada y diferenciada[105].

El yo divino y la Chekina

Dios, en la más profunda de sus manifestaciones, allí donde Él da impulso a la creación se llama "Él"; Dios, en el pleno desplegarse de su esencia, de la gracia y del amor, que lo hacen accesible a la meditación

---

[102] Ibid., pág. 292; edic. franc., pág. 230.
[103] Ibid., pág. 292; edic. franc., pág. 230.
[104] Ibid., pág. 292; edic. franc., pág. 230.
[105] Ibid., pág. 294; edic. franc., pág. 231.

de nuestros corazones, y por esto también lo convierten en ser expresado, se llama "Tú"; pero Dios, en sus supremas manifestaciones, donde toda la plenitud de su ser llega al fin a realizarse en el último y más comprensivo de sus atributos, se llama "Yo". Este es el grado de la verdadera individuación, en el cual Dios como persona se dice a sí mismo "Yo". Este "yo" de Dios, según los cabalistas de la escuela teosófica, -y ésta es una de sus doctrinas más importantes y profundas- es la *Chekina*, la presencia y la inmanencia de Dios en toda la creación. Es el punto en que el hombre alcanza el más profundo conocimiento del propio yo, se encuentra en Dios, en el Yo divino, y sólo de ese encuentro - que abre la puerta al mundo de Dios- puede adelantar en los grados más profundos del ser divino, en su "Tú", y en su "Él", y por fin en la profundidad de la "Nada". "Me parece -dice aquí Gershom Scholem- que la paradoja implícita en tal pensamiento significativo y grávido de consecuencias es éste: cuando los místicos hablan de la inmanencia de Dios en la creación, fácilmente se inclinan a privarlo de su personalidad. Un Dios inmanente se convierte bastante fácilmente en una divinidad impersonal. Y esta es, como se sabe, una de las dificultades principales del panteísmo. Pero no es así para los cabalistas: el grado de la actividad divina que está más cercano al hombre, lo mismo que el fundamento inmanente en cada uno de nosotros, es al mismo tiempo aquel en el cual la personalidad de Dios, en el sentido del Zohar, está también más plenamente desarrollada[106].

Dios y la nada

Otro símbolo, muy frecuente en el Zohar y en su escuela, usado para representar el desplegarse de la Divinidad en su revelación es aquel que deriva del concepto de la mística "Nada". La creación fundamental, según el cabalista, es aquella que tiene lugar en Dios mismo; y, sobre todo para el Zohar, no hay allí ningún otro acto esencial de creación que se desenvuelva fuera de los Sefirot. La creación del mundo, esto es, la producción de algo de la nada, no es otra cosa que el aspecto exterior de un conocimiento interno, y en lo que aparece eterno, que tiene lugar en Dios mismo. El más profundo de todos los procesos teosóficos, que comprende en sí el problema de la creación y de la revelación, está representado por la conversión del escondido *En-sof* en la creac10n. Esta conversión puede ser concebida bajo la imagen del súbito emerger de la voluntad primordial; pero los cabalistas de la escuela teosófica

---

[106] Ibid., pág. 295; edic. franc., pág. 232.

gustan también escribirla sirviéndose de la imagen más audaz de la "Nada". Aquel súbito íntimo movimiento que hace irrumpir en lo exterior y exteriorizarse la divinidad replegada en sí misma, antes de que irradie su luz solo en lo interno, esta revolución prospéctica transforma el *En-sof*, la inefable plenitud en la "Nada". Y de esta Nada mística provienen todos los otros momentos del desplegarse del sí de Dios en los Sefirot. Esta misteriosa Nada -que los cabalistas designan como primer Sefirot, y también como "suprema corona" de la divinidad- representa, si puedo así expresarme, el abismo que es visible en la privación de todo ser[107].

Sobre este tema ha escrito posteriormente [108] Gershom Scholem exponiendo lo que al respecto enseña sobre todo Azriel, de la escuela de Gerona. No participamos de la opinión de Scholem de que esta enseñanza se habría verificado por influencias neoplatónicas, y particularmente de Scoto Eriúgena. Creemos, por el contrario, que la verdad está en una influencia de la Cábala sobre Scoto Eriúgena que provendría de un círculo cultural de la Escuela Palatina. A ello nos referiremos especialmente cuando tratemos del pensamiento de Eriúgena. Los antecedentes de "Nada" cabalística que trae Scholem corroborarían esta afirmación.

En efecto, Gershom Scholem advierte que ya Nahhménides, en su comentario sobre el Yesira, I, 7 habla de la Nada, y no de la Nada de los filósofos, sino de la divinidad misma, o, al menos, del primer *Sefirot*. "Si alguno te pregunta, ¿cómo ha hecho salir su ser de la nada?, responde: a aquel que ha hecho salir su ser de la nada, no le falta nada por este hecho, porque el ser está en la nada a la manera de la nada y la nada es el ser a la manera (es decir, según el modo) del ser"[109].

Gerschom Scholem señala aquí que "Reuchlin el admirador de Nicolás de Cusa, había citado estas frases decisivas de la Cábala[110] "hay una nada de Dios que da nacimiento al ser y hay un ser de Dios que representa la nada..."; "la nada no es la nada, independiente de Dios, sino *su* nada. La transformación de la nada en ser es un acontecimiento que se coloca en Dios mismo"[111].

---

[107] Ibid., pág. 296; edic. franc., pág. 233.
[108] *Les Origines de la Kabbale*, pág. 445, Montaigne, París, 1966.
[109] Ibid., pág. 447.
[110] Ibid., pág. 447.
[111] Ibid., pág. 448.

Ya Gershom Scholem había expuesto esté aspecto de la Cábala en "La Kabbale et sa symbolique", cuando dice[112]: "Dios sale de su retiro secreto para aparecer en su poder, en el tronco y en las ramas del "árbol" teogónico, cosmogónico, y su poder obra en esferas siempre más alejadas. En todas partes tenemos un movimiento continuo, y si una rotura, una nada original aparece, esto no podría provenir sino de la esencia de Dios. *Es precisamente la consecuencia que los místicos judíos han sacado a través del mantenimiento de las antiguas fórmulas.* El caos que había sido eliminado en la categoría de la Creación a partir de la nada, reaparece en nueva metamorfosis. Esta nada está presente todo el tiempo en Dios mismo, y no fuera de él, ni provocada por él. Coexistente con la plenitud infinita de Dios, es el abismo en Dios que está dominado en la creatura, y la palabra de los cabalistas sobre Dios que habita en "las profundidades de la nada", en boga desde el siglo XIII, expresa este sentimiento en una imagen tanto más extraña cuanto ha sido reconstituida a partir de un concepto poco evidente.

Y allí Gershom Scholem insiste en que la raíz de todos las raíces de la que el árbol de la creación y, con él, Dios mismo se alimenta es esta nada que es juntamente el más elevado y el primero de todos los Sefirot[113].

Adviértase que Scholem reconoce que esta concepción de Dios procede de las *antiguas fórmulas,* vale decir que es esencialmente cabalística y no neoplatónica, ni erigeriana.

Al introducir la nada dentro de Dios, los cabalistas han de inventar mucho antes que Hegel, la dialéctica hegeliana.

Mística y dialéctica

Notable es al respecto un místico juego de palabras, que corresponde del todo a las ideas del Zohar, y que era ya usado por Gigatilla. La palabra hebraica de "Nada" (*ayin*) tiene las mismas consonantes de "ani", "yo". Pero el "Yo" de Dios es, como hemos visto antes, aquel último grado en los sefirot en los cuales la personalidad de Dios - comprendente en sí de todos los otros grados- se revela a su misma creación. En cuanto por consiguiente *ayin* se convierte en *ani,* la Nada del acto de la progresiva manifestación de su contenido traspasa repentinamente a los sefirot, y del último se transforma en el "Yo", en

---

[112] Payot, París, 1966, pág. 120.
[113] Ibid., pág. 121.

una dialéctica mística de la cual tesis y antítesis se sintetizan por tanto en Dios mismo. Esta dialéctica parece bastante atrevida, pero es la fácil consecuencia de un pensamiento místico que -como hemos visto- busca expresar la paradoja religiosa; y además los cabalistas no están del todo solos en testimoniar una tal afinidad entre mística y dialéctica[114].

Esta dialéctica ya había sido advertida por Gershom Scholem en el *En-Sof* propuesto por Asriel, del Centro cabalístico de Gerona. En el *En-Sof*, los contrarios quedan abolidos porque se alcanza lo infinito. Y aquí hace notar Gershom Scholem cómo "ya, en 1516 Johann Reuchlin, refiriéndose expresamente al tratado sobre la Fe y la Herejía que hemos reconocido que pertenecía a Azriel, define bien la noción del *En-Sof* indiferente: Se llama *En-Sof*, esto es, infinitud, que es una cierta cosa grande en sí incompresible e inefable, que se retrae y oculta en el lejanísimo retroceso de su divinidad y en el abismo fontal inaccesible de luz, de suerte que nada se entienda que proceda de ella, como si fuera una divinidad absoluta, inmanente en su total clausura, desnuda, sin vestido y sin ningún abrigo de circunstancias, sin ninguna profusión de sí misma, y sin la bondad de su esplendor, siendo indiscriminadamente ser y no ser y pareciendo todo lo contrario y contradictorio a nuestra razón, como una unidad separada y libre en toda simplicidad". Y en seguida remite Reuchlin al lector a la *coincidentia oppositorum*, coincidencia de los contrarios, en Dios, así como lo ha legado a la posteridad, como representando su opinión decidida, hace alrededor de cincuenta y dos años, un arcipreste eminentemente filosófico de los alemanes"[115].

El "punto primordial", centro de la teogonía y cosmogonía. *En muchos pasos del Zohar* - no diversamente que en otros escritos hebraicos de Moisés de León- el súbito pasaje de la Nada al Ser está representado con el signo del punto primordial. Ya en la escuela de Gerona el principio de la emanación de la "causa escondida" está parangonado con el punto matemático, que con su movimiento engendra la línea y la superficie; a esto se añade en Moisés de León el simbolismo del punto como centro de la circunferencia. El punto primordial -que resplandece de la Nada- es el centro místico en torno al cual se concentran los procesos de la teogonía y de la cosmogonía. El punto que en sí mismo está falto de dimensiones, está entre la Nada y el Ser, sirve así para

---

[114] *Le grandi correnti della mística ebraica, pág. 297; edic. franc. pág. 233.*
[115] *Les orígenes de la Kabbale, pág. 463.*

representar "la fuente del ser", *hatchalath ha-yeshuth,* aquel "principio" que es la primera palabra de la Biblia. Las mismas palabras primeras con las cuales el Zohar introduce su interpretación de la historia de la creación describen, de manera bastante fastuosa, aquel resplandecer del punto originario, en este caso verdaderamente no de la razón de la Nada, sino de aquella etérea brisa de Dios[116].

La sabiduría de Dios y el punto primordial

Este punto primordial está también identificado -tanto en el Zohar como en los otros autores cabalistas- con la sabiduría de Dios, con el *Hokhma*. Esto representa el pensamiento ideal de la creación, concebido como el punto ideal que brota también del impulso de la voluntad abisal. Pero este punto es la semilla mística, sembrada en la creación, ya que el núcleo de la semejanza, en lo que aparece, no está solo en la sutileza de entrambas cosas, sino en el hecho de que en una y en la otra -planta y semilla-está todavía encerrada, no actuada, la potencialidad de un ser ulterior[117].

Este punto se despliega en los sucesivos Sefirot del "Palacio", o del "Edificio", alusión al hecho que precediendo de esta esfera cuando ella produce sus efectos exteriormente, se edifica a punto el "edificio" del cosmos. Lo que primero estaba complicado en el punto se despliega y separa. El nombre de esta Sefirot, Bina, no significa sólo inteligencia, pero puede interpretarse como "lo que separa las cosas", esto es como diferenciación. En el seno de la *Biná*, "la mística madre" de todas las cosas, cuanto era indiferenciado en la divina sabiduría, existe ahora como "pura totalidad de todas las individuaciones. En ésa todas las formas están ya preformadas, pero siempre preservadas en la unidad del entendimiento divino, que lo contempla en sí mismo[118].

Dios, sujeto del proceso cósmico

La verdad es que este supremo ser que brota de la Nada, esta entidad que está en Dios mismo, esta esencia de la divina sofía, está más allá de toda apariencia humana. No puede ser conocida por indagación, no es un ser cuyo conocimiento se pueda alcanzar en el análisis, sin el cual el conocimiento aparece como imposible. Este proceso de la escisión del

---

[116] *Le grandi corren ti...*, pág. 297; edic. franc., pág. 234.
[117] Ibid., pág, 298; edic. franc., pág. 235.
[118] Ibid., pág. 299; edic. franc., pág. 236.

conocimiento divino está interpretado en el Zohar como uno de sus símbolos más profundos, como un momento del progresivo desplegarse del Dios viviente mismo. Entre las manifestaciones divinas hay una - los cabalistas la llaman, por diversos motivos, *Bina*, la inteligencia divina- en la cual Él aparece como el sujeto eterno, como el gran *Quien*, en el cual termina finalmente toda demanda y toda respuesta. Diréis que aquí estamos de frente a una apoteosis de la bien conocida tendencia hebraica a plantear preguntas... Pero al fin, de cualquier modo, la meditación sobre Dios alcanza un punto, en el que se puede todavía preguntar "quien", pero sin recibir una respuesta; así, pues, la pregunta es, en tal caso, la respuesta. Si tal es la esfera de *"Mi"*, del *Gran Quién*, en la cual Dios aparece como sujeto del proceso cósmico, concebible por lo menos en la pregunta, la suprema esfera de la divina sabiduría es, en vez, algo positivo a lo cual no se puede dirigir una pregunta más, y que es indefinible en el pensamiento abstracto[119].

Dios, sujeto y objeto del proceso cósmico

Esta idea ha encontrado expresión en un juego de palabras de profundo significado. El Zohar se pregunta: ¿qué quiere decir el primer verso de la Tora *Bereshit bara Elohìm?*, y responde que *Bereshit* quiere decir, por el principio, a saber por la esencia que hemos conocido con el nombre de "sofía divina", *bara*, creó, que aquella escondida Nada, que está como sujeto gramatical de la palabra *bara*, evolucionó o emanó; *Elohim*, esto es, la emanación es *Elohìm*. Así, esta última palabra es el objeto y no el sujeto de toda la proposición. ¿Pero qué cosa es *Elohìm*? es el nombre que garantiza la estabilidad de la creación en cuanto en él, el escondido sujeto *Mi*, y el escondido sujeto *Eleh*, se juntan en una perenne unidad. Las palabras hebraicas *Mi* y *Eleh* tienen las mismas consonantes del nombre Elohim. Elohim es por tanto el nombre que se da a Dios después que el sujeto y el objeto se han separado, pero en el cual el abismo de esta separación está continuamente colmado y superado. La mística Nada que precede la fractura de la idea primordial en el pensante y en el pensado, no es para los cabalistas un sujeto real. La contemplación humana puede detenerse perpetuamente en los grados inferiores de las manifestaciones divinas: pero el grado más alto que la meditación puede alcanzar, aquel de la visión de Dios como místico *Mi* (Quien), como sujeto del proceso cósmico, no puede ser otro que un repentino rayo de luz intuitiva que brilla en el corazón del

---

[119] Ibid., pág. 300; edic. franc., pág. 236.

hombre, "como el juego de los rayos del sol sobre un espejo de agua", como dice, con una imagen frecuentemente repetida, Moisés de León[120].

El panteísmo del Zohar

"Frecuentemente en la historia de la Cábala se contraponen tendencias teísticas y panteísticas: éstas últimas muy difíciles de reconocer por cuanto sus representantes se han preocupado siempre de usar el lenguaje propio del teísmo, y son muy raros los autores que han expresado claramente sus convicciones panteístas". Así Gershom Scholem[121].

La obra de la Creación en el Zohar, como ha sido descripta en el primer capítulo del Génesis, tiene un doble carácter. Entendida místicamente, representa la historia de la auto-revelación divina y el desenvolverse del mundo de la divinidad de los sefirot, es una teogonía (es difícil encontrar un término más preciso, aún si este deriva del mundo de la mitología); en cuanto da lugar al mundo "inferior" -esto es, aquel que, en el más preciso sentido de una *processio ad extra*, es una cosmogonía. Las dos se distinguen por el hecho de que en el superior reina la unidad dinámica de Dios mientras que en el inferior tiene lugar la diferenciación y la separación. El Zohar gusta hablar de este mundo inferior como del mundo de la separación, *Olam ha-perud*. El Zohar dice frecuentemente, "si uno contempla en meditación mística, todo resulta ser uno". Ya Gigatilla usa la fórmula: "Él está en todo y es todo".

En efecto teogonía y cosmogonía no representan dos actos de la creación diversos, sino que, en último análisis, sólo son dos caras de un mismo proceso. La creación mira siempre el íntimo movimiento de la vida divina, en todo grado, sea en el mundo de la Merkaba y de los ángeles, lugar que está debajo de los Sefirot, sea en los diversos ciclos del mundo de los cuatro elementos. La creación no es otra cosa que un desarrollo externo de aquellas fuerzas que obran y viven en Dios mismo.

Dice a su vez Moisés de León: "Todo está ligado al todo, hasta el último de los anillos de la cadena; y el verdadero ser de Dios está igualmente en lo alto y en lo bajo, en el cielo y en la tierra, y nada existe fuera de Él. Y esto entienden los sabios cuando dicen: "Cuando Dios vio la Tora

---

[120] Ibid., pág. 301.
[121] Ibid., pág. 301; edic. franc., pág. 237.

en Israel, abrió sus siete cielos y vieron que en realidad no era ningún otro que Su gloria; abrió sus siete tierras y vieron que no era otra cosa que Su gloria; abrió sus siete abismos y vieron que no era otra cosa que Su gloria". Medita sobre estos hechos y comprenderás que la verdadera existencia de Dios está ligada y encadenada a todos los mundos, y que todas las formas de existencia están ligadas unas a otras, e implicadas una en la otra, porque todo procede de Su real existencia" (De una larga cita del *Sefer harimon*, de Moisés de León, citado por Gershom Sholem)[122].

La creación antes del pecado de Adán

El Zohar enseña que originariamente todo era concebido como una gran unidad y la vida del creador fluía libre v sencilla en la vida de las criaturas. Todo estaba en una relación directa mística con el todo y habría podido ser conocida en su unidad inmediatamente sin necesidad de símbolos: sólo la culpa de Adán ha hecho a Dios trascendente y por sus repercusiones cósmicas las cosas han perdido su inmediata conexión y han tomado la apariencia de una existencia aislada e independiente. Toda la creación era de naturaleza supersensible y no habría tomado una forma material sin la intervención del mal. Ninguna cosa sorprendente, por tanto, si en un mundo mesiánico y, por el beato conocimiento de los devotos, en un mundo redimido de la mancha del pecado, esta relación originaria de todas las cosas entre sí sería nuevamente restaurada[123].

Lo sexual en el Zohar

Es conocido que en la historia de la mística han tenido una parte importante aquellos estratos más profundos de la naturaleza humana que están en relación con la vida sexual; se encuentran en abundancia imágenes eróticas en los escritos de muchos místicos y muchos de esos místicos describen la misma relación con Dios como una relación amorosa del alma.

Hay excepcionalmente solo un caso en que el Zohar utiliza la simbología sexual para caracterizar la relación de un mortal con la Divinidad o, para ser más precisos, con la *Chekina*.

---

[122] Ibid., pág. 303; edic. franc., pág. 239.
[123] Ibid., pág. 304; edic. franc., pág. 240.

La excepción es representada por Moisés, el hombre de Dios; de él y solo de él se dice con una imagen audaz que tuvo relación con la *Chekina*. En este caso, la relación permanente con la imagen de un desposorio místico de Moisés con la *Chekina*. Algunos pasos del *Midrach* -que hablan de una cesación de las relaciones sexuales de Moisés con su mujer después que él ha sido favorecido con las relaciones con Dios "cara a cara-" han dado la variante a Moisés de León para sostener que las nupcias con la *Chekina* han suplantado el matrimonio terreno[124].

El lenguaje del sexo domina en cambio la descripción de la relación íntima de Dios consigo mismo, al igual que en el mundo de los Sefirot. Su insurgir en la vida del hombre es para los cabalistas un símbolo de la relación amorosa entre el "Yo" y el "Tú" divinos, el "Santo, alabado sea, y su *Chekina*". El *hierogamos*, la sagrada unión del Rey y de la Reina, del esposo y de la esposa celeste, o cualquiera sea el nombre usado para estos símbolos, entre todos los procesos últimos del mundo de las manifestaciones divinas es aquel que ocupa el puesto más central. En Dios mismo hay una unión de las fuerzas activas y pasivas, del elemento que genera y del que concibe, del cual brota toda vida y toda beatitud en el mundo terreno[125]. Una de las imágenes que representa el desplegarse de los Sefirot lo describe como el punto de una mística de procreación, en la cual el primer rayo que emerge de la Nada fue sembrado en el entendimiento divino, esto es, en la "madre celeste", de cuyo seno nacerán los Sefirot, como Rey y Reina, hijo e hija. En esta imagen mística y arquetípica pueden reconocerse los trazos de la divinidad masculina y femenina de la antigüedad, aunque ello suscite un sentido de terror en los devotos cabalistas[126].

La nona Sefira *Yesod*, de la cual todos los más altos Sefirot -reunidos en la imagen del Rey-fluyen en la *Chekina*, es concebida como la fuerza generadora de la creación, la secreta vida del universo. El simbolismo fálico, conexo siempre con las especulaciones del *Yesod*, tiene gran expresión en el Zohar. M. D. George Langer ha tomado de aquí pie para sus especulaciones psicoanalíticas en el Zohar, en *Die Erotik der Kabbala*, Praga, 1923[127].

---

[124] Ibid., pág. 307; edic. franc., pág. 242.
[125] Ibid., pág. 307; edic. franc., pág. 243.
[126] Ibid., pág. 307; edic. franc., pág. 243.
[127] Ibid., pág. 307; edic. franc., pág. 243.

La Chekina como un eón femenino

En las especulaciones gnósticas sobre los eones masculinos y femeninos que constituyen el mundo del *Pleroma*, de la Plenitud de Dios, estas ideas toman después una nueva forma, en la cual se hacen conocidas a los primeros cabalistas a través de fuentes fragmentarias. La semejanza que usa el libro *Bahir* cuando habla de la *Chekina* revela todavía más claramente este carácter gnóstico. Para algunos gnósticos la "Sofía interior representaba el último eón, al margen del *Pleroma*, "la hija de la luz", que cae en el abismo de la materia. Muchos motivos han contribuido a esta imagen de la *Chekina* como aparece en el Zohar. Ante todo, viene identificada a la comunidad de Israel, una especie de Iglesia invisible, que representa una idea mística de que Israel, en su ligamen con Dios, y con su felicidad, pero también en sus sufrimientos en el destierro... En el mundo de los símbolos del Zohar esta nueva idea de la *Chekina* como símbolo de lo eterno femenino tiene un puesto preminente, presentada en variados nombres e imágenes[128].

El pecado original

En su originaria naturaleza paradisíaca, el hombre tenía una relación inmediata con Dios. Como Moisés de León lo repite frecuentemente, el hombre era una síntesis de todas las fuerzas espirituales que han edificado la creación; en su organismo y en su estructura se refleja el organismo secreto de la misma vida de Dios. El hombre original era un ser puramente espiritual. Sólo después del pecado ha tenido una existencia corpórea, salida de la turbación de toda la materia con el veneno del pecado. Sólo el pecado original ha destruido este inmediato contacto entre Dios y el hombre, influyendo en alguna manera también sobre la vida de Dios en su Creación.

Esta interpretación dice que los Sefirot fueron revelados a Adán en la forma del árbol de la vida y del árbol del conocimiento, y esto en representaciones simbólicas del penúltimo y del último Sefirot; en vez de custodiar su originaria unidad, y de unir en tal modo las esferas de la vida y del conocimiento, logrando con esta unión la redención del mundo, él los separó y se resolvió a honrar exclusivamente la *Chekina* sin tomar en consideración su unidad con los otros Sefirot. Así Adán

---

[128] Ibid., pág. 310; edic. franc., pág. 245.

rompió la corriente vital que corre de esfera a esfera, y trajo la separación y el aislamiento que reina en el mundo[129].

El origen del mal

En el Zohar a veces, el mal es realmente un mundo metafísico de la oscuridad, del tentador y de la tentación, y tiene existencia independiente del pecado humano y de las acciones del hombre; y a veces parece que solo con el pecado del hombre, éste se convierte realmente en libre e independiente, en cuando el pecado ha quebrado su unión con el mundo divino. Así se habría aislado y actualizado sólo por el hombre. En efecto, según el Zohar, el mal moral representa siempre lo que ha sido separado de una unión, y así aislado, o lo que entra en una relación que no le es apropiada. El pecado separa lo que es unión; una tal separación ruinosa estaba también en la base del primer pecado en cuanto el fruto fue separado del árbol, o -como significativamente dice otro cabalista- el árbol de la vida fue separado de aquel conocimiento en el cual originariamente tenía una sola raíz. Cuando el hombre de tal modo cae en el aislamiento, cuando quiere afirmarse a sí mismo, en vez de permanecer en aquella originaria unidad de todas las cosas creadas, entonces no puede faltar otra consecuencia de tal caída, esto es, la demiúrgica presencia de la magia, en la cual el hombre busca ponerse en el lugar de Dios, y de unir lo que Dios ha separado. El mal por tanto crea así un mundo ficticio de ligámenes falsos después que ha destruido el mundo de los vínculos auténticos[130].

Pero hay una causa más profunda del mal, según el Zohar. La fuerzas divinas forman entre sí un todo armónico y ninguna de estas fuerzas o calidad es santa y buena sino cuando está unida con las otras en una viva relación de ser. Esto vale sobre todo para la calidad de la justicia en sentido estricto, para el juicio y para la severidad -en Dios y de Dios- que es la causa más profunda del mal. La cólera de Dios está como su mano siniestra en íntima relación con la calidad de la gracia y del amor, su mano derecha. La una no puede manifestarse haciendo menos de la otra. Esta Sefira de la Severidad es por tanto el gran "foco de la ira" que se abrasa en Dios, pero que es continuamente endulzado y frenado por la gracia. Si, sin embargo, en un desarrollo enorme, hipertrófico, irrumpe al exterior y rompe la unión con la gracia, entonces huye con la violencia del mundo de la divinidad y se convierte en el mal radical,

---

[129] Ibid., pág. 313; edic. franc., pág. 248.
[130] Ibid., pág. 317; edic. franc., pág. 252.

el mundo de Satanás opuesto a aquel divino[131]. Estas ideas han sido también expuestas por Jacobo Boehme, donde revela "la más estrecha afinidad con la Cábala[132].

Hay en la Cábala la idea de que no ha sido la acción de Adán causa primera del mal, sino que la existencia del mal sería independiente del hombre y se debe buscar su causa en la estructura del mundo, o mejor, en el proceso mismo de la vida de Dios. El Zohar tiende a esta última concepción y considera el mal como un residuo o como un detrito del proceso orgánico de la vida escondida. Así, el elemento demoníaco brota de la misma divinidad. El Zohar muestra el mal como la corteza, *Kelipa*, del árbol cósmico o como la cáscara de la nuez[133].

La doctrina del alma

En un himno místico Moisés ben Nachman ha descripto el nacimiento del alma de lo profundo de las esferas divinas, de las cuales fluye la vida. Ya que también el alma es una chispa de la vida divina y lleva en sí la vida de los varios estadios divinos a través de los cuales ha pasado[134].

El Zohar conserva la distinción entre las tres almas del hombre *Nefesh*, o vida, *Ruach* o espíritu, *Neshama* o alma. Pero estas tres almas no son ya tres diversas facultades, ya que están presentes en la primer alma, *Nefesh*; y los grados del alma más altos son en vez nuevas y más profundas fuerzas que el alma del devoto se gana gracias al estudio de la Tora y a las buenas acciones[135].

Especialmente *Neshama*, el alma santa, se obtiene gracias a la meditación de los misterios divinos, y consiste en la más profunda fuerza intuitiva, una especie de chispa de *Bina*, el mismo entendimiento divino. El Zohar sostiene que solo *Nefesh* -esto es, el alma natural de la cual todos están dotados- es capaz de pecado. *Neshama*, la más intensa chispa divina, está más allá de cualquier pecado[136].

El Zohar sostiene la preexistencia de todas las almas desde el principio de la creación, y así llega a decir que todas las almas estaban

---

[131] Ibid., pág. 318; edic. franc., pág. 253.
[132] Ibid., pág. 320; edic. franc., pág. 253.
[133] Ibid., pág. 320; edic. franc., pág. 253.
[134] Ibid., pág. 321; edic. franc., pág. 256.
[135] Ibid., pág. 322; edic. franc., pág. 257.
[136] Ibid., pág. 323; edic. franc., pág. 257.

preformadas en su completa individualidad cuando estaban escondidas en el seno de la eternidad[137].

Después de la muerte, las almas que han cumplido su misión retornan a su sede originaria, mientras las pecadoras son conducidas delante de un tribunal y purificadas en la "oleada de fuego" de la gehenna, o si se trata de pecados bastante graves, quemadas.

Tampoco hay que negar que la idea de la metempsícosis como una forma de castigo no es ignorada en la más antigua tradición cabalística [138]. Gershom Scholem advierte en *Les Origines de la Kabbale*[139] que la doctrina del tránsito de las almas en cuerpos animales denota un contacto directo con las concepciones de los catharos.

Conclusión sobre el Zohar

La conclusión sobre el Zohar la da el mismo Gershom Scholem en palabras lacónicas pero terminantes. "Considerado, dice, complexivamente, el mundo espiritual del Zohar puede ser definido como una mezcla de teología teosófica, de cosmogonía mítica y de psicología y antropología místicas. Dios, el mundo y el alma no tienen, cada uno en su plano, vidas separadas. El originario acto creador ignora absolutamente una tal separación, que, como hemos visto, viene determinada en el cosmos solo por el pecado del hombre".

El Zohar no hace sino explicitar y llevar a sus últimas consecuencias la concepción íntima y esencial de la Cábala, en cualquier momento de su existencia. Esta concepción cabalística encierra como carácter propio y distintivo la idea de que Dios -el mundo- el hombre se mueven en un solo y único plano. Como expondremos más adelante está concepción puede traducirse en un monismo, o en un emanatismo, o en un inmanetismo, o en un intrinsecismo en que el Creador y la creatura, el sí y el no, la verdad o el error, la naturaleza y la gracia, el bien y el mal se despliegan en un mundo unitario de una única dimensión.

La Cábala después del Zohar

La Cábala sufre un cambio después de 1492 con la expulsión de los judíos de España. "La muerte, la conversión y el reconocimiento, son los más grandes acontecimientos, auténticos puntos de rotura, de los

---

[137] Ibid., pág. 323; edic. franc., pág. 258.
[138] Ibid., pág. 325; edic. franc., pág. 259.
[139] Ibid., pág. 493.

cuales la nueva Cábala toma el movimiento para la reedificación de la vida humana hacia la feliz unión con Dios. La humanidad no está amenazada sólo de la propia corrupción sino de aquella de todo el mundo, que proviene de la primera fractura de la creación, de la fractura de los órganos, en las cuales el sujeto y el objeto del mundo se han separado". Los cabalistas de este tiempo escribirán una serie de textos, más o menos voluminosos, muchos de los cuales representaban acabados sistemas de teoría mística. Los más famosos son los de Moisés ben Jacob Cordovero (1522-1570) y los de Isaac Luria (1534-1572).

La doctrina del Tzimtzum

En el vértice de la concepción de Luria está la doctrina del *Tzimtzum*. *Tzimtzum* quiere decir concentración o contracción. ¿Cómo puede existir un mundo cuando el ser de Dios está por todas partes? ¿Cómo puede existir en este lugar algo concreto, algo diverso de Dios, desde el momento en que Dios está "todo en todo"? Dios -contesta Luria-debe hacer vacante en su ser una zona, de la cual Él se retira; una especie de místico espacio primordial, en el cual puede retornar al acto de la creación y de la revelación: El primer movimiento del *En-sof* ni fue por tanto un movimiento hacia lo exterior, sino hacia lo interno, un movimiento dentro de sí mismo. El Tzimtzum podría considerarse como un destierro en el punto del ser divino mismo. Así el proceso cósmico consiste en una continua ocultación y revelación de Dios, un retirarse o concentrarse en sí mismo y luego un manifestarse en la creación.[140] Este proceso del *Tzimtzum* es como una purificación del organismo divino de los elementos del mal[141].

Esta concepción de un proceso sucesivo en el *Tzimtzum* como de un proceso que tiene lugar en Dios mismo, fue para Luria tanto más fácil cuanto admitía que una huella o un resto de la luz divina -por él, llamada *Reshimu*- quedase después de retraerse de la sustancia del *En-sof* en el espacio primordial producido en el *Tzimtzum*[142].

La rotura de los vasos

Junto con la concepción original del *Tzimtzum* existen otras dos ideas teosóficas fundamentales. Se trata de la rotura de los vasos y la del

---

[140] Gershom Scholem, *Le grandi correnti della mistica ebraica*, pág. 355; edic. franc., pág. 278.
[141] Gershom Scholem, *La Kabbale et sa symbolique*, pág. 129.
[142] Gershom Scholem, *Le grandi correnti...*, pág. 359; edic. franc., pág. 281.

Tiqqum o doctrina de la separación. La doctrina de los vasos afirma que la luz divina irrumpió en el espacio primordial, se desplegó en varios estadios y apareció bajo los más variados aspectos. Lo importante es que, según esta doctrina, antes que todo otro ser, tuvo origen en el espacio primordial el Adam Kadmon o el hombre primordial. El *Adam Kadmon* es por tanto la primera y la más alta forma en la cual la divinidad, después del *Tzimtzum* comienza a manifestarse. De sus ojos, de su boca, de sus orejas y de su nariz prorrumpirán las luces de los Sefirot. Primeramente, todos juntos en un todo único y sin ninguna separación entre cada uno de los vasos que los acojan, pero después las luces provenientes de los ojos emanan en una forma "atomizada", en que cada sefirot constituirá un punto aislado. Este mundo "de las luces puntiformes" es llamado por Luria "Mundo de la confusión, del desorden". Desde el momento que en el plano de la creación se consideró la existencia de entes finitos, en un orden determinado, fueron creados - mejor emanados- "recipientes" para recoger cada una de aquellas luces, para contenerlas y preservarlas. Los recipientes correspondientes a los tres más altos Sefirot recogieron también de aquí su luz, mientras la luz de los otros seis Sefirot inferiores irrumpen al exterior, porque era demasiado fuerte y los vasos demasiados débiles. La misma cosa sucedía, aunque en proporción más moderada, con el recipiente de la última Sefira.

Esta idea de la rotura de los vasos deriva de una mítica del Zohar según la cual los Reyes del Edom, de mundos pasados, murieron a causa del reino del rigor o de que el mundo no fue atenuado por la compasión. Porque el mundo subsiste sólo por la armonía de la gracia y del rigor, del elemento masculino y femenino, de una armonía que el Zohar indica como la balanza.

De los residuos de los vasos rotos, en los cuales quedaron algunas chispas de la luz santa proveniente de la esencia de Dios, derivaron los demoníacos mundos del mal, el cual anidó así en todos los posibles estados del proceso cósmico[143].

Partzufim. Según la teoría del Tiqqum, después de la rotura de los vasos causada por el originario rayo del En-sof, de la frente del *Adam Kadmon* brotó un nuevo rayo de luz que reunificó de nuevo los elementos desordenados. Las luces del Sefira provenientes del *Adam Kadmon* se

---

[143] Ibid., pág. 361; edic. franc., pág. 283.

organizaron así en nuevas configuraciones y en cada una se reflejaba el *Adam Kadmon* según ciertas formas definidas; y de aquí cada Sefirot se transformó en general atributo de Dios, que los cabalistas llaman *Partzùf*, rostro de la divinidad. Y añade Gershom Scholem: El Dios que ahora se manifiesta es el Dios viviente de la religión, meta de los cabalistas, que representa mucho más del escondido *En-sof*: es el Dios que se realiza como persona cumplida del proceso del *Tiqqum*. En todas las tentativas de la Cábala luriana de describir el proceso teogónico en símbolos inspirados de la existencia humana es evidente un esfuerzo, por alcanzar un Dios personal; pero tal esfuerzo culmina en una nueva forma de mitología gnóstica, y sería vano hacerse ilusiones al respecto. En el proceso del *Tiqqum*, de la restauración de las luces divinas a su legítimo puesto, Luria trata de explicar cómo los diversos aspectos con los cuales la Divinidad se manifiesta pueden emanar el uno del otro como tantos *Partzufim*, contenidos de manera personalista. Al leer su descripción se siente la tendencia a olvidar que entiende referirse a procesos puramente espirituales. Y como si se leyese uno de aquellos mitos en los cuales Basílides, Valentino o Mani buscan representar el drama cósmico, solo que en este caso se trata de un mito más complejo que en aquellos de los sistemas gnósticos"[144].

Dios se plasma a sí mismo

Luria llega al punto de describir un mito de Dios que se da a luz a sí mismo. Ya que esto -escribe Gershom Scholem- me parece el punto saliente de todas estas exposiciones, que dan la impresión de ser impenetrables: el desarrollo del hombre a través de los varios estados -concepción, gravidez, nacimiento, infancia- hasta la formación de la personalidad completa, que puede ser dueña de usar libre y plenamente de sus facultades morales e intelectuales, está audazmente considerado como un símbolo del *Tiqqum*, del Proceso en el cual Dios se plasma a sí mismo[145].

Y añade Gershom Scholem: "Hay aquí un conflicto latente: o el *En-sof* es el Dios personal, el Dios de Israel y todos los *Partzufim* son sólo sus manifestaciones, bajo aspectos diversos; o el *En-sof* es la sustancia impersonal, el *deus absconditus*, que sólo en los *Partzufim* se hace persona".

---

[144] Ibid., pág. 364; edic. franc., pág. 287.
[145] Ibid., pág. 366; edic. franc., pág. 289.

Esto, a lo que fácilmente se podría dar una respuesta, mientras se trataba sólo de la interpretación teosófica de la doctrina del Zohar que ponía en relación inmediata al *En-sof* y los sefirot, se hace un problema apremiante en este complicadísimo proceso del *Tzimtzum* y de la Shevira, y en la larga serie de los acontecimientos que llevan a la formación del *Zeir Anpin*. Cuanto más dramáticos se hacen los procesos que tienen lugar en Dios, tanto más inevitable es la pregunta: ¿en todo esto, donde está Dios[146].

El proceso de restitución en Dios y en el hombre

Todo esto nos lleva a considerar otro aspecto de la doctrina del *Tiqqum*, todavía más importante para el tema de la teosofía práctica. El proceso con el cual Dios concibe, se engendra y se desarrolla a sí mismo no se completa solamente en Él; en parte, el proceso de restitución se cumple en el hombre. No todas las luces caídas en la cárcel de las potencias del mal se resuelven allí; en otras palabras, es el hombre quien da el toque final al semblante divino y a él toca instalar a Dios, como Rey y místico Autor de todas las cosas en el Reino celeste. Es el hombre quien da la última forma a su mismo creador. El ser divino y el ser humano en cierto punto del proceso cósmico son interdependientes; de tal modo, en el íntimo proceso del *Tiqqum*, que está fuera del tiempo - representado simbólicamente por el nacimiento de la personalidad de Dios- corresponde el proceso temporal de la historia de este mundo. El proceso histórico y su alma más secreta que es acción religiosa del hebreo, que opera la restitución final de todas las luces y chispas separadas y dispersas en el destierro de la materia. Por tanto, depende de la libre acción del hebreo -que gracias a la Tora, a la observación de la ley y de la oración está en íntima relación con la vida divina- acelerar este proceso y propulsarlo. Toda acción del hombre está en relación con esta tarea final que Dios ha atribuido a las criaturas.

La venida del Mesías no es otra cosa, según Luria, que el sello definitivo de este proceso de restauración del *Tiqqum*. La redención de Israel comprende en sí la redención de todas las cosas.

El hombre debe, en toda acción, renovar su íntimo propósito de restaurar la unidad originaria, aquella unidad destruida a causa de la mancha original -la rotura de los vasos- y de las fuerzas del mal y del

---

[146] Ibid., pág. 366; edic. franc., pág. 287.

pecado entrados en el mundo a causa de aquella. Reunificar el nombre de Dios en que JH se ha separado de las letras WH.

La Chekina cae, como la última Sefira cuando fueron rotos los vasos. Cuando comenzó el *Tiqqum* se habría realizado la unión de la Chekina y del *Zeir Anpin*. Pero a causa del pecado de Adán se destruyó la armonía de los mundos y se provocó la caída a plomo de la Chekina en la oscuridad del mundo demoníaco y del mal, que debían estar separados, de nuevo con la reasunción de los elementos de la luz y con el retorno a la posición precedente. Adán era un ser espiritual que se hallaba a punto en el mundo espiritual, *Asiya*. Solo inmediatamente después de su pecado también este mundo se precipitó de su esfera y se mezcló con el dominio inferior de la *Qelipoth*. Así se constituyó no solo el mundo material en el que vivimos, sino también el hombre como un ser compuesto de materia y espíritu[147].

Y añade Gershom Scholem:

> "Se revela una extraña afinidad con las ideas religiosas fundamentales de los maniqueos..."[148]

La metempsicosis

También la Cábala de la escuela de Luria sostiene la metempsicosis. Pero los antiguos cabalistas creían en el *Gilgul* -término hebraico usado para indicar la transmigración de las almas sólo en relación con determinadas culpas, y principalmente de naturaleza sexual. Ignoraban la metempsicosis como una ley universal, regulada según la causalidad moral de las acciones humanas, lo que llaman los hindúes con el término sánscrito *Karma*.

La transmigración de las almas es por tanto en Luria una parte del proceso de restitución del *Tiqqum*. Pero, en consecuencia de las fuerzas del mal en el hombre, la transmigración se prolonga inmensamente y hace más lejana la redención. Pero Luria sostenía que gracias a apropiados actos religiosos, como ritos, ejercicios de penitencia y de meditación, este proceso podía ser notablemente abreviado. Todo hombre lleva consigo los trazos secretos de la peregrinación de su alma en la línea de la frente y de las manos y en el aire que se irradia de su cuerpo. Y sólo aquel que puede descifrar la escritura del alma de lo que

---

[147] Gershom Scholem, *Le grandi correnti...*, pág. 377; edic. franc., pág. 298.
[148] Ibid., pág. 377; edic. franc., pág. 298.

son capaces los grandes místicos puede penetrar en el destino del alma y socorrerla.[149]

La cábala luriana acentuó todos los rasgos gnósticos del Zohar de Moisés León. De aquí su gran significado en las corrientes cabalísticas posteriores.

III. INTERPRETACIÓN OCULTISTA DE LA CÁBALA

Lo que llamamos interpretación naturalista de la Cábala es la universitaria, emprendida por Franck y hoy renovada por Gershom Scholem. Pero hay también, la de los ocultistas o esotérica, sostenida en todos los tiempos por una cantidad de autores; entre los cuales, Éliphas Levy, *Dogme rituel de la haute magie*, París, 1854, *Le clef des grandes mystères, Histoire de la Magie;* Fabre d'Olivet, *La langue hebraique restituée*, París, 1825, 2 vol.; Stanislas de Guaita, *Au seuil du mystère*, París 1890; *Le Temple de Satan*, París 1891; H. P.

Agrippa, *Philosophie occulte*, 2 vol., La Haya, 1727; Lenain, *La sciencie cabalistique*, Amiens, 1823; Papus, *Traité elementaire de sciencie occulte*, París, 1887; *Le Tarot des bohemiens*, París 1889; *Traité méthodique de science occulte*, París 1887; Josephin Peladan, *La decadence latine*, 11 vol., París, 1884; Abbé Roca, *Nouveaux Cieux, nouvelle terre*, París 1889; L. C. de Saint Martin, *Le Crocodile*, París; Ed. Schuré, *Les grands initiés*, París, 1889; Saint Yves d'Alveydre, *Mission des Juifs*, París, 1884; Hoené Wronsky, Raimundo Lulio, Pico de la Mirándola, Reuchlin, N. C. Agrippa, Pastel, Kircher, Knorr de Rosenroth, Joseph Voysin, Paracelso, Henry Morus, Van Helmont, Mercure Van Helmont, Robert Fludd, Buxtorf.

Antigüedad de la Cábala según los ocultistas

Los ocultistas sostienen que la crítica universitaria no se puede apartar en sus trabajos de ciertas reglas establecidas, de las que la principal consiste en no fundar el origen de las doctrinas que estudia sino sobre documentos auténticos, sin ocuparse de las afirmaciones más o menos interesadas de los partidarios de la doctrina estudiada. Es el método seguido por Franck y por Gershom Scholem[150].

---

[149] Ibid., pág. 380; edic. franc., pág. 301.
[150] Papus, *Le Cabbale*, Edit. Dangles, París, 5ª edic., pág. 139.

El ocultista no tiene por qué tomar en consideración estas limitaciones. Un símbolo antiguo es para él un monumento tan auténtico y tan precioso como un libro, y la tradición oral no puede sino transmitir las fórmulas dogmáticas que la razón y la ciencia deben controlar y verificar ulteriormente.

Varias grandes civilizaciones se han sucedido en nuestro planeta en el orden siguiente[151].

1° La civilización colosal de la Atlántida, civilización creada por la *raza roja* y evolución de un continente hoy desaparecido, que se extendía por todo el océano Atlántico.

2° En el momento en que la raza roja estaba en plena civilización, nació un continente nuevo que constituye el *África de hoy*, generando como término último de evolución, la *raza negra*.

Cuando se produjo el cataclismo que englutió a la Atlántida, cataclismo conocido por todas las religiones como *Diluvio Universal*, la civilización pasó rápidamente a manos de la raza negra, a la que algunos sobrevivientes de la raza roja transmitieron sus principales secretos.

3° En fin, cuando los negros llegaron al apogeo de su civilización, nació con un nuevo continente (Europa-Asia) la *raza blanca*, a la que debía pasar ulteriormente la supremacía sobre el planeta.

Los datos que acabamos de resumir no son nuevos. Para los ocultistas, los que saben leer esotéricamente el *Sepher* de Moisés encontrarán la clave en las primeras palabras del libro, como lo ha demostrado Saint Yves d'Alveydre; pero sin ir tan lejos, Fabre d'Olivet, a partir de 1820, descubrió esta doctrina en la *Histoire philosophique du Genre Humain*. Por otra parte, el autor de *Ivlission des Juifs* nos hace ver la explicación de esta doctrina en el mismo *Ramayana*[152].

"Todas las tradiciones, las de los *bohemios*, las de los *francmasones*, de los *egipcios*, de los *cabalistas*, corroboradas por la misma ciencia oficial, están acordes en considerar a la India como el origen de nuestros conocimientos filosóficos y religiosos[153].

---

[151] Ibid., pág. 140.
[152] Ibid., pág. 141.
[153] Ibid., pág. 142.

La Cábala no es otra cosa que esta tradición adoptada por el espíritu occidental.

Cada reformador religioso o filosófico de la antigüedad dividía su doctrina en dos partes: la una velada, al uso de la multitud o *exoterismo*, la otra clara, al uso de los iniciados o *esoterismo*.

Sin querer hablar de los orientales Buda, Confucio, Zoroastro, la historia nos muestra a *Orfeo*, describiendo el esoterismo a los iniciados por la creación de los *misterios;* a Moisés seleccionando una tribu de sacerdotes o iniciados, la de Levi, entre los cuales eligió a aquellos a quienes podía ser confiada la *tradición*. Pero la transmisión esotérica de esta tradición se hace indiscutible hasta el año 550 antes de Cristo, con Pitágoras, iniciado en las mismas fuentes de Orfeo y Moisés, es a saber, en el Egipto.

Pitágoras tenía una enseñanza secreta basada principalmente en los números, y algunas citas de esta enseñanza que nos han sido transmitidas por los alquimistas muestran su identidad absoluta con la Cábala, de la que no son sino una traducción.

Señalemos en último lugar la existencia de esta tradición oral en el cristianismo, en que Jesús revela a sus discípulos el verdadero sentido de las parábolas en los discursos sobre la montaña, y que confía el secreto total de la tradición esotérica a su discípulo favorito, San Juan.

El Apocalipsis es enteramente cabalístico, y representa el verdadero esoterismo cristiano[154].

Enseñanzas de la Cábala sobre el hombre[155]

La Cábala enseña en primer lugar que el hombre representa exactamente la constitución del universo entero. De aquí el nombre de microcosmos. Pequeño mundo dado al hombre en oposición al macrocosmos o gran mundo, dado al universo.

---

[154] Ibid., pág. 143.
[155] Ibid., pág. 144.

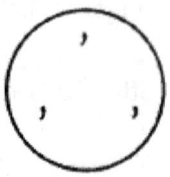

La Cábala considera a la materia como una adjunción creada posteriormente a todos los seres a causa de la caída adámica.

El hombre, según los cabalistas, está compuesto de tres elementos esenciales: 1° Un elemento inferior, que no es el cuerpo material, ya que esencialmente la materia no existía, pero que es el principio que determina la forma material: *Nephesh*.

2° Un elemento superior, chispa divina, el alma de todos los idealistas, el espíritu de los ocultistas: *Neschmah*.

Estos dos elementos son entre sí como el aceite y el agua. Son de esencia tan discutida que no podrían nunca entrar en relación el uno con el otro sin un *tercer término*, que participe de las dos naturalezas uniéndolas.

3° Este tercer elemento mediador entre los dos anteriores es la vida de los sabios, el espíritu de los filósofos, el alma de los ocultistas: *Ruach*.

Estos tres elementos se sintetizan en la unidad del ser, tan bien que se puede representar al hombre esquemáticamente por tres puntos envueltos en el círculo:

El hombre viene de Dios y a Él vuelve. Hay que considerar tres puntos en esta evolución[156]:

1° El punto de partida.

2° El punto de llegada.

3° Lo que pasa entre la partida y la llegada.

1° *La Partida*. La Cábala enseña siempre la doctrina de la emanación. El hombre ha *emanado*, por tanto, primitivamente de Dios en el estado de Espíritu puro. A la imagen de Dios constituido en fuerza e inteligencia (chomah y bina), es decir, en positivo y negativo. Está

---

[156] Ibid., pág. 146.

constituido en macho y hembra, Adán y Eva, formando en el origen un *solo ser*. Bajo la influencia de la caída dos fenómenos se producen:

a) la división del ser único en una serie de seres andróginos Adán-Eva.

b) la materialización y la subdivisión de cada uno de estos seres andróginos en dos seres materiales de sexos separados, un hombre y una mujer. Es el estado terrestre.

Hay que notar, con todo, como nos lo enseña el Tarot, que cada hombre y cada mujer contienen en sí una imagen de la unidad primitiva. El cerebro es Adán, el corazón Eva en cada uno de nosotros.

2° *Transición de la partida a la llegada*. El hombre materializado y sometido a la influencia de las pasiones debe *voluntaria y libremente* encontrar su estado primitivo, debe recrear su inmortalidad primitiva. Para esto *se reencarnará* tantas veces cuantas le sean necesarias para saberse rescatar por la fuerza universal y todopoderosa entre todas: el Amor.

3° *Llegada*. El hombre debe por tanto constituir primero un andrógino primitivo para reformar sintéticamente el ser primitivo proveniente de la división del gran Adán-Eva.

Estos seres andróginos reconstituidos deben, a su vez, sintetizarse entre ellos hasta identificarse en su origen primero Dios. La Cábala enseña, por lo tanto, lo mismo que la India, la teoría de la Involución y de la evolución y el retorno final al *Nirvana*[157].

Enseñanzas de la Cábala sobre el universo[158]

En el universo, la vida se mantiene por las corrientes de luz que bañan todos los planetas y expanden allí a raudales los principios de generación. Es lo mismo de las corrientes de luz y tal es el origen de los ángeles, las fuerzas personificadas de la Cábala, y así de toda una parte de la tradición que M. Franck no ha abordado en su libro La Cábala Práctica.

La Cábala Práctica comprende el estudio de estos seres invisibles, receptores y transmisores de la vida del universo, contenidas en las corrientes de luz. Los cabalistas se esfuerzan por actuar sobre estos

---

[157] Ibid., pág. 148.
[158] Ibid., pág. 149.

seres y conocer sus poderes respectivos; de aquí todos los datos de la astrología, la demonología, y la magia contenidos en la Cábala[159].

En el universo sucede lo mismo, según la Cábala. Por encima, o mejor dicho dentro de estas corrientes de luz existe un fluido misterioso, independiente de los seres creados de la naturaleza como la fuerza nerviosa es independiente de los glóbulos sanguíneos. Este fluido directamente emanado de Dios, es el cuerpo mismo de Dios. *Es el espíritu del universo*[160].

El universo nos aparece así constituido como el hombre, 1) de un cuerpo, los astros y lo que ellos contienen; 2) de una vida, las corrientes de luz, bañando los astros y conteniendo las *fuerzas activas* de la naturaleza, los ángeles; 3) de una *voluntad* directriz transmitiéndose en todas partes mediante el fluido invisible a los sentidos materiales, llamado por los ocultistas magnetismo universal y por los cabalistas *Aour;* es el *oro de los* alquimistas, la causa de la atracción universal o *Amor de los astros.*

Digamos además que el universo, como el hombre, está sometido a una involución y a una evolución periódicas, y que debe finalmente ser reintegrado en su origen: Dios.

Enseñanzas de la Cábala sobre Dios[161]

El hombre está hecho a imagen del universo, pero el hombre y el universo están hechos a imagen de Dios.

Dios en sí mismo es incognoscible para el hombre, es lo que proclaman los cabalistas por su *Ain-Soph* y los hindúes por su *Parabrahm*. Pero es susceptible de ser comprendido en sus manifestaciones. La primera manifestación divina, aquella por la cual Dios, creando el principio de la realidad, crea por lo mismo eternamente su propia inmortalidad, es la Trinidad.

Esta Trinidad primera, prototipo de todas las leyes naturales, fórmula científica absoluta, a la vez que principio religioso fundamental, se encuentra en todos los cultos más o menos alterado.

---

[159] Ibid., pág. 149.
[160] Ibid., pág. 150.
[161] Ibid., pág. 151.

Ya sea *el Sol, la Luna y la Tierra; Brahma, Vishnu, Siva; Osiris-Isis, Horus u Osiris, Amman, Phta; Júpiter, Juno, Vulcano; el Padre, el Hijo, el Espíritu Santo,* siempre aparece idénticamente constituida. La Cábala la designa por los tres nombres siguientes: *Kether, Chocmah, Binah.*

Estos tres nombres forman la primera trinidad de los diez *Sefirot* o numeraciones. Estos diez Sefirot expresan los atributos de Dios. Vamos a ver su constitución. Si recordamos que el universo y el hombre están compuestos esencialmente de un solo cuerpo cada uno, de un alma o mediador y de un espíritu, estaremos llevados a buscar la fuente de estos principios en Dios mismo. Ahora bien, los tres elementos arriba enunciados *Kether, Chocmah, Binah,* representan a Dios, pero como la conciencia representa al hombre todo entero, en una palabra estos tres principios constituyen el análisis del Espíritu de Dios.

¿Cuál es, por tanto, la vida de Dios? La vida de Dios es el ternario que hemos estudiado primero, el ternario constituyente de la humanidad en sus dos polos Adán y Eva. Por fin, el cuerpo de Dios está constituido por este universo de triple manifestación. En suma, si reunimos todos estos elementos, obtendremos la definición siguiente de Dios: Dios es *incognoscible en su esencia* pero es cognoscible en sus manifestaciones. El universo constituye su cuerpo, Adán y Eva constituyen su alma y Dios mismo en su doble polarización constituye su espíritu.

Los diez Sefirot de la Cábala pueden ser tomados en varias acepciones:

1º Pueden ser considerados como representando a Dios, el hombre, el universo, es decir el espíritu, el alma y el cuerpo de Dios.

2º Pueden ser considerados, como, expresando el desarrollo de uno cualquiera de estos tres principios[162].

Influencia de la Cábala sobre la filosofía

Sí, así como lo hemos dicho a propósito de la tradición, la Cábala no es sino la traducción hebraica de estas verdades enseñadas en todos los templos y sobre todo en Egipto, ¿qué hay de imposible en que Platón se encuentre fuertemente inspirado, no por la Cábala misma, tal como la conocemos hoy, sino por la filosofía primordial que origina a la Cábala?

---

[162] Ibid., pág. 151.

¿Qué iban a hacer estos filósofos griegos a Egipto y qué enseñaban en la iniciación a los misterios de Isis?

Recordemos solamente la influencia de la tradición esotérica sobre Orfeo, Pitágoras, Platón, Aristóteles y toda la filosofía griega de un lado, y por otra parte sobre Moisés, Ezequiel y todos los profetas hebreos, sin contar la escuela de Alejandría, las sectas gnósticas y el cristianismo esotérico revelado en el Apocalipsis de San Juan; digamos rápidamente algunas palabras acerca de la influencia que ha podido ejercer la tradición sobre la filosofía moderna.

Los alquimistas, los rosacruces, los templarios, son demasiado conocidos como cabalistas para citarlos. Basta a este propósito señalar la gran reforma filosófica producida por el *Ars Magna* de *Raimundo Lulio*.

Spinoza ha estudiado la Cábala y la influencia de la misma se hace sentir en lo más elevado de este estudio.

Un punto de historia menos conocido es que *Leibnitz* fue iniciado en las tradiciones esotéricas por Mercurio Van Helmont, hijo del célebre ocultista y sabio notable él mismo. El autor de la Monadología estuvo en relaciones frecuentes con los Rosacruces. La filosofía alemana toca por lo demás en muchos puntos con la ciencia oculta. Señalemos por último a la francmasonería, que posee diversos elementos cabalísticos[163].

El mundo de los "quliphah" o demonios

Para terminar esta cuestión sobre la Cábala ocultista, me parece conveniente agregar este punto sobre "el mundo de los Quliphah o demonios". Lo tornamos de la obra de Robert Arnbelain, "La Kabbale Pratique[164].

Un pasaje de Jámblico[165] nos da cuenta de todo el alcance del libro de Arnbelain. "Existe, dice Jámblico, en el Alma un Principio superior a la naturaleza exterior. Por este principio podemos superar el Cosmos y los sistemas de este universo. Cuando el *Alma* se eleva hasta las esencias superiores a la suya, abandona este cosmos al cual está temporariamente

---

[163] Ibid., pág. 156.
[164] Robert Ambelain, *Le Kabbale pratique*, Niclaus, París, 1951.
[165] Ibid., pág. 13.

ligada. Y por un magnetismo misterioso, es atraída hacia un plano superior con el cual se mezcla y se identifica...".

"La teúrgia nos une tan estrechamente con la Potencia divina engendrándose por ella misma, nos une tan estrechamente con todas las acciones creadoras de los dioses según las capacidades de cada una, que el Alma, después de haber cumplido los ritos sagrados, se afirma en sus acciones y sus inteligencias, y se encuentra por fin colocada en el Dios Creador mismo..." (Los misterios, V, VI, VII).

Este pasaje de Jámblico, que reúne todos los misterios de los cultos paganos, nos revela la esencia de la Cábala judía, de la teórica y de la práctica, a saber, la comunicación del hombre con el submundo de los demonios.

Como dice Ambelain[166], la Cábala es la

"Vía Iniciática" tradicional del occidente cristiano. Como lo recomendaba el Swami Sideswarananda, el método puramente asiático no está hecho para el hombre de Europa. Y, a despecho de sus apariencias seductoras, y salvo raras excepciones, no puede llevar sino a un atolladero".

Y prosigue Ambelain:

"La Cábala reposa sobre la tradición esotérica judea-cristiana. Constituye una metafísica y una filosofía, de las cuales se desprende una mística, ésta última accionada y regulada por una ascesis particular, constituyendo la Teúrgia o Cábala práctica; ésta última se divide en dos secciones. La primera constituye una especie de yoga occidental; es de forma ritual, ceremonial; es el aspecto exterior"[167].

Por esto, el mismo Ambelain recomienda que, antes de enfrentar a las terribles operaciones de la Cábala práctica, el estudiante de la Alta Ciencia haya familiarizado su espíritu con las obras de Felipe de Aquino, de los Reuchlin, de los Pico de la Mirándola, de los Rosenroth, de los Molitor, y entonces, como dice el Dr. Marc Haven:

"Si está llamado a la vida espiritual; estas páginas se le harán luminosas. Pero se enfrentará en vano con estos estudios si no ha templado su cerebro en las formas hebraicas, leído y asimilado las

---

[166] Ibid., pág. 16.
[167] Ibid., pág. 16.

obras preparatorias que hemos citado y habituado su alma a la vida mística..."[168]

El objetivo del Arte es, pues, *prácticamente,* poner al adepto en ligazón psíquica con los planos superiores y con las inteligencias que allí residen. Además, obrar altruística y ocultamente sobre sus semejantes, para los mejores intereses de la colectividad humana[169].

Ambelain describe más adelante "esta religión *sincretista,* difundida en toda el Asia occidental, en los siglos anteriores a la era cristiana y que engendra numerosos grupos particulares. Esta religión sincretista se da por una *revelación* esotérica, una gnosis... Todos los pueblos, ofitas, naasenos, cainitas, esenios, perateos, setios, heliognósticos, y todas las sectas pregnósticas antes de nuestra era, esperan al ser misterioso que descenderá del cielo y se encarnará bajo forma humana para dispersar a los demonios, purificar la tierra y los hombres, conducir a "estos a las moradas de las almas bienaventuradas, en la "mansión" del Padre"[170].

Los sefirot en los cinco mundos

La Cábala parte de la existencia del *Ain Sof;* la nada absoluta, *Ain,* que evoluciona hacia el *Ain Sof* propiamente dicho, mezcla de nada y ser, de luz ilimitada, el Dios indeterminado, o sea la Nada. Dios se revela a través de los diez Sefirot que forman el árbol cabalístico o el Hombre.

Este árbol cabalístico o el Hombre puede tener existencia en cinco mundos. En el mundo del *Aziluth* o mundo enteramente divino. En el mundo del *Beriath* o mundo de los ángeles. En el mundo del *Jesirath* o mundo de las colectividades. En el mundo de *Asiah* o mundo de las plantas, animales y hombres, y por fin, en el mundo de los demonios o "quliphah"[171].

El mundo de los Quliphah. Malkuth, el último de los sefirot, es el nadir de la evolución, el punto más bajo, en Asiah, que debe remontar hacia Kether. Pero que situado en el último escalón del *Árbol de la Vida,* en Malkuth, está en contacto osmótico con el *Árbol de la Muerte,* el árbol invertido. Así como se llamaba a Malkhuth la "reina", la "Novia", la

---

[168] Ibid., pág. 17.
[169] Ibid., pág. 17.
[170] Ibid., pág. 22.
[171] Ibid., pág. 67.

"Virgen'", la "Esposa del microposopo", así, por el contrario, se la nombra *Quliphah*, la *Prostituta*[172].

Y añade Ambelain:

> "Todo lo que en la vida está corrompido, contrario a los eternos designios del *Absoluto*, eternamente rechazado por Él, debe ser expulsado y esta especie de "execración" metafísica tiene lugar en el Árbol invertido, el *Árbol de la Muerte*, por oposición al *Árbol de la Vida*, fuera de la Esposa, en la Prostituta"[173].

> *"Porque nosotros no ignoramos que Dios, en quien residen todos los "posibles", buenos y malos, por el hecho de su omnisciencia absoluta opera de toda eternidad una discriminación eterna entre lo que retiene, escoge, adopta y realiza por medio de sus "Emanaciones" y lo que rehúsa, rechaza y reprueba"*[174].

Lo que Él rechaza ha constituido las Potencias malas, estos siniestros "Reyes del Edom" que existían antes de que todo lo que ahora es hubiera sido sacado de la nada: son los vasos rotos de que habla el Zohar[175].

Al árbol sefirótico que se manifiesta en *Malkhuth* corresponde un árbol invertido que no es sino su reflejo tenebroso. Allí clasifica la tradición cabalística a los "Seres perversos" en categorías que corresponden a los coros bienaventurados[176].

Sefirot esclarecidos opuestos	Sefirot sombríos o "Quliphoth"	Nombres de los seres perversos	Demonios
Malkhuth/Kether	El "Valle de la muerte"	"Falsos dioses"	Belcebú
Malkhuth/Hokmath	El "Valle del olvido"	"Espíritus de mentira"	Python

---

[172] Ibid., pág. 95.
[173] Ibid., pág. 97.
[174] Ibid., pág. 97.
[175] Ibid., pág. 97.
[176] Ibid., págs. 98 y 99.

Malkhuth/Binah	El "Valle del sueño"	"Vasos de iniquidad"	Belial
Malkhuth/Chesed	Las "Puertas de la muerte"	"Vengadores de crímenes"	Asmodeo
Malkhuth/Geburah	La "Sombra de la muerte"	"Prestidigitadores"	Satanás
Malkhuth/Tiphereth	El "Pozo del abismo"	"Potencias del aire"	Merimim
Malkhuth/Netzah	La "Inmundicia"	"Furias sembradoras del mal"	Abbadom
Malkhuth/Hod	La "Perdición"	"Acusadoras-ejecutoras"	Astaroth
Malkhuth/Yesod	La "Fosa"	"Tentadores y acechantes"	Mammón
Malkhuth/Malkhuth	El "Mundo"	"Almas dañadas"	Los Anticristos

Y en el cuadro que reproducimos a continuación se establecen las correspondencias respectivas entre los Quliphah, los demonios que los regentean y la imagen mágica y simbólica que corresponde a cada uno de los Quliphah.

Nombre de los Quliphah	*Nombre del demonio rector*	*Imagen mágica de los Quliphah*
Aretz (el mundo)	Behemot (la bestia)	Mujer vestida de púrpura y escarlata, engalanada de oro, pedrerías y perlas, que sostiene una copa, sentada sobre una hidra escarlata con siete cabezas y diez cuernos.
Sheol	Mammón	Mujer con cuernos, montada sobre un toro, vestida de blanco y de verde, que tiene una flecha en su diestra y un espejo en la otra mano. Dos serpientes se enroscan en sus

(la fosa)	(la codicia)	cuernos, y una en cada una de sus manos y pies.
Abran (la perdición)	Astaroth (el espía)	Hombre montado sobre un pavo real, con pies de águila, cresta en la cabeza, con fuego en la mano izquierda.
Tit aisoun (la inmundicia)	Abbadon (el exterminador)	Mujer con cabeza de ave y pies de águila, que sostiene una flecha en la mano izquierda.
Bershaat (el pozo del abismo)	Merimim (el demonio del mediodía)	Rey coronado, sentado sobre un trono, con un cuervo en su seno, un globo sobre sus pies, vestido de amarillo.
Irasthoum (la sombra de la muerte)	Shatan (el adversario)	Hombre armado, montado sobre un león, que sostiene en su mano derecha una espesa nube y en la izquierda la cabeza de un hombre.
Ozlomoth (las puertas de la muerte)	Asmodeo (el ejecutor)	Hombre con cabeza de carnero, pies de águila, vestido de amarillo.
Gehenna (el valle del sueño)	Belial (el rebelde)	Hombre con cabeza de ciervo, sentado sobre la piedra de imán, a su vez sobre un dragón, con pies de camello, que tiene en la derecha una hoz y en la izquierda una flecha.
Gehenoum (el valle del olvido)	Python	Leopardo con siete cabezas y diez cuernos, pies de oso y guedejas de león.
Gehenomoth *(el valle de la muerte)*	Belcebú *(el viejo Dios)*	Dragón rojo con siete cabezas y diez cuernos.

IV. LA CÁBALA JUDEO-MASÓNICA-DIABÓLICA

León XIII ha señalado en la encíclica "Humanum Genus" contra la masonería el plan grandioso en que se desenvuelven las dos ciudades de San Agustín. "El humano linaje, dice allí el sabio Pontífice, después de haberse, por envidia del demonio, miserablemente separado de Dios, creador y dador de los bienes celestiales, quedó dividido en dos bandos diversos y adversos, de los cuales el uno combate asiduamente por la verdad y la virtud, y el otro por cuanto es contrario a la virtud y a la verdad. El uno es el Reino de Dios en la tierra, es decir, la verdadera Iglesia de Jesucristo, a la cual quien quisiere estar adherido de corazón y según conviene para la salvación, necesita servir a Dios y su Unigénito Hijo con todo su entendimiento y toda su voluntad; el otro es el reino de Satanás, bajo cuyo imperio y potestad se encuentran todos los que siguiendo el funesto ejemplo de su caudillo y de nuestros primeros padres, rehúsan obedecer la ley divina y eterna, y acometen empresas contra Dios o prescindiendo de Dios mismo.

> "Los Romanos Pontífices, nuestros antecesores, velando solícitos por la salvación del pueblo cristiano, conocieron bien pronto quién era y qué quería este capital enemigo apenas asomaba entre las tinieblas de su oculta conjuración, y como declarando su santo y seña, amonestaron con previsión a príncipes y pueblos que no se dejaran cazar en las malas artes y acechanzas preparadas para engañarlo. Dióse el primer aviso del peligro el año 1738 por el Papa Clemente XII, cuya constitución confirmó y renovó Benedicto XIV. Pío VII siguió las huellas de ambos, y León XII, incluyendo en la Constitución Apostólica *Quo graviora* lo decretado en esta materia por los anteriores, la ratificó y confirmó para siempre. Pío VIII, Gregario XVI y Pío IX, por cierto repetidas veces, hablaron en el mismo sentido.
>
> "Y, en efecto, puesta en claro la naturaleza. e intento de la secta masónica por indicios manifiestos, por procesos instruidos, por la publicación de leyes, ritos y anales, allegándose a esto muchas veces las declaraciones de los mismos cómplices, esta Sede Apostólica denunció y proclamó abiertamente que la secta masónica constituida contra todo derecho y conveniencia, era no menos perniciosa al Estado que a la Religión cristiana, y amenazando con las más graves penas que suele emplear la Iglesia contra los delincuentes, prohibió terminantemente a todos inscribirse en esa sociedad".
>
> "Hay varias sectas que, si bien diferentes en nombres, ritos, forma y origen, unidas entre sí por cierta comunión de propósitos y afinidad entre sus opiniones capitales, concuerdan de hecho con la secta

masónica, especie de centro de donde todas salen y hacia donde vuelven.

"Y aun precisamente esta mudanza y trastorno es lo que de muy pensado maquinan y ostentan de *consuno* muchas sociedades de *comunistas y socialistas* a cuyos designios no podrá decirse ajena la recta de los masones, como que favorece en gran manera sus intentos y conviene con ellas en los principales *dogmas*". Hasta aquí León XIII en "Humanum Genus".

El libro de Meurin

La masonería es el gran enemigo de la Iglesia y de la Civilización, del orden sobrenatural y del natural. Un enemigo peor que el comunismo, ya que el comunismo está instrumentado por la masonería. ¿Quién está detrás de la masonería? Para aclararlo, nada mejor que el libro del jesuita Monseñor León Meurín, antiguo obispo de Port-Louis. Es un libro extraordinario, el mejor sin duda que se ha escrito sobre la masonería[177].

¿Qué dice en síntesis Mons. Meurín?

Dice en breve que la masonería es una invención judía para destruir a la Iglesia, una invención judía construida sobre la base de la Cábala. Esto nos plantea varias problemas. ¿Qué son los judíos y por qué quieren destruir a la Iglesia? ¿Qué es la Cábala y por qué es un instrumento de los judíos?

Los judíos

Los judíos son un pueblo mesiánico. Dios sacó a Abraham de su tierra para hacerlo padre de un gran pueblo del cual debía nacer el Mesías, Jesucristo, el Salvador del Mundo. Este pueblo, cuya razón de ser consistía en su linaje para que de él, de su sangre, saliera el Salvador, defeccionó en parte. No sólo no recibió al Mesías sino que lo condenó a muerte. Su razón de ser se ha trocado desde entonces en la de ser enemigo natural de Cristo: de la Iglesia y de la obra de la iglesia, la civilización cristiana.

La razón de ser del pueblo judío es la destrucción de la Iglesia. Esto que surge naturalmente, ha sido expuesto por San Pablo en palabras definitivas: "Los judíos aquellos que dieron muerte al Señor Jesús y a

---

[177] Mons. León Meurin, S. J., *Filosofía de la Masonería*, Ed. Nos, Madrid, 1957.

los profetas, y a nosotros nos persiguen, que no agradan a Dios y están contra todos los hombres; que impiden que se hable a los gentiles y se procure su salvación". Aquí está sintetizada la tarea de los judíos, a través de la historia cristiana. Enemigos de Cristo y de los pueblos para que los pueblos no se conviertan. Y para ello han de realizar una tarea de *dominación* de los pueblos para cerrarlos al Evangelio. Una tarea de degradación, porque sobre pueblos degradados pueden ejercer fácilmente su dominación.

La trayectoria judía en relación con el pueblo cristiano es fácil de seguir. La historia está dinamizada por dos polos. El polo de Dios y el del diablo. El de la Iglesia y el de la Contra Iglesia. El del espíritu y el de la carne. El de la Iglesia y el de los judíos. Desde la partida de Cristo, la Iglesia sube y el poder judío baja. Los judíos son confinados a los ghettos. La Iglesia alcanza su esplendor en el mundo cristiano, en la civilización cristiana. Todavía están los monumentos que acreditan el esplendor que alcanzó la Iglesia hasta el siglo XVI. Los judíos penetran, poco a poco, en la sociedad cristiana. Siempre tramaron y acecharon con ella. Pero inútilmente mientras la Iglesia permaneció fiel a Cristo. Pero al final de la Edad Media, la Iglesia cede en su amor a Cristo y trata de entrar en contacto con los judíos. Es la época de la Cábala cristiana. Raimundo Lulio, sin duda de buena fe, había preparado el camino. Pico de la Mirándola y los renacentistas acogen la Cábala judía. Los judíos penetran en la sociedad cristiana. Penetran y van destruyéndola. Y el mundo comienza a judaizarse, a cabalizarse. Los judíos inventan la masonería para reclutar cristianos que destruyan la Iglesia[178].

Los instrumentos de la destrucción

Sería un error pensar hoy que la Biblia es el libro de los judíos. Su libro es el Talmud, y el alma del Talmud es la Cábala. La Cábala es el gran instrumento *secreto* de los judíos contra la Iglesia y contra el mundo cristiano. La Cábala puede haber sido la tradición auténtica de los judíos, pero hoy está desvirtuada y es instrumento de perdición. La Cábala informa a la masonería, que es una institución cabalística. Esta es la gran demostración del libro de Mons. Meurin. Hay por tanto una

---

[178] Exponemos aquí objetivamente y con el propósito de dar una idea completa de cómo se plantea el problema de la Cábala, la interpretación que llamamos judeo-masónica-diabólica, tal como surge del libro del Obispo Meurin sin entrar a formular un juicio de valor.

interpretación judeo-masónica-demoníaca de la Cábala. Esto es lo que nos resta por ver.

La Cábala judeo-masónico-demoníaca

Mons. Meurin demuestra que la masonería recoge los errores de los viejos cultos paganos de Zoroastro, del brahmanismo, del budismo, de sirios y babilonios, de los caldeos, de Hermes Trismegistro, del gnosticismo, del maniqueísmo. Los recoge porque los encuentra en la Cábala. *La Cábala es una mezcla de todas las viejas religiones paganas.* La masonería es también una mezcla de todos los cultos paganos. Pero la Cábala es sobre todo la divinización del hombre; la divinización del hombre judío y la entronización de Satanás.

La Cábala es una mezcla de todos los cultos paganos. Primeramente estudia Mons. *Meurin la dogmática masónica. "Los dogmas de la masonería son los de la Cábala judía, y en particular, los de su libro, el Zohar".*

La Cábala enseña que el *En-sof* es lo primero. Antes de haber producido el Universo, o como queramos llamar a lo que hay fuera de él mismo, el *En-sof* estaba absolutamente ignorado de sí mismo, y mucho más de los otros seres que todavía no existían; no tenía ni sabiduría, ni potencia, ni bondad ni ningún otro atributo, pues un atributo supone una distinción y, por consecuencia, un límite... El *En-sof* comienza pues a pensar. El *En-sof, para revelarse,* comienza por formar un punto imperceptible como la "iod" hebraica. Esta es la primera Sefira, la Corona.

De la primera Sefira emanan los otro nueve Sefirot, y con ellos, el mundo de Dios y del hombre, en todos los planos, desde los ángeles a los demonios. Todo viene de Dios y todo es Dios que se despliega[179].

Es claro que todo esto es *panteísmo* y panteísmo repugnante y grosero. El mundo no ha salido de la sustancia divina por emanación[180].

La entronización del judío

¿De dónde procede la *Corona* que hemos visto intercalada entre el *En-sof* y la sabiduría, entre la sustancia eterna y las tres personas divinas? Hemos consultado la Biblia hebraica para profundizar en tan importante

---

[179] Ibid., pág. 54.
[180] Ibid., pág. 57.

cuestión. Y, en el libro de Esther, hemos encontrado el *Kheter malkhuth*. El Rey Asuero pidió que fuera llevada ante él y los príncipes del reino, la reina Vasthi, con su diadema real. La reina se negó a ello. Entonces fue destronada por su desobediencia. Esther, la bella judía, fue elegida en su lugar y coronada por el mismo Asuero con la *diadema real*, de que se desposeyó a Vashthi. Mardoqueo, tío de Esther, fue asimismo honrado y galardonado con la *diadema real*, que Aman perdió por haber querido exterminar a toda la raza judía. En estos pasajes, la diadema real se llama *Kether-Malkhuth*[181].

Tras de la caída de la reina Vasthi y del primer ministro Amán, y después de la exaltación al trono de la bella Esther y del judío Mardoqueo al primer puesto en el reino de Asuero, los judíos exterminaron a sus enemigos en los días décimo tercero y décimo cuarto del mes de Adar; entonces instituyeron una fiesta perpetua que debía celebrarse los días décimo cuarto y décimo quinto del mismo mes. Y así nos hallamos sobre las huellas del primero y el décimo de los sefirot: Kether y Malkhuth: *El hombre arquetipo es el judío, con la corona sobre su cabeza y el reino a sus pies*[182].

Aplicación política del Kether-Malkhuth

En "Testamento de un antisemita", de Drumont, hemos hallado la siguiente confirmación de nuestra exposición[183].

"En los *archivos Israelitas* del 16 de octubre de 1890, el judío Singer interpeló directamente a Bismarck y le dijo sin más preámbulos: "Os ruego que leáis el magnífico libro de Esther, donde habéis de hallar la *historia típica* de Aman y Mardoqueo. Aman, el ministro omnipotente, sois vos, Señor; Guillermo es Asuero, y Mardoqueo, el socialismo alemán, propugnado por los judíos Lassalle y Marx, y continuado por mi homónimo y correligionario Singer. Habéis querido aniquilar a Mardoqueo, y habéis sido vos, el Gran Canciller, quien se ha convertido en su víctima"".

Tal imprudencia por parte del judío Singer atrajo la atención del mundo sobre el libro de Esther, en el que aparecía su correligionario

---

[181] Ibid., pág. 87.
[182] Ibid., pág. 87.
[183] Ibid., pág. 88.

Mardoqueo coronado con el Kether-Malkhuth, cuya imagen llevan los Rosa-Cruz, obedientes caballeros de los judíos.

> "El temor de la potencia judía -dice la Sagrada Escritura- había sobrecogido a todos los pueblos. Los judíos hicieron entonces gran mortandad entre sus enemigos y, al degollarlos, les causaron el mal que aquéllos pensaban hacerles". En la misma Susa, mataron a quinientos hombres, sin contar los diez hijos de Aman. Pronto se informó el rey del número de los que habían sido muertos en Susa. "El rey dijo a la reina Esther -¿Cuán grande crees tú que ha de ser la mortandad que los judíos hacen en todas las provincias? Y la reina respondió: -Suplico al rey ordene que a los judíos les sea permitido hacer también mañana lo que han hecho en Susa, y que los diez hijos de Aman sean colgados. El rey mandó que así se hiciera, y pronto fue publicado el edicto en la ciudad de Susa, y los diez hijos de Aman fueron colgados, y al día siguiente fueron muertos otros trescientos hombres en la ciudad de Susa. Y en todas las provincias los judíos mataron a sus enemigos en tan gran número que aquella mortandad afectó por lo menos a setenta y cinco mil hombres".

La fiesta que los judíos denominan Purim, el 14 de febrero, la celebran en memoria de su liberación de la tiranía de Aman, mediante el valor de Esther y Mardoqueo[184].

> "Los judíos dan a sus propios hijos, cuando éstos llegan a la edad de trece años, una *corona* en señal de fuerza".

La *Corona* sobre la cabeza y el *Reino* a los pies: ahí se nos ofrece el ideal judío, pacientemente perseguido desde que Jehováh eligió a la posteridad de Abraham como su pueblo predilecto.

Adam Kadmon, el hombre primordial, es el arquetipo del judío. El judío es el hombre por excelencia. Toda la conocida fraseología sobre el hombre y la humanidad, su liberación y la libertad, sus derechos, etc., debe entenderse como aplicada en primer término a los judíos y luego, por comunicación, a sus afiliados, los masones, pues tan sólo en la masonería se forma el hombre, ya *perfecto* en el grado 11, de forma que a la pregunta: ¿Eres sublime Caballero Elegido?", pueda contestar: "Mi nombre es *Emmarek,* hombre verdadero en todo ocasión".

Emmarek quiere decir en hebreo: "Estoy purificado".

---

[184] Ibid., pág. 88.

Aparte del pueblo judío y de los individuos judaizados por los misterios masónicos, no hay *hombres verdaderos* pues las otras naciones no son más que una variedad de animales". "No se pueden llamar hombres los goim", los no judíos. Esta es la doctrina del Talmud, que es para el judío la Teología moral, como la Cábala es la teología dogmática. Pero, como ya hemos dicho, si los judíos engañan a los masones, ellos son engañados a su vez por el enemigo de la raza humana. ¿No vemos al Tentador oculto bajo la forma de la "diadema real" como otrora se ocultara bajo la forma de la serpiente? La manzana del Paraíso se ha cambiado en *Corona*, con la cual promete saciar el apetito de poder del *hombre*, del único hombre, del judío. ¿No escuchamos las palabras del Tentador, más tarde repetidas a Jesús, mostrándole todos los reinos del mundo y su gloria: "Todo esto te daré si, prosternándote, me adorares"? Pero el judío no ha respondido como Jesús: "Retírate, Satanás, porque está escrito: "Adorarás al Señor tu Dios y no servirás sino a Él"".

Como veremos, en las logias masónicas se adora a Lucifer. Al adorar los judíos la diadema real, como su becerro de oro, Satanás, con el nombre de Kether, ha ocupado un sitio por encima de la Santísima Trinidad[185].

Conclusión de este capítulo segundo

La Cábala, en su origen recibida de la mano de Dios, contiene la interpretación divina y católica de los más altos misterios confiados por Dios a la humanidad. En los tres primeros Sefirot dice referencia al Augusto misterio de la Unidad y Trinidad de Dios y en el Adán Kadmon al no menos augusto misterio del Verbo encarnado, Nuestro Señor Jesucristo. Pero, habiendo el hombre pecado, esta Cábala divina y católica, en el transcurso de los siglos se fue pervirtiendo y aun carnalizando en la medida en que el pueblo israelita, escogido por Dios, fue cayendo en una degradación cada vez más abyecta. De aquí que los más crasos errores, como el del panteísmo y el de la adoración del Hombre se hayan introducido en ella hasta convertirla en las fuerzas siniestras del mismo demonio.

De aquí que a nadie haya de maravillar que la Cábala, que admite una auténtica interpretación del cristianismo, se haya convertido en

---

[185] Ibid., pág. 90.

receptáculo de las más limpias y groseras aberraciones que inspiran y alimentan todo el actual anticristianismo del mundo moderno.

CAPÍTULO III

LA EXISTENCIA DE UNA GNOSIS JUDAICA DESDE EL SIGLO XVI ANTES DE CRISTO

La palabra gnosis es equívoca. Puede haber gnosis católica y sana. Dupont lo demuestra en *San Pablo*[186]. Pero cuando se habla de gnosis, comúnmente, se entiende gnosis mala, gnosis teosófica y panteísta. Con ese sentido hablaremos aquí. El gnosticismo es un sistema esotérico de filosofía y de teología que se hizo famoso en los primeros siglos del cristianismo y que fue combatido por los Padres de la Iglesia.

Pero lo importante aquí es destacar lo que dice claramente la Jewish Encyclopedia[187]:

> "No hay duda de que el gnosticismo judío existe antes que el gnosticismo cristiano. Como se puede ver en los apocalipsis, desde la segunda centuria antes de Cristo, el pensamiento gnóstico está enlazado con el judaísmo, que ha aceptado *las doctrinas* babilonias y sirias".

El problema que aquí se plantea es la antigüedad y el origen de la gnosis. Adolfo Franck[188] hace remontar la gnosis judaica al siglo VI antes de Cristo por la influencia de las ideas iranianas y persas de Zoroastro en los medios judíos.

Gershom Scholem hace remontar a Adán la especulación cabalística[189] "Todo esto -dice- está en significar que, en el intento de los mismos cabalistas, el saber místico no es del todo de naturaleza privada, tal que

---

[186] *"Gnosis"*, La conaissance religieuse dans les Épitres de Saint Paul, *Louvain, París,* 19-1-9.
[187] New York and London. Funk and Wagnalls Company, 1905, art. "Jewish Gnosticism".
[188] *La Cabbale*, París, 1883.
[189] Le grandi correnti della mistica ebraica, *pág. 40, edic. franc., pág. 34.*

se pueda adquirir sólo con la propia experiencia personal; más bien, es tanto más cercano de la sabiduría originaria de la humanidad en general, cuanto más puro y completo. O, para decirlo con palabras de los mismos cabalistas, el saber que Adán, el primer hombre, tenía de las cosas humanas y divinas, es el saber del místico en cualquier tiempo. La mística hebraica se presentó por tanto con la exigencia y con la hipótesis de transmitir y de hacer revivir en sus adeptos esta revelación originaria de Dios a Adán, este saber absolutamente originario". Sin embargo, para Gershom Scholem, el libro más importante de la mística hebraica habría sido elaborado, como hemos visto, por Moisés de León en el siglo XIII de nuestra era.

Vamos a seguir el importante trabajo de Mauricio Carlavilla en el cual demuestra que el origen de la Cábala hay que ponerlo en el siglo XVI antes de Cristo, cuando se realizó el prolongado contacto de los judíos con los egipcios[190].

Carlavilla parte de la investigación de A. Franck, que en su libro establece esta conclusión: "Las semejanzas chocantes que nosotros hemos hallado entre esta doctrina -la Cábala y las creencias de muchas sectas de Persia, las numerosas y extrañas relaciones que ella nos muestra con el *Zend Avesta*, las huellas que la religión de Zoroastro ha dejado en tantas partes del judaísmo, y las relaciones exteriores que, desde la cautividad de Babilonia, no han cesado de existir entre los hebreos y sus antiguos señores, nos han hecho concluir que los materiales de la Cábala han sido tomados de la teología de los antiguos persas".

Mauricio Carlavilla acepta las semejanzas que entre el zoroastrismo y la Cábala encuentra Franck, pero no cree que de allí se deduzca la influencia del zoroastrismo sobre la Cábala, sino que, al contrario, propone una influencia al revés, es decir, de la Cábala judía sobre el zoroastrismo. "Ciertamente -dice Carlavilla- la tradición sobre la Cábala no se halla confirmada por monumentos auténticos de la categoría del *Yzeschné o Yachá,* del *Vispered,* del *Vendidad,* de los *Yeschtsadé, Sirozi, BundDehlsch,* contenidos en su compilación conocida bajo el nombre de *Zend-Avesta,* cuya contemporaneidad con Zoroastro no se discute. Mas esa dificultad, en absoluto exterior, pierde valor al conocer la realidad comprobada de que el zoroastrismo no es

---

[190] Este trabajo de Carlavilla va de introducción de *La Cabbale,* de Franck, que está en impresión.

una doctrina esotérica, sino todo lo contrario: devenida religión, es la oficial del imperio persa; en cambio, la Cábala, incluso aceptando la existencia original de una Cábala ortodoxa, mosaica, y de perversión, la conocida por nosotros, una y otra, de toda evidencia son doctrinas acromáticas, secretas por designio de cuantos desde un principio las profesan. Secreto guardado fielmente, según se afirma, desde el Sinaí por el Colegio de los doctores de Israel, cuya *recepción* -Cábala- es oral por estricta prescripción observada escrupulosamente, salvo excepcionales y fragmentarios traslados que, sin carácter canónico, empiezan a parecer muy espaciados en el último siglo de la primera Era y en el primero de la nuestra, y con el mismo carácter siguen apareciendo también otros, escasos, dado el gran lapso de tiempo, hasta el final del siglo XIII, cuando aparece escrito la llamada "Biblia de la Cábala", una copiosa colección de tratados cuyos editores llaman *Sefer-ha-Zohar*, Libro del Esplendor.

De la existencia de esta tradición secreta da cuenta en el siglo I de nuestra Era, Filón, el célebre filósofo judío[191]. Dice, en efecto: "Ellos -los terapeutas- estudian las Santas Escrituras y aplican a *la filosofía de nuestros antepasados* el método alegórico. Creen en efecto que el sentido literal cubre un sentido misterioso que la interpretación devela. *Poseen también escritos compuestos en una época muy antigua* por los fundadores de la secta. Estos fundadores han dejado muchos comentarios que contienen modelos de alegorías de los cuales se sirven sus sucesores para componer otras, imitándolos".

Flavio Josefo, el célebre historiador judío, da cuenta del compromiso juramentado de los que debían ser admitidos en las sectas de los esenios.

> "Prometen solemnemente... no ocultar nada a sus cofrades de los misterios más secretos de su religión, que no revelarán a los demás, aun cuando se los amenace de muerte; que no enseñarán más que la doctrina que les ha sido enseñada y conservarán cuidadosamente los libros, así como los nombres de aquellos de quienes los han recibido... Hay entre ellos algunos que pretenden conocer las cosas del porvenir, tanto por el estudio que hacen de los libros santos y de las antiguas profecías, como por el cuidado puesto en ella en santificarse, y así sucede que pocas veces se equivocan en sus predicciones"[192]

---

[191] *Philon*, De vita contemplativa.
[192] Josefo, *De bello judaico*, II, 8.

Una fórmula mágica muy popular entre los años 150 antes de Cristo y el 200 después en Egipto, dice: "Yo soy Moisés, tu profeta, al cual tú has confiado los misterios, las ceremonias de Israel... escúchame: yo soy un ángel Phapo Osoronuphis: este es tu verdadero nombre, transmitido a los profetas de Israel"[193].

De esta tradición o gnosis secreta de los judíos, tenemos alusiones bastante expresivas en los escritos del Nuevo Testamento:

> "¡Ay de vosotros, doctores de la Ley, que os habéis apoderado de la llave de la ciencia, y ni entráis vosotros ni dejáis entrar"[194].

> "Dejando de lado el precepto de Dios, os aferráis a la tradición humana". Y les decía: "En verdad que anuláis el precepto de Dios para establecer vuestra tradición... anulando la palabra de Dios por vuestra tradición que se os ha trasmitido, y hacéis otras muchas cosas por el estilo"[195].

La existencia de la *gnosis judaica* está suficientemente documentada en los célebres documentos o "rollos" del mar Muerto, que empezaron a ser descubiertos en 1947. Mauricio Carlavilla sigue en este punto la exposición de Millar Burrows, profesor de teología bíblica en la Universidad de Yale[196]:

> "Todos los resultados de las diversas investigaciones convergen por lo tanto en un período histórico durante el cual todos los manuscritos fueron escritos y que se extiende aproximadamente desde 300 años antes de Jesucristo a 70 después. La edad relativa de los diferentes manuscritos está sobradamente resuelta también y su situación relativa dentro de este período".

> "Por lo tanto -dice Carlavilla- la lección a extraer es que durante unos tres siglos antes de Jesucristo ya eran conocidas determinadas doctrinas profesadas por una sociedad que varios historiadores llaman "Esenia"; pero si se demuestra que las doctrinas y la sociedad "Esenia" no pueden tener menor edad, no arguyen que ellas hayan debido ser elaboradas y formadas en ese mismo período; es decir, que no demuestran que doctrinas y sociedad sólo tengan tres siglos de

---

[193] Cf. E. A. Wallis Budge: *Egyptian Magie*, págs. 176 y 177, Londres.
[194] *Lc.*, 11, 52.
[195] *Mc.*, 7, 8.
[196] *Les manuscrits de la Mer Marte*, pág. 126, Ed. Robert Lafont, París.

existencia cuando empieza nuestra era. Evidentemente, puede tener mayor antigüedad".

"Ahora -prosigue Carlavilla- vamos a examinar los datos principales extraídos de los documentos a fin de hallar en ellos su posible relación con la Cábala. Volvemos a insistir en que recurrimos al profesor Burrows, porque no hay en su extenso y minucioso libro ni la más leve huella de que conozca nada de la Cábala, por lo cual sus apreciaciones cobran un gran valor, al no existir nada intencional, y sí casual, en lo mucho señalado por él que puede y debe ser identificado con el cabalismo"[197].

Veamos:

"La interpretación de la Escritura desempeña un papel esencial en la literatura de la secta. Es apenas exagerado decir con Brownlee: "La secta halla su origen en la interpretación de la Biblia""...

"La autoridad indispensable para interpretar la Escritura tiene su fuente en una nueva revelación hecho al jefe de la secta, el Maestro de la Justicia (textual), "el sacerdote en cuyo corazón ha puesto Dios la sabiduría necesaria para explicar las palabras de sus servidores los profetas, por quienes Dios ha anunciado lo que sobrevendrá a su pueblo y a su Congregación".

Esta nueva revelación ultrapasa incluso las visiones que fueron concebidas a los profetas; así:

"Dios ordena a Habacuc escribir lo que sobrevendría a la última generación, más no le revela cuándo se consumaría este período". Lo que el mismo profeta ignora, fue, sin embargo, revelado al Maestro de Justicia, a quien Dios hizo conocer todos los misterios contenidos en la palabra de sus servidores los profetas"...[198]

Se diría que el retrato de Simón ben Jochai, pretendido autor y héroe del *Zohar*, ya conocido por nosotros, es una réplica, dos siglos ulterior, del retrato del Maestro de Justicia de los documentos del Qumram.

Dice Burrows:

"Aparte de la devoción de los "sectarios" a los escritos hebreos, se descubre en su pensamiento elementos que pueden hacer creer en ciertas influencias de los gentiles. En particular, numerosos sabios

---

[197] M. Burrows, *Les manuscrits de la Mer Morte*, pág. 126, Ed. Robert Lafont, París.
[198] Ibid., pág. 284.

perciben en los rollos del mar Muerto un reflejo del movimiento religioso que se llama gnosticismo; otros no descubren huella alguna de gnosticismo...

"En sentido estricto, la palabra *gnosticismo* designa una herejía del cristianismo que se desarrolló en el siglo II después de Jesucristo. Esta herejía desde luego, no era un fenómeno enteramente nuevo ni verdaderamente único; representaba una amalgama singular de ideas nuevas y antiguas, de las que algunas remontaban a la vieja religión babilónica... Ciertos eruditos reconocen un tipo precristiano de gnosticismo judío; otros niegan esta interpretación.

Los que lo admiten descubren en los rollos del mar Muerto una nueva prueba en apoyo de lo que pretenden.

"Cuando nosotros hablamos de gnosticismo a propósito de los rollos del mar Muerto, la cuestión *no* es saber si los sectarios eran gnósticos en el sentido propio del término, definido como una herejía cristiana, sino si ellos se ligaban en una tendencia, a un movimiento general que, en sentido amplio, se llama gnosticismo.

"El rasgo primordial del gnosticismo es la concepción de la salud por el conocimiento; se llega a este conocimiento por la instrucción; se la recibe por una iluminación mística obtenida a consecuencia de una contemplación solitaria o de una participación en ritos sacramentales; pero hay mezclado siempre un elemento intelectual. La idea fundamental está indicada por el mismo nombre de gnosticismo, que deriva de la palabra griega *gnosis*, conocimiento.

"Indudablemente, los rollos del mar Muerto y el *Documento de Damasco* insisten fuertemente en el conocimiento. Para ilustrar esta idea se pueden citar pasajes muy típicos: "Dios ama el conocimiento de la sabiduría; Él ha situado ante Sí la sabiduría; la prudencia y el saber le rinden homenajes". Dupont-Sommer reconoce aquí una inspiración característica de la gnosis... Comentando Habacuc, 2, 14: Porque el conocimiento de la gloria de JHWH llenará la tierra como las aguas llenan el mar", el *comentario* dice: "Y más tarde el conocimiento les será revelado tan abundante como las aguas del mar". Dupont Somer ve aquí la revelación de la *gnosis divina*. El *Manual de la Disciplina* prescribe a los miembros de la secta aportar a la comunidad su saber... Los *Hijos de la Verdad* son aquellos que "marchan humildemente, llenos de prudencia en su conducta y de amor hacia la verdad de los misterios del conocimiento".

Del mismo Manual:

"Por prudencia yo ocultaré el conocimiento,
y con una prudencia razonable erigiré una valla
en torno de la sabiduría...
Mi ojo ha contemplado la profunda sabiduría
que está oculta al hombre sabio
Y la discreción prudente a los hijos de los hombres
Bendito seas tú, mi Dios
que has abierto al conocimiento el corazón de tu servidor
Tú has enseñado toda ciencia".

"Sentimos -dice Carlavilla- no poder seguir copiando todos los textos aportados por Burrows sobre la materia. Como vemos, los citados aquí, entran de lleno en la gnosis, incluso según la definición, exacta desde luego, pero muy general, dada por él mismo, de gnosticismo".

Ahora bien, si reconoce la existencia histórica de una corriente gnóstica general o universal, ni de lejos sueña en su presencia dentro del mundo judío. Y con lo fácil que le hubiera sido, allí mismo, en la Universidad de Jerusalén, que hubo de visitar durante sus largos trabajos de investigación sobre Qumram, ilustrarse sobre la *gnosis judía*. Profesor en ella era Gershom Scholem, quien, diez años antes, en 1938, había dado una serie de conferencias en la Cátedra Strook, en el *Instituto Judío de Religión* de Nueva York, editándolas en 1941 con el título de *Las Grandes corrientes de la mística judía: La Merkaba, la gnosis, la kábala, el Zohar, el sabatianismo, el hassidismo*. El autor o su libro le hubiesen enterado a Burrows y a su grupo de sabios de que la Cábala es la *gnosis hebrea*.

Prosigue Carlavilla: "En él hemos llegado aproximadamente a tres siglos antes del comienzo de nuestra era, con lo cual, naturalmente, aún nos faltan más de otros tres para encontrarle mayor antigüedad que el zoroastrismo, con lo que, de hallársela, quedaría invalidada la tesis de Franck; porque de ser anterior la Cábala no podría emanar de la doctrina de Zoroastro, pues es un razonamiento elemental el hallar imposible que lo anterior proceda de lo ulterior.

Mas, según nuestro parecer, si no existen documentos cabalistas anteriores a nuestra Era en más de tres siglos, cosa explicada y explicable, como acabamos de ver, sí existen, y abundantes, noticias de la existencia de doctrinas profesadas en el judaísmo, cuyas características nos permiten identificarlas con los cabalistas. Y quienes las señalan y las denuncian son, nada menos, muchos insignes profetas de Israel.

Carlavilla cita a Isaías, Miqueas, Jeremías, Sofonías, Habacuc, Ezequiel.

De este último profeta leemos:

> "Hijo de hombre, ¿ves lo que hacen éstos? ¿Ves las grandes abominaciones que la casa de Israel hace aquí mismo para alejarme de mi santuario? Pero date vuelta y verás abominaciones todavía más grandes. Y me llevó a la entrada del atrio, y mirando, vi un agujero en la pared. Y me dijo: Hijo de hombre, horada la pared. Y apareció una puerta. Entra, me dijo, y mira las pésimas abominaciones que éstos hacen. Entré, miré, y vi toda suerte de imágenes de reptiles y bestias abominables y todos los ídolos de la casa de Israel pintados en la pared en derredor.
>
> Y setenta hombres de los ancianos de la casa de Israel, entre ellos Jozonías, hijo de Safén, estaban de pie ante ellos, cada uno con su incensario en la mano, de los que subía una nube de incienso, y me dijo: Hijo de hombre, ¿has visto lo que hacen los ancianos de Israel en secreto, cada uno en su cámara, llena de imágenes? Pues se dicen: Yahvé no nos ve; se ha alejado de la tierra. Y me dijo: Pues verás abominaciones todavía mayores que ésta".

El lenguaje alegórico del capítulo es claro aquí, pudiendo según creemos, interpretar fácilmente su significado. Las imágenes grabadas sobre las paredes de la gran estancia,

> "reptiles, bestias, abominaciones y todos los ídolos de la casa de Israel" que también ornan la respectiva cámara de cada uno de los setenta, parece indicar que se trata de asuntos jeroglíficos, que nos recuerdan a los egipcios. También compatible con tal significado, el lenguaje alegórico puede significar que, en las paredes, en sus estanterías, está una serie de escritos "abominables", cuya doctrinas profesan los setenta ancianos de Israel simbolizando su profesión, ese incienso que le ofrendan, incienso tan sólo ofrendable a Dios. Apoya esta interpretación de la alegoría el hecho de que, si la cámara donde se hallan los setenta ancianos podría contener en sus muros "toda clase de imágenes de reptiles y bestias, abominaciones y todos los ídolos de la casa de Israel, lo cual ya es mucho conceder, no podrían caber en los muros de las Cámaras particulares de cada uno de los setenta ancianos. Indudablemente se trata del Consejo de Israel, llamado luego *Sanhedrín*, en el que residía la suprema autoridad jurídica, económica, o moral y dogmática. Pues bien, el Sanhedrían en pleno es acusado por Ezequiel de cripto-idolatría, en lenguaje vulgar, en el alegórico, de profesar doctrinas escritas heréticas. Aun cuando, como en su lugar veremos, una acusación implica la otra. Porque las

religiones idolátricas de todos los pueblos cultos desde mucho antes del siglo XI a. C. poseen su "Cábala", lo que se llama "misterios", doctrinas y prácticas vedadas al vulgo, profesados y realizados por la *élite* sacerdotal y culta de cada pueblo. Y es lo que nosotros hallamos a través del profeta referente a los setenta ancianos de Israel, una suerte de "misterios" profesados por ellos.

La práctica de los misterios en Israel

Es un hecho abundantemente atestiguado por la historia de Israel que desde los primeros tiempos se practicaron los cultos falsos, los "misterios". El "dios" que se fabrica en el desierto debía ser el buey, identificado en la mitología egipcia con Osiris; lo de becerro buey joven, ha de proceder del pequeño tamaño de la imagen fundida por Aarón[199].

"Mas lo que nos interesa extraer del acontecimiento es la prueba de que el pueblo hebreo, hasta después de su milagrosa liberación, después de conocer experimentalmente, místicamente, la existencia de su verdadero Dios a través de una larga serie de prodigios, en su mayoría, sigue profesando la religión egipcia, como tan elocuentemente delata su apostasía, que ha de ser tan dura y sangrientamente castigada.

Ahora bien, cabe preguntarse si aquella mayoría del pueblo hebreo profesaría únicamente la idolatría egipcia en su aspecto exotérico, popular, grosero. De ser así, lógicamente no hubiese perdurado y la religión de Yavé se hubiera impuesto. Mas como sucede lo contrario, la idolatría domina y es mayoritaria, con muy contadas excepciones, durante cortos períodos, a partir del final del reinado de Salomón. Lógicamente, se ha de inducir la existencia de una minoría en la *élite* judía, iniciada en el esoterismo, en los misterios, en la teología y teúrgia egipcias, cuya existencia explicaría, como en todas las idolatrías de aquellos siglos y durante muchos ulteriores, el reinado popular de tan absurdas y groseras mitologías religiosas, de las cuales eran los "misterios" su espíritu, su alma, animación, infundiéndoles vitalidad, vida, merced en verdad a un recurso indigno. Porque para todos los iniciados en los "misterios", las creencias populares eran falsas o, a lo más, meras reminiscencias o simbolismos de sus ocultas verdades; en fin, un medio de conseguir la obediencia de la inculta masa mediante aquellos mitos y supersticiones prácticas.

---

[199] *Exodo*, 31, 18.

El episodio del "becerro" acaecía en el siglo XV antes de Cristo, según las cronologías largas; según las cortas, en el siglo XIII. De todas maneras, nueve o siete siglos antes de la cautividad de Babilonia, período en el cual se quiere fijar el nacimiento de la Cábala, el esoterismo, la gnosis judía, engendrada por un contagio de zoroastrismo que pervierte la ley. Cuando como el episodio del Sinaí lo demuestra, no la perversión de la ley sino que la perversión de la inmensa mayoría del pueblo judío data siglos antes del XVI o del XIII, según se quiera.

Después del episodio del Becerro, es constante la unidad del pueblo de Dios en la idolatría, en tiempos de los jueces y en el de Salomón.

> "El rey Salomón, además de la hija del Faraón, amó a muchas mujeres extranjeras... Tuvo setecientas mujeres de sangre real y trescientas concubinas, y las mujeres torcieron su corazón. Cuando envejeció Salomón, sus mujeres arrastraron su corazón hacia los dioses ajenos, y no era su corazón enteramente de Yahvé, su Dios, como lo había sido el de David. Y se fue Salomón tras de Astarté, diosa de los sidonios, y tras de Nilcom, abominación de los hijos de Amón"[200].

Retengamos: "Salomón rindió culto a Astarté, Milcom, Kemos y Molok... El culto a Molok era la inmolación de las víctimas humanas; a veces, la víctima era el hijo del inmolador.

"Ahora bien, y es adonde debíamos llegar, Salomón es el arquetipo de la sabiduría. Sin ser privado de ella por Dios, cae al fin de sus días en una múltiple idolatría, profesa un sincretismo idolátrico, en el cual está comprendido el horroroso culto a Molok. Y cabe preguntarse si dada la sabiduría y la ciencia de Salomón, se explica que cayera en tales aberraciones idolátricas, desafiando las iras del auténtico Dios, por mera seducción de sus mujeres extranjeras. No es lógico, ni verosímil ni probable. Lo inducible ha de ser que sea seducido precisamente a través de su misma sabiduría, dada su inherente e insaciable ansia de saber. Tal ansia, tan propia de sabio, es natural que lo llevase a querer conocer los "misterios" de todas aquellas idolatrías siendo iniciado en sus más recónditos esoterismos. Su casamiento con la hija del faraón egipcio, con una hija del dios Ra encarnado, le debió dar derecho a ser iniciado por los sacerdotes egipcios en su *egoteísmo,* secreto último de sus misterios, por ellos exportados a Fenicia, Grecia y Siria... No sería una excepción Israel, teniendo un rey hijo político del "dios encarnado".

---

[200] *I Reyes,* 11, 4.

Aquel *egoteísmo* de los misterios egipcios, aquella deificación del iniciado en ellos, verdadera posesión diabólica para nosotros cristianos, era el oculto e indomable impulso al mal, cuya expresión más satánica eran los sacrificios humanos perpetrados con mayor o menor publicidad y en mayor o menor número por la inmensa mayoría de los idólatras.

Lo ratificamos, la caída de Salomón en las idolatrías tan solo puede tener explicación por una previa perversión doctrinal con simultánea experiencia mágica, en cuya iniciación adquiere conciencia de su autodivinidad: la Cábala.

Los lectores habrán visto que, a partir de Salomón, incluso él mismo, se pueden contar con los dedos y sobran dedos, los reyes que permanecen fieles al Dios de Israel, Más, incluso cuando reinan éstos, salvo en el caso de Josías, el culto a Yahvé que debía ser el culto de una minoría, se oficia simultáneamente con los cultos idólatras; sin duda porque los reyes no se atreven o carecen de fuerza, para prohibirlos y destruir los templos y lugares de abominación.

Al iniciar esta síntesis bíblica de la idolatría de Israel insinuamos la existencia en todas las idolatrías de unos "misterios", de unas doctrinas esotéricas profesadas por la *élite* intelectual y política, constituyendo el oculto soporte ideológico-mágico (para el profeta, demoníaco) de los groseros y sangrientos cultos idolátricos de las masas.

Misterios egipcios

Egipto tuvo los misterios de Isis, y seguramente, muchos más, acaso guardados en mayor sigilo. Muchos autores hacen alusiones más o menos amplias a ellos[201]:

"Ninguna religión de la antigüedad ha dejado más testimonios ni más colosales que la egipcia.

Su arquitectura religiosa, por su cantidad y dimensiones, no tienen par. Igualmente, de tan remota antigüedad ninguna nos ha legado ni de lejos tal cantidad de textos: muchos indestructibles por el tiempo, por estar grabados en piedra; otros pintados en muros, se hallaban muchos de ellos ocultos en antros funerarios ignorados y, prácticamente, inaccesibles. Y fueron tantos los escritos en papiros que, a pesar de la fatal destrucción ocasionada por los siglos y los violentos avatares, en

---

[201] Sorames, *Vida de Hipócrates*, prefacio.

gran cantidad han llegado hasta nosotros casi intactos, en estado de ser estudiados... Mas toda esta inmensa documentación que nos hace conocer ceremonias rituales y sacerdotales, cantos, fórmulas de culto, nombres, atributos, símbolos, biografías, etc., de su copiosa teogonía, debe confesarse, no revela secretos teológicos ni el espíritu, es decir, lo profundo y trascendente de aquella religión, dominadora como muy pocas, del pueblo egipcio. En una palabra, sus misterios nos son perfectamente desconocidos. Tan sólo se conoce su existencia, no su esencia ni trascendencia.

Siendo así esta carencia de textos teológicos, metafísicos en un pueblo tan dado, no sólo a legar a la posteridad tanto y tanto como ha legado, únicamente ha de obedecer a un riguroso esoterismo, impuesto con severidad y rigor a los depositarios de las doctrinas, el monarca y los sacerdotes.

Porque la existencia de una teología en el viejo Egipto es evidente al estudiar su teogonía tal como nos la legó; incluso, según parece cierto, con un simbolismo y unos nombres alegóricos, y no cual era conocida en el secreto de los templos.

Herodoto afirma: "En Saís se encuentra la tumba de aquel que tengo escrúpulo en nombrar... sobre el lago (del templo) los egipcios celebran, de noche, la representación de los padecimientos sufridos por él: ellos les llaman Misterios... Sobre estos misterios, que me son todos sin excepciones conocidos, mi boca guarda religioso silencio[202].

Exportación de los misterios egipcios

El primer testimonio sobre Orfeo es de Herodoto.

Ningún otro puede ser más antiguo. No se han conservado obras en prosa anteriores a la suya.

En ellas, hacía referencia a la costumbre egipcia según la cual no se podría entrar en un templo con vestido de lana, y textualmente dice: "En ello los egipcios están de acuerdo con las costumbres llamadas órficas y báquicas, pero que son egipcias y pitagóricas"[203].

Recordemos que Herodoto nace en 484 y muere en 425; o sea que vivió desde la segunda década del siglo V. Por lo tanto, si la primera

---

[202] Heredoto, II, 70.
[203] Heredoto, II, 81.

liberación de los hebreos de Babilonia sucede en los años 530 o 536, como ya sabemos, Herodoto ha escrito sólo un siglo después. En consecuencia, no está muy alejado de cuanto tenía vigencia y sucedía en el siglo VI, y a su alcance debía tener los libros existentes entonces que, desgraciadamente, no han llegado hasta nosotros, e incluso, pudo escuchar a hombres ancianos y no muy ancianos vivientes en el citado siglo; no solamente de Grecia, sino de otros muchos países que consta que visitó además de Atenas, donde residió mucho tiempo, en contacto con sus hombres más cultos, Chipre, Egipto, Cirenaica, Tiro, Libia, Fenicia, Persia, etc.

El poeta asocia e identifica de manera íntima los Misterios de Eleusis, de Frigia, de Chipre, de Egipto.

Estimamos que, dentro de los límites impuestos, han sido aportados los elementos de juicio suficientes para demostrar la existencia de Misterios en Egipto, desde los tiempos más remotos y su exportación a otros países, teniéndolas más abundantes respecto a Grecia; sin duda por ser su gran cultura, sin solución de continuidad, gracias a Roma, la misma nuestra.

Sin embargo, algunos textos hablan de que los misterios asirios y fenicios también proceden de Egipto.

La inmensa mayoría de los egiptólogos y helenistas han llegado a la misma conclusión.

Creemos haber demostrado con las posibles pruebas la existencia de doctrinas secretas bajo las teogonías mitológicas mucho antes del siglo VI... ya estudiaremos en Egipto, no ya en el siglo VI sino antes del siglo XV, mucho antes fecha la más lejana de las calculadas para señalar el Éxodo, la salida de los israelitas del reino faraónico.

Realizada la presente recapitulación, nos permitimos argumentar; si el Egipto exporta su teogonía y teosofía esotérica junto con su cultura, ciencia y arte, primero al oriente y luego al occidente del Mediterráneo, salvando las distancias geográficas y las fronteras raciales y políticas es lógico y hasta podríamos decir fatal, que su esoterismo religioso contagie a una familia devenida pueblo en su propio seno, Israel.

Destaquemos los setenta llegados (de Jacob y sus hijos) que se hicieron numerosos y poderosos en grado extraordinario, llenándose de ellos el país... alcanzando a ser más numerosos y fuertes que los egipcios. "Ser poderosos y llenar el país" ha de significar necesariamente que los israelitas tengan acceso a lo más alto -cultura, ciencia, religión, etc.- ¿cómo no a los misterios?

En apoyo de nuestra deducción existen ciertas pruebas documentales y arqueológicas a pesar de la meticulosa destrucción realizada por los egipcios después de su liberación de todo lo hicso. Aun así, hallamos otros israelitas en elevadísimos puestos, como lo demuestra el sarcófago de Nehmen, aparecido en Saggara, alto funcionario de un faraón hicso, precisamente en un Aphopi. No siendo el citado el único caso, pues en época ulterior se halla también el visir israelita Jonhamu, encargado de los asuntos palestinos, de dudosa lealtad, pero que fue omnipotente en la corte faraónica.

"Si a la confesada preeminencia, poder y número de los israelitas en Egipto sumamos los siglos de su permanencia y su innegable inteligencia, ¿qué podría quedar oculto para ellos?

No es de rigor científico atribuir a caldeos y persas una influencia religiosa, filosófica y cultural sobre los hebreos por la convivencia con parte de éstos de todas sus clases elevadas durante setenta años, e ignorar la de los egipcios sobre los mismos israelitas cuando *todos ellos* en su infancia religiosa, filosófica y cultural, convivieron durante 200 o 400 años con el pueblo de los faraones, cuyos monumentos culturales y religiosos son asombro del universo.

Además, si como se ha demostrado con infinidad de testimonios, Egipto exporta sus misterios y su teogonía, salvando los obstáculos geográficos, políticos y raciales, a Grecia, Siria, Fenicia, etc., sería una consecuencia histórica y hasta psicológica que una familia devenida pueblo en suelo egipcio, íntimamente mezclada con sus gentes, parte de su aristocracia y burocracia en un largo período, no hubiese sido impresionada, contagiada día tras día por aquella imponente religión, cuyos monumentos aún asombran al mundo, y se hubiese negado a profesar aquellos famosos misterios y doctrinas, reforzados por una teúrgia, por una imagen tan prodigiosa. Es históricamente absurdo que la religión egipcia, con sus misterios de teúrgia, magnificados por una cultura y un grado de civilización asombrosos, trascendiesen y proliferasen a lo largo y a lo ancho de todos los pueblos mediterráneos, pero que el pueblo hebreo, habitando durante largos siglos en el seno del egipcio, hubiese resultado el único inmune al contagio religioso.

¿Y en qué consistían, en definitiva, los misterios? ¿Serían un juego de fenómenos físicos, psicológicos y fraudes?

Mas no, lectores, la magia era una cosa muy seria, la más seria de la vida religiosa y política de los Estados... En las iniciaciones egipcias se practicaban sacrificios humanos. En Fenicia, el Fey, seguido por su aristocracia, inmolaba a su primogénito. Es una pura necesidad dialéctica la existencia de una experiencia mística: un conocimiento experimental del creído Dios.

Y esto eran los misterios, un conocimiento experimental del "Dios", vamos a decirlo, del "dios inverso": Satán, substituyendo al Señor en las más variadas formas deístas, estéticas o antiestéticas, monstruosas o ridículas; pero sobre todo, bajo las formas dialécticas con más adecuación al estado de aquellas inteligencias racionalistas de la *elite* -volvemos a decirlo- en sus deíficas y fantasmales apariciones *reales;* sí, apariciones reales muchas veces, sin perjuicio de supersticiones hipnóticas, espiritistas, necrofílicas... y también, sí también, de los fraudes y trucos teatrales de la teúrgia.

La monstruosidad inaudita de adorar al Fautor del mal, llegando hasta ofrendarle sacrificios humanos, incluso el de los propios hijos, monstruosidad en la cual incurren los reyes, la aristocracia y mayoría del pueblo judío, el elegido, aquel que, cual ninguno, ha sido favorecido con la más elocuente y auténtica *cognitio Dei experimentalis,* a pesar de los constantes anatemas refrendados por prodigios tan frecuentes de sus profetas; esa monstruosidad solo puede tener como explicación una intervención sobrenatural de Satán, provocando ese álgido, místico estado de perversión moral y racional absolutamente necesario para llegar a la monstruosidad de los sacrificios humanos; incluso los de los propios hijos. Estado infrahumano, al cual sin la previa y plena *posesión* satánica del alma en todas las potencias, les es imposible alcanzar a los humanos.

La Cábala que, a su vez, emana de la Teosofía y magia de Egipto, como emanan las doctrinas religiosas fundamentales de las religiones de otros pueblos, perfectamente demostrado respecto a las doctrinas teológicas griegas.

"Que la Cábala hebrea se perpetúe hasta nuestros días y alcance un grado de perversión superior al alcanzado por su progenitora la Cábala egipcia tiene doble explicación. Es un misterio de Israel. En cuanto a que la Cábala hebrea supere en perversidad a su progenitora y a las doctrinas engendradas por ella -zoroastrismo, budismo, taoísmo, pitagorismo y derivaciones- debemos recordar que la Cábala viene de los misterios egipcios y se ha desarrollado en la misma entraña de esos misterios.

CAPÍTULO IV

EL GNOSTICISMO CRISTIANO O UN CRISTIANISMO ALTERADO POR LA CABALA

Los errores de la Cábala se pueden resumir en dos puntos fundamentales: Dios tiene una existencia indeterminada, entre el ser y el no ser, entre el sí y el no, entre lo bueno y lo malo, y no se realiza verdaderamente sino en el universo y en el hombre, que, al ser una emanación de Dios, lo completan y terminan. Todo, entonces, por un proceso homogéneo, sale de Dios: el mundo y el hombre, toda la historia, con el error y la verdad, con lo bueno y lo malo, y también todo vuelve a Dios. El hombre en lo profundo de su ser es una chispa divina que camina hacia su divinización. Porque el Dios completo y terminado es el hombre realizado en la historia de la humanidad.

La Cábala es invención judía que se origina en la corrupción por los misterios paganos de la revelación dada por Dios al pueblo judío. Es la tradición divina pervertida por el hombre. No bien aparece el cristianismo, los judíos tratan de destruirlo. Destruirlo por fuera persiguiendo a Cristo y a los cristianos, destruirlo por dentro corrompiéndolo con la cábala. Y esta segunda destrucción produce el fenómeno del gnosticismo cristiano.

¿Por qué los judíos, y precisamente ellos, quieren destruir el cristianismo? Porque los judíos son los enemigos naturales del cristianismo. Y así como destruyeron el mensaje mosaico de la revelación divina, así también van a intentar destruir al cristianismo. El gran pecado de los judíos ha sido envolver en las tradiciones de los hombres el mensaje evangélico. Jesús les echaba esto en cara: "Dejando de lado el precepto de Dios, os aferráis a la tradición humana".

Y les decía: "En verdad que anuláis el precepto de Dios para establecer vuestra tradición"[204]. Y la tradición de los judíos envolvía también un *reino mesiánico terrestre y humano* en lugar del reino de Dios, de la Iglesia sobre los pueblos. Un reino terrestre manejado por los judíos. Un reino terrestre de poder. Poder del dinero, poder político, poder religioso sobre las almas de los hombres. Poder totalitario de la misma calidad y dimensión que el poder del demonio sobre los pueblos. El poder de las tres tentaciones. El poder de los placeres. El poder del orgullo. El poder de la posesión de los bienes.

Origen judío del gnosticismo cristiano

Pero para destruir al cristianismo había que vaciarlo por dentro dejando toda su apariencia exterior. Y éste es el trabajo de los gnósticos. La gnosis es un intento de judaizar o cabalizar el cristianismo. La filiación judía heterodoxa de las gnosis cristianas ha sido bien afirmada modernamente. "Esta filiación nos es atestiguada por datos numerosos que hacen de la heterodoxia judía el medio original del gnosticismo cristiano. El más antiguo testimonio es el de Hegesippo, que nos refiere Eusebio[205]. Hace a su excepcional interés el testimonio mismo de Eusebio: Hegesippo "ha venido a la fe a partir del judaísmo"[206]. Conoce la tradición judía no escrita. Por otra parte dispone de fuentes preciosas que conciernen a la Iglesia de Jerusalén. Es por él que tenemos ciertos detalles sobre Santiago y una lista de los sucesores de éste a la cabeza de la Iglesia judea-cristiana[207]. Ningún testigo mejor calificado en lo que concierne al judea-cristianismo palestinense.

> "Ahora bien, Hegesippo escribe que, bajo el episcopado de Simeón, sucesor de Santiago, la iglesia "no estaba todavía corrompida por opiniones huecas. El iniciador de ello fue Theboutis, porque no había sido hecho obispo. El mismo venía de un ambiente en que pululaban siete herejías que existían en el pueblo (judío). De este medio también han venido Simón, el antecesor de los simonianos; Cleobios, el de los cleobianos; Dositeo, el de los dositeanos; Georthaios el de los georteos y los masboteos. Y de éstos han salido los marcionistas, los

---

[204] *Mc.*, 7, 9.
[205] Historia Eclesiástica, *IV, 22, 4, 7*.
[206] IV, 22, 18.
[207] IV, 22, 4.

carpocratianos, los valentinianos, los basilidianos, los satornilianos"""²⁰⁸.

"La importancia de esta noticia de Hegesippo no me parece haber sido generalmente reconocida", dice Daniélou²⁰⁹. Advertiremos en primer lugar que el autor afirma que Theboutis por una parte, Simón y otros por otra, vienen de siete sectas judías. Ahora bien, acaece felizmente que Eusebio nos ha conservado otro fragmento de Hegesippo que enumera las siete sectas judías:

"Había opiniones diferentes sobre la circuncisión entre los hijos de Israel, contra la tribu de Judá y contra el Cristo. Helas aquí: esenios, galileos, hemerobaptistas, masboteos, samaritanos, saduceos, fariseos"²¹⁰.

Dicho esto, vengamos a la cuestión que nos interesa, la de los orígenes del gnosticismo. Dos nombres nos son conocidos, por otra parte: los de Dositeo y de Simón. Epifanio relaciona a Dositeo con las herejías salidas de los samaritanos²¹¹. Por otra parte, las *Réconnaissances Clémentines* hacen de él un saduceo, lo que significa que era, sin duda, un hijo de Sadog, esenio²¹². Se aplicaba la profecía *Deut.*, 18, 18, cara a los esenios,²¹³ según Orígenes²¹⁴.

Observaba el sábado²¹⁵. Era un asceta. Se piensa en una especie de esenismo samaritano. No se encuentran en él trazos propiamente cristianos. Epifanio lo coloca entre los fundadores de sectas judías. El solo rasgo que lo relaciona con el medio cristiano parece ser que ha comenzado a predicar su doctrina después de la muerte de Juan el Bautista, en concurrencia con la predicación de Jesús.

Con Simón, por el contrario, nos encontramos por primera vez en presencia de una especulación específicamente gnóstica. Se relaciona con Dositeo, según el testimonio de los escritos elementinos. Eso señala a la vez afinidades esenianas y un medio samaritano. Pero por una parte intervienen en él especulaciones dualistas que indican influencias

---

[208] IV, 22, 5.
[209] Théologie du judéo-christianisme, *Desclée, 1957, pág. 93.*
[210] IV, 22, 7.
[211] *Pan*, XIII, 1-2.
[212] I, 54.
[213] *U* Q-Testimonia.
[214] Cont. Cels.
[215] *Princ. IV*, 3, 2.

extrañas al judaísmo, iranianas, como lo indica el nombre de mago. Por otra parte, ha conocido el cristianismo, como hace fe un pasaje de los *Hechos de los Apóstoles*. Por tanto, Epifanio, con justo título, siguiendo a Hegesippo, hace de él un hereje cristiano. Quizá el título de Helenos que Orígenes[216] da a los discípulos de Simón, hay que cotejarlo con los helenistas, con los cuales los *Hechos de los Apóstoles* los ponen en contacto y en quienes Cullman ve esenios convertidos al cristianismo. Simón habría sido algún tiempo uno de ellos, antes de constituir su secta. Se advertirá que el nombre de helenos, en un pasaje de Justino, es el de una secta judía que podría muy bien ser la de los esenios[217]. Justino era de Samaria. Los helenos podían ser la rama samaritana de los esenios, y el nombre habría quedado para los esenios cristianos o helenistas y para los esenios gnósticos o helenos[218].

Es difícil saber si las otras sectas cristianas mencionadas por Hipólito se refieren a la misma corriente. Es verosímil para Cleobio, colocado entre Simón y Dositeo. Por otra parte, Epifanio relaciona los Gorotenios con los Dositeos. Theobutis queda enigmático. Pero claro es que la primera heterodoxia cristiana se sitúa en la frontera del judaísmo heterodoxo y del cristianismo. Por lo tanto, este medio aparece como el foco original del gnosticismo. Y cuando Hegesippo relaciona con él a Basílides, Satornil, Menandro, Carpocrato y Valentino, nos traza la genealogía que, en la gnosis judeo-samaritana precristiana, conduce a través de Simón al gnosticismo cristiano.

> "El estudio de noticias que nos han sido conservadas bajo estas formas arcaicas del gnosticismo cristiano confirma esta genealogía al mostrar que se trata del desarrollo de un gnosticismo judío, precristiano"[219].

Hasta aquí Daniélou.

Gnosticismo judaico

De aquí que nos parezca importante reproducir lo que escribe *The Jewish Encyclopedia* sobre la palabra "Gnosticism": "El gnosticismo judío es anterior incuestionablemente al cristianismo; para la exégesis bíblica tiene una edad de quinientos años anterior a la primera centuria. El judaísmo ha estado en estrecho contacto con las ideas babilonias y

---

[216] Contra Celsum, *V, 62*.
[217] *Dial*, LXXX, 4.
[218] Danielou, *Thèologie du judeo-christianisme*, Desclée, pág. 85, 1957, París.
[219] Ibid.

persas un largo tiempo, y un tiempo no menos largo con las ideas helenistas.

También lo mágico, que, como será demostrado más adelante, constituía una parte no menos importante de las doctrinas y manifestaciones del gnosticismo, ocupó ampliamente a los pensadores judíos. No hay en general un círculo de ideas con el cual los elementos del gnosticismo puedan ser configurados y en el que los judíos no tuviesen alguna relación. Es digno de notarse el hecho de que las cabezas de las escuelas gnósticas y los fundadores de los sistemas gnósticos fueran designados como judíos por los Padres de la Iglesia. Algunos derivan todas las herejías, incluyendo las del gnosticismo, del judaísmo[220]. Debe ser notado además que las palabras hebreas y los nombres de Dios proveen el esqueleto de algunos sistemas gnósticos. Cristianos y judíos convertidos del paganismo han usado como fundamento de sus sistemas términos tomados de las versiones griegas o siríacas de la Biblia. Este hecho prueba al menos que los principales elementos del gnosticismo se derivan de las especulaciones judías.

Constituyen la sustancia del gnosticismo especulaciones cosmogónico-teológicas y filosofemas sobre Dios y sobre el mundo. Están ellas basadas sobre las primeras secciones del Génesis y de Ezequiel, para las cuales hay en la especulación judía dos cosas bien establecidas y por lo tanto dos viejos términos: *Maaseh Bereshit* y *Maase Merkaba*.

"No hay duda que el gnosticismo judío existió antes que el cristiano o que el gnosticismo judío-cristiano"... La gran edad del gnosticismo judío está además indicado por la auténtica declaración de Johanam ben Zakkai, que nació probablemente en el siglo anterior a la era común, y que era, de acuerdo con Sakkar 28c, versado en esta ciencia, y que refiere una prohibición de discutir la creación delante de dos alumnos y del Carro del Trono, delante de uno".

"En el gnosticismo del siglo segundo, tres elementos pueden ser observados: el especulativo y filosófico, el ritualístico y místico, y el práctico y ascético[221]. Estos tres elementos derivan de fuentes judías. La gnosis no es ni pura filosofía ni pura religión, sino una combinación de las dos con lo mágico, siendo lo último el elemento dominante.

---

[220] Hegesippo en. Eusebio, *Hist. Eccl.*, IV, 22; comp. Harnack, *Dogmen Geschichte*, 3ª edic., pág. 232, nota 1.
[221] Harnack, L. C., pág. 219.

"Por lo tanto, puede ser establecida como conclusión firme que *no pueden existir dudas de que el gnosticismo cristiano es una mezcla de elementos cristianos con la gnosis judía o Cábala*".

En qué consiste el gnosticismo cristiano

Vayamos a la *cuestión de qué es el gnosticismo*. En rigor, es esta una cuestión que quedará completamente aclarada en el curso de este libro. Un fragmento gnóstico define así la gnosis:

"El conocimiento de lo que somos y de lo que hemos llegado a ser; del lugar de dónde venimos y de aquel en que hemos caído; del objetivo hacia el cual nos apuramos a ir y del que hemos sido rescatados; de la naturaleza de nuestro nacimiento, y de nuestro renacimiento"[222].

Pero todo esto, dicho con elementos tomados del cristianismo, del judaísmo, de los griegos, de los egipcios, de los babilonios, de los caldeos, de los persas y de los hindúes. El gnosticismo es un sincretismo. Los sistemas gnósticos que conocemos no traducen el espíritu de una religión determinada; por el contrario, encierran en proporción desigual elementos judíos, cristianos, persas, babilonios, egipcios y griegos de manera de formar una especie de mosaico, hecho con innumerables pequeños cubos de naturaleza y origen diferentes. Pero esta cuestión debe ser elucidada más prolijamente.

La gnosis cristiana

En primer lugar, hay que distinguir netamente entre la gnosis cristiana y el gnosticismo, aún cristiano.

Cuando se habla de gnosis cristiana, se mira a aquel *conocimiento* de Dios y de sus misterios que los autores antiguos describen como el ideal superior del cristiano perfecto y que la distinguen de la simple fe. El cristianismo y la religión judía que lo precedió es un *conocimiento;* conocimiento de un *secreto* o *revelación* que es el designio de Dios de salvar al hombre por medio de Jesucristo. Es ésta una verdad claramente contenida en los Evangelios y en San Pablo[223]. También está contenida

---

[222] Clem. de Alej. *Excerpta ex Theodoro*, 78, 2.
[223] *Mt.*, 13, 11; *Le.*, 8, 10; *Mt.*, 11, 27; *Lc.*, 10, 22; *Juan*, 6, 69; 10, 38; 17, 8; 1 *Juan*, 4, 16; *Juan*, 10, 15; 14, 17; 16, 3; 17, 3; 8, 28; 17, 3; 2 *Cor.*, 4, 6; *Fil.*, 3, 10; 1 *Cor.*, 8, 1;

en los escritores cristianos de los primeros siglos, especialmente en los Padres Apostólicos[224]. De modo particular, esta gnosis cristiana va a ser plena y sistemáticamente elaborada, y en gran parte, contra la herejía gnóstica, por Clemente de Alejandría y Orígenes[225]. La tradición origenista queda viva en Gregorio de Nisa (+ 395) y Evagro el Póntico (+ 399).

Podemos concluir con Pierre Thomas Camelot[226] que la gnosis cristiana durante los cuatro primeros siglos ha demostrado la persistencia de ciertos caracteres fundamentales que han aparecido desde los orígenes. Un deseo de "conocer" los misterios de Dios que se apoya siempre sobre la fe y la tradición espiritual de la Escritura: la verdadera gnosis es la doctrina de los apóstoles, la inteligencia espiritual de las Escrituras.

Pero se advertirá, por otra parte, que el "gnóstico" corre siempre el peligro de alejarse del sentido verdadero de la Escritura para elaborar bajo el velo de la alegoría un sistema personal.

Por lo mismo, la gnosis será no ya una profundización de la fe del bautismo, sino una superación de esta fe que tendrá tendencia a dejar a los simples fieles el sentido literal de la Escritura. Este progreso de la gnosis supone un esfuerzo ascético para llegar a la pureza del corazón y también a la superación de todo lo sensible, y aun de toda "forma" inteligible: la gnosis se orienta hacia una mística de la desnudez del espíritu y en la tiniebla.

¿Pero no se corre el peligro de superar aún la humanidad de Cristo y los Sacramentos de la Iglesia? Este deseo de "conocer" es también desde el comienzo un deseo de unirse a Dios en la caridad y este rasgo esencial se encuentra siempre: la "gnosis" es "conocimiento" afectivo, y por aquí también experiencia de Dios. Es a la vez teología y mística. Aclarada la noción de gnosis cristiana vengamos ya a la de gnosticismo cristiano.

4, 19; 1 *Tim.*, 6, 20; *Gal.* 4, 9; 1 *Cor.*, 8 2; 1 *Cor.*, 12, 7; *Ef.* 3, 19; *Fil.*, 3, 8; 1 *Cor.*, 8, 12; 13, 12; 1 Cor., 2, 10; *Rom.*, 11, 33.

[224] *Didaché*, 9, 3; 10, 2; 11, 2; Clemente Romano (+ 100), *Carta*, 40, 1, 3; San Ignacio de Antioquía (+107); *A los efesios*, 17, 2; *A los Magnesios*, 6, 2; 19, 1; 21, 5; San Justino (h. 166); *Diálogo con Trifón*, 14, 1; 28, 4; 39,5; 69, 4; *Epístola a Bernabé*, habla de conocimiento, gnosis, 5, 4; 1, 5; 2, 2; 2-3; 18, 1; 88, 6; *San Ireneo* (+h. 200), *Adversus haereses*, I, 11, 1; IV, 33, 8; IV, 36, 4; I, 10, 3.

[225] Ver *Stromata*, de Clemente de Alejandría y obras de Orígenes en general.

[226] Dictionnaire de Spiritualité, *Gnose et gnosticisme*.

El gnosticismo cristiano. El gnosticismo cristiano, como todo gnosticismo y en especial el judaico, se caracteriza por algunas notas que iremos puntualizando.

1. *Monismo y dualismo a la vez en el gnosticismo cristiano.* En el gnosticismo cristiano, lo mismo que en la Cábala, hay un *monismo fundamental ontológico.* Toda sustancia material y espiritual, buena y mala, emana de un único principio, el *Ein Sof*, en la Cábala; y el *Pleroma* en los gnósticos. Este rasgo del gnosticismo cristiano debe considerarse como el verdadero y fundamental, de suerte que hay una continuidad de substancia en Dios y en la creatura y en el mundo material y malo. En cambio, la doctrina católica rechaza este *monismo fundamental ontológico* por cuanto coloca una ruptura ontológica entre el ser de Dios y el ser de la creatura.

El uno es *Ser Subsistens* y el otro es *ser participado.* El segundo proviene del primero, pero no por identidad de sustancia o emanación, sino por eficiencia o participación. La creación, acto libre de Dios, separa uno, el Ser de Dios, y otro, el ser de la creatura. La teoría de la analogía tomista aclara esta continuidad y discontinuidad contra toda teoría *univocista*.

Pero junto con este monismo ontológico fundamental hay en la Cábala y en el gnosticismo cristiano un dualismo también ontológico, por cuanto ambos sistemas consideran malas la materia y los seres materiales. Esta consideración de la maldad de la materia puede derivar de la constitución al comienzo de los seres de dos principios radicales, el uno bueno y el otro malo, como en la concepción iránica y maniquea, o de un único principio, como en la Cábala que encerraría en sí el reino del bien y el del mal.

2. *La realidad divina, única realidad en el gnosticismo cristiano.* Con este doble monismo y dualismo a la vez de que adolece todo gnosticismo, está relacionado el panteísmo monista que lo caracteriza. En efecto, las diversas gnosis adjudican realidad únicamente a los seres espirituales y, en cambio, a los materiales les asignan una *apariencia* de realidad.

En la India esta concepción ha encontrado sus exponentes más preclaros en los *Upanishads.* La única realidad es el "interior" de las cosas, lo Absoluto *(brahman),* presente bajo el devenir cambiante de las apariencias del hombre y de las cosas. El hombre debe ser liberado *(moksa)* y colocado fuera de las vicisitudes del mundo de la generación y de la corrupción *(samsâra)*[227].

En el pensamiento gnóstico lo absoluto está mirado bajo el modo de ausencia y no es un azar que Basílides en el segundo siglo alcance la especulación budista dando a este Absoluto el nombre de "nada". Hemos visto cómo en la Cábala todo viene del *"Ein Sof"*, que también significa "nada". Hay un proceso del *Ain*, nada, hacia el *Ein Sof*, tinieblas y hacia el *Ein Sof Aur*[228].

Fuera de este absoluto *(brahman)* que constituye el fondo de las cosas y que se identifica con la "nada", todas las otras cosas son apariencia y *maya*. La fenomenología husserliana, y en general la fenomenología en todas sus variantes, como veremos más adelante, semeja esta concepción *máyica* de las cosas.

3. *El mal, realidad positiva en el gnosticismo cristiano*. El gnosticismo erige el mal en una realidad positiva y, de una u otra manera, sea en la versión iránica o maniquea, sea en la versión brahmánica, lo hace derivar del Absoluto mismo. El Absoluto no es el acto puro de Santo Tomás, o sea una realidad trascendente que encierra únicamente Acto, Perfección, sino también lo Negativo, el Mal, lo Trágico, que es precisamente su elemento dinámico. Por esto, en el gnosticismo, Dios se convierte en una teogonía. En el Pleroma gnóstico hay la guerra de los eones, o los Eones insatisfechos, que tienen malos deseos. Es evidente que esto viene de la Cábala, la cual lo recoge de los antiguos misterios paganos, ya sean caldeos, egipcios, iránicos y aun brahmánicos.

> "La gnosis puede multiplicar los prodigios de sutileza especulativa, complicar de buen grado las peripecias de su mito de creación, de emanación, alejar al máximo su primer principio, el Pro-Padre del mundo empírico donde reina el mal, pero no llega, desde el momento que busca constreñirse de manera lógica, aun y sobre todo cuando se esfuerza por establecer sus perfectos en la paz, más allá de la inquietante opción entre el bien y el mal, no llega, repito, a impedir

---

[227] Ver *Dictionnaire de Spiritualité*, fasc. 39-40, pág. 526. Estos puntos son desarrollo libre del artículo de Etienne Cornelis, en el *Dict. de Spiritualité*.
[228] Ver Roger Ambelain, *La Cabale pratique*, pág. 96.

que su ambigüedad natural se refleje en el seno del abismo cuya trascendencia inmaculada quisiera preservar"[229].

El problema del mal no tiene sino una única solución, que fue dada por San Agustín y Santo Tomás, a saber, la de ser una realidad puramente negativa, una deficiencia, una privación de algo debido, cuya culpa se origina en la condición libre de la creatura racional.

Al hacer del mal una realidad positiva, la gnosis estaba obligada a hacer del pecado una ignorancia. Aquí, también, la semejanza con los teosofías orientales es sorprendente *(avidyâ)*.

Subrayemos, sin embargo, que sobre este punto las gnosis se dividen en dos grandes familias, según hayan sufrido más o menos la influencia del medio helénico o del medio iranio. En el primer caso, la ignorancia sirve de parada al primer principio y al mundo malo en proceso de emanación, mientras que, en el segundo caso, las "tinieblas" salidas del principio malo coeterno, dan el asalto al mundo luminoso"[230].

4. *El tiempo del mundo en el gnosticismo cristiano.* Una de las características de las gnosis es el rehusarse a conceder un valor positivo al "tiempo del mundo", es decir, al período intermedio que separa el origen del mundo visible (o la venida del Salvador) de la apocatastases de los elegidos que pondrá fin a los tiempos. Uno de los argumentos más fuertes a favor de la existencia de una gnosis prepaulina nos es suministrada por la expresión de la epístola a los Efesios (5, 16): "porque los días son malos". Un discípulo de Valentín, Ptolomeo (+hacia 180) buscando visiblemente cubrirse con la autoridad del Apóstol, evitando al mismo tiempo las consecuencias inmorales que de él sacaban ciertos doctores, admite con Pablo que es posible hacer uso aun de estos días malos; pero ve en la unión contranatural del *pneuma* y de la *sarx* la secuela necesaria a los espirituales para tomar plena conciencia de su naturaleza extraña a la carne. En el curso de este eón malo, nada positivo se edifica porque la obra de salvación consiste en huir fuera del tiempo[231].

5. *La persistencia del pneuma en el Pleroma y fuera del Pleroma en el gnosticismo cristiano.* Las gnosis se distinguen por enseñar que los hombres pneumáticos descienden y ascienden en el período cósmico,

---

[229] Dict. de Spiritualité, *pág. 527.*
[230] Ibid., pág. 528.
[231] Etienne Cornelis, ibid., pág. 528.

en cierto modo de manera automática y necesaria. Estos hombres tienen una semilla pneumática derivada del Pleroma y caída en la materia, y deben necesariamente reascender al mismo Pleroma. Esto recuerda la enseñanza cabalística consignada más arriba del *neshama*, substraída necesariamente al mundo del pecado y del mal.

6. *El hombre celeste o Adan Kadmón en el gnosticismo cristiano.* Etienne Cornelis señala[232] que el lugar acordado por varias gnosis a las especulaciones sobre el *Archánthropos* debe advertirnos que la gnosis no se interesa por el mundo sino a través del hombre. Muy consciente de la significación misteriosa del existir humano, se esfuerza por descubrir la esencia ideal. El mito del Primer Hombre le permite, precisamente, tender un puente entre los primeros capítulos del *Génesis* y el platonismo religioso, a través de una exégesis platonizante de la palabra *eikón*[233].

Pero esta idea del *Hombre Primordial, Hombre Celeste,* está expresada claramente en la Cábala en el famoso *Adán Kadmón,* uno de los símbolos más típicos de los diez *Sefirot.*

7. *La liberación por la auto-revelación en el gnosticismo cristiano.* En la gnosis el hombre lleva en sí el germen divino de salud. Este germen debe ser actualizado y puede estar dormido en capas más o menos profundas. De aquí que no haya que tomar muy en rigor la división de los hombres en *pneumaticoi, psiquicoi* e *hilicoi* como si sólo hubiera una especie de pneumaticoi y no pudieran llegar a serlo todos los hombres. Basílides compara la capacidad radical de adquirir la gnosis a la de aprender las matemáticas: existe en todos pero puede muy bien permanecer latente[234]. La necesidad del *mensaje* o de la *revelación* en la gnosis es también relativa, por cuanto ella no sería necesaria para traer algo nuevo desde afuera, sino para despertar una realidad existente en todo hombre. La gnosis presenta una afinidad de estructura evidente con ciertas teosofías -neopitagorismo, hermetismo, Vedanta- que la definen mejor por el término de *auto-liberación.*

8. *La gracia y la libertad en el gnosticismo cristiano.* En primer lugar hay que advertir que en el gnosticismo cristiano tanto el descendimiento como el retorno de las chispas espirituales es un proceso necesario y

---

[232] Ibid., pág. 531.
[233] Cf. J. Jervell, *Image Dei,* Gottingen, 1960, págs. 122-170.
[234] *Cornelis en* Dictionnaire de Spiritualité, *pág. 533.*

que este último consiste en la iluminación por la gnosis que disipa los velos de la ignorancia y del olvido y que introduce en el mundo de las realidades últimas significadas por las entidades pleromáticas. La acogida hecha al llamado hace al pneumático consciente de su naturaleza "extraña" a este mundo. Desde este punto de vista, la gnosis es una toma de conciencia de sí.

El objetivo de la gnosis es el *conocimiento tendiente a la salvación en virtud del cual el hombre reconoce ser dios*. Evidentemente, esto puede formularse de distintas maneras, de acuerdo con la concepción individual de cada gnóstico y de la escuela a que pertenece[235]. Si el hombre se reconoce dios, es claro que su divinidad no es un don gratuito sino su naturaleza misma.

Esta gnosis, por la que el hombre vuelve a sí y a su origen, incluye otro elemento que es dado con el mismo hombre, que es su situación cósmica y su destino. Toda gnosis encierra, entonces, aunque sea en germen, una concepción de la totalidad del universo. Y en esta totalidad todo se mueve necesariamente, de modo que no hay lugar para una verdadera libertad del hombre.

9. *La Escatología en el gnosticismo cristiano.* Etienne Cornelis en el magnífico artículo que dedica al gnosticismo en el *Dictionnaire de Spiritualité* [236] señala que el fin último o felicidad gnóstica es considerada como un estado de reposo o de cesación. El paralelo con el *nirvana* se impone. La introducción en el Pleroma es comparada con la entrada en la cámara nupcial, lo que evoca el vocabulario de los misterios. En el Pleroma, el hombre alcanza su idea eterna. La sizigia es un misterio en que el elemento pneumático masculino confiere al elemento femenino la estabilidad que le hacía falta. Según la ley del ejemplarismo invertido que domina toda la estructura del pensamiento gnóstico, el misterio nupcial se presenta a la vez como la inversión y como la sublimación de la epithimia -el deseo- causa de la caída e implica la decantación de las pasiones de Sofía, origen y substancia del mundo sensible. Esta unión en el *Pastós* hubiese evitado a Adán y Eva la caída original si la hubiesen conocido. El gnóstico es liberado definitivamente.

---

[235] *Schlier, en el artículo* "Gnosis", de Conceptos Fundamentales de la Teología, t. II, pág. 173.
[236] Pág. 537.

Esencia del gnosticismo cristiano. Para concluir, diremos que la estructura esencial de todo gnosticismo cristiano, una vez despojado de toda la frondosidad mítica, que varía en cada gnosis particular, puede sintetizarse en los siguientes puntos que reflejan su similitud con la Cábala.

En todos los sistemas gnósticos hay un *primer principio*, un *Super Principio*, que aparece como trascendental a todo valor, a toda idea, a toda determinación, a toda distinción. Se le llama Abismo, Padre, Propadre, Silencio, Theosagnotos, la "Nada"; es el Ensof de la Cábala.

Del Abismo de la divinidad aparecen eones o emanaciones, el Pensamiento, Ennoia, la Inteligencia, el Nous, el Hombre primordial. La divinidad es así concebida como una Plenitud de virtualidades, un Pleroma de potencias o de eones. También aquí tenemos, en otra versión, los famosos Sefirot que forman el Adán Kadmon.

El yo del gnóstico no es sino una emanación última, una chispa de esta pura luz, una simiente de Espíritu, un Pneuma del Hombre Superior. El gnóstico toma conciencia de ser esta chispa.

También esto es cabalístico. Es la *Neshama* del Zohar.

Esta "gnosis", este "conocimiento", es al mismo tiempo su salvación. Conociéndose, conoce a la vez su verdadera naturaleza, su origen, su destino, siendo realizado éste por su conocimiento. A tal toma de conocimiento, el gnóstico llama "despertar"; iluminación de las tinieblas, resurrección o vivificación desde el estado de muerte, recuerdo después de los largos silencios del olvido.

Para explicar la presencia de este "yo" divino viviente y luminoso, en medio de este mundo que le es totalmente extraño, interviene el mito de la caída y de la ascensión. *Sofía* se desdobla y encuentra su "doble" implicado en este mundo. El mal se ha deslizado en el mundo divino y se ha endurecido en la materia. Es en esta materia y en este mal donde se debate la sabiduría.

También esto es cabalístico en el mundo de *Asiah* y de la Quliphah.

El Pleroma junta todas sus fuerzas y concentra en el Salvador todos sus poderes que vienen a regenerar a *Sofía* y a separar todos los elementos confusos que le son extraños. Con *Sofía* serán regenerados todos los gnósticos, de los cuales, a la vez, es madre y ejemplar. Así se producirá la gran Restauración. Las parcelas de lo divino que son los gnósticos escaparán a las potencias malas de este mundo, a los arcontes de las siete esferas y a su demiurgo, alcanzando la Ogdoada y juntándose con

Sofía entrarán en el Pleroma con la Sabiduría en compañía del Salvador. Hemos visto en la Cábala luriana la significación del proceso de restitución o del *tiqqum*.

De todas maneras, el mal, los demonios, las almas entregadas al mal, toda la substancia hílica será aniquilada en un abrasamiento general.

Desarrollo de los sistemas gnósticos

El gnosticismo cristiano se origina indudablemente en el gnosticismo judío. Es una infiltración judía dentro del cristianismo para corromper a éste. Tal vez fue una infiltración calculada y deliberada practicada por los judíos fariseos una vez que fracasaron en el sentido de impedir la difusión del cristianismo. Esto lo vieron magníficamente los Padres de la Iglesia, que denunciaron claramente el carácter judaico de los errores gnósticos. Esto lo dice elocuentemente Simón, el mago judío, primer gnóstico cristiano. Asimismo, lo dicen Valentín, Maní, todos judíos. Nada ha de sorprender que el gnosticismo pueda reducirse a los errores orientales o griegos, porque precisamente era una mezcla de la revelación judea-cristiana con los errores orientales y griegos.

> "Cuando San Juan y San Ignacio reprobaban la gnosis judaizante, y sobre todo el docetismo, hacía ya tiempo que Antioquía, la capital de Siria, se había convertido en un foco de gnosticismo; lo debía a Menandro, discípulo de Simón el Mago"[237].

El sistema de Simón el Mago

El sistema de Simón el Mago se puede reconstituir de acuerdo con varias versiones. Una primera, la de los *Hechos de los Apóstoles*, 8, 4-25; otra, la de Justino, *Apol.*, I, 26; 56; y la de Ireneo, *Adv. Haer.*, 16, 2; otra, la de las *Homilías* y la del Pseudo-Clementino; una cuarta, la de San Epifanio, *Pan.*, XXI, 3, 1-3; una quinta, la de Hippolito, *Ref.* VI, 19, 2, 3. Si estas versiones han de referirse a un solo sistema, es cosa que se discute todavía.

Se puede resumir la gnosis de Simón el Mago en lo siguiente: Simón enseña la existencia de una Potencia, Dínamis, infinita, que llama el Principio de Todo. He aquí sus términos: *Este escrito de la revelación de una Voz y de un Nombre viene del Pensamiento de la gran Potencia,*

---

[237] Dict. de Theologie, *"Gnosticisme"*, columna 1.440.

de la Potencia infinita. Por esto será sellada, ocultada, velada en la mansión donde la Raíz del Todo tiene sus fundaciones"[238].

"Casi todos los samaritanos -dice Justino- y algunos de otras naciones reconocen y adoran a Simón como el Primer Dios y dicen que una cierta Helena que lo acompañaba entonces (pero que primero había sido una prostituta) era el Primer Pensamiento que había traído a la existencia *(Apol.* 1, 26, 3). Sabemos que Simón era adorado como Zeus y Helena como Atenas.

Por su estructura semipoética, el relato de los orígenes de Helena no deja de recordar el prólogo del Evangelio de San Juan.

Por ella en el comienzo, Dios decidió crear los ángeles y los arcángeles
y su pensamiento brotó fuera de él, conociendo la voluntad de su padre;
Ella descendió a las regiones inferiores.
Engendró los ángeles y las Dominaciones por las cuales este mundo ha sido hecho.
Pero cuando los hubo engendrado fue retenida cautiva por ellos, por celos;
porque no se quería que se pensase de ellos que fuesen engendrados.
Porque el Padre mismo les era totalmente desconocido:
Pero su pensamiento estaba retenido cautivo por ellos
-Las potencias emitidas por ella y los ángeles-,
y de ella sufrió toda especie de ultrajes
de tal suerte que no podía remontar hacia su padre.
Pero quedaba prisionera en cuerpo humano,
y a través de las edades, como de vaso en vaso
se encarnaba en cuerpos femeninos sucesivos.
Pasaba de cuerpo en cuerpo
sufriendo tormentos siempre nuevos;
y para terminar (o, para decirlo mejor, "al fin de los tiempos")[239]
ella se convirtió en una prostituta;
ella es la oveja perdida[240]
para ella Él ha venido,
para hacerla libre

---

[238] Leisegang, *La Gnose*, pág. 55, Payot, París, 1951.
[239] *Hebreos*, 1, 2.
[240] *Lc.*, 15, 6.

y para ofrecer a los hombres la salvación
haciéndose conocer de ellos[241].
Como los ángeles administraban mal el mundo
porque cada uno de ellos quería la primacía,
vino para restaurar todas las cosas
y descendió metamorfoseado.
Haciéndose semejante a los Principados y a las Dominaciones
y a los Ángeles
con los hombres parecía ser hombre
aunque hombre no fuese
y pareció en Judea sufrir la Pasión
aunque de hecho no la haya sufrido".

Simón, la Potencia de Dios, engendra a Sofía y a través de Sofía, el universo. Sofía se pierde en el universo y queda prisionera de las fuerzas inferiores. Simón, como Jesús, viene a rescatar la oveja perdida y a restaurar todas las cosas.

Vemos aquí el esquema de la Cábala. Dios, el Ensof, se manifiesta y se hace visible a través de los *Sefirot*, buenos y malos, masculinos y femeninos, y así se despliega el universo. El *En-sof* desciende a los más bajos estratos de la materia, hasta lo demoníaco. Y luego comienza la redención, el retorno desde lo más bajo hasta lo más alto.

El esquema gnóstico cristiano, como el de la Cábala, se presenta primero como una *teogonía*, un desarrollarse de Dios, de lo indeterminado a lo determinado, de lo uno a lo múltiple, de lo trágico a la paz, de lo bueno y de lo malo, de lo masculino y de lo femenino a la restauración universal. Como una *cosmogonía*, un desplegarse continuo en la creación, donde la cosmogonía ya es teogonía. Como una *antropogonía*, en que la divinidad alcanza los grados inferiores del hombre y éste alcanza la divinidad. Y un *retorno* o *restauración* de la unidad primitiva.

> "El itinerario del gnóstico no va del mecanismo cósmico al yo, sino del yo viviente al mundo. Si se quiere un paralelo con el pensamiento moderno, escribe Leisegang, uno de los más agudos conocedores de la gnosis, lo compararíamos con la vía abierta por Schopenhauer: éste, después de haber descubierto en su propio cuerpo el principio metafísico de la voluntad, lo reconocía enseguida en el mundo exterior

---

[241] *Lc.*, 1, 71-77.

como siendo el corazón de la naturaleza. Lo que la voluntad es para Schopenhauer, el espíritu es para Simón. El Espíritu es para él el centro de fuerza del cual dimana toda vida. Como tal, no tiene primeramente ninguna especie de extensión; es un punto en el cual todo es dado en potencia. Un problema se plantea al espíritu ¿cómo este punto se convertirá en figura? ¿Cómo el espíritu se convertirá en cuerpo? ¿Cómo la potencia se convertirá en un acto captable? Para resolver este problema, el gnóstico no se dirige al mundo exterior. Desciende en su propio yo, escruta su propio espíritu. Descubre primero la distinción entre el espíritu como función, el producto de este espíritu: el pensamiento. Cada uno posee una aptitud para el pensamiento lógico y matemático, pero no es sino cuando la aptitud se ejerce que la disposición subjetiva se hace el objeto, la lógica o las matemáticas. La inteligencia se hace el pensamiento, el sujeto se hace el objeto, el pensar se convierte en lo pensado, lo activo en lo pasivo... Pero el espíritu no existe, no es sino un punto sin extensión mientras no se ha objetivado él mismo y no ha producido el pensamiento".

"La inteligencia y el pensamiento están, por tanto, en primer lugar, en la misma relación que padre e hijo, no pudiendo existir el uno sin el otro, porque la inteligencia no es nada sin el pensamiento que la produce, y el pensamiento no existe sin su autor. Pero para que el pensamiento termine en un acto o en una obra hace falta de nuevo una potencia que realice la acción real sobre la base del puro pensamiento. Se podría decir que al pensamiento debe añadirse la voluntad. Pero esta voluntad, en la concepción gnóstica, no es una potencia distinta de aquella que ha producido el pensamiento. El pensamiento debe recibir en ella, por así decir un nuevo aflujo de potencia espiritual para transformarse en acción. El niño se transforma entonces en una mujer, la que recibe el flujo de la potencia del semen paternal, engendra el acto y saca de sí una entidad; ésta en todo responde al pensamiento, o mejor, lo encierra y manifiesta en sí mismo. Simultáneamente, la entidad producida contiene a la vez el espíritu que ha comenzado por engendrar este pensamiento; se tiene de esta suerte tres grandores inseparables, el uno del otro: el espíritu generador, el pensamiento engendrado, el ser engendrado del Espíritu y del Pensamiento. Todos son uno: una sola y misma potencia, como Hegel nos muestra un mismo Espíritu *en sí*, Espíritu *para sí*, Espíritu *en sí y para sí*"[242].

La gnosis valentiniana

---

[242] Leisegang, *La gnose*, Payot, París, 1951, págs. 67 y 68.

Cuando San Juan y San Ignacio reprobaban la gnosis judaizante y sobre todo el docetismo, hacía tiempo que Antioquía, la capital de Siria, se había convertido en un foco de gnosticismo. Ello lo debía a Menandro, discípulo de Simón el Mago. Los discípulos usaron como él de la magia, recurrieron al uso de filtros, interpretaron los sueños, tuvieron estatuitas de Simón y Helena, a las que adoraban. Menandro contó entre sus discípulos a Saturnino y a Basílides.

Basílides, condiscípulo de Saturnino y discípulo de Menandro, se trasladó de Antioquía a Alejandría, y fue el primer gnóstico egipcio conocido. Sin separarse de la enseñanza de sus maestros, quiso hacer obra nueva e imaginó el sistema más complicado, más abstracto y más metafísico a la par que menos fácil de comprender. Basílides tuvo como discípulo a su hijo Isidoro.

Otro gran gnóstico -de Alejandría- fue Carpócrates, quien se distinguió por sus prácticas inmorales.

La gnosis alcanzó su apogeo con *Valentín*, uno de los jefes más célebres del gnosticismo, cuyo sistema merece una exposición más detallada[243].

Teogonía

En el mundo superior del Pleroma se encuentra un Ser infinito, el eón perfecto que lleva los nombres de Propater, Abismo, y que es incomprensible, invisible, eterno, no-engendrado. De este primer principio, que algunos, como Hippólito, colocan solo, y que otros como Ireneo, ubican junto a un compañero "Pensamiento", "Silencio", "Gracia", parten coplas de "Eones", según la sizigia

Padre	Pensamiento
Inteligencia	Verdad
Logos	Vida
Hombre	Iglesia[244]

Después del Ogdoado, las emisiones continúan hasta completar el número de treinta. Sólo la inteligencia contempla al Padre y siente un gran gozo. Los otros eones desean contemplar al Padre apaciblemente. Pero Sofía, el último y el número treinta de los eones, no se siente

---

[243] En esta exposición vamos a seguir particularmente a François M. M. Sagnard, *La gnose valentinienne*, J. Vrin, París, 1947.
[244] Ibid., pág. 146.

apacible, sino que experimenta una gran *pasión,* un sufrimiento, que le hace querer conocer a Dios Propater. Este sufrimiento la llevaba a "disolverse en la esencia del todo".

Pero Sofía se vio salvada por un Eón especial, por Oros, límite, es decir, por una fuerza que consolida el conjunto de Eones y la guarda fuera de la "Grandeza Inexpresable". Sofía es salvada por Límite.

El Monógeno emite una nueva copla. *Cristo* y el *Espíritu Santo,* y el Cristo da a los eones la gnosis del Padre, es decir, les hace saber que el Padre es incomprensible y que nadie puede verlo u oírlo sino a través del Hijo; y el Espíritu Santo tiene entre los eones una misión curiosa de igualación, de unidad, de armonía, de reposo y de gozo[245].

Todos los Eones con Cristo y el Espíritu Santo dan un fruto perfecto en Jesús el Salvador, que es como la quinta esencia del Pleroma y que va a cumplir una función esencial exterior al Pleroma[246].

Soteriología. Vemos que hay tres sustancias, una espiritual, la neumática, salida de Sabiduría por un parto directo, que caracteriza a los discípulos de la gnosis; abajo una sustancia material, hílica, mala, salida de las pasiones; y entre las dos, una sustancia pasible, psíquica. El demiurgo separa la sustancia hílica de la psíquica. El demiurgo viene de la conversión. Hay tres razas de hombres, según la sustancia de que están hechos. A estas tres sustancias corresponden tres lugares:

1º La Madre, cuya parte espiritual suministra la sustancia neumática, reside en el lugar *Intermediario,* por encima del Demiurgo, pero por debajo y fuera del Pleroma.

2º El Demiurgo tiene su lugar en el "cielo superior" de nuestro universo y manda a los siete cielos.

3º El Cosmocrator está en nuestro mundo sublunar[247].

De aquí vienen tres nombres correspondientes: a causa de los siete cielos, el Demiurgo tendrá nombre de Hebdómada. Es también el nombre de "Lugar celeste", donde reside. Tiene por cifra *Siete.*

La Madre, que está en el grado inmediatamente inferior, tiene por cifra *Ocho,* y se llama, en consecuencia, Ogdoada. Es como hemos visto "el

---

[245] Ibid., pág. 155.
[246] Ibid., pág. 157.
[247] Ibid., pág. 174.

nombre de la fundamental y primitiva Ogdoada" -el del Pleroma- lo que señala bien el rol igualmente fundamental de Sabiduría en relación con nuestro mundo. Y por fin Cosmocrator, por su posición misma, debe tener la cifra *Seis*. En todo caso, esta cifra será la de la *materia*[248].

El demiurgo se hizo Padre y Dios de todo lo que está fuera del Pleroma, creador de todos los seres psíquicos y materiales (hílicos). Separó la una de la otra, estas dos sustancias mezcladas; de incorporales las hizo corporales. Fabricó los seres celestes y los terrestres y se convirtió en Demiurgo de los hílicos y de los psíquicos, de la derecha y de la izquierda, de lo ligero y de lo grave, de los cuerpos que se levantan y de los que caen. Dispuso siete cielos, sobre los cuales domina el Demiurgo. Estos siete cielos son de naturaleza inteligente. Son, se dice, ángeles.

Estas creaciones, creía el Demiurgo, que las fabricada por sí mismo, pero no hacía sino realizar las producciones de Sabiduría[249].

Formación del Hombre espiritual

El alumbramiento que había producido su Madre, es decir Sabiduría (Achamoth) al contemplar a los ángeles que rodeaban al Salvador -este alumbramiento es *consustancial* a su Madre, por lo tanto, pneumático- y el Demiurgo, dicen, lo ignoró. Fue depositado secretamente en el Demiurgo, sin saberlo, a fin de estar sembrado por él en el alma que provendría de él, aunque en el cuerpo hílico. De manera que en esta gestación, creciendo, esta semilla se hiciese pronta para recibir al *logos perfecto*[250].

Esto hace que el hombre pneumático haya sido sembrado por Sofía en el propio soplo del Demiurgo, con una virtud y una providencia inexpresables, este hecho escapó, como dicen, al Demiurgo.

Esta semilla, dicen, es la Iglesia de los Espirituales, la réplica de la Iglesia de arriba. Allí está, pretenden, el Hombre que hay en ellos.

De manera que recibe: su alma del Demiurgo; su cuerpo de barro; su envoltura carnal de la materia; su Hombre Espiritual (pneumático), de la Madre Sabiduría (Achamot).

---

[248] Ibid., pág. 175.
[249] Ibid., pág. 176.
[250] Ibid., pág. 183.

El Cristo del Evangelio ha recibido de la Sabiduría el elemento neumático. El demiurgo lo ha revestido del Cristo psíquico. En cuanto a la sustancia hílica, no lo ha tomado en ninguna manera, porque la materia no es capaz de salvación. Por la economía de la Encamación se ha visto rodeado de un cuerpo de sustancia psíquico, organizado con un arte indecible de modo de hacerse visible, palpable y pasible. En cuanto a la materia hílica no la ha tomado de ninguna manera, porque ésta no es capaz de salvación[251].

La consumación final

Cuando toda la semilla neumática haya recibido su perfección, sabiduría, su madre, abandonará el lugar Intermediario para entrar en el Pleroma, donde recibirá por esposo al Salvador salido de todos los Eones; de manera que habrá sizigia de Salvador y de Sofía.

Los neumáticos se despojarán de sus almas psíquicas y, convertidos en espíritus de pura inteligencia, entrarán en el Pleroma para ser *esposos* de los ángeles del Salvador.

También el Demiurgo pasará al *Intermediario*. Las almas de los justos tendrán su reposo en el Intermediario.

Hecho esto, el fuego latente, escondido al mundo, se inflamará, se abrasará y, destruyendo toda materia, será consumado con ella y se reducirá a la nada[252].

Esencia de la gnosis valentiniana. ¿En qué consiste la gnosis valentiniana? Ante todo, consiste en la *percepción fundamental* de la *semilla de gnosis,* o *semilla de pneuma,* que viene del "Padre de todas las cosas, trascendente infinito, bueno, perfecto". Esta semilla constituye la *esencia* misma del valentiniano, no siendo el resto sino una envoltura *psíquica;* el cuerpo, un vestido, hílico o de barro. El valentiniano es una parcela de lo divino caída en este mundo, siendo la vieja doctrina del *soma-sema* complicada con todos los sincretismos[253].

Por consiguiente, después que esta semilla haya crecido y perfeccionándose aquí abajo, se operará el *retorno* de esta parcela a su origen divino. El valentiniano, por el solo hecho de adherir a la gnosis prueba que tiene en él esta parcela, que ha reconocido de instinto, por

---

[251] Ibid., pág. 188.
[252] Ibid., págs. 192 y sig.
[253] Ibid., pág. 567.

parentesco natural, los elementos de gnosis que le eran propuestos; así la samaritana reconoció al Salvador, encontrando en él su verdadero complemento, que le era desconocido.

El Valentiniano, que es semilla divina, Pneuma o Logos, está por tanto *asegurado de su salvación*. La gnosis valentiniana es una *gnosis de salvación*.

Ya que hay *distinción* radical entre el Padre infinito, del que ha recibido una parcela, y el Dios de judíos y cristianos, representado en la Biblia como Creador y autor de la ley antigua, éste se convierte en un Demiurgo inferior al cual solo alcanzan los judíos y cristianos que se salvan "por la fe y las obras", mientras que el valentiniano alcanza al Padre infinito, del cual es parcela.

Las tres sustancias, de que están constituidos, explican la suerte de los paganos que perecerán en la materia corruptible. La de los cristianos y judíos que practican su religión que se salvarán en el Demiurgo dentro de un mediosupraterrestre, pero que queda psíquico, fuera de la esfera de los pneumáticos y de los valentinianos, que divinos, se juntarán con el Padre perfecto. El detalle del retorno del pneumático a su Padre no es sino un accesorio. El cuadro es la subida a través de las siete esferas (esquema nonal de la astrología del II siglo) escapando al Demiurgo psíquico y a sus ángeles[254].

Correspondientes a las tres sustancias, existen tres mundos[255]. El Pleroma o mundo divino del Padre, una manifestación de Dios por emanaciones sucesivas. El mundo del Intermediario, en el cual se realiza la Sabiduría exterior al Pleroma o Enthymesis. Aquí en lo Intermedio es purificada y formada la sabiduría por la acción sucesiva de Cristo y del Salvador. Aquí el residuo de la purificación producirá las sustancias psíquicas e hílicas, origen de nuestro universo.

Inversamente, este intermediario tiene su función en la subida porque allí se agrupan las semillas pneumáticas alrededor de la Sabiduría, Enthimesis, con Madre y modelo, y allí se unen a los ángeles del Logos Salvador como la misma Sabiduría se une en este Salvador para hacer en común su entrada en el Pleroma[256]. Lo Intermediario tendrá una función que será definitiva, porque llegará a ser la habitación final del

---

[254] Ibid., pág. 568.
[255] Ibid., pág. 569.
[256] Ibid., pág. 570.

Demiurgo y de los psíquicos mientras el universo de los hílicos será destruido[257].

La gnosis valentiniana consiste en sustancia en que el candidato valentiniano deberá tomar conciencia del llamado gnóstico y a imagen de la sabiduría hacerse instruir por el maestro gnóstico. Formado ya por el Cristo y el Espíritu "en cuanto a la sustancia" (por el hecho de su parcela del pneuma) deberá recibir del Salvador la "formación de la gnosis". Así encontrará reposo y gozo en la certeza de la salvación. Su semilla se desarrollará hasta un punto de perfección que le permitirá la entrada en el Pleroma[258].

Y pasamos a una segunda cuestión: ¿qué origen tiene la gnosis valentiniana?

Sagnard estudia esta cuestión en su libro y llega a la conclusión de que los elementos de que se compone esta gnosis están tomados unos del paganismo, otros del judaísmo y otros, finalmente, del cristianismo. En primer lugar, de la filosofía de la época, que es sincretista, estoica en primer lugar, pero fusionada con elementos del renacimiento platónico y pitagórico.

El Platón, del cual toma los elementos Valentín, es un Platón estereotipado en los manuales del siglo II. En segundo lugar, de los misterios paganos que, en el siglo II, son sobre todos los misterios llamados "orientales": misterios de Isis, la egipcia, misterios de Cibeles, la frigia, y de Astarté, la siria. También el hermetismo proporciona elementos importantes.

Sagnard estudia la aportación del judaísmo a la gnosis valentiniana, deteniéndose sobre todo en el aporte bíblico de la Sabiduría para explicar la sabiduría gnóstica y el aporte de Filón con su Logos. Sabiduría, Pneuma Divino y el Hombre. No hay que olvidar que Filón actuó en Alejandría y se hizo eco de las ideas e influencias cabalísticas.

Finalmente hay que recordar que los valentinianos habían salido de los cristianos y estaban llenos del lenguaje de la mística paulina.

Sagnard tiene interés en recalcar que "la gnosis tendría así formas primitivas precristianas, paganas o judías".

---

[257] Ibid., pág. 570.
[258] Ibid., pág. 572.

Un gran conocedor de los problemas gnósticos en nuestros días, Robert M. Grant, ha escrito un libro de gran erudición y profundidad. El libro se llama *La Gnose et les origines chrétiennes*[259] y en él sostiene Grant que la gnosis ha nacido en los ambientes heterodoxos del judaísmo, después de la ruina de la esperanza escatológica que siguió a la caída y destrucción de Jerusalén[260].

El autor no niega la presencia en los sistemas gnósticos de elementos helenísticos, iranianos y orientales en general, pero sostiene que su primera raíz es judaica y precisamente un judaísmo sectario y heterodoxo. Tal afirmación del autor presupone un vasto conocimiento de los movimientos gnósticos; en efecto, Grant no ignora lo que los Padres han enseñado al respecto y que los recientes descubrimientos han confirmado.

Primeramente Grant trata de definir la gnosis, problema bastante complejo por la variedad de los mitos que cubren con un velo la doctrina de los varios sistemas gnósticos. Una cosa puede afirmar el autor con seguridad: que para estos sistemas se trata siempre de un problema de sabiduría iniciática, en definitiva, de un conocimiento, esto es, de una gnosis. Los gnósticos saben: "Qué somos y en qué nos hemos convertido; dónde estábamos y hasta dónde la caída nos ha arrastrado; hacia dónde estamos tendiendo; de dónde hemos sido rescatados; qué es nacer y renacer". Los gnósticos afirman que, en raíz, los individuos son puramente espirituales, pertenecientes al mundo del espíritu, precipitados en el mundo de la carne y del pecado; y que, gracias a la gnosis de su verdadera naturaleza, están en grado de ascender al mundo del espíritu. La definición que el autor propone para la gnosis es ésta: una religión que salva mediante el conocimiento; según el gnóstico, conocer es conocerse a sí mismo, reconocer el elemento absoluto divino, que constituye el yo; el conocimiento por sí mismo de salvación y libertad[261].

En términos modernos, Grant, siguiendo a Puech, nos propone como esencia de la gnosis el retorno de una existencia alienada a nuestra condición ontológica, a la auténtica y permanente realidad de nuestro

---

[259] Aux Éditions en Seuil, París, 1959.
[260] Ibid., págs. 41 y 83.
[261] Ibid., págs. 17, 18 y 19.

"yo"; pasamos, como dicen los textos, del dominio del "cosmos" -el mundo del tiempo y de los fenómenos- al "eón", eterno e intemporal[262].

En segundo lugar, Grant acumula poderosas razones para demostrar la tesis de que la gnosis sale del apocalipsis judío[263]. Estas razones demuestran que la gnosis viene de los judíos, aunque no precisamente de los apocalipsis, ya que el gnosticismo judío, de origen cabalístico, es muy anterior al gnosticismo cristiano.

Significación de Alejandría en la polémica gnóstica

Para valorar la significación del gnosticismo cristiano frente al judaísmo y al paganismo, por una parte, y frente a la doctrina católica, por otra, conviene indicar en breves líneas la significación de Alejandría en los primeros siglos cristianos. Allí coexistieron tres grandes escuelas de pensamiento, la pagana de Plotino, la judía de Filón y la cristiana de Orígenes y Clemente de Alejandría. La *Jewish Encyclopedia* muestra que Alejandría, en el primer siglo A. C., con su extraña mezcla de las culturas egipcia, caldea, judía y griega, suministró suelo para la filosofía mística[264].

La escuela pagana de Plotino. Emile Bréhier[265] ha escrito en *La Philosophie de Plotin* un capítulo sobre el orientalismo de Plotino, donde estudia las influencias orientales registradas por el filósofo. En el momento en que Plotino frecuentaba a Ammonio, nos dice, "había de tal suerte progresado en la filosofía que quiso tomar conocimiento directo de la filosofía practicada entre los persas y de aquella que estuviera en boga entre los indios". Con esta intención acompaña al ejército del emperador Gordiano en su expedición contra los persas. La expedición fracasó y Plotino apenas pudo salvarse. Para un egipcio helenizado como Plotino esta "filosofía predicada entre los persas" no puede designar sino el conjunto de ideas teológicas cristalizadas alrededor del culto de Mithra.

Y añade Bréhier: "Estoy así obligado a buscar la fuente de la filosofía de Plotino más lejos que en el Oriente próximo de Grecia, hasta en la

---

[262] Ibid., pág. 21.
[263] Ibid., págs. 41 y 133.
[264] En la palabra *Cabala*. También Matter en el mismo sentido. *Histoire du gnosticisme*, II, 58, 1844.
[265] Boivin et Cie., París, 1928.

especulación religiosa de la India que, en la época de Plotino, se había ya fijado desde hacía siglos en los Upanishad y había guardado toda su vitalidad[266].

Y Bréhier advierte que ya Ritter[267] y, en 1857, Christian Lassen[268], habían hecho resaltar las grandes semejanzas entre la filosofía hindú y la de Plotino. Tanto en Plotino como en la filosofía de los *Upanishad*, el núcleo central lo constituye la identidad de Brahman, el ser universal, con Atman, que es este mismo ser universal en cuanto reside en el alma humana.

Plotino es la ciencia griega con la filosofía de la India y de Persia, como ya destacó en su tiempo Porfirio en el capítulo III de la *Vita Plotini*. Además, no hay que olvidar que en Alejandría existía ya una colonia indiana en tiempo de Ammonio Saccas y de Plotino y que ambos han podido conocerla y frecuentarla[269].

La gran significación de Plotino en el tercer siglo de nuestra era (204-270) consiste en que reúne el racionalismo griego con el misticismo oriental en un sistema coherente y riguroso. Su presencia en Alejandría significa toda la ciencia típicamente pagana, tanto la de Grecia como la del mundo oriental.

La escuela judía de Filón. Los judíos realizaban la comunicación entre los griegos y el mundo oriental. Esto ha sido destacado en la *Historie Critique de l'Ecole d'Alexandrie,* por E. Vacherot[270], quien señala que "los judíos se convirtieron en todas partes, y particularmente en Alejandría, en los intermediarios de las comunicaciones que se establecieron entre el Oriente y Grecia. Por ello, los griegos conocen las ideas orientales de Siria, Persia, Caldea, Egipto, y por ello también los orientales reciben las doctrinas de los filósofos griegos". Se verá con qué sagacidad y plasticidad Filón introduce las ideas griegas en el seno del judaísmo sin corromperlo ni destruirlo. Así continúa Vacherot: "Pero no es Filón el solo judío que se destaca en Alejandría. Eusebio, de acuerdo a Alejandro Polystor que escribía entre 90 y 75 A. C., cita a

---

[266] Ibid., pág. 188.
[267] *Historia de la filosofía.*
[268] Indischen Alterthumskunde, *III, págs. 415-439.*
[269] Dict. de Theol. Cath., *Panthéisme,* col. 1862.
[270] Librairie Philosophique de Ladrange, París, 1846.

Eupolemo, Aristeo, Artapan y Demetrio. Filón es citado por Polystor y por Josefo".

Para varios historiadores (Ravaisson, Vacherot, Fouillée, etc.) se verificó en Alejandría una verdadera fusión del genio griego y del genio hebreo. Sin duda que hay una gran distancia entre el naturalismo de la primera filosofía griega y el Dios trascendente de la religión judía, pero de los dos lados había tenido lugar una evolución que por movimientos paralelos y de sentido contrario habría borrado las diferencias primitivas entre la teología judía y la filosofía griega y las habría preparado para unirse[271].

Filón estaba imbuido ya de ideas cabalísticas y, por lo mismo, gnósticas. Su Dios es un Dios sin calidad, *apoios*[272], que se acerca al *Ein Sof* de la Cábala. Entre Dios y la creatura coloca Filón las *Potencias*, que semejantes a los Sefirot de la Cábala, son intermediarios aun en la acción creativa. La indeterminación que rodea a estas Potencias en Filón es característica de los Sefirot de la Cábala. Y sobre todo, su Logos divisor, cuyo origen se ha prestado a tantas discusiones, tiene un indudable origen en la Binah, la inteligencia de la Cábala, cuya característica es la división y la dialéctica, como hemos visto[273].

Bréhier no considera inverosímil que Filón en su *Cuestiones sobre el Génesis* (capítulo III) se haya hecho eco de las concepciones pitagóricas y herméticas[274]. Según el mismo Bréhier, Filón alteraría el concepto de creación, ya que la materia no sería objeto de la misma[275]. El Hombre de Dios en Filón es semejante el Adam Kadmon de la Cábala[276]; también sería benévolo con la astrología y los cultos caldeos[277]. Bréhier denuncia igual influencia de las concepciones religiosas egipcias de la época helenística en Filón[278]. Finalmente, el acercamiento que Bréhier

---

[271] L. Saltet, Dict. de Theol. Cath., *Ecole juire de Alexandrie*, I, pág. 805.
[272] *Bréhier, Les idées philosophiques et religieuses de Philon d'Alexandrie*, París, 1950, pág. 72.
[273] G. Bardy, *Dict. de Theol. Cath.*, t. 12, pág. 1.450.
[274] Les idées philosophiques et religieuses de Philon d'Alexandrie, *páginas 18 y 19*.
[275] Ibid., pág. 81.
[276] Ibid., pág. 121.
[277] Ibid., pág. 165.
[278] Ibid., pág. 237.

establece entre Filón y los Terapeutas se explicaría por una común influencia de ambos por las ideas cabalísticas[279].

Filón es un hombre clave en la influencia cabalística, no porque haya sido un personaje importante en la transmisión y elaboración de la Cábala, sino porque en un momento decisivo, cual era la aparición del cristianismo, tuvo una posición destacada que le permitió ser el centro de las corrientes del racionalismo griego, del misticismo oriental y de la teología judía, en el centro cultural más influyente del Imperio. Es evidente que la teología judía, tanto la palestinense como la de la diáspora, no era la ortodoxa del mosaísmo, sino que estaba ya fuertemente influenciada por las ideas cabalísticas.

La escuela cristiana de Alejandría

Frente a la Escuela pagana de Alejandría, representada por la gran figura de Plotino y también frente a la Escuela judía de la misma Alejandría, representada por Filón, se levantaba la Escuela cristiana, representada por Panteno, Clemente y Orígenes.

Esta escuela tuvo una parte destacada y de primera línea en la reacción contra el gnosticismo.

Supo cumplir magníficamente una labor filosófica y teológica que dio poderoso impulso al desarrollo de los estudios eclesiásticos. En el comienzo del siglo III y en el movimiento universal de disolución y reconstrucción en que se agitaban las cuestiones fundamentales de la religión y de la moral natural, la teología cristiana debía precisamente afirmar sus datos primitivos y presentarlos al mundo bajo la égida de la revelación, con la autoridad de una tradición sobrenatural, no solo como una enseñanza filosófica sino también como una doctrina teológica[280].

---

[279] Ibid., pág. 321.
[280] Ver A. de la Barre, en *Dict. de Theol. Cath.*, t. 1, col. 810.

CAPÍTULO V

LA INFLUENCIA CABALISTICA EN LA EDAD ANTIGUA Y MEDIA

Para destruir por dentro al cristianismo, la Cábala inspira las herejías gnósticas, que son los grandes sistemas levantados para la destrucción total y radical de la pureza del mensaje cristiano. Fracasado el intento de cabalizar de raíz el cristianismo, los judíos se van a limitar a una tarea más reducida, cual es la de atacar alguno que otro dogma, dejando intacto, en cierto modo, el núcleo de sus verdades fundamentales. De aquí las distintas herejías trinitarias y cristológicas que se suceden a partir del arrianismo.

El maniqueísmo

Entre las herejías gnósticas hay que destacar el maniqueísmo. El maniqueísmo [281] es para el historiador una especie de enigma. Aparecido bruscamente hacia la mitad del siglo III en Babilonia, es decir, en un país de sincretismo religioso intenso, en el cual se encontraban y mezclaban las influencias más diversas: la del cristianismo, del judaísmo, del mitraísmo, viejas religiones locales de Caldea; se ha difundido con rapidez hasta España y África del Norte, por una parte, y, por otra, a las extremidades de la Mongolia y de la China[282]. Esta difusión tan universal y rápida no puede explicarse sin la cooperación de los judíos, pueblo universalista por excelencia. Existe la versión, por otra parte, de que Mani tenía ascendencia judía.

La semejanza del dualismo de Marción no es dudosa; los historiadores árabes, que aquí no son testigos sospechosos, no han vacilado en pronunciar los mismos nombres que los heresiólogos cristianos. Según

---

[281] G. Bardy, en *Dictionnaire de Théologie Catholique*, t. 9, col. 1.841-45.
[282] Ibid., col. 1.869.

Sharastani, Mani depende de Bordesane en todos los puntos, salvo en lo que concierne al mediador[283]. Masoudi ve en Mani al discípulo de Cerdon, del que los primeros polemistas cristianos hacen frecuentemente el maestro de Marción. Nosotros sabemos, por otra parte, del mismo Mani, que conocía los escritos gnósticos y que se interesaba en sus especulaciones... "En suma, Mani fue un gran lector. Y sus lecturas se dirigieron a los trabajos recientes de los grandes representantes de la gnosis, de la que todo el mundo hablaba a su alrededor. Allí se encontró una doctrina más vasta y comprensiva que la que había aprendido en los mughtasilas. Por ello fue llevado a abandonar a estos últimos para elaborar un sistema nuevo que daba a su enseñanza una forma más amplia y más sistemática"[284].

Conocemos el tono de la predicación de Mani por algunos fragmentos de sus escritos, como por ejemplo, según Biruni, el comienzo de *Shapurakan:* "La sabiduría y las buenas obras han sido traídas con una constitución perfecta y de una época a otra por los profetas de Dios. Ellos vinieron en un tiempo por el profeta llamado Buda en la religión de la India; en otro, por Zoroastro en la de Persia, y en otro, por Jesús en el Occidente. De acuerdo a la cual, la presente revelación ha llegado y la presente profecía se ha realizado por mí, Mani, el mensajero del verdadero Dios en Babilonia"[285].

¿Cuáles eran, entonces, estas ideas, enseñadas primero por Maní, y propagadas exitosamente desde España hasta las extremidades de China? Parece que Mani mismo en sus obras y en sus cartas ha expuesto un cuerpo completo de doctrina y que los predicadores maniqueos se han esforzado por transmitir íntegramente la enseñanza del maestro sin cambiar nada. De hecho, un sistema tan complicado como el de Mani debía fatalmente recibir, según el país y por la usura del tiempo, ciertas modificaciones: el maniqueísmo del que habla San Agustín difiere en cierto número de detalles de aquel de los tratados descubiertos en el Turquestán chino.

La base del sistema maniqueo es el dualismo. Hay desde toda la eternidad dos principios opuestos: el Bien y el Mal, la Luz y las Tinieblas. "Cada uno de ellos, declara Mani, es increado y sin comienzo, sea el Bien que es la luz, sea el Mal que es a la vez las

---

[283] Flügel, *Mani, pág.* 165.
[284] P. Alfaric, *Les écritures manichéennes*, I, pág. 22.
[285] *Cronologie*, trad. Sachan, pág. 909.

tinieblas y la materia. No tiene nada en común el uno con el otro... la diferencia que separa los dos principios es tan grande como la de un rey y un puerco. En su esencia, la Luz primitiva es la misma cosa que Dios. No hay necesidad de añadir que este reino de la Luz es puramente espiritual.

Al opuesto de la Luz se encuentran las Tinieblas primitivas. Estas tocan la luz, la limitan. Entre los dos mundos no hay un abismo; el uno comienza justo donde el otro termina. Están yuxtapuestos sin confundirse. La oposición de sus naturalezas basta para separarlos. El principio de las tinieblas no es un segundo Dios, ya que por esencia es lo opuesto de Dios. Su nombre propio es la materia, *Hylé;* es también, según el lenguaje de la multitud, el diablo o el demonio.

La paz que reinaba entre los dos mundos era una paz precaria: provenía sobre todo de la ignorancia en que se hallaba el mundo tenebroso con respecto a su vecino.

Pero cuando vieron el espectáculo de la luz admirable y espléndida superior a la suya, se reunieron y complotaron contra la luz en vista de mezclarse. Tal fue el origen de la lucha entre los dos mundos. Satán y los suyos, llegados a los confines del reino de la luz, produjeron un gran tumulto. Dios lo sintió y se asustó. Decidió enviar socorro a los que se encontraban en peligro. Evocó a la Madre de la Vida y la Madre de la Vida a su vez evocó al hombre primitivo.

Pero el hombre primitivo era impotente para triunfar del demonio en alta lucha. Recurrió a un engaño para debilitar a su enemigo. Se entregó a sus enemigos como una oveja en medio de lobos. Estos se precipitaron sobre él y lo devoraron. Las porciones de su alma, súbitamente sumergidas en la materia perdieron con la inteligencia el recuerdo de su condición primera.

Pero su derrota no era sino provisoria. Debía servir para preparar el triunfo del Padre de las Luces.

Este, en efecto, evocó una segunda creación, al Amigo de las Luces. El Amigo de las Luces evocó al Gran Ban; el Gran Ban evocó al Espíritu Viviente. El Espíritu Viviente estaba destinado a liberar los elementos espirituales devorados por los demonios. Un primer esfuerzo le permitió liberar al Hombre primitivo. Para acabar de separar la luz que había tragado las tinieblas, el Espíritu se hizo demiurgo; comenzó a organizar la materia de modo de separar los elementos luminosos de su ganga oscura. La mezcla que tenía a su disposición comprendía los principios del que había de salir el mundo. Si en el universo creado todo tiene un doble aspecto, bueno y malo, luminoso y oscuro, es en recuerdo de su origen, y porque los elementos puros no han encontrado su verdadero sitio.

Hecho de espíritu y materia, participando a la vez de Dios y del diablo, Adán debía buscar la separación de los elementos luminosos que poseía en sí. El renacimiento se opera cuando el espíritu caído encuentra la memoria de su primer estado y se da cuenta de su actual miseria.

La salvación tiene la ciencia por condición esencial. Pertenece a Jesús comunicar esta ciencia a los hombres. Sólo Jesús es el maestro y el salvador. El profeta se presentaba a sí mismo como el enviado de Jesús. "Mani, apóstol de Jesucristo, por la Providencia de Dios Padre", escribía al comienzo de la *Epístola del Fundamento*. Pero los hombres perfectos, con la gnosis, no son sino excepción. La mayoría ha seguido el deplorable ejemplo de Eva y Caín, que transmiten la vida por medio de la generación. Así se perpetúa la mezcla del bien y del mal; así se ha retardado la liberación de los elementos luminosos y el retorno hacia el Padre de las Luces, que es el último fin de la creación.

Pero depende de cada individuo realizar en lo que le concierne el plan providencial. Nacidos de la carne, tenemos el poder y el deber de vivir según el espíritu, de practicar en todo su vigor los preceptos de la moral que habían enseñado los grandes reformadores: Buda, Zoroastro, Jesús y que Mani ha venido a recordar a la humanidad. Al pensamiento oscuro, al sentimiento oscuro, a la reflexión oscura, de donde nacen el odio, la irritación, la lujuria, la cólera y la estupidez se opone en nosotros el pensamiento luminoso, el sentimiento luminoso, la reflexión luminosa, el intelecto luminoso, el razonamiento luminoso que engendran la piedad, la buena fe, el contento, la paciencia y la sabiduría. Se trata sólo de penetrar en la verdadera naturaleza de este dualismo y de vivir según el espíritu, mortificando las pasiones y los deseos de la carne.

La moral maniquea es muy severa. En primer lugar hay que evitar todo lo que pueda ensuciar la boca, como la mentira, la blasfemia, la apostasía, el perjurio, el juramento, y los alimentos, como la carne y el vino. Lo que pueda ensuciar la mano, como matar, incluso a animales, y hacer la guerra. Y lo que pueda ensuciar el seno, como las relaciones sexuales.

Los maniqueos dividían a sus adeptos en dos clases, la de los *elegidos*, que debían practicar severamente la moral maniquea, y la de los *oyentes*, que debía escuchar la palabra de vida aunque no la practicaran.

Los elegidos entrarán inmediatamente después de la muerte en el paraíso de las luces. Los oyentes pasarán de cuerpo en cuerpo hasta llegar al cuerpo de un elegido y, al final, se ha de operar la separación para siempre entre los justos y los pecadores, y, más exactamente, entre el mundo de la luz y el mundo de las tinieblas. Y el reino se extiende brillante como en el origen, sin tener que temer ya ninguna invasión de las cohortes del diablo. El orden primero es restablecido enteramente y para siempre.

El dualismo maniqueo aparece como una especie de gnosis, más completa, más lógica y aún, en su conjunto, más simple que la mayoría de aquellas que la han precedido. Mani mismo es el apóstol de Jesucristo. Es el último de los mensajeros divinos y en él se realizan todas las promesas hechas por Jesucristo a sus Apóstoles.

En este sentido, el maniqueísmo depende del cristianismo. No sería lo que es si Mani hubiese enseñado antes de Jesucristo y si no hubiese conocido las doctrinas cristianas. Pero este dualismo, en tanto sistema, no tiene nada de cristiano. Es, antes bien, en el oriente donde hay que buscar las expresiones más completas. "El maniqueísmo -escribe K. Kessler[286]- es la gnosis más acabada por una parte, porque tomó de la fuente primitiva de todas las gnosis del Asia anterior, de la religión sirio-babilonia, la materia mitológica más rica, sin ningún intermediario; por otra parte, porque su fundador, Mani, ha trabajado y sistematizado esta materia de una manera más consecuente que todos los gnósticos, haciendo de ella un cuerpo de doctrina".

El maniqueísmo no es sino una gnosis con una variante iránica. Como todas las gnosis es una invención mítica o novelada forjada por los judíos con elementos de los antiguos misterios, del judaísmo y del cristianismo.

Al respecto, es curioso señalar las semejanzas entre la infancia de Mani y los relatos de San Lucas sobre la infancia de Nuestro Señor. Las aproximaciones muestran al menos que la leyenda de Mani ha sido en parte construida según los relatos anteriores y que no se podría tomar al pie de la letra las fórmulas de An-Nadim[287].

---

[286] Ver G. Bardy, *Manichéisme*, en el *Dict. de Théologie Catholique*, col. 1.841-1.895.
[287] Ibid., col. 1.859.

El maniqueísmo tuvo una difusión extraordinaria en Europa, Egipto, Siria, Palestina, Persia y hasta en China y Mongolia.

La herejía arriana

Ninguna filosofía de la historia que prescinda de la lucha del judío contra la fe cristiana puede ser considerada como verdadera. San Pablo certifica la grandeza de esta lucha. Escribiendo a los cristianos de Tesalónica les dice aquellas palabras memorables que, desde entonces, han quedado como el eje de la historia: "De los judíos, de aquellos que dieron muerte al Señor Jesús y a los profetas, y a nosotros nos persiguen, y que no agradan a Dios y están contra todos los hombres; que impiden que se hable a los gentiles y se procure su salvación"[288]. Y San Juan en el Apocalipsis: "Yo os traeré pronto algunos de esos que son de la sinagoga de Satán, que se dicen judíos y no lo son, sino que son mentirosos. Yo los haré venir a prosternarse a tus pies, y sabrán que yo te amo"[289]. La primera persecución grande contra los cristianos en el mundo de los gentiles, la de Nerón, fue probablemente desencadenada a instancias de los judíos que rodeaban a su mujer, Popea[290].

Las grandes herejías que agitaron a la Iglesia fueron levantadas y armadas por los judíos. La herejía arriana de modo particular. El sacerdote judío Arrio, un antiguo discípulo de San Luciano de Antioquía, estaba encargado de la Iglesia de Baucalis en Alejandría, cuando hacia el 330 comenzó a enseñar una doctrina herética y escandalosa.

A la cabeza de la profesión de fe presentada a San Alejandro por Arrio, *De Synodis*, 10, Migne, P. G., tomo 26, c. 708, se encuentra una noción fundamental, común por lo demás a todos los discípulos de Luciano de Antioquía: "Nosotros conocemos un solo Dios, solo agénnetos, solo inengendrado, solo eterno, solo anarjos, solo verdadero Dios... el Dios de la ley, de los profetas y de los siglos". Es fácil sospechar por esta sola frase que para Arrio el Padre, solo verdadero Dios, se opone como agénnetos al Hijo, gennetos. En el pensamiento de Arrio, agénnetos y gennetos se oponían necesariamente como increado y creado porque tenía por sinónimos los términos *engendrado* y *creado*. De aquí está

---

[288] I, 2, 14.
[289] IV, 9.
[290] William Thomas Walsh, *Felipe II*, Espasa Calpe, pág. 266.

idea familiar a los arrianos: no hay dos agénnetos, es decir, dos increados y dos principios, lo mismo que no hay dos infinitos o dos dioses.

Arrio identifica los términos *engendrado* y *creado,* pues para él toda generación y no solamente la humana, comportaba esencialmente la idea de comienzo o producción contingente. En esto negaba la consustancialidad del Hijo con el Padre y por lo mismo la divinidad del Hijo, Jesucristo.

En la génesis de la herejía arriana hubo mucha influencia del Logos del judío alejandrino Filón.

Es la concepción del Logosdemiurgo, referida a los Proverbios, VIII, 22, en que la sabiduría dice, siguiendo la versión de los Setenta: *"El Señor me ha creado como comienzo de sus obras".* Mas supuesto que expresada en la profesión de fe de Arrio, esta teoría está, por el contrario, netamente formulada en *Thalia Orat. 1 contra arian*[291]: "Dios no ha sido siempre Padre. Él estaba primero solo; el Logos y la sabiduría no estaban. Dios queriendo crear, hizo primero un cierto ser que llamó Logos, Sabiduría, Hijo, a fin de crearnos por Él". La consecuencia de toda esta doctrina es que el Hijo no es igual ni consubstancial al Padre.

Esto alteraba la Trinidad y la cristología. La persona de Cristo no era una persona verdaderamente divina, ya que el Logos encarnado en la plenitud de los tiempos no era verdadero Dios.

De hecho, hay en la doctrina arriana infiltraciones platónicas, pero por intermedio de Filón, y en particular por la teoría del Logos-demiurgo, bajo la forma judeo-gnóstica de este filósofo judío. La herejía arriana es un sincretismo en que se encuentran, revestidos de la dialéctica aristotélica, elementos de proveniencia diversa, sobre todo filonianos.

Sabida es la gran extensión que adquirió la herejía arriana. Se extendió por Occidente y Oriente, y luego a los pueblos germánicos: visigodos, burgundios, vándalos, ostrogodos, lombardos. Pero luego desapareció sin dejar trazas en Europa. En el siglo XVI renace con la Reforma, aunque en condiciones muy diferentes de aquellas que señalaran su primera aparición. A decir verdad, ninguna secta se presentó como específicamente arriana. Sin embargo, Miguel Servet rechaza la Trinidad de las personas divinas consubstanciales, tratándola de Dios

---

[291] 5, *P. G.,* t. XXVII, col. 21.

dividido en tres partes. Faustino Socino mira como contradictoria la idea de Dios numéricamente uno y la de tres personas de las que cada una es Dios. En materia cristológica, las relaciones entre los arrianos y los antitrinitarios de la Reforma no son menos netas.

De los maniqueos a los albigenses

La penetración judía, y por lo mismo del Talmud y de la Cábala, se hizo sentir a través de toda la Edad Media por las herejías maniqueas como el catharismo, en los movimientos novacianos (siglo III en adelante), priscilianos (hacia 370-375), paulicianos (siglos VII-X), Bogomilas (927-siglo XIV), patarinos (hacia 1179), pasagianos (hacia 1239).

Según una tradición referida por el cronista Alberic de Trois Fontaines, el maniqueo Fortunato, después de haber huido de Hipona, se refugió en las Galias, donde encontró otros adeptos de Manes, sobre todo en Champagne. Tal sería el origen del culto dualista de Montwimer. ¿Hecho histórico o leyenda? Nada se sabe. En 563, el Concilio de Braga, en España, redacta varios cánones contra el maniqueísmo. Hacia el año 800, una anatema redactada en latín muestra que los maniqueos eran perseguidos en occidente.

Cátharos

El catharismo posee los dogmas fundamentales del dualismo y de la maldad de la materia, y como corolarios teológicos, la doctrina de un Cristo ficticio y el rechazo del Antiguo Testamento; como consecuencias morales, la interdicción del matrimonio y la abstinencia de la carne animal. Se propagará al comienzo del siglo XI por Francia central, Italia, España, Alemania e Inglaterra.

Lejos de ser una filosofía cristiana, el sistema cátharo se relaciona con las especulaciones metafísicas y religiosas del paganismo... Aunque pagano en esencia, el catharismo ha querido adaptarse al cristianismo, pero ha sido a costa de mil contradicciones; no ha conservado de él sino una forma ilusoria y a despecho de sus consideraciones cristianas destruía al cristianismo en sus doctrinas esenciales y en su realidad histórica.

Bogomilas

Parece que los bogomilas fueron una rama del catharismo y que los orígenes del catharismo, tanto occidental como oriental, como los del bogomilismo deben ser buscados en Bulgaria.

El bogomilismo adquirió en el siglo X una cierta importancia. No tardó en dividirse en dos iglesias divergentes. Su centro principal fue Filípolis, en Tracia. De una y otra iglesia irradió en todas direcciones y desde la segunda mitad del siglo X había ganado Constantinopla.

En el origen, el dualismo bogomila fue absoluto: admitía la perfecta igualdad de dos principios, el uno y el otro, eternos. Una tendencia a mitigarlos se advirtió pronto, pues se atribuyó la eternidad al único principio bueno, Dios supremo, y se sostuvo que el principio malo fue un espíritu creado que se desprendió del principio bueno por un acto de libre arbitrio. De aquí que en los bogomilas surgieran dos sistemas, o como se expresan los documentos occidentales, dos órdenes, el búlgaro, *ordo de Bulgaria*, que adoptó el dualismo mitigado, y el *ardo de Dngutria*, en la Dalmacia.

Se encuentran entre los bogomilas, junto con el dualismo, otras doctrinas cuyo conjunto constituye el catharismo primitivo: rechazo del bautismo de agua y del bautismo de niños, la comunicación del Espíritu Santo por la imposición de las manos, la condenación del matrimonio, la condenación del alimento animal, la negación de la presencia real de la Eucaristía, el desprecio por la cruz y las imágenes, así como de los edificios afectados al culto.

Paulicianos

Secta herética dualista que se difundió principalmente en la alta Siria y en Armenia, pasó a Frigia, después a Bulgaria y se propagó en Occidente bajo diversos nombres.

El principal personaje que dio a esta secta su verdadera forma y su existencia particular parece haber sido un Constantino, que se hacía llamar Silvano, originario de Mananalis, cerca de Samosata, en el siglo VII.

El punto esencial de la doctrina de los paulicianos era la distinción entre el Dios bueno, Señor del cielo, Creador de las almas, que debe solo ser adorado, y el Dios malo, el demiurgo, creador y señor del mundo sensible. Para ellos toda materia es mala. Este dualismo es netamente marcionista, pero es posible que no lo fuese en su origen y que el dualismo pauliciano fuera maniqueo con una evolución hacia el marcionismo.

Albigenses

El centro principal del catharismo ha sido Albi y quizás Toulouse. Los albigenses se desarrollaron en los siglos XI, XII, XIII. Para exterminarlos tuvo Inocencio III que movilizar a los arzobispos de Narbona, Arlés, Embrum, Aix, Vienne y a los condes, barones y caballeros de Francia, al rey Felipe Augusto, al arzobispo de Tours, al abad del Cister y a los arzobispos de París y de Nevers[292]. Como en los cátharos, el dualismo constituye el fondo del sistema. Hay dos principios, decían. Pero sólo el principio bueno es eterno; ha creado, en los espíritus, los cuatros elementos y de estos elementos el principio malo ha formado el mundo. De la Trinidad no conservaban sino el nombre, porque hacen del Hijo una creatura. La Iglesia se habría corrompido desde la donación de Constantino. En moral, al ser mala la materia, predicaban un desprendimiento absoluto y dividían la organización en dos clases, la de los perfectos y la de los creyentes. Los perfectos eran, prácticamente, impecables.

Armand de Lunel, refiriéndose a "La edad de oro de los judíos de Oc" cita entre las corrientes ideológicas que circulaban cuando la herejía cáthara o albigense "la más original, la más fecunda, aquella que, subterránea y mística, había de extenderse con la Cábala". "Por falta de documentación explotable no han preocupado suficientemente hasta hoy los orígenes y el desarrollo del misticismo judío en la Edad Media occitania... Se vería ciertamente más claro en el problema conexo y no menos apasionante de las relaciones doctrinales entre los judíos y los cátharos... No es menos cierto que judíos y cátharos vivían, codo a codo, los unos y los otros bajo la autoridad benévola de los condes de Toulouse... Había ciertamente una razón de alianza entre cátharos y judíos en el interés práctico de enfrentar a su adversario común: la Iglesia Romana. El signo de la cruz podría serles, por motivos diferentes, igualmente odioso"[293].

Gershom Scholem en *Les Origines de la Kabbale*[294] advierte que "todo lo que sabemos de los antiguos cabalistas y de sus grupos viene del Languedoc. En las ciudades como Lunel, Narbona, Posquieres y quizás también en Tolosa, Marsella, Arles encontramos las primeras personalidades que nos son conocidas como cabalistas. Sus discípulos han transplantado enseguida la tradición cabalística a España, donde

---

[292] Ferdinand Niel, *Albigeois et cathares*, Presses Univ., París, 1965, pág. 76.
[293] Armand de Lunel, *L'age d'or des juifs d'oc*, Aspectus du génie d'Israel, pág. 161, citado por Mauricio Carlavilla, *Judaísmo e Iglesia Católica*, pág. 58.
[294] Aubier, París, 1966, págs. 22-25.

debía tomar raíz en localidades como Burgos, Gerona y Toledo, y de donde se ha difundido también a otras comunidades judías...

"Pero el mediodía es más que esto, una región de alta tensión religiosa, de una tensión que no tiene igual en otros países de cultura cristiana. En varios medios del Languedoc no es ya, en esta época, el cristianismo que reina, sino la religión dualista de los cátharos o albigenses, cuyo carácter fundamental ha sido objeto, no sin razón, de una larga controversia... Hoy prevalece otra opinión, generalmente aceptada: tenemos que vernos con una religión que, utilizando ciertas nociones cristianas, sapa los fundamentos mismos del cristianismo. Un problema difícil que no ha podido ser zanjado todavía es el de la supervivencia de influencias y de ideas gnósticas, no maniqueas, en la religión de los cátharos.

"El judaísmo de Provenza, que ha conocido igualmente en el siglo XII un período de alta floración, prosperaba en esta época en un medio en que el cristianismo católico marcado con el sello de la ortodoxia tenía que luchar literalmente por su existencia, donde había perdido efectivamente su influencia en amplios círculos, tanto en la clase dominante de los feudales y de la caballería y de sus representantes culturales como en las capas populares, entre los campesinos y pastores".

Y Gershom Scholem se ve obligado a reconocer las relaciones de cátharos con judíos cabalistas. Hablando de los primeros, dice, que "su antisemitismo metafísico no les impedía necesariamente proceder cuando la ocasión se presentaba a cambiar puntos de vistas con los judíos adversarios como ellos del catolicismo".

Los templarios

El asunto de los templarios es uno de los más resonantes de la historia.

Después de siete siglos no se ha llegado a determinar con seguridad qué hay de verdad en las acusaciones que se levantaron contra esta orden militar, qué hay de verdad contra el proceder de Felipe el Hermoso y de Clemente V, qué hay de verdad sobre el juzgamiento y condenación de la Orden.

Sin embargo, hay que reconocer que la documentación que existe sobre este sonado asunto debía ser suficiente para emitir un juicio sereno y en cierto modo definitivo. M. Michelet[295] ha reunido en dos grandes volúmenes los documentos más importantes de esta gran causa, como los interrogatorios hechos en París en 1307 por el tribunal de la Inquisición y después todo el procedimiento de los siete comisarios pontificios desde agosto de 1309 hasta mayo de 1311.

De estos procesos resulta una tan vasta y ponderada mole de testimonios y de confesiones concordantes a cargo de los acusados que es imposible dudar, al menos en general, de la verdad de las imputaciones, la mayoría gravísimas, que fueron formuladas[296]. Y no se diga que estas acusaciones fueron arrancadas por las torturas, ya que tanto el protestante Wilcke, en la *Historia de los Templarios*, como el mismo Michelet, director del *Proces des Templiers*, y su testimonio no es sospechoso, atestiguan que el interrogatorio sostenido por el Gran Maestre y por más de un centenar de caballeros en París fue conducido por los jueces pausadamente y con miramiento y dulzura. Por lo demás es cierto que ninguno de los ciento cuarenta caballeros que fueron examinados por el inquisidor Fray Imberto en el primer proceso de 1307, ninguno de los setenta y dos caballeros investigados por el Papa y los cardenales en Poitiers, ninguno de los grandes oficiales de la Orden que al mismo tiempo que el Gran Maestre fueron examinados por tres cardenales en Avignon, ninguno de los doscientos treintiún caballeros que fueron examinados por siete comisarios pontificios en París entre agosto de 1309 y mayo de 1311, ninguno de todos éstos fueron sometidos a tortura[297]. En los interrogatorios no se les exigía otra cosa que el juramento de decir la verdad y sobre la fe de este juramento se recibía toda su exposición: "*Prestado el juramento de que sobre todas las cosas en cuestión dirían la pura y plena verdad, libre y espontáneamente, sin ninguna coacción ni terror, depusieron y confesaron*, etc. Así atestigua el Papa en la Bula *Vox in excelso*[298].

¿Y cuáles eran los delitos de que se acusaba a los caballeros templarios? Los enormes delitos a que el Papa hace mención en la *Bula Vox in excelso* y en otras, son, por ejemplo, blasfemar y renegar de Jesucristo, escupir sobre la cruz, practicar ritos obscenos en el acto de su secreta

---

[295] M. Michelet, *Proces des Templiers*, París, Imprimerie Royale, 1844-1851.
[296] *La Civiltà Cattolica*, Roma, 1866, Anno 17, vol. VII, pág. 699.
[297] Ibid., pág. 702.
[298] Ibid., pág. 702.

iniciación, adorar una cabeza de ídolo, el célebre Bahomet[299], en sus asambleas secretas, el tener por lícitas acciones nefandas contra natura y abandonarse a ellas libremente, el confesarse y absolverse mutuamente, aunque simples laicos, de sus pecados; estas y otras enormidades semejantes fueron atestiguadas y confesadas por más de un centenar de templarios y no ya por oscuros servidores de la Orden, sino por los más conspicuos caballeros, por los preceptores y oficiales mayores y por el mismo Gran Maestre. Fueron confesadas repetidamente delante de los inquisidores, de los obispos, de los cardenales y del mismo Papa, frecuentemente con las muestras más sinceras de arrepentimiento.

Estas confesiones no tuvieron lugar solamente en Francia, que era todavía la sede y nervio principal de la Orden, sino en Inglaterra e Italia y otras partes, donde los templarios tenían casas y podían ser examinados, de manera que la corrupción de la Orden era, si no universal, ciertamente bastante extendida. Y no sólo extendida; también antigua, puesto que el Gran Maestre Molay confesaba en *1307* que al ser, cuarenta y dos años antes recibido en la Orden, había también renegado de Cristo, según el impío y obsceno rito introducido se desconoce cuánto tiempo antes[300].

El problema de los templarios plantea una cuestión delicadísima, sobre todo si tenemos en cuenta que la masonería moderna se presenta como continuadora de los fines de la misma Orden del Templo. Cuáles son estos fines lo revela magníficamente una obra que, escrita en tono novelesco, refleja, sin embargo, un aspecto digno de ser considerado seriamente. Nos referimos al libro del periodista Gérard de Sede, *Los templarios están aquí*[301], en el que se relaciona la Orden de los templarios con los cabalistas, gnósticos y assassinos. A su vez, la doctrina de los assassinos se sitúa, leemos aquí, en la línea del hermetismo, de la Cábala y de la gnosis, que todavía se complace en elevar a un más alto grado de abstracción[302]. También se dice que "la

---

[299] El andrógino chivo-cabra de Mendes (demonio cabrío), que según la Iglesia Romana fue adorado por los templarios. Pese a la naturaleza demoníaca que se le asigna, H. P. Blavatsky sostiene que era un símbolo hermético-cabalístico que derivaba de Anmón, el dios de cabeza de carnero del Bajo Egipto, el cual sirvió lamentablemente para ciertos designios eclesiásticos (?) Zaniah, *Dice. Esotérico*, Kier, Buenos Aires, 1962.
[300] La Civilita Cattolica, *ibid.*, pág. 700.
[301] Editorial Bruguera, Barcelona, 1963.
[302] Ibid., pág. 110.

Iglesia cristiana reconoció rápidamente a un enemigo del orden, maléfico y poseedor de enigmas, en la gnosis alejandrina[303]... Pero ya veremos que su existencia es aún fuerte y que sus hermanas, la Cábala y el hermetismo, junto a ella, se contentarán con caminar por la senda sombría esotérica, no conforme además con sus orígenes, transmitiendo de siglo en siglo su herencia ritual e ideológica, de la que ciertos ritos pitagóricos forman aún buena parte".

La orden de los templarios recoge todo el movimiento de ideas y revolución que venía moviéndose en el mundo subterráneo de la Edad Media, y del que los judíos eran los más poderosos impulsores. La subversión no se concentraba en un punto, sino en todos los tejidos de la sociedad cristiana.

Pero, para los fines de nuestra obra, vamos a centrarnos en dos autores que reflejan de modo expresivo la influencia cabalística en la Edad Media, influencia que era contrarrestada por la fidelidad a la Iglesia y a Cristo de que estuvieron llenos los santos, doctores y el pueblo cristiano de aquella Edad de fe.

Juan Scoto Eriúgena

Para situar a Juan Scoto Eriúgena en su medio, que fue la Escuela Palatina de los Carolingios, hay que señalar el cuadro donde se desenvolvió toda la vida social-política y cultural de la época.

Los historiadores judíos Max L. Margolis y Alejandro Marx en *Histoire du Peuple Juif*[304] señalan que "los judíos de todo el reino franco participaron de los beneficios de un régimen firme. Bajo Carlos el Grande, o Carlomagno (768-814) y de su hijo Luis el Piadoso (814-840), los judíos, gracias a sus relaciones con sus correligionarios del exterior, concentraron entre sus manos todo el comercio del país, y especialmente la exportación e importación de mercaderías. Un judío, Isaac, formaba parte de la embajada enviada por Carlomagno a Harún-al-Raschid, y fue de ella el único sobreviviente. Los comerciantes cristianos tributaban al Tesoro una undécima parte de sus beneficios, mientras los judíos una décima. Ciertos comerciantes judíos apreciados

---

[303] Ibid., pág. 108. Ver también Louis Charpentier, *Les mysteres templiers,* 1967, Robert Laffont, París.
[304] Payot, París, 1930, pág. 323.

por el embajador gozaban de una protección especial, como Donato y su sobrino Samuel David y José en Lyon, Abraham en Zaragoza. Un funcionario imperial llamado "Señor de los Judíos" vigilaba para que cada comunidad mantuviera sus privilegios y la seguridad de la vida y los bienes[305].

La Jewish Enciclopedia en la voz Kalónimo, refiere que Joseph Hakohen en su *Emek-ha-baiá*, cuenta que Carlomagno trajo a Maguncia de Lucca en 787 a una familia Kalónimo y Rapoport y Zunz relatan que fue Carlos, el Calvo, el que autorizó a Moshé Kalónimo, el Viejo, y a su hijo Yekutiel a establecerse en Maguncia.

Simón Dubnow nos dice que "dos leyendas simbolizan en la figura de personas el proceso de la cultura nacional que se trasladó de los viejos centros de la diáspora a los centros nuevos.

Según una tradición popular, Carlomagno trajo de Bagdad a Narbona al erudito nabi Majir que fundó la primera academia judía en el sur de Francia y fue el iniciador de una dinastía de "nasi", jefe de la comunidad judía en Provenza. Otra cuenta que Carlos trasladó el erudito nabi Kalónimo de la ciudad lombarda de Lucca a Maguncia, donde él y sus descendientes estuvieron durante generaciones al frente de la comunidad judía"[306].

La Escuela Palatina, que fundaron los Carolingios, ha de situarse en este contexto de la influencia comercial y cultural que tuvieron los judíos y de ella no se ha de haber visto indemne Juan Scoto Eriúgena, sobre todo si se tiene en cuenta el carácter cabalístico de sus doctrinas.

Los problemas que plantea el pensamiento de Juan Scoto Eriúgena no están suficientemente aclarados, por cuanto sus obras no se hallan todavía en ediciones corrientes. Además, la filosofía cristiana no había todavía afinado una cantidad de conceptos y nociones que serían más tarde elaborados, sobre todo por el genio de Santo Tomás, de manera que es muy difícil apreciar si hay verdaderos errores en el pensamiento de Eriúgena o si, en cambio, son las imprecisiones que caracterizan a todos los pensadores anteriores. Algo de verdad hay en lo que afirma Gilson: "Para los amantes del tiro a la herejía, Eriúgena es un blanco fácil. En todo blanco se acierta; pero se queda, a veces, confundido uno

---

[305] Ver también Joseph Kastein, *Historia y destino de los judíos*, Claridad, pág. 230, 1945, Buenos Aires.
[306] *La historia del pueblo judío en Europa*, *IV, pág. 104.*

al comprobar enseguida que tirando sobre Eriúgena se ha tocado a Dionisio, Máximo el Confesor, San Gregorio de Nisa, San Gregorio Nazianzo, San Ambrosio y San Agustín"[307].

Esto es cierto hasta cierto punto, en la medida en que la filosofía y teología cristianas no habían alcanzado un nivel de maduración y precisión en que las fórmulas de estos autores podían sufrir una interpretación algo malévola. Pero en Eriúgena hay algo más, como veremos inmediatamente. "Se ha considerado recientemente que, más que el pseudo Dionisio, "la fuente inspiradora de Eriúgena fue la Cábala". Escoto enuncia a veces: *ut sapientes Hebraeorum tradiderunt*. ¿Conocía el filósofo esta tradición por sí mismo? Lo dudo, contesta Vulliaud, pues a menudo, cuando Escoto cita etimologías sacadas del hebreo, lo hace según San Jerónimo o simplemente copiando a su maestro el Areopagita... Sin embargo, si bien ignoramos el modo en que conocía la Cábala, es innegable que habla su lenguaje y frecuentemente se encuentra en el *De divisione naturae* un simbolismo idéntico al simbolismo cabalístico". (P. Vulliaud, *Entretiens idéalistes*, 25, 3, 1910). Hay aquí un filón a aprovechar, máxime cuando el esoterismo de la Cábala estaba por cierto propagado y era más o menos conocido por los cristianos en el siglo IX. Ya J. Brucker *(Historia critica philosophiae,* Leipzig, 1743) había relacionado, bastante neciamente por lo demás, las doctrinas de Eriúgena con la Cábala[308].

En todo caso, la comparación de las doctrinas fundamentales de Eriúgena con la Cábala no deja de producir y suscitar sorpresa.

1. *El concepto de Dios:* La teología negativa que usa Eriúgena se opone a que el infinito pierda su rango supremo, lo que sucedería si, queriendo designarlo, definirlo, se lo encerrase en una determinación; ella niega que pueda ser determinado; niega que sea, es decir, que sea accesible a la inteligencia y expresable por la palabra. La teología afirmativa se ocupa sobre todo de Dios, en tanto causa, y la causa se expresa en lo que produce y porque estudia los efectos; esta teología puede afirmar algo sobre el ser eterno; se ocupa de Dios que es una causa infinita, mientras que la teología negativa se ocupa de Dios que es la infinita sustancia.

---

[307] La philosophie mediévale, *2ª Ed., pág. 206.*
[308] Dict. de Theol. Cath, *Erigène,* col. 409, art. de F. Vernet.

"Y a pesar de las apariencias estas dos teologías no se contradicen. Diciendo "Dios es verdad", o Dios es sabiduría, la segunda no entiende que la sustancia divina sea propiamente verdad o sabiduría, sino que puede ser llamada verdad o sabiduría por la aplicación metafórica al creador de un nombre que conviene a la creación. Diciendo "Dios no es verdad" o "Dios no es sabiduría", la primera afirma que la naturaleza divina incomprensible e inefable, no es propiamente verdad o sabiduría, aunque pueda metafóricamente ser así llamada"[309].

Hemos de ver, al exponer la opinión de Santo Tomás sobre la cuestión presente, que Eriúgena rebaja demasiado, hasta el agnosticismo, nuestro conocimiento de Dios. Lo mismo ha de acaecer con *La naturaleza divina*: "No se puede definir a Dios sino negando lo que no es, y cuando más se niega así, más se afirma que Dios es nada, es decir, nada de lo que es para nosotros, nada determinado; y esta negación es la afirmación más alta, siendo toda determinación una negación más alta. Dios no es nada, y esto no es solamente una forma de nuestro pensamiento, sino que así se conoce Dios a sí mismo, sabiendo que no es nada y que esta nada es superior a todo"[310].

Aquí aparece el *omnis determinatio est negatio*, de Espinosa y Hegel, y el Ein-Sof de la Cábala, que se ha de hacer más sensible en el concepto de creación.

El concepto de creación

"De la super-esencia de su naturaleza en la cual se dice no-ser, *in qua dicitur non-esse*, por un primer grado se crea a sí mismo, *a se ipso creatur*, en las causas primordiales y se convierte en el principio de toda esencia, de toda vida, de toda inteligencia...

Después, descendiendo de las causas primordiales que constituyen como un intermediario entre Dios y la creatura, se realiza en sus efectos, *in effectibus ipsarum fit...* Enseguida, por las formas múltiples de estos efectos, viene y llega hasta el último orden de la naturaleza eterna, que comprende los cuerpos. Todas las cosas son, pues, a la vez creadas y eternas. Scoto pretende encontrar esta doctrina en la Escritura, en San Agustín, en el pseudo-Dionisio. Las otras cosas que se dice que son,

---

[309] *De Divisione naturae*, 1. I, cap. XIV, col. 461; F. Vernet, Dict. De Théol. Cath., Erigène, col. 413.
[310] *De Div. naturae*, 1. II, cap. XXVIII-XXX, col. 586-589; F. Vernet, ibid., col. 414.

sólo son teofanías, *ipsius teophaniae sunt*. "Dios, en consecuencia, como dice San Dionisio el Areopagita, es todo lo que verdaderamente es porque *ha hecho* todas las cosas y *se hace* en todas, *facit et fit*". El mismo resume su doctrina distinguiendo cuatro clases de causas: a) *quae creat et non creatur;* b) *quae creatur et creat;* c) *quae creatur et non creat;* d) *quae nec creatur nec creat.* Aparte del pseudo Dionisio y San Agustín que las habían cristianizado, Scoto encuentra y reconstruye a Proclo y a Plotino.

Conserva el término creación, pero como los monistas modernos, separando el término de su significado. El Concilio de Valencia, que condena sus errores sobre la predestinación, previene contra el resto de su doctrina. Condenaciones expresas fulminaron contra su *De divisione naturae* cuando las escuelas Chartrenses intentaron resucitarla[311].

El concepto de creación en Eriúgena se acerca mucho al de emanación y al de una emanación eterna. Eriúgena la llama difusión. *Ineffabilis diffusio et facit omnia, et fit in omnibus, et Omnia est*. La inefable difusión y hace todas las cosas, y se hace en todas, y es todas las cosas. Pero esta concepción no deja de sentar una contradicción con la doctrina de los Padres, quienes concuerdan en afirmar que Dios ha creado el mundo de la nada. ¿Cómo llamar eterno a lo que ha comenzado a ser? ¿Cómo son las cosas eternas a la vez que hechas de la nada, es decir, existentes antes de haber sido hechas? Eriúgena responde a esto que hay que mantener la eternidad de la creación, que Dios no la precede sino con una anterioridad lógica, pues en Dios no hay accidentes. Que el mundo sea eterno y creado no debe sorprender, puesto que también Dios es eterno y creado, permaneciendo en sí mismo perfecto y más que perfecto, separado de todo y metido en todas las cosas, haciendo todas las cosas, convirtiéndose en todas las cosas[312].

Después explica la creación *ex nihilo* en el sentido de que Dios era cuando las creaturas no existían y que existiendo eternamente en las causas primeras y, como tales, conocidas de Dios solo, las criaturas en cierto modo han comenzado cuando aparecieron con accidentes de cantidad, calidad, etc., que reciben en el tiempo y que las manifiestan. Precisemos todavía. En la creación *ex nihilo* el *nihilum* es Dios mismo, *quien es insinuado en la negación de todas las cosas que son propiamente, porque es exaltado sobre todo lo que se dice y se entiende,*

---

[311] H. Pinard, Dict. de Théol. Cath., art. *Création*, t. III, col. 2080.
[312] F. Vernet, Dict. de Théol. Cath., art. *Erigène*, col. 416.

que no es nada de las cosas que son y que no son, que se saben mejor no sabiendo[313].

En efecto, ¿cómo ha creado Dios a todo el mundo en el Verbo? Él ve las cosas, y para Él ver es crearlas. Pero no ve otra naturaleza que la propia; antes de la creación no había nada más que Él mismo, se ve pues y se crea a Sí mismo; la creatura es eterna en Dios, su fundamento necesario, y Dios es creado en la creatura, pues por ella se hace visible, inteligible.

Varias veces, en el diálogo, el discípulo ha proferido gritos de escándalo, y el mismo maestro ha experimentado la sensación del vértigo. Declara que, para remontarse a estas alturas, es preciso un espíritu despojado de imaginaciones terrestres y la gracia que Cristo nos ha brindado con su Encarnación"[314].

El pensamiento de Eriúgena no puede asimilarse de manera más homogénea con el de la Cábala, que hace del *Ein-Sof* la nada y una nada que se crea y realiza en los Sefirot. Sin embargo, ello no impide que apurando mucho sus expresiones, pueda darse a éstas una interpretación compatible con el dogma católico de la creación. Pero de cualquier manera, la influencia cabalística existiría, ya que el pensamiento de Eriúgena no logra una formulación que supere realmente la contradicción del pensamiento cabalístico con la doctrina católica.

La creación inferior y el hombre

Entre el mundo intelectual, que se desarrolla en el más sublime de los ángeles, y el mundo sensible, que desciende hasta la más ínfima de las creaturas sin razón, está la naturaleza humana, que tiene algo del uno y del otro. El hombre no debe ser definido como "un animal razonable", sino como "una noción intelectual hecha eternamente en la mente divina". Esta definición no se detiene en los accidentes, sino que va directamente a la sustancia y se encuentra en Dios. Centro de la creación, resumen del universo, el hombre es el mediador y el salvador[315].

Su imagen es la imagen de la Trinidad. La única diferencia es que la Trinidad divina es increada y que ella es Dios por excelencia de su

---

[313] *De Div. nat.*, l. III, cap. XXII, col. 686-687; F. Vernet, ibid., col. 416.
[314] F. Vernet, ibid., col. 417.
[315] L. IX, C. VIII, col. 768; F. Vernet, ibid., col. 417.

esencia, mientras que la trinidad del alma es creada por aquella de la cual es imagen, y no es Dios sino por largueza de la gracia divina. Todas las otras diferencias resultan del pecado. Al cuerpo mortal, el alma se le ha unido después del pecado, como un instrumento fabricado de algún modo a imagen suya. Antes del pecado, el cuerpo del hombre era espiritual e inmortal, como habría de serlo luego de la resurrección. Todo lo que permanece inmutable en el cuerpo corresponde a su condición primitiva; todo lo que es cambiante y diverso ha sido agregado después de la caída. Las diferencias innumerables debidas a las múltiples combinaciones de los cuatro elementos, susceptibles de crecimiento y disminución, forman el cuerpo material, vestidura del cuerpo espiritual, interior, primitivo, forma idéntica, universal, común a todos. Se sigue que antes del pecado la generación humana no existía, pues tampoco entre los ángeles. Tampoco existía la distinción de sexos, como no existirá en el cielo"[316].

También es cabalística esta idea de que el hombre antes del pecado sería un ser puramente espiritual, que se manifestaría en cuerpo material sólo después del pecado. Igualmente es cabalística la malicia que se atribuye a los órganos de la generación y a la sexualidad.

La predestinación de los malos

Si Eriúgena tiene el mérito de mantener contra Gotescalc, que Dios quiere la salvación de todos, que no predestina a los reprobados al castigo, sin que exista de parte de ellos la falta, que el pecado proviene de la libertad del hombre, no tiene razón en rechazar toda distinción virtual entre los atributos divinos y en no reconocer que el pecado puede ser previsto por Dios y el castigo del pecado previsto y predestinado, que la pena, aunque teniendo un carácter negativo en tanto privación de Dios, es formalmente la manifestación de la justicia divina. Aquí y allá, en este tratado, despuntan los errores que se expandirán en frondas lujuriosas en el *De divisione naturae*[317].

La reintegración de la humanidad en Dios

¿Debe la humanidad entera retornar a Dios? se pregunta Eriúgena. Responde que, en efecto, el mal, que Dios no hace, y el castigo del mal, serán abolidos y borrados de la creación se trate del demonio o del

---

[316] F. Vernet, ibid., col. 418.
[317] F. Vernet, ibid., col. 420.

hombre culpable[318]. Si es así, ¿qué de los suplicios que dice la Escritura? Para comprenderlo es necesario desprenderse de las groseras ideas del pueblo: no habrá castigos materiales, ni un lugar situado debajo de la tierra donde estos tormentos se inflijan. El suplicio estará en las conciencias. La humanidad entera retornará a su estado primitivo. Esto es el paraíso. Todos reunidos en el paraíso, los elegidos estarán en pensamiento cerca de Cristo por el amor, bienaventurados, deificados, sin poder, sin embargo, elevarse hasta Dios y volverse una sola cosa con Dios, pues Cristo, cabeza de la Iglesia, se lo ha reservado; mientras que los reprobados se sentirán lejos de él por su perverso pensamiento. Darse cuenta de que están lejos de Cristo, lejos de Dios, es su juicio.

Permanecer lejos de él por el pensamiento y la dirección de sus actos es el infierno. Las descripciones de un infierno material dadas por los Padres no son más que modos de expresión de que se valían ante oyentes carnales. Pues los suplicios de los impíos no detendrán el retorno de la humanidad a Dios. La humanidad *tota in omnibus est et tota in singulis;* como el sol traspasa la suciedad sin oscurecer sus rayos, ella no se oscurece por las tinieblas de los pecadores; las faltas del individuo no la alcanzan, como tampoco las penas infligidas a estas faltas; Dios conservará en la pureza a la naturaleza, que es su obra y que no puede ser un mal; dejará cumplirse el castigo de la voluntad desordenada del pecador, es decir, de lo que no es nada, *quoniam in numero eorum quae a canditore omnium substituta sunt, non sunt.* En resumen, el mal será destruido en la naturaleza humana, pero la memoria del mal permanecerá siempre y por eso el castigo en el alma de los impíos. No es exacto afirmar, como se ha hecho, que Eriúgena suprime finalmente la eternidad de las penas. Su opinión se expresa desde el capítulo XXVII hasta el capítulo XXXIII; tal texto aislado podría provocar dudas, pero el conjunto de desarrollos y la marcha de las ideas no permiten la indecisión: la naturaleza, tal como él lo explica, escapará al mal y sus consecuencias; los perversos serán siempre castigados. Esto es muy misterioso: pero si en todas estas cosas desfallece no sólo la humana sino la inteligencia angélica, sé paciente y da lugar al divino e incomprensible poder y hónralo con el silencio[319].

Apreciación general sobre Eriúgena:

---

[318] L. V, C. XXVII, col. 921 citado por F. Vernet, ibid., col. 421.
[319] L. V, C. XXXIII, col. 950, citado por F. Vernet, ibid., col. 4ZZ.

1) Las fórmulas de apariencia panteísta abundan en las obras de Scoto. Dice y redice de mil maneras que todas las cosas salen de Dios, que están en las ideas divinas, que las ideas están en Dios, sacadas de Dios mismo, que están en el Verbo y engendradas en él, que Dios es el ser de todas las cosas, que todas las cosas, salidas de Dios, retornarán a él. ¿No son la expresión franca del más riguroso panteísmo? Cuando se mira de cerca, surgen las dudas. Y se percibe que estas fórmulas y otras semejantes las toma de los escritores ortodoxos.

2) Sin embargo, cualquiera sea el juicio que merezca la ortodoxia de Scoto Eriúgena mismo, hay que reconocer que se pueden sacar de sus obras los peores errores. Abelardo tomó por base de su doctrina sobre Dios el simbolismo agnóstico de Scoto. Bernard de Chartres profesa una especie de panteísmo que se vincula con las teorías de Escoto. Amaury de Chartres, o de Bene, transportó, agrandándolas, las ideas de Scoto desde el terreno de la metafísica al de la moral. Los documentos revelan la relación de Amaury con Eriúgena. Amaury fue condenado en el Concilio de Letrán (1215). Se ha observado que el libro de David de Dinando que fue condenado con el de Amaury, el *De Tomis*, o "De las divisiones", recuerda el principal escrito de Eriúgena. Hasta cierto punto, toda la heterodoxia de la Edad Media procede, por vías desviada o directamente, de Juan Scoto Eriúgena. Y en los tiempos modernos, católicos -no de una doctrina segura, como Federico Schlegel o Baader- han lamentado que la escolástica no se haya acercado más a las enseñanzas eriugenistas[320].

Nos parece correcta la conclusión a que llega Gustavo A. Piemonte en *Sapientia*[321], en un artículo que se centra sobre la *creatio ex nihilo*, punto clave de todo el pensamiento eriugeniano. Esta nueva interpretación de la nada de que fue hecho el mundo tiene, si no nos engañamos, consecuencias de peso en lo que respecta a la distinción entre las creaturas y el Creador. La alternativa claramente señalada por San Agustín para la procedencia de las cosas creadas: de la nada y no de la naturaleza divina, queda desdibujada en una doctrina donde *a Deo de nihilo* significa en definitiva *a Deo de Deo*. El paso de la nada al ser no se verifica, digamos así, por debajo de Dios, merced a la intervención de la causalidad *ad extra;* pero tampoco implica la formación de entes fuera de Dios con la sustancia divina concebida a modo de materia

---

[320] F. Vernet, ibid., col. 130.
[321] Notas sobre la "Creatio ex nihilo" en Juan Scoto Eriúgena, *n° 87, 1968, pág. 57.*

indeterminada; es *dentro del mismo Dios* donde ocurre el descenso de la superesencialidad a la multitud de las esencias. La única verdadera nada es la bondad divina que trasciende todas las cosas; la única verdadera creación es la *eterna conditio rerum in Verbo Dei,* la eterna condición de las cosas en el Verbo de Dios.

¿Influyó Scoto Eriúgena sobre los cabalistas o éstos influyeron sobre él? La pregunta se justifica por cuanto existe una clara afinidad entre una y otra doctrina. Esta afinidad ha sido reconocida desde antiguo y ya Brucker la admitía en su *Historia critica philosophiae* [322]. Modernamente Gershom Scholem la ha estudiado con singular prolijidad. En *Le grandi correnti della mística ebraica* [323] anuncia haberla examinado en una contribución para "Eranos-Jahrbuch"[324] y en *Les Origines de la Kabbale* se ocupa largamente cuando estudia los primeros cabalistas de Provenza[325] y luego los de Gerona[326], y sobre todo Azriel[327]. Gustavo Piemonte sigue fielmente a Scholem, cuyos argumentos reproduce por extenso[328].

Pero Gershom Scholem habla en todo momento de la probable influencia de Juan Scoto sobre el esoterismo judío. Y he aquí lo que no logra demostrar. Gershom Scholem tiene que reconocer que el esoterismo judío ya existe mucho antes de que haya sido consignado por escrito. De aquí que él mismo escriba: "La primera época de la mística hebraica, anterior a su cristalización en la Cábala medieval, es al mismo tiempo aquella que tiene mayor duración: los importantes documentos literarios que restan, cubren cerca de un milenio, desde el siglo primero al décimo después de Cristo... no entiendo formular hipótesis sobre el difícil problema, por seductor que sea, de los primeros comienzos de la mística hebraica y de sus vínculos con el mundo religioso del sincretismo helenístico-oriental... la mística hebraica comenzó en Palestina. Conocemos también los nombres de los más importantes representantes de la especulación mística y teosófica entre los maestros de la Misná, perteneciente al círculo de los discípulos de Jochanan ben Zaccai, hacia el fin del primer siglo después de Cristo.

---

[322] T. III, pág. 621, Leipzig, 1743, citado por F. Vernet, ibid., col. 409.
[323] Pág. 62 n; edic. franc., pág. 370.
[324] 1956, vol. 25, págs. 87-119.
[325] Págs. 286-287; 331-332; 336; 363.
[326] Págs. 397; 412.
[327] Págs. 445-454; 464-465.
[328] *Sapientia*, núm. 88, 1968.

Tenemos también buenas razones para sostener que la mayor parte y también la más esencial de su herencia espiritual ha sido recogida en los conventículos esotéricos y después en aquellos círculos que al fin de la época talmúdica intentaron, en toda una literatura, una síntesis de su nueva visión religiosa del mundo"[329]. Hasta aquí Scholem.

Scholem hace remontar el esoterismo mucho antes de Scoto Eriúgena. Con ello basta para excluir la influencia de Eriúgena sobre la Cábala. Con mayor razón, si como pensamos nosotros, la corriente gnóstica judía se venía desarrollando desde muy atrás hasta hacerla remontar a la cautividad de los hebreos en Egipto, allá en el siglo XVI a. C., como lo hemos defendido en el capítulo III de la presente obra. Y es evidente que el tema de la creación constituía uno de los favoritos de la tradición gnóstica judía. Por ello, se hace difícil, sino imposible, que un filósofo cristiano, solitario allá en el siglo IX, haya podido imaginar e inventar unas especulaciones que constituían el tema obligado de las especulaciones cabalísticas. Lo correcto es imaginar que, de una u otra manera, ese filósofo haya caído en la órbita de un círculo esotérico judío. Por ello hemos adjudicado tanta importancia a la información que dan los historiadores judíos sobre el intenso intercambio comercial y cultural judío en la época carolingia, primero con Carlomagno y luego con Carlos, el Calvo. La Escuela Palatina, que adquirió tanta significación con los carolingios, debía haber sufrido la influencia de algún círculo judío. Por aquí debía orientarse la investigación si quiere llegar a resultados positivos.

La mera especulación neoplatónica no ofrece suficiente fundamento para la interpretación cabalística, como lo demuestran los comentarios de Santo Tomás al pseudodionisio. En cambio, el neoplatonismo y la exégesis bíblica del Génesis, en manos de teósofos cabalistas, que operaban desde antes del advenimiento del Cristianismo, explican sobradamente la corriente esotérica que aflora en la época cristiana y que no podía manifestarse antes por escrito no sólo por ser deliberadamente esotérica y secretísima, sino por estar severamente reprimida por el rabinismo ortodoxo y por la represión que de ellas se hacía en el mundo cristiano.

Precisamente en *La Kabbale et sa symbolique*, el mismo Gershom Scholem hablando de la identificación de Dios con la Nada original

---

[329] *Le grandi correnti...*, págs. 64-66; edic. franc., pág. 53.

advierte que ella no es sino la consecuencia que los místicos judíos han sacado a través del mantenimiento de *las antiguas fórmulas*. Y añade: "El caos, que había sido eliminado en la teología de "La creación a partir de la nada", reaparece en nuevas fórmulas metamorfoseadas". Es claro que *estas antiguas fórmulas* son anteriores a Juan Scoto Eriúgena.

A igual conclusión se llega desarrollando los principios que sobre *La Kabbale* da el insigne maestro George Vajda, quien reconoce que es "legítimo afirmar que la doctrina cabalística es muy antigua. Tan antigua como la penetración de la gnosis en el judaísmo, aun probablemente anterior al cristianismo dos o tres generaciones"[330]. Y cómo se movía este esoterismo judío lo hace ver precisamente en el tema de la creación, cuando escribe: "La solución conforme a la fe consistía, por confesión de todos, en mostrar que Dios ha sacado de la nada"... concibiendo esta nada como "Fuera de Dios". En cambio, "el cabalista, haciendo uso de la misma terminología, invierte completamente su sentido: la Nada es el aspecto más íntimo, el modo de ser más latente de Dios. Creación *ex nihilo* significa, por lo tanto, de alguna manera uno o varios modos de ser manifestados de lo que, en su esencia íntima, es no-manifestado"[331].

Georges Vajda expresa aquí claramente cómo los círculos gnósticos y esotéricos judíos, que, según él, actuaban dos o tres generaciones antes de Cristo, tenían una interpretación esotérica y gnóstica de la creación *ex nihilo*, por la cual concebían a ésta como la esencia íntima de la divinidad, la que, en consecuencia, sacaba al mundo de su propia sustancia. Y Eriúgena no hacía sino repetir en los medios cristianos una doctrina corriente en los medios esotéricos judíos.

Joaquín de Fiore

Juan Scoto Eriúgena tuvo influencia también, al parecer, sobre Joaquín de Fiore. Joaquín de Fiore, condenado en el Concilio de Letrán, al mismo tiempo que Amaury y David, pero por sus errores trinitarios y no por su teoría de los tres reinos -el del Padre en el Antiguo Testamento, el del Hijo en el Nuevo Testamento, el del Espíritu Santo en una edad nueva y definitiva, que iba a comenzar y que duraría hasta el fin de los tiempos-, por la cual se aproxima a los almaricios, sin haber

---

[330] Introduction à la pensée juive du mayen âge, J. Vrin, *París, 1947, pág. 198.*
[331] Ibid., pág. 205.

estado nunca en relación con ellos, Joaquín de Fiore dependería, así como Amaury, de Escoto Eriúgena en esta concepción de tres edades, tres revelaciones, según opina E. Gebhart en su *L'Italie mystique*. Para decir verdad, los textos allegados no establecen esta dependencia; lo que se puede conceder es que las ideas de Escoto sobre la tercera revelación, la del Paráclito, que tendrá lugar en la Iglesia del cielo y que se ha dado anticipadamente un poco en los puros, *nunc ex parte inchoata in primitiis contemplationis*, trabajadas, ampliadas y traspuestas, han podido convertirse en los sueños peligrosos de Amaury de Chartres o de Joaquín de Fiore[332].

La doctrina de Joaquín de Fiore se reduce a dos puntos esenciales: 1º Una teología de la Trinidad; 2º Una teoría sobre las grandes divisiones de la historia de la humanidad.

1º *Teología trinitaria:* Aquí Joaquín de Fiore ataca a Pedro Lombardo por cuanto había enseñado que el Padre, el Hijo y el Espíritu Santo es una cosa grande, que no es engendrante ni engendrada ni procedente. En cambio, él enseñaba que aunque se concediese que el Padre, el Hijo y el Espíritu Santo sean una esencia, una naturaleza y una sustancia, no debía considerarse esta unidad como verdadera y propia, sino como colectiva y similitudinaria, como cuando se dice que muchos hombres son un pueblo y muchos fieles una Iglesia. En suma, Joaquín comprometía la unidad divina y terminaba en una especie de triteísmo.

2º *Una teoría sobre la historia de la humanidad:* A este triteísmo teológico correspondía de alguna manera un triteísmo histórico. Aquí Joaquín discurría que si el Antiguo Testamento era figura del Nuevo, el Nuevo lo es a su vez de una tercera economía que reemplazaría a la segunda. Y si el Antiguo Testamento era la edad del Padre, y el Nuevo la del Hijo, había que esperar una tercera, la del Espíritu Santo. Hubo un tiempo, decía el abad Joaquín, en que los hombres vivían según la carne y es la época que comenzó con Adán y que duró hasta Jesucristo; hubo una segunda, en que vivió según la carne y el espíritu, y habrá una tercera que se vivirá según el espíritu y que durará hasta el fin del mundo. La primera de servidumbre, la segunda de sumisión filial y la tercera de libertad. Cada una de estas edades está como personificada en distintas clases de personas: la primera en la gente casada, la segunda en los clérigos y la tercera en los monjes.

---

[332] F. Vernet, *Erigene*, en Dict. de Théol. Cath., col, 430.

En esta tercera época, la Iglesia visible, sin ser destruida, será de alguna manera absorbida en la Iglesia espiritual; el orden clerical de la segunda edad podrá tener su sitio en el orden espiritual.

El abad Joaquín no se contentaba con afirmar el futuro advenimiento de la tercera edad, sino que anunciaba una gran persecución, a corto plazo; después un período tranquilo; al fin "la revelación del *Evangelio eterno*, aquel que el Ángel del Apocalipsis lleva a través de los cielos".

La doctrina del abad Joaquín sobre la Trinidad fue condenada en el Cuarto Concilio de Letrán. Y su doctrina sobre las tres edades fue vivamente censurada por Santo Tomás[333]. "De dos maneras, enseña éste, pueden variar los estados del mundo: la una, según la diversidad de la ley. De este modo no sucederá al estado de la ley nueva ningún otro estado. Sucedió al estado de la ley, el de la ley nueva, como un estado más perfecto a otro imperfecto. Pero ningún estado de la presente vida puede ser más perfecto que el estado de la ley nueva, pues nada puede haber más cercano al fin que lo que inmediatamente introduce en el último fin. Y esto hace la ley nueva. Y añade Santo Tomás: "Cuenta Dionisio tres estados de los hombres; el primero, el de la ley vieja; el segundo, el de la ley nueva; a éste sucederá un tercero, pero no en la vida presente sino en la futura, esto es, en la patria. Y como el primero era figurativo e imperfecto respecto del estado evangélico, así éste es figurativo e imperfecto respecto del estado de la patria. Cuando éste llegue desaparecerá aquél, como se dice en la primera a los Corintios: Ahora vemos por un espejo y oscuramente, entonces veremos cara a cara".

La exclusión de la tesis del abad Joaquín no podía hacerse con un argumento más perentorio.

A la ley evangélica no le puede suceder en la historia otra edad, ya que ésta es figurativa del estado que esperamos en el cielo. Pero, además, iba a demostrar inmediatamente Santo Tomás que eran los herejes quienes aguardaban una nueva edad del Espíritu Santo. Y así añade:

"Según San Agustín; Montano y Priscila afirmaron que la promesa del Señor sobre el Espíritu Santo no se cumplió perfectamente en los apóstoles sino en ellos. Otro tanto afirmaron los maniqueos al decir que esta promesa se realizó en Mani, a quien llamaban el Paráclito, donde

---

[333] *Suma Teológica*, 1-2, 106, 4; *Quol.* 7; 4 *Sent.*, d. 43.

manifiestamente se declara que aquella promesa se cumplió en los apóstoles, como el Señor repetidas veces lo había prometido: "Seréis bautizados de Espíritu Santo antes de muchos días". Esto se cumplió el día de Pentecostés.

"Todas las vanidades de los herejes quedan excluidas con lo que dice San Juan: "Aún no había sido dado el Espíritu Santo porque Jesús no había sido glorificado". De donde se entiende que glorificado el Señor por la Resurrección y Ascensión, fue dado el Espíritu Santo. Por aquí también queda excluida la vana ilusión de algunos, los cuales querrían decir que se debe esperar otro tiempo del Espíritu Santo".

Con el estado que se inaugura con los apóstoles queda cerrada la historia. Esta mide su densidad, no por los acontecimientos terrestres, sino por los designios de salvación de la humanidad, que en ellos se verifiquen. Ahora bien, estos designios de salvación de la humanidad han sido fijados por el Padre y quedan reservados al Padre, que sólo ha revelado al hombre lo que necesita creer y practicar para salvarse, pero no el curso de los acontecimientos futuros. "Enseñó, dice el Santo, el Espíritu Santo a los apóstoles toda la verdad necesaria para la salvación, sea de las cosas que hay que creer, sea de las que hay que practicar; pero no les enseñó los sucesos futuros; esto no les tocaba a ellos como se dice en los Hechos: No toca a vosotros conocer los tiempos y los momentos que el Padre ha fijado en virtud de su poder soberano".

Por otra parte, no corresponde asignar tiempos históricos a cada una de las tres personas de la Trinidad, ya que "la ley vieja no sólo fue del Padre, sino también del Hijo, pues Cristo era en ella figurado; por ende, dice el Señor: Si creyereis en Moisés, creeríais en mí, pues de mí recibió él". Asimismo, la ley nueva no es sólo de Cristo, sino también del Espíritu Santo, según aquella sentencia: La ley del espíritu de vida en Cristo Jesús. "No hay, pues, lugar a esperar otra ley del Espíritu Santo".

Santo Tomás podía concluir que "es una gravísima necedad afirmar que el Evangelio de Cristo no es el Evangelio del reino. Pero la predicación de Cristo se puede entender de dos maneras: la una, en cuanto a la divulgación de la noticia de Cristo, y de este modo el Evangelio fue predicado en todo el orbe, aun ya en tiempos de los apóstoles, como dice San Juan Crisóstomo. Según esto, lo que luego se añade: "Y entonces será el fin"; se entiende la destrucción de Jerusalén, de la que entonces hablaba al pie de la letra. De otro modo, se puede entender la predicación evangélica en todo el orbe plenamente eficaz, de manera que en todas las gentes se establezca la Iglesia. De esta suerte, dice San

Agustín, "todavía no fue predicado el Evangelio en todo el mundo; pero cuando esto suceda, vendrá el fin".

La enseñanza de Santo Tomás, bien fundada en la palabra de Dios, se opone a cuatro tesis de Joaquín de Fiore. Que la historia se cumple por la historia. Que la historia está abierta a algún acontecimiento histórico verdaderamente nuevo. Que el proceso histórico se haya de desarrollar en una cronología trinitaria. Que haya una lógica cristiana de la historia.

La historia está ya, en principio, cerrada en su ámbito. Vendrá algo nuevo, pero no histórico, sino metahistórico. Al estado de *vía*, camino, historia, vendrá la patria.

Ningún acontecimiento nuevo ha de acaecer, entonces. Todo lo que se refiere a la salud del hombre ha acontecido ya plenamente. Es inútil indagar los tiempos, como si algo hubiera de venir. Todo lo que pase, o haya pasado, o haya de pasar, no añadirá nada para la salud. Tendrá un valor puramente humano. No pertenece a la necesidad de salud. Incluso las especulaciones de San Agustín y de Bossuet sobre la historia tendrán un carácter puramente humano y conjetural.

La historia no tiene por qué seguir una cronología trinitaria. La revelación nada enseña al respecto y sobre ella nada podemos saber si Dios no nos lo revela. El curso de la historia no está determinado necesariamente, sino que depende de la voluntad de Dios, que ha elegido libremente uno determinado sobre un número infinito de posibilidades.

Finalmente, la historia no tiene una coherencia lógica determinada, sino que depende de la acción libre del hombre bajo la acción también libre de Dios. La historia no tiene sentido para nosotros, sino sólo para Dios.

La tesis de Joaquín de Fiore es típicamente cabalística en cuanto mesiánica. La historia, en la etapa evangélica, se encamina hacia un acontecimiento superior y nuevo como estaba encaminado todo el Antiguo Testamento, que se refiere como figura a Cristo, la Realidad.

Hemos visto cómo en la Cábala, sobre todo en la de Luria, el acontecimiento de la restauración mesiánica ocupa un lugar destacado.

Godofredo de Auxerre nos asegura que Joaquín era de origen judío y que nunca renunció plenamente a la mentalidad judaica. "De judíos nació, y en el judaísmo, que no parece haberlo vomitado del todo, fue educado durante muchos años... Ni poca autoridad le confiere el mismo bárbaro nombre; porque se llama Joaquín. Porque de ninguno de nuestros días hemos oído decir que haya retenido en el bautismo el nombre que tuvo primero en el judaísmo"[334].

B. Dupuy, O. P., que escribe el artículo "Joachim" de la Enciclopedia "Catholicisme", nos dice que "el problema de las fuentes de Joachim queda oscuro. Se ha invocado a Orígenes (X. Rousselot), San Agustín (H. Crocco), Ruperto de Dentz (Y. Ratzinger), los monjes basilios (E. Anitehkof), el judío Pedro Alfonso (B. Hirsch-Reich), sin llegar a otra cosa que a aproximaciones lejanas.

Sin embargo, el hecho de ser judío tardíamente convertido y de haber sufrido la influencia de Pedro Alfonso es por de más significativo. Pedro Alfonso era el hombre que tomó en el bautismo el judío Moisés Sepharda, nacido en Huesca de España en 1062. Abrazó la religión cristiana en 1106 y tuvo por padrino a Alfonso VI, rey de Castilla y de León, que le dio el cargo de médico en su corte. Sus antiguos correligionarios lo acusaban de haberse convertido por ambición. Sin duda que este judío culto debía estar iniciado en la Cábala, que inspiraba hacía años a los grupos de judíos destacados en la península ibérica[335].

El diálogo en que Pedro Alfonso responde a Moseh fue con frecuencia reeditado con el "Libreto del docto Rabbi Samuel para demostrar al verdadero Mesías", de Samuel Marrochianus o Israelita, convertido en 1085. Pedro dice particularmente: "Si tú examinas con más penetración este nombre de Dios que se encuentra explicado en *Los secretos de los secretos*, te apercibirías de que el nombre YHWH, que es un nombre de tres letras aunque está escrito con cuatro caracteres, ya que uno de los cuatro está empleado dos veces, te aparecerá que este nombre es tres y uno. Uno, designa la unidad de la sustancia; tres, la trinidad de personas. Este nombre se compone en efecto de cuatro letras, iod, he, va, he; si tú juntas la segunda a la tercera obtienes un segundo nombre; lo mismo si juntas la tercera a la cuarta, es decir, va y he, tendrás un tercer nombre. Y si los reúnes de nuevo, no habrá más que un solo nombre". Esto era ilustrado por la figura de un círculo que reunía otras tres, cortando, según la descripción, el tetragrama.

---

[334] Citado por Henri de Lubac, *Exégese mediévale,* Aubier, 1-2, partie, París, 1961, pág. 510.
[335] Menéndez y Pelayo, *Historia de los heterodoxos españoles,* III, Emecé, Buenos Aires, pág. 112 a 122; *Le legs d'Israel,* Payot, París, 1931, pág. 206.

El tema fue retomado por Joaquín de Fiore (1132-1203) en su *Exposición del Apocalipsis,* que no deja de recordar que fue Pedro quien ha revelado estos misterios al citar el *secreta secretorum*[336]. Y el *secreta secretorum* era sin duda un libro cabalístico.

Gershom Scholem ha hecho notar el paralelismo de las doctrinas de Joaquín de Fiore con la doctrina de Shemitoth codificada en Gerona en el siglo XIII. Scholem no cree en una influencia histórica directa de una sobre la otra doctrina y plantea la hipótesis de una dinámica interior y de una común estructura mística de la divinidad que habría producido en ambos casos consecuencias similares[337]. Tampoco cree que la cuestión recientemente suscitada por Herbert Grundmann[338] sobre el origen eventualmente judío de Joaquín tenga nada que ver en el asunto. Sin embargo, el reconocimiento de una doctrina típicamente judía similar a la de Joaquín y los contactos judíos del mismo Joaquín inducen a pensar que éste bebió en fuentes judías una doctrina tan alejada de la concepción cristiana. El elemento común de las dos concepciones, que queda sorprendente, estriba en el hecho de que en un caso la Trinidad, en el otro siete de los diez Sefirot -en los cuales se manifiesta Dios- eran considerados como fuerzas que dominan y plasman el eón del proceso cósmico.

Conclusión general de este capítulo

Merece destacarse que los dos únicos pensadores heterodoxos de relieve que aparecen en el campo católico y que habían de tener una influencia decisiva sobre la posteridad, fueron influenciados por la Cábala. Esta influencia había de abrirse camino, de modo singularmente eruptivo, con la penetración de la Cábala en el corazón de la Cristiandad con el Renacimiento.

---

[336] Les Kabbalistes chrétiens de la Renaissance, *Dunod, París, 1964, pág. 8.*
[337] *Le grandi correnti...*, pág. 242; ed. franc., pág. 195.
[338] *Deutsches Archiv für Erforschung des Mittealters,* vol. 16 (1960), págs. 519-528, citado por Scholem, *Les origines...*, pág. 489.

CAPÍTULO VI

LA METAFÍSICA CRISTIANA Y EL PROBLEMA DE DIOS, DEL MUNDO Y DEL HOMBRE

Hasta aquí hemos insistido de preferencia en la exposición de la Cábala o tradición perversa, exponiendo su contenido o proyección, primero en el pensamiento antes de Cristo y luego dentro del cristianismo mismo. Los errores anticristianos del gnosticismo y del maniqueísmo fueron típicamente cabalísticos; lo mismo, las diversas herejías del arrianismo y las otras, como el monofisismo y monotelismo, nacieron como expresiones parciales en los dogmas cristianos de influencias cabalísticas; las herejías medievales del catharismo y de los albigenses que, con nombres diversos, infestaron todo el mundo cristiano y de modo particular el mediodía de Francia, se aclimataron también bajo la influencia cabalística y, por fin, los errores típicos del eriugenismo y del joaquinismo en la concepción filosófica de la edad media surgieron bajo la influencia de la Cábala.

El mundo cristiano reaccionó con firmeza y eficacia contra toda influencia cabalística, principalmente por la gran robustez de la misma fe cristiana. El mundo cristiano comprendía perfectamente el valor y significado de la fidelidad a Cristo; fidelidad a la doctrina, fidelidad a la gracia y, en definitiva, fidelidad a la persona de Cristo. Pero esta fidelidad se traducía en el plano natural del pensamiento en la fidelidad a la metafísica cristiana.

1. ¿Existe una metafísica cristiana?

El cristianismo es una religión y no una filosofía. Cristo nos vino a salvar, esto es, a traernos la vida eterna. He aquí una verdad primera que hay que dejar bien aclarada. Esta religión contiene verdades que hay que creer y que hay que practicar, y sacramentos y ritos que hay que recibir. Pero todo ello condicionado por la idea de salvación. Sin embargo, no cualquier estructura mental puede expresar las exigencias de la religión cristiana. Claude Tresmontant lo ha recordado con firmeza frente a Emile Bréhier en una serie de magníficas obras que viene publicando desde 1953 y en las que ha puesto de relieve la metafísica que está ínsita en el pensamiento bíblico y en el cristianismo[339].

Claude Tresmontant dice con gran acierto: "Nos proponemos en el presente trabajo (La métaphysique du christianisme et la naissance de la philosophie chrétienne) descubrir y analizar la estructura metafísica del cristianismo, su contenido filosófico, buscar la esencia del cristianismo desde el punto de vista metafísico... Se trata de saber si el cristianismo no tiene contenido metafísico propio, original, o bien, en el caso contrario, cuál es la metafísica del cristianismo, esta metafísica que el cristianismo *es*, porque el cristianismo no es sólo una teología y una moral: teología y moral implican y presuponen cierta estructura metafísica".

2. ¿Qué problemas envuelve la metafísica cristiana?

Una metafísica envuelve necesariamente una respuesta a los supremos interrogantes de toda filosofía. ¿De dónde sale el mundo y el hombre y a dónde se dirigen? Y esta respuesta, a su vez, envuelve una, la más fundamental de todas, que se pregunta por el Primer Principio y Fin de las cosas, la pregunta por el Absoluto.

a) *El absoluto:* El mismo Claude Tresmontant ha desarrollado los grandes sistemas de una metafísica cristiana en "Les idées maîtresses de la métaphysique chrétienne". La doctrina del Absoluto, según el cristianismo, es original si se compara con la doctrina del Absoluto según el brahmanismo, según el platonismo, el aristotelismo, el neoplatonismo, el espinozismo, o las otras filosofías anteriores, en particular, el idealismo alemán.

Según el cristianismo, el Absoluto no es el mundo, o lo que es lo mismo, el mundo no es el Absoluto. El mundo no es increado, eterno, ontológicamente suficiente. El mundo no es tampoco algo del Absoluto;

---

[339] Essai sur la pensée hébraïque, *Ed. du Cerf, París, 1953;* Études de métaphysique biblique, *J. Gabalda et Cie., París, 1955;* La métaphysique du christianisme et la naissance de la philosophie chrétienne, *Ed. du Seuil, París, 1961;* La métaphysique du christianisme et la crise du XIII siècle, *Ed. du Seuil, París, 1964;* Les idées maîtresses de la métaphysique chrétienne, *Ed. du Seuil, París, 1962.*

ni sombra del Absoluto, ni emanación, ni modalidad de la sustancia divina. No, el mundo es, radicalmente, ontológicamente, otra cosa que el Absoluto.

No es de esencia divina, ni de naturaleza divina. La naturaleza no es el Espíritu Absoluto alienado, petrificado, exilado.

Según el cristianismo, el Absoluto es único. Se pueden concebir las cosas de otro modo y, en efecto, las religiones y las filosofías las han concebido con frecuencia de manera diferente.

Según las cosmogonías egipcias, asirias, por ejemplo, el caos primitivo es el absoluto increado y eterno. Lo divino ha salido de este caos primitivo. No es lo divino propiamente lo absoluto.

Según estas religiones, hay, como en Hesíodo, una genealogía de dioses y de diosas, y una batalla de dioses en los orígenes de la historia. En el dualismo maniqueo hay dos Absolutos: la Materia, principio malo, y el Bien, principio bueno y luminoso.

Según el cristianismo, el Absoluto es de toda eternidad, feliz, increado, ontológicamente suficiente, sin nacimiento, sin devenir, repudiando todo lo que recuerda, de lejos o cerca, el mito teogónico.

Las relaciones entre lo Absoluto y el mundo no son una relación de identidad de sustancias, ni una relación de procesión eterna o explicitación lógica como los teoremas brotan de una premisa, sino una relación de libertad o de *creación*.

b) *Relaciones entre lo Absoluto y el mundo:* Contra las mitologías egipcias y asirio-babilónicas, contra el platonismo, el aristotelismo, el estoicismo, el neoplatonismo y los sistemas gnósticos, el pensamiento cristiano enseña:

1º La creación es obra de un Dios único.

2º La creación es libre. No es un proceso necesario y eterno, ni se impone por una necesidad externa ni por una interna de desenvolvimiento.

3º La creación es total sin que presuponga una materia preexistente.

4º La creación no es una generación, sino que necesariamente es externa al Creador.

5º La creación implica una doctrina original del mal, el cual no es ninguna sustancia ni naturaleza.

6° La creación es obra de la bondad gratuita de Dios, quien no crea para realizarse y cumplirse.

7° La creación tiene un comienzo y el mundo ha de tener un fin.

c) *La antropología cristiana:* En los Upanishad, en el Bhagavat-Gita, en Empédocles, el alma es eterna, increada. En la antropología cristiana el alma no es una parcela, un fragmento ni una modalidad de la sustancia divina. Es creada y es creatura, y no preexiste a su cuerpo, ni pasa de cuerpo en cuerpo, ni ha caído en un cuerpo malo.

Contra los sistema gnósticos, maniqueos, contra el platonismo, el origenismo y el dualismo medieval, el cristianismo defiende la excelencia del hombre corporal.

Contra la metafísica de la India, contra el orfismo, Platón, Plotino, los gnósticos, los maniqueos, que consideran mala la sexualidad y la hacen responsable de la ensomatosis, de la caída de las almas, el cristianismo afirma en Santo Tomás la laudabilidad de la sexualidad[340].

d) *El destino sobrenatural del hombre:* Según la teosofía brahmánica, el orfismo, el platonismo, el neoplatonismo y la gnosis, el alma es una partícula divina que ha olvidado su esencia divina, que ha caído en un cuerpo malo y que está alienada en la corporalidad y en la individualidad.

Su salud consiste en liberarse de los lazos del cuerpo por la ascesis y la iniciación y en retornar a su querida patria de donde procede. La salvación no consiste en *recibir* algo sino en *quitárselo*.

El pensamiento cristiano rechaza todo este mito, esta antropogenia, y sostiene que el alma, *creada* por Dios, está invitada, *por gracia*, a participar de la naturaleza divina en Cristo por el Espíritu Santo.

3. *La metafísica cristiana frente a la polémica antignóstica*

Los grandes Padres de la Iglesia que llevaron el peso de la lucha antignóstica, al mismo tiempo echaron las primeras bases de una metafísica cristiana. Los grandes campeones de esta lucha fueron San Justino, Tertuliano, Hipólito, Epifanio, San Ireneo, Clemente de Alejandría y luego San Agustín.

---

[340] *Suma teológica, I,* 98, 2.

Los argumentos racionales pertenecientes -diríamos- a una filosofía natural, tuvieron destacada importancia en esta lucha. No fueron siempre argumentos apropiados, pero respondían a una clara metafísica cristiana, y respondían sobre todo a una decisión cristiana que no siempre se traducía en fórmulas y conceptos felices. La primera tesis de esta metafísica consistía en la afirmación clara y terminante de la creación del mundo por un Dios único contra las especulaciones mitológicas de los gnósticos, que hacían salir el mundo por emanación de la sustancia de Dios.

La segunda tesis ponía de relieve la obra de la creación como una operación directa e inmediata de Dios mismo, excluyendo radicalmente toda acción de demiurgo que obrara sobre una materia preexistente.

La tercera tesis atribuía la obra de la creación a un solo Dios, creador, excluyendo radicalmente todo dualismo que hiciera depender la creación de dos principios -uno bueno y otro malo- o de un único principio divino, que sufriría un proceso trágico o caída dentro de la esfera misma de lo divino.

La cuarta tesis describe la creación como un proceso, en el cual lo Absoluto obra libremente sin que se vea constreñido a efectuar la creación del universo.

La quinta tesis insiste en la distinción capital que hay que establecer entre la generación, la cual cabe en Dios y se da en el Hijo Unigénito, engendrado antes de todos los siglos de la sustancia del Padre, y la creación, que es una acción de Dios que pone el efecto fuera de Dios mismo y que se verifica *ex nihilo*, de la nada.

La sexta tesis sostiene un comienzo para la obra de la creación y excluye toda metafísica del eterno retorno. Preexistencia de las almas, eternidad del mundo y eterno retorno son temas coimplicados el uno en el otro. El cristianismo deberá, por el contrario de estas metafísicas, formular sus propios principios: no divinidad del alma, que es creada y que comienza a ser; no divinidad del mundo que es creado y que comienza también a existir; irreversibilidad del tiempo.

La séptima tesis excluye toda caída de las almas, las que tomando origen del Absoluto sufrirían un proceso de destierro más o menos prolongado, hasta que retornarían al Absoluto, de donde salieran.

Por fin, la última tesis, que afirma que la creación produce seres dotados de conciencia, reflexión y libertad, que además son invitadas a convertirse en participantes de la vida divina, por la gracia, en una comunión de amor, de *agapé*; y que, pudiendo rechazar esta invitación, dan origen al pecado y al mal moral. Todas estas tesis han sido claramente formuladas en la polémica antignóstica por los diferentes Padres de la Iglesia.

4. Desarrollo de la metafísica cristiana

La Biblia en general y el Nuevo Testamento, en particular, suponen una metafísica. Los escritores cristianos de los primeros siglos han comprendido esto perfectamente y lo han desarrollado en la lucha contra las herejías. Al leer las prevenciones del Apóstol Pablo contra los peligros de la filosofía pagana y contra la ciencia inflada[341]; contra las discusiones, cuyo resultado es moralizar a los oyentes[342]; contra las vanas cuestiones de palabra[343]; contra la seducción de las filosofías que explican todo por los elementos de la naturaleza e ignoran a Cristo[344], no las han entendido como si excluyeran toda filosofía; al contrario, han comprendido el valor de la enseñanza del Apóstol, "porque desde la creación del mundo, lo invisible de Dios, su eterno poder y su divinidad, son conocidos mediante las criaturas"[345], que están exigiendo la formulación de una metafísica. Había allí, en suma, toda la teoría de las relaciones entre la razón y la fe. Los primeros apologistas admitían, aunque implícitamente, esta teoría en germen. Pero estaban en presencia de filosofías ya constituidas y de las cuales, una al menos, parecía suministrar al Evangelio demostraciones perentorias.

Se contentan entonces con yuxtaponer las doctrinas de Platón y las de Jesucristo, y, por consiguiente, se cae en embarazos inextricables, como es el caso de Justino y de Orígenes. San Ireneo, el primero de los grandes teólogos, ha trazado una frontera neta entre el conocimiento natural de Dios y el sobrenatural. A estos dos conocimientos deben corresponder dos sistemas científicos distintos. Pero Ireneo teme de tal suerte los abusos a que da lugar la filosofía profana, se fía tan poco de los esfuerzos tantas veces extraviados que está más bien inclinado a proscribir toda filosofía que a asignarle su objeto propio.

---

[341] I *Tim.*, 6, 20.
[342] II *Tim.*, 2, 14.
[343] I *Tim.*, 6, 4.
[344] *Col.*, 2, 18.
[345] *Rom.*, 1, 20.

Hay que esperar a San Agustín para que quede planteado y resuelto el problema de las relaciones entre filosofía y teología, y para que se echen las bases de una metafísica cristiana.

San Agustín demuestra por la razón la existencia de Dios, el destino del alma, la fundamentación en Dios de todo conocimiento, la legitimidad de la fe, el hecho de la Revelación, la conveniencia de los misterios. San Agustín demuestra andando cómo la razón es capaz de construir una filosofía. *Intellige ut credas, crede ut intelligas.* La actividad intelectual natural precede, acompaña y sigue al acto de fe; solamente difiere de todo en todo según preceda o siga: *intellige ut credas verbum meum, crede ut intelligas verbum Dei.* Entiende para que creas mi palabra, cree para que entiendas la palabra de Dios. Después de San Agustín, Boecio es sin duda quien ha ejercido la influencia preponderante sobre los destinos de la filosofía y de la teología. En su *De consolatione philosophiae* ha dado el ejemplo de un pensamiento que, sin usar verdades suministradas por la revelación, establece una doctrina completa sobre la búsqueda y naturaleza de Dios, y el gobierno del mundo y el de la vida humana. La filosofía prueba su autonomía ejerciéndose de manera autónoma.

En la escuela palatina, Juan Escoto Eriúgena usa de la filosofía con una audacia desmedida. Sus intenciones son cristianas, la autoridad de Dios revelante es suprema. Pero la razón posee, de derecho, una dignidad que ciertamente no tiene la creencia por autoridad.

Sin embargo, la autoridad de san Agustín mantiene su preponderancia; continuará dominando hasta el fin del siglo XIII y va a producir dos sistematizaciones filosóficas que son la gloria del pensamiento cristiano: las de San Anselmo y las de San Buenaventura.

Los libros de San Anselmo (1033-1109) darán a un lector atento la impresión de un racionalismo confiado en sus fuerzas propias: una doctrina de la verdad, una doctrina de la existencia y de la naturaleza de Dios, son establecidas por la dialéctica; cosa más grave, la Trinidad y la Encarnación son también demostradas por la dialéctica, como si fuesen del resorte de la filosofía natural. Pero esta impresión se disipa pronto; en realidad, Anselmo cita sin cesar a los Padres, sobre todo a San Agustín, del cual ha penetrado hasta el fondo la doctrina viva[346].

---

[346] Dict. de Théol. Cath., art. *Philosophie*, t. 12, col. 1484.

Es justo decir con Mons. Grabmann que San Anselmo ha rejuvenecido a San Agustín para dar un fundamento a Tomás de Aquino. Con todo, cierta ambigüedad quedaba, concerniente a la naturaleza y al sentido de la filosofía. Para Agustín y para Anselmo, de hecho, la teología se ayuda de los datos de la fe y su función es comprender estos datos. Pero, de hecho, una filosofía autónoma, que se constituye por sus solas fuerzas, en vistas de obtener claridades naturales ¿es legítima? La cuestión va a ser resuelta por Santo Tomás.

La otra tendencia, el agustinismo, encuentra su expresión más perfecta en San Buenaventura (1221-1274). El punto de partida es la fe, mucho más cierta que todo el resto y en cuyos datos importa penetrar poco a poco en la medida de nuestras fuerza y de la gracia. El punto de llegada debe ser Dios: la filosofía es *itinerario del alma hacia Dios*. El método mismo está ligado a la fe. No olvidemos, en efecto, en qué condiciones hemos sido puestos por el pecado: oración, gracia, purificación del corazón, son condiciones esenciales para la búsqueda de lo verdadero. Si es así, una filosofía separada es cosa peligrosa y que desviará hacia el error.

Buenaventura, que reside en París en el tiempo en que el averroísmo y el tomismo se propagan, reprueba el averroísmo y no aprueba el tomismo, que significa para él la filosofía autónoma.

5. *Culminación en Santo Tomás de la metafísica cristiana*

La filosofía cristiana se va elaborando en un proceso lento que arranca desde la predicación del Evangelio y que tiene como grandes etapas a San Ireneo, Dionisio, el Areopagita, San Agustín, Boecio, San Anselmo y Santo Tomás de Aquino. Detrás de estos nombres se mueven las grandes corrientes del platonismo, aristotelismo y neoplatonismo, más o menos modificadas ya por la levadura evangélica. Santo Tomás va a producir una *síntesis inédita,* la culminación de todo el pensamiento anterior y la más grandiosa realización del pensamiento cristiano.

Por una parte, Santo Tomás, contra los averroístas, plantea la necesidad del acuerdo de la verdad consigo misma, de la filosofía con la teología; pero estima también que hay que distinguir los dominios de la una y de la otra, y por aquí toma con respecto a ciertos agustinianos una apariencia de revolucionario. La filosofía tiene su dominio propio, el de las verdades conocibles por la razón; la teología el suyo, el de las verdades reveladas. Lo que es objeto de la fe no puede al mismo tiempo y con el mismo título ser objeto de la ciencia; lo que es objeto de la ciencia no puede al mismo tiempo y con el mismo título ser objeto de la fe. La filosofía es por consiguiente autónoma; posee en sí misma sus principios, su método, su legitimidad, su certeza. Ya que la verdad no puede contradecir a la verdad, en el caso de que un sistema filosófico se manifestara contrario a la fe, este desacuerdo sería el signo de un error y convendría encontrar en qué sitio el filósofo ha cometido una falta de razonamiento, admitido sin examen una proposición falsa. Por otra parte, la filosofía, si puede ayudar por sus métodos a mejor comprender el dogma, debe evitar demostrarlo. Los objetos de la fe no pueden, en cuanto tales, ser objetos de ciencia, porque si han sido revelados sobrepasan la inteligencia humana[347].

6. Las grandes tesis de la metafísica tomista

Vamos a indicar las grandes tesis de la metafísica tomista, que se oponen radicalmente al pensamiento cabalístico y gnóstico en todas las formas y variantes en que éste se ha ido expresando a través de la historia. Aunque estas tesis no pueden considerarse como necesaria expresión de la verdad católica, son las que mejor la expresan y por ello han merecido la aprobación cálida de la Iglesia, sobre todo de los últimos pontífices.

a) *El ser inteligible y los primeros principios.* Santo Tomás enseña, siguiendo a Aristóteles, que el primer objeto conocido por nuestra inteligencia es el ser inteligible de las cosas sensibles; es el objeto de la primera aprehensión intelectual que precede al juicio[348]. *Lo primero que cae en la concepción del entendimiento es el ente; porque según esto, cada cosa es cognoscible en cuanto está en acto; de donde el ser es el propio objeto del entendimiento, y así es también el primer inteligible, como el sonido es el primer audible.*

En el ser inteligible así conocido, nuestra inteligencia capta primeramente su oposición al noser, que es expresada en el principio de contradicción, el ser no es el no-ser [349] : *Nuestro entendimiento naturalmente conoce el ser y las cosas que de suyo son del ser, en cuanto tal, en el cual conocimiento se funda el conocimiento de los*

---

[347] Ver el magnífico artículo que Gastón Rabeau dedica a la filosofía en el *Dict. de Théol. Catholique.*
[348] *Suma Teol.* I, 5, 2.
[349] *Contra gentes,* l. 11, cap. 83.

primeros principios, como no se puede afirmar y negar al mismo tiempo (o la oposición entre el ser y el no ser) y otros semejantes.

Así nuestro entendimiento conoce el ser inteligible y su oposición a la nada antes de conocer explícitamente la distinción del yo y del no-yo. Enseguida, por reflexión sobre su acto de conocimiento juzga sobre la existencia actual de éste y del sujeto pensante, y después de tal cosa sensible singular, captada por el sentido[350]. La inteligencia conoce primero los universales, mientras que los sentidos alcanzan lo sensible y lo singular.

El primer principio enuncia la oposición del ser y de la nada; su fórmula negativa es el *principio de contradicción*. Su fórmula positiva, *el principio de identidad:* lo que es, es; lo que no es, no es. Al principio de contradicción o de identidad se subordina el *principio de razón de ser*, tomado en toda su generalidad: todo lo que es, tiene su razón de ser en sí, si existe por sí; en otro, si no existe por sí. "La pregunta del *porque si*, pregunta por la causa, pero a la pregunta de *porque si* no se responde sino con alguna de las cuatro causas"[351].

Al principio de razón suficiente se subordina el *principio de causalidad* que se formula así: todo lo que llega a la existencia tiene una causa suficiente, o también, todo ser contingente, aunque existiera *ab eterno*, tiene necesidad de una causa eficiente, y en último análisis, de una causa incausada.

Como lo señala Gilson,[352] el realismo tomista no se funda sobre un postulado, sino sobre la aprehensión intelectual del ser inteligible de las cosas sentidas, sobre la evidencia de esta proposición fundamental: *aquello que primero concibe el entendimiento como conocidísimo y en lo cual todas las concepciones se resuelven, es el ente.*[353] Sin este primer principio, no sería verdad el principio de Descartes: *cogito, ergo sum*.

b) *Las vías tomistas de la existencia de Dios*. Sobre el principio de causalidad descansan las pruebas clásicas de la existencia de Dios. Si

---

[350] *Suma Teol.*, I. 86, 1.
[351] *In phys.*, l. II, l. 10. No entramos a examinar aquí la reducibilidad o no del principio de causalidad. Ver sobre esto, *Le príncipe de causalité*, por Raymond Laverdiere, J. Vrin, Paris, 1969.
[352] *Réalisme thomiste et critique de la connaissance*, París, J. Vrin, 1947.
[353] *De veritate*, *1, 1*.

en el mundo hay seres que llegan a la existencia y que enseguida desaparecen, si en él hay seres que tienen una vida temporaria y perecedera, hombres de una sabiduría muy limitada, de una bondad muy restringida, de una santidad que tiene siempre sus imperfecciones, es necesario que haya en la cima de todo, Aquel que es de toda la eternidad, el Ser mismo, la Vida misma, la Sabiduría misma, la Bondad misma, la Santidad misma. De otra suerte, lo más saldría de lo menos. Esta prueba general contiene virtualmente todas las otras pruebas *a posteriori*, que están fundadas sobre el principio de causalidad.

Santo Tomás demuestra muy bien[354] que la cumbre de las pruebas de la existencia de Dios no es otro que el *Esse subsistens, el mismo ser subsistente*. Estas cinco vías no son sino cinco arcos que rematan en la misma clave de bóveda. Cada una, en efecto, termina en un atributo divino: primer motor de cuerpos y espíritus, primera causa eficiente, primer necesario, ser supremo, suprema inteligencia que dirige todo. Ahora bien, cada uno de estos atributos no puede pertenecer sino a Aquel que es el Ser mismo Subsistente y que solo puede decir: *Ego sum qui sum*.

c) La trascendencia del esse, del ser de los entes. Al hacer del *esse*, el constitutivo mismo de la esencia divina, se plantea la cuestión de que el *esse* no puede identificarse con la esencia creada y, por lo mismo, debe ser una actualidad nueva añadida a la esencia creada y por lo que ésta existe. Es decir que toda esencia creada existente lo es por "un acto de esse". Esto trae la trascendencia del "acto de esse" o del *esse* sobre la existencia real como principio y como acto.

Es más importante que el sujeto o el contenido sobre el que actúa[355].

Por consiguiente, mientras la existencia como "hecho" es una cosa fundada, el *esse* es el acto que la funda, y la esencia es una posibilidad (realizada por el *esse* en la existencia): el hombre no emerge sino por un referirse, típicamente suyo, al *esse* de las cosas que encuentra y no propiamente por un referirse al mundo de las esencias, como lo piensan los filósofos formalistas, es decir, en último término, esencialistas.

---

[354] *Suma*, 1, 3, 4.
[355] Ver Cornelio Fabro, La nozione metafisica di participazione; Participation et causalité selon Saint Thomas, *París, Louvain, 1960;* Fondation metation métaphysique de l'être, *en Revue Thomiste, abril-junio, 1966.*

El *ser de los entes* es entonces lo importante y lo originario de la metafísica tomista y cristiana; es lo que trasciende todo el universo creado, incluido el hombre. Pero el ser de los entes no es sino una participación, o una imitación, o una asimilación del *Esse subsistens*. Este ser de los entes creados es comunicado por Dios a las creaturas por vía de causalidad eficiente, por vía de causalidad ejemplar y por vía de causalidad cuasi-formal. Lo que hace que las cosas sean no son las esencias sino el *"Esse"*, el Ser, que les es comunicado por Dios, por vía de causalidad eficiente, produciendo ese *esse*, ser de las cosas, y a través de ese *esse*, el ser y la cosa misma.

Si hay causalidad eficiente, el que causa, es decir, Dios, queda fuera del efecto causado. Dios queda fuera de la creatura. La creatura es ontológicamente otra cosa que el Creador. El ser de la creatura no es el ser del Creador, aunque el Creador está íntimamente presente en la creatura sosteniendo su ser, el cual se disiparía y se reduciría a la nada si Dios dejase de sostenerla.

Dios comunica el ser por vía de ejemplaridad, es decir, que Dios, inteligente y libre para crear concibe primeramente en su mente divina y lo concibe desde la eternidad, todo el orden de las cosas creadas en sus infinitas relaciones. Todo ese orden de lo que las cosas son y de las relaciones de las cosas entre sí, que representa un *eidos*, una idea, una forma inteligente, una esencia y un orden esencial, viene también de Dios.

Finalmente, Dios comunica el ser por vía de causalidad quasiformal, por cuanto ese ser de las creaturas, salvada la infinita distancia, es ser que deriva y que participa del Ser del creador. Así como el fuego viene del Fuego mismo, y la luz de la Luz, el ser de la creatura viene del *"Esse subsistens"*. No recibiría el *esse* la creatura si Dios no fuese *Esse* en su esencia que lo comunica al orden creado. Por esto, el *esse* de las creaturas es, en cierto modo, el Esse del Creador extendido a la Creación. La misma forma del *esse* se extiende a las creaturas. Esto en cierto modo. Por ello decimos quasi-formal. Porque no es el mismísimo e idéntico Ser de Dios el que se comunica a la creatura -sería absurdo panteísmo afirmarlo-, sino otro ser nuevo, participado, distinto del Creador y, sin embargo, en la más íntima y esencial realidad, *esse*, por que brota de la fuente del *Esse subsistens*.

d) *El "esse" de la creación*. Hemos dicho que es propio de Dios, cuya esencia es el *Esse*, comunicar el primer y más universal *esse* de las creaturas. "Porque es necesario, dice Santo Tomás[356], que los efectos más universales se reduzcan a causas más universales y más elevadas; mas, entre todos los efectos, el más universal es el ser mismo: *Inter omnes autem effectus, universalissimum est ipsum esse*. Por lo cual es preciso que sea efecto propio de la causa primera y universalísima, que es Dios. Por eso mismo, se dice en el libro *De causis* que ni la inteligencia ni el alma dan el ser sino en cuanto obran por la operación divina. Ahora bien, producir el ser absolutamente, no en cuanto es éste o tal ser, es lo que constituye la acción de crear. Luego, es manifiesto que la creación es acción exclusiva de Dios.

El *esse* de la creación debe ser necesariamente múltiple, distinto y desigual. Santo Tomás demuestra contra las filosofías paganas que la distinción y multitud de las cosas desiguales provienen de la intención del primer agente, que es Dios. En efecto, sacó Dios las creaturas al ser para comunicarles su bondad y representarla por ellas. Y como esta bondad no podía representarse convenientemente por una sola creatura, produjo muchas y diversas, a fin de que lo que faltaba a cada una para representar la divina bondad se supliese por las otras.

Porque la bondad, que en Dios es simple y uniforme, en las creaturas es múltiple y dividida. Así la bondad de Dios está participada y representada de un modo más perfecto por todo el universo en conjunto que lo estaría por una sola creatura, cualquiera que ésta fuese. Y como la divina sabiduría es causa de la distinción de las cosas con miras a la perfección del universo, así lo es también de la desigualdad, porque no sería perfecto el universo si en las cosas hubiese un solo grado de bondad[357].

Junto con la multiplicidad y desigualdad de las cosas hay que tener en cuenta también la unidad, porque "el mismo orden existente en las cosas creadas manifiesta la unidad del mundo puesta por Dios"[358]. El mundo, se dice uno con unidad de orden en cuanto unas cosas se ordenan con respecto a las otras. De donde es necesario que todo pertenezca a un único mundo. Y los que propusieron varios mundos, como Demócrito, no pusieron la sabiduría divina como ordenadora del mundo, sino la casualidad.

---

[356] I, 45, 5.
[357] *Suma Teol.*, l. 47, 1 y 2.
[358] Ibid., l. 47, 3.

e) *La creación es acto libre de la inteligencia y de la voluntad del Creador. La causa ejemplar de la Creación.* "Dios es causa de las cosas por su entendimiento y voluntad, como lo es el artífice de sus artefactos. El artífice obra según la concepción de su entendimiento y por el amor de su voluntad hacia algún fin"[359]. La ciencia del artífice es causa de lo fabricado, porque el artífice obra guiado por su pensamiento, por lo cual la forma que tiene en el entendimiento es principio de la operación, como el calor lo es de la calefacción.

Esto pone de relieve la importancia de la causa ejemplar en la creación. La creación no es efecto del puro y solo poder de Dios, de la causa eficiente, sino de la causa eficiente dirigida por la sabiduría del entendimiento, por la causa ejemplar. La causa ejemplar dirige y da forma a la acción omnipotente divina.

Esta causa ejemplar no se impone a Dios desde fuera; la encuentra en sí contemplando su esencia. Por el hecho mismo de que Él es el Ser, pone como *posibles* todos los seres finitos.

Estas ideas ejemplares no son momentos distintos realmente de la inteligencia divina, sino que no tienen otra existencia que la existencia de Dios, y existen *ab aeterno* en la simplicidad de su naturaleza. El número de estas ideas ejemplares es infinito en el sentido de que la esencia divina, siendo infinita, asegura la posibilidad de producir una infinidad de tipos o especies infinitos y aun una infinidad de individuos del mismo tipo. Este mundo inteligible de ideas, al no estar separado de Dios como en el platonismo, ni ser distinto en Dios de la esencia divina, no tiene ninguna causalidad independiente.

7. La creación del hombre y los problemas antropológicos

El hombre es un compuesto de alma espiritual y de cuerpo[360]. El alma no está hecha de la sustancia de Dios, como enseña la Cábala junto con los gnósticos, sino que ha sido creada por Dios[361]. El alma racional es una forma subsistente, de donde propiamente le compete el existir y el ser producida. Y como no puede ser hecha de materia anterior ni corpórea -ni espiritual-porque, en este caso, las sustancias espirituales

---

[359] Ibid., l. 45, 6.
[360] Santo Tomás, *Suma Teol.*, I, 75, *introd.*
[361] Ibid., I, 90, 1.

se transmutarían unas en otras, debe decirse que no es producida más que por creación[362]. Si es producida por creación, lo es inmediatamente y sólo por Dios[363]. Y no fue creada, como decía Orígenes[364], antes que el cuerpo, sino en el momento de la producción del cuerpo.

8. El hombre, por el don de la gracia, participa de la naturaleza divina

El hombre no es Dios por su naturaleza, que es creada y finita. El alma no es una chispa divina, como se empeña en sostener la Cábala. Pero el hombre puede llegar a ser Dios por adopción, mediante el don divino de la gracia. Por la gracia hay en el hombre algo sobrenatural que proviene de Dios[365]. Algo sobrenatural significa un don que levanta al hombre por encima de sus fuerzas y exigencias naturales y lo coloca en el orden divino de la amistad y de la comunicación de Dios, de suerte que, en definitiva, pueda ver a Dios cara a cara y amarle como Él se ama a Sí mismo. La gracia entra en la categoría de la cualidad y es un hábito permanente, infundida por Dios, por el cual el hombre puede tener movimiento e inclinaciones que lo muevan a conseguir el bien eterno y divino de la gloria. La gracia levanta al hombre, según dice San Pedro: "Nos hizo merced de preciosas y ricas promesas para hacernos así partícipes de la naturaleza divina"[366]. Por la gracia, el alma del hombre participa, según cierta semejanza, de la naturaleza divina mediante una especie de nueva generación o creación[367].

Conclusiones

De la concepción cristiana de Dios, del mundo y del hombre, se desprenden algunas conclusiones que es conveniente puntualizar para que así aparezca el carácter irreductible de la enseñanza católica frente a la Cábala y a todo tipo de gnosis.

---

[362] Ibid., 3.
[363] Ibid., 3, 4.
[364] Peri Archon, *l. I, C.* 6.
[365] *Suma*, 1-2, 110, 1.
[366] II Pet., 1, 4.
[367] 1-2, 110, art. 1-4.

Siendo el *Ser* constitutivo de Dios, en él no tiene cabida más que el mismo Ser, y por ende la Verdad y la Bondad. No hay por tanto en Dios nada de negación, nada de mentira, nada de maldad, como perversamente han imaginado la Cábala y la gnosis. En cambio, al ser la creatura y el hombre sacados de la *nada*, en el fondo más profundo y radical de toda creatura hay nada[368], y en la nada, la mentira y la maldad.

Sin embargo, la creatura y el hombre, en lo que son, son verdad y bondad, derivadas de la del Creador. La nada que hay en ellas es una *deficiencia* o mejor una dependencia continua y total de su ser con relación al Creador. Si la creatura quiere por soberbia librarse de esa dependencia ya incurre en el mal y en el pecado.

El mal y el pecado provienen de la creatura y del hombre, no *necesariamente*, pero sí *libremente*, es decir, cuando la creatura inteligente y libre hace mal uso de los dones recibidos con *independencia* del Creador. El "Non serviam"[369] ha de quedar como el grito de rebelión del pecador frente a los ordenamientos divinos.

La historia humana es el desarrollo en el tiempo y el espacio de todas las manifestaciones buenas y malas en que se desenvuelve la vida del hombre. Los protagonistas de la historia son el hombre, el diablo y Dios. El hombre como protagonista visible, en el cual inciden todas las influencias de la bondad divina, que suave pero fuertemente lo llevan a su destino temporal y eterno. El diablo, como el gran insidioso, que trata de perder al hombre y desviarlo de su verdadera felicidad. Dios, en su justicia, pero sobre todo en su misericordia, que trata de reparar los maleficios del diablo y de sus seguidores y conducir al hombre a la meta superior para la que le ha destinado.

La historia tiene un desarrollo sobrenatural con referencia a Cristo, de manera que todas las manifestaciones profanas y religiosas del hombre en las cuales se resuelve en definitiva su destino eterno, de una u otra manera, nos hablan de Cristo, el Único Salvador de la Humanidad.

Esta referencia a Cristo se desenvuelve en tres economías igualmente sobrenaturales y divinas, la llamada natural, la mosaica y la evangélica. La ley nueva o el cristianismo es la culminación intrahistórica de la humanidad y ya no hay que esperar otra edad, como quería el abad

---

[368] A. Bultot, Spirituels et Théologiens devant l'homme et le monde, *en Revue Thomiste*, oct.-dic., 1964.
[369] *Jeremías*, 2, 20.

Joaquín y los milenaristas de todo tiempo, porque con la venida de Cristo se ha cerrado la edad de la Salvación del Mundo.

La salud del hombre y de la historia se hacen *en* la historia y no *por* la historia. La salud única es Cristo, que asumió los defectos de la humanidad para satisfacer por ella. Si la salud es Cristo y no el mundo, la historia o el hombre existen *dos dimensiones,* radicalmente irreductibles: una, la de las cosas que tienen ordenación intrínseca y directa a Cristo; otra, la de las cosas que no tienen ordenación intrínseca y directa a Cristo. Una, la de las cosas realizadas en Cristo, las sagradas, las cristianas, las de la Iglesia, que es el camino de Cristo; otras, las profanas, las seculares, las que tienen por ordenación intrínseca e inmediata el destino temporal del hombre.

Estas dos dimensiones de las cosas radicalmente irreductibles que son las cosas de Cristo y las cosas del mundo, son, sin embargo, armonizables, porque las cosas del mundo, las profanas y seculares, deben estar también, no por ordenación intrínseca y directa, *fine operis*, sino por una referencia del sujeto operante -*fine operantis*- al servicio de Cristo. "Ya comáis, la bebáis, o ya hagáis alguna cosa, hacedlo todo para gloria de Dios"[370]. En consecuencia, el cristianismo importa necesariamente Cristiandad. Y esto en virtud de la subordinación indirecta que las cosas profanas y seculares *han de tener* con respecto a las de Cristo y de su Iglesia. Estas relaciones *deben* operar en un mundo que quiere armonizarse con Cristo. Pero como todas las cosas que dependen de la voluntad del hombre pueden defeccionar y dejar de verificarse, se produce entonces el anticristianismo y con él la Anticristiandad.

Si la Iglesia no santifica y salva al mundo, es decir, si no lo cristianiza, el mundo, en cierto modo, ha de perder a la Iglesia, es decir, la hará mundanizar. Este es típicamente el error del progresismo.

El progresismo, en definitiva, reduce a una única dimensión la realidad humana; a una dimensión profana y secular, en la cual es absorbida la otra dimensión, la de Cristo y la Iglesia.

Cristo se seculariza, el cristianismo se seculariza, la Iglesia se seculariza.

---

[370] I *Cor.*, 10, 31.

Este es un error típicamente gnóstico, ya que en todo gnosticismo hay una única dimensión, porque una misma y única vida fluye del Ein Sof o Pleroma hasta el mundo demoníaco de los *Quelipoth*. Al haber una única dimensión de lo divino y de lo humano, lo humano no puede ser salvado por lo divino, el hombre no puede ser salvado por Cristo y la Iglesia, sino que lo humano se salva por sí mismo. Y esto, que constituye el error típico de toda gnosis -o sea la *autosalvación*- puede darse en variante sagrada o variante profana, secular. Las antiguas gnosis revestían un carácter sagrado, pero las nuevas gnosis son deliberadamente seculares.

CAPÍTULO VII

PENETRACIÓN DE LA CÁBALA EN EL MUNDO CRISTIANO

La Cábala queda terminada y consignada por escrito con la publicación del Zohar por Moisés de León al final del siglo XIII. Otros libros aparecieron por escrito muchos siglos antes. Pero después que el Zohar queda terminado, se va introduciendo en la Cristiandad, primero tímidamente, y luego, en el Renacimiento, en forma de irrupción.

Raimundo Lulio (1232-1315) ha sido el primero en introducir las doctrinas cabalísticas en los medios cristianos. El historiador León Poliakov[371] escribe: "En la misma época (la de Alfonso X, el Sabio, 1252-1284) teólogos cristianos y rabinos mantenían en Barcelona relaciones estrechas. Alumno del cabalista Abraham Abulafia (1240-1257), el erudito Armand de Villeneuve[372] parece haber sido tan fuertemente influenciado por aquél que se lo acusaba de haberse hecho judío en secreto. El célebre franciscano Raimundo Lulio formaba parte de este grupo. Se ha encontrado uno de sus manuscritos dedicados por él a los principales rabinos de la ciudad, "al Maestro Abraham Denane (ben Adret), Maestro Aron, Maestro Salomón, y a los otros Sabios judíos que están en aljama. Su *Diálogo de los tres Sabios* (Cristiano, Musulmán y Judío), quizás inspirado por el *Kuzari*, queda como la cumbre inigualada del humanismo y de la tolerancia medievales".

Ya hemos señalado la influencia del judío convertido Pedro Alfonso (1062-1110) en las ideas cabalísticas de Joaquín de Fiore[373]. También tuvo mucha influencia más adelante Arnaldo de Vilanova (murió antes

---

[371] *De Mahomet aux marranes*, Calman Lévy, París, 1961, pág. 126.
[372] Sin duda, "Arnaldo de Vilanova", ver Menéndez y Pelayo, Historia de los heterodoxos, *Emecé, Buenos Aires, 1945*.
[373] Ver capítulo V, al final.

de 1312), a quien Menéndez y Pelayo dedica todo un capítulo[374] y dos apéndices[375]. Pero la irrupción de la Cábala en el mundo cristiano se realiza en el Renacimiento. Este punto ha sido estudiado exhaustivamente por F. Secret[376] y a él seguiremos especialmente.

Los comienzos de la Cábala cristiana en España

Hemos indicado que en España se hallaba el grupo de judíos más ilustres y cultos de toda la colectividad. De estos grupos, muchos cultivaban más o menos secretamente las doctrinas y prácticas cabalísticas. Por ello, los comienzos de la Cábala cristiana deben ser buscado también en España. Ya hemos hablado de Pedro Alfonso, Raimundo Lulio y Arnaldo de Vilanova. Pero los temas cabalísticos fueron difundidos por el libro del dominico Raimundo Martín (+ 1282 *El puñal de la fe.)* El *Pugio fidei adversus Mauros et Judaeos* fue escrito en 1278 y editado en París en 1651 por Bosquet, obispo de Lodeve, con anotaciones preciosas de G. de Voisin. El *Pugio fidei* revela la significación cabalística del nombre divino, YHWH, de acuerdo con las enseñanzas de Pedro Alfonso. En rigor, el *Pugio fidei* no utilizó la Cábala propiamente dicha, sino los temas de la literatura talmúdica y midráshica[377].

La primera mención del término Cábala aparece en las obras de Abner de Burgos, que tomó en su bautismo, hacia 1320, el nombre de Alfonso y llegó a ser canónigo de Valladolid. En un voluminoso tratado, del que se ha conservado la traducción española, el *Mostrador de Justicia,* diálogo entre el autor y un judío rebelde, refiere cómo, desde 1295, quedó impresionado por el milagro que sucedió en Avila. A continuación del anuncio del Mesías entre los judíos, una lluvia de pedazos de la cruz cayeron y se adhirieron a los vestidos de los judíos. El *Mostrador de la Justicia* atestigua que su autor había leído, además del libro de la creación, *el Sefer Yeshira,* obras de la Cábala y que emplea también el término "Cábala" para designar la doctrina de aquellos que, en hebreo, llaman "Mecubalim"[378]. Allí se dice también que en Dios hay diez numeraciones y hay el paso del alma de un hombre

---

[374] *Heterodoxos,* págs. 194-245.
[375] Ibid., págs. 519-612.
[376] Les Kabbalistes chrétiens de la Renaissance, *Dunot, París, 1964.*
[377] Ibid., pág. 9.
[378] Ibid., pág. 14.

en otro hombre, del alma de una mujer en otra mujer y del hombres en la bestia, serpiente o estrella.

Este tema de la metemsomatosis llamó la atención a Marsilio Ficino[379], quien anota: "Los doctores hebreos cabalistas aprueban una manera de castigar y piensan que las almas de los hombres vienen varias veces a esta vida bajo la forma humana solamente, para la purgación de sus pecados. No puede haber sino tres retornos; añaden, de miedo que alguien se excuse de su pecado, que todas las almas estaban presentes cuando Dios dio la ley a Moisés[380].

En el *Zelus Christi escrito* por un convertido, Pedro de la Caballería, hacia 1450, se dice que "los libros que en hebreo se llaman Cábala, término que significa las tradiciones antiguas o los escritos que fueron redactados por aquellos que los recibieron. Dos de estas obras han caído en mis manos: *Las Puertas de la Justicia* y *Las Puertas de la Luz,* donde se tratan los secretos celestes de los nombres divinos[381].

Esta literatura apologética, dice F. Secret[382], que debía tomar en la obra de Pico de la Mirándola, con el aporte de la Cábala, el esplendor del Renacimiento, conoció por otra parte en Italia, en esta misma época, un florecimiento excepcional. Su examen nos permitirá comprender mejor los destinos de la Cábala cristiana.

Pico de la Mirándola y el ambiente italiano de la Cábala cristiana

Con Pico de la Mirándola, la Cábala entra oficialmente en la Cristiandad. Detrás de Pico de la Mirándola había dos judíos convertidos que desempeñaron un papel de primera agua. Fueron el célebre Mithrídates y Pablo de Heredia. La historia de Mithrídates es muy confusa, como toda su actuación alrededor de Pico de la Mirándola. Mithrídates o Guillermo de Sicilia parece ser el convertido Juda Samuel ben Nissim Abul Faraz de Girgenti, que tomó el nombre de su padrino, Guillermo Raimundo Moneada. Así al menos firma el famoso sermón que dedicó a Sixto IV y en el cual demostraba todos los

---

[379] Ibid., pág. 14.
[380] Ibid., pág. 14.
[381] Ibid., pág. 16.
[382] Ibid., pág. 21.

misterios de la pasión del Señor con la autoridad y los escritos de hebreos y de árabes. La seriedad de este Mithrídates queda evidenciada por el hecho de que cuando volvió a Irlanda afirmaba haber visto pájaros que nacen de la hoja de ciertos árboles al contacto del agua.

En 1486, Raimundo Guillermo Moneada convertido en Flavio Mithrídates encontró a Pico de la Mirándola. Mithrídates, al servicio del conde, le enseñó el caldaico, después de haber obtenido de él juramento de no comunicar su ciencia a nadie. Mithrídates, que se parece a este Maestro Alfonso que encontró en Roma el doctor Torralbe, inmortalizado por Cervantes, y que se enorgullecía de haber renunciado a la fe de Moisés por la de Mahoma, que luego abandonó por la cristiana, antes de preferir la religión natural o el ateísmo, ha desempeñado también un gran papel en la elaboración que de la Cábala hizo Pico de la Mirándola[383].

Pablo de Heredia jugó un rol más importante en la constitución de la Cábala cristiana de Pico de la Mirándola. Quedan dos obras de Heredia, incunables, cuya fecha es difícil de averiguar.

La primera es la *Epístola de los secretos*, dedicada a don Iñigo López de Mendoza, que fue embajador de España en Roma, de 1486 a 1488. La segunda, *La Corona del Rey*, que trata de la Inmaculada Concepción, dedicada a Inocencio VIII, que favoreció este culto. Estas dos obras, que emplean el término "Cábala", plantean un problema, ya que fue al final de 1486 cuando se produjo el escándalo de las *Conclusiones*, de Pico de la Mirándola, y que Inocencio VIII rehusó hasta su muerte el breve de absolución reclamado por los amigos del conde.

Pico de la Mirándola exponía el programa de la Cábala cristiana y decía: "Estos libros que he adquirido a precio de oro, los he leído a fondo, con una atención sostenida y un trabajo sin descanso, y allí he encontrado -Dios es testigo- no tanto la religión de Moisés sino la cristiana: aquí el misterio de la Trinidad, allí la encarnación del Verbo, allá también la divinidad del Mesías; allí he leído, a propósito del pecado original, de su expiación por Cristo, a propósito de la Jerusalén celeste, de la caída de los demonios, de las jerarquías angélicas, de las penas del purgatorio y del infierno, las mismas cosas que leemos todos los días en Pablo y Dionisio, en Jerónimo y Agustín. Pero en lo que hace a la filosofía, se creería oír a Pitágoras y a Platón, cuyos principios son de tal modo

---

[383] Secret, ibid., pág. 27.

vecinos de la fe cristiana que nuestro Agustín da gracias infinitas a Dios de que los libros de Platón hayan caído entre sus manos[384].

A partir de estas enseñanzas, Pico compuso sus conclusiones sobre la Cábala. Se ordenan en dos series, según el plan de sus novecientas tesis; una primera, *Conclusiones cabalísticas en número de cuarenta y siete, según la doctrina secreta de los sabios hebreos cabalistas, cuya memoria debe ser siempre respetada;* la segunda, *Conclusiones cabalistas en número de setenta y una (setenta y dos de hecho), según la opinión propia del autor, sacada de los principios de los sabios hebreos, que confirman mejor la religión cristiana.* Se encontraban por otra parte en distintas series, como la famosa tesis retenida por la comisión de censura, la novena de las conclusiones mágicas, según la opinión propia del autor.

Se sabe el escándalo que produjo en Roma el examen de las trece tesis sospechosas, la retractación de Pico el 31 de marzo de 1487 y el proceso de herejía. Después de su huida a Francia, Pico de la Mirándola se retiró a Florencia, donde escribió el *Hetaplus,* el *De ente et uno,* las *Disputationes adversus astrologos.* Sin embargo, su curiosidad y entusiasmo por la Cábala no disminuyen[385].

En definitiva, y esta es la conclusión de Secret, si Pico de la Mirándola no fue más que un eslabón en el desarrollo de la Cábala cristiana en el Renacimiento, la leyenda que con frecuencia tiene razón contra la historia ha hecho de él justamente el padre de la Cábala cristiana[386].

Jean Reuchlin

Con Jean Reuchlin (1455-1522), el humanista de Pforzheim, se desarrolla la batalla por la introducción de la Cábala en la Cristiandad. Reuchlin tenía una inclinación innata hacia las sutilezas del misticismo. Y pronto se sirvió de su conocimiento del hebreo como de una especie de llave que lo ayudó a penetrar en el maravilloso dominio de la ciencia cabalística[387]. Tuvo dos maestros judíos: Jacobo Loans, médico del emperador Federico III, y Abdias Sforno, muerto en Bolonia en 1550[388].

---

[384] Ibid., pág. 29.
[385] Ibid., pág. 38.
[386] Ibid., pág. 40.
[387] Jean Jassen, *L'Allemagne et la Réforme,* t. 11, pág. 37, Librairie Plon, París, 1889.
[388] Max Margolis et Alex, Marx, *Histoire du peuple juif.,* pág. 447.

Además tuvo una gran admiración por Pico de la Mirándola. Todos ellos estuvieron bajo la influencia del gran judío Elías Lévita (1463-1549), quien fue el intermediario entre la gramática judía de la Edad Media y los hebraístas cristianos de la Reforma[389].

Reuchlin sostenía que el arte de la Cábala levanta hacia Dios el espíritu del hombre y lo conduce a la felicidad perfecta. El que cultiva esta ciencia gustará en este mundo la suma mayor posible de felicidad y gozará en el otro de felicidad eterna. Para defender sus teorías, publicó Reuchlin dos obras, *De verbo mirifico*, la palabra milagrosa, y *De arte cabalística*, sobre el arte de la Cábala. Esta última fue dedicada al Papa León, hijo de Lorenzo el Magnífico, y en la dedicatoria recuerda la época brillante en la que entre los humanistas de Florencia encontró a Pico de la Mirándola.

Pero temiendo, no sin razón una nueva invasión del judaísmo, el dominico Santiago Hochstratten, profesor de teología de Colonia, inquisidor de la fe en las provincias de Colonia, Maguncia y Tréveris, emprendió la tarea de refutar a Reuchlin en su *Destrucción de la Cábala*.

Demostraba allí que esta doctrina no fortificaba en nada los dogmas del cristianismo, antes bien que los negaba, y que los libros de Reuchlin pululaban en proposiciones erróneas[390].

Poco tiempo antes de la aparición de los libros de Reuchlin sobre la Cábala y de la refutación de Hochstratten se trabó una larga disputa sobre la autoridad de los libros hebreos, y Reuchlin, al comienzo de la querella, tomó partido contra los judíos. El que llevó la parte más fuerte contra los judíos fue un judío bautizado, Jean Pfefferkorn, quien en *El Espejo de los Judíos* (1507-1509) y en otros libros, denunció el peligro de los escritos y artes judíos. Aunque al comienzo Jean Pfefferkorn obtuvo el apoyo del emperador Maximiliano, éste publicó luego una ordenanza en la que confiaba todo el asunto al arzobispo Ulrich de Maguncia, encargándole examinar los libros judíos, ya confiscados en algunos sitios por Pfefferkorn, y reclamando a este propósito la opinión de las universidades de Maguncia, Colonia, Erfurt y Heidelberg, del inquisidor de la fe en Colonia, Santiago Hochstratten, del sacerdote Víctor Caben y por fin de Reuchlin.

---

[389] Ibid., pág. 446.
[390] J. Janssen, *ob. cit.*, pág. 39.

En esta disputa, Reuchlin se puso del lado de los judíos y atacó furiosamente a Pfefferkorn. El hecho es que la disputa dividió en dos grandes partidos la opinión de Alemania, en la que unos se colocaron a favor de Pfefferkorn y de los teólogos de Colonia, y los otros a favor de Reuchlin y de los poetas[391].

El asunto no se mostraba favorable a Reuchlin, cuyo libro fue prohibido por el emperador.

Pero aquél apeló al Papa, y para conquistárselo escribió al médico ordinario del Papa, un judío llamado Bonet de Lates, en los términos más humildes. León X derivó la cuestión al joven obispo de Spira, el conde palatino Jorge. Este, poco versado en los puntos en cuestión, dejó la apreciación al canónigo Jorge Truchsess, alumno de Reuchlin, quien opinó que *El Espejo de los Ojos* no contenía ninguna herejía apreciable, que no podía causar escándalo, que no era culpable de ninguna irreverencia y que no defendía a los judíos con exageración.

Mientras tanto, Hochstratten apeló a León X, pero Reuchlin tenía muchos partidarios influyentes, tanto laicos como eclesiásticos, en Roma, y el Papa, no sospechando el peligro, permaneció inactivo[392].

El asunto pasó a la calle y el partido de Reuchlin y de los poetas inició una campaña pública de difamación contra los dominicos por medio de sátiras contra los "cuervos" y contra los bárbaros, y finalmente Reuchlin, apoyado de alguna manera por Erasmo, pudo celebrar un triunfo resonante.

León X, que fue largo tiempo favorable a Reuchlin, no condenó *El Espejo de los Ojos*, sino después de la tormenta de Lutero, en 1520. Pero esta condenación llegaba tarde. La Cábala había entrado oficialmente en el mundo cristiano. Reuchlin se sentía atraído lo mismo que los hebraístas italianos contemporáneos hacia el hebreo y la literatura judía por su interés por la Cábala. Pero sus progresos le permitieron apreciar las debilidades de la versión de las Escrituras aceptada por la Iglesia, de la Vulgata. Con Kimhi y Raschi como guías,

---

[391] Ibid., págs. 43-44.
[392] Ibid., pág. 50.

recurrió al original. *"Así fue forjada el arma con la cual la Reforma, con sorpresa de todos, asaltó la autoridad de la Iglesia Romana"*[393].

La edad de oro de la Cábala Cristiana en Italia

Con Pico de la Mirándola y Reuchlin, a quienes no es posible separar, la Cábala entra triunfalmente en la Cristiandad. Pero con el *De arte cabalística* estamos ya en 1517, cuando Italia conoce la extraordinaria generación de Galatino (1460-1540), Justiniano (1470-1536), Jorge de Venecia (1460-1540), Pablo Ricci (+ 1541), cardenal G.P. de Viterbo (1465-1532), para no citar sino los más eminentes representantes de la Cábala cristiana.

Es allí donde florecen las célebres prensas hebraicas de Gerson Socino y de Bomberg, y donde se anudan fructuosas relaciones entre judíos y cristianos. Además de Elías del Medigo, Mithrídates, Johanam Alemano, es el país donde escribe León Hebreo, donde trabaja Elías Levita, Pablo y Agustín Ricci, Abraham de Balmes, Calo Kalónimo, Félix de Prato, donde Reuchlin encuentra a Obadia Sforno, Bonnet de Lates. Nombres célebres, junto a otros testigos de la curiosidad de los cristianos por la literatura hebraica: el misterioso Antonio Flaminio, amigo desconocido de Pico de la Mirándola[394].

Hemos encontrado ya a Marsilio Ficino (1433-1499), a quien la compañía de Pico de la Mirándola llevó a interesarse todavía más por la literatura hebraica y por la Cábala.

Otra obra que tuvo gran resonancia fue *Diálogos del Amor,* que León Hebreo publicó en 1502.

Se sabe muy poco sobre este hijo mayor de Isaac Abarbanel, nacido en 1470, en Lisboa, y que, en 1492, pasó con su familia de España a Italia. León Hebreo se interesó por la Cábala, como también su hermano Samuel, de quien Widmanstetter atestigua que en 1532 oyó en su casa de Nápoles lecciones sobre la Cábala. Y no es sorprendente que la traducción latina de los *Diálogos,* por Juan Carlos Saraceno, esté insertada por Pistorio en su colección de los tratados de la Cábala[395].

---

[393] Max Margolis y Alejandro Marx, *Histoire du peuple juif,* pág. 447. El subrayado es nuestro (J. M.).
[394] *Secret,* Les Kabbalistes chrétiens..., *pág. 73.*
[395] Ibid., pág. 79.

Por importante que sea León Hebreo, es un personaje episódico al lado de *Paul Ricci*, llamado Pablo el israelita. Fue alumno de Pedro Pomponazzi (1462-1524) y Erasmo tuvo conocimiento de él cuando, en 1506, profesaba la filosofía en Pavia. Escribió *De caelesti agricultura*. Ricci murió en 1541, después de publicar su *De caelesti agricultura* y su obra fue inscripta en el *Index*, a pesar de aparecer con dos páginas in-folio de testimonios favorables de los teólogos de Bolonia y Pavia. Decía Ricci que no hay mejor modo que la Cábala para confirmar la fe y esto lo decía contra Hochstratten, que pretendía lo contrario en sus cartas al Papa León.

Mientras Paulo Ricci conquistaba a Alemania con la Cábala, ésta se desarrollaba en Italia, donde son publicadas en 1516 y en 1518 dos obras de gran resonancia: *El salterio poliglota*, de Agustín Justiniano, y *Los secretos de la verdad católica*, de Pedro Galantín.

Pantaleón Justiniano (1470-1536) después de haber profesado en los dominicos de Bolonia, publicó en 1513 una *Oración llena de piedad a Dios todopoderoso, compuesta de 72 nombres divinos en latín y hebreo* dedicada a su sobrino el cardenal Sauli. Justiniano transcribe por primera vez y traduce al latín textos del *Zohar*, sacados en gran parte del *Sifra de Tzniutra* o Libro del Arcano. No está desprovisto de interés hacer notar que uno de los pasajes, que sirve a Justiniano para mostrar la encarnación de Cristo, está citado por Denis Saurat por ilustrar el tema de la vida sexual en Dios y del panteísmo en los poetas del Renacimiento[396].

Pedro Galantino (1460-1540) fue un franciscano, Pedro Columna, que tomó ese nombre. Su obra *De arcanis* fue muy difundida con el Renacimiento. Galantino gozó de mala reputación por haber plagiado el *Pugio fidei*.

El cardenal Gil de Viterbo (1465-1532), simple nombre en la lista de autores que se ocuparon de la Cábala, ha dejado una obra considerable. Gil de Viterbo conoció a todos los hebraizantes: además de Justiniano y Palatino, a Félix del Prado, convertido y entrado en la orden de los ermitaños de San Agustín. Se sabe que Félix, que fue el maestro en hebreo de Daniel Bomberg, aseguró en este último la edición de la biblia hebraica de 1515-1517, que luego criticará Elías Levita. Además, el cardenal Gil de Viterbo tuvo a su servicio otros judíos o convertidos.

---

[396] Ibid., pág. 100.

Se conoce a Miguel ben Sabthai, llamado Zematus, originario de África; a Baruch de Benevento, del cual dice Widmandstetter que era un excelente cabalista y el primero en haber difundido los libros del Zohar entre los cristianos por medio del cardenal Gil de Viterbo; otro convertido, Nicolás Camerarius arcipreste de Benevento, que tradujo para él un libro de la Cábala; José Hagri, que copia para él los textos de la Cábala en el *Scechinah*.

Con Francisco Giorgi (o Zorzi) (1460-1540) nos hallamos en Venecia, que desempeñó un gran papel en la difusión de la Cábala cristiana. Era esta ciudad de los grandes editores de literatura hebraica, la ciudad de Bomberg. Giorgi pertenecía a una familia patricia y entró en los menores de 1480 después de estudiar en Padua. Tuvo relaciones con los medios cabalistas. Escribió *De harmonia mundi*, que dedicó en 1525 a Clemente VII. La atención atraída por *De armonía* creció con la publicación en 1536 de los *Problemata*. La obra fue censurada en Roma y Giorgi debió escribir una *Apología*. Se ha dicho de la *De harmonía mundi* que es una de las obras más desordenadas y confusas del misticismo del Renacimiento, en parte pagana y en parte cristiana, que su autor, muy instruido, aunque desprovisto de crítica y todo método, ha reunido doctrinas neoplatónicas, neopitagóricas, rabínicas, cabalistas y las del pretendido Dionisio sin inquietarse por ponerlas de acuerdo.

Los *Problemata* y el *De harmonía* fueron, con las obras de Pico de la Mirándola, de Reuchlin y de Galantin, las principales fuentes de la Cábala cristiana[397].

El desarrollo de la Cábala en Alemania

Se ha repetido que la Reforma, favoreciendo la exégesis literal, había condenado la Cábala cristiana. Pero no parece que esto sea verdad. La Cábala continuó floreciente, lo mismo que los estudios hebraicos. Fueron religiosos los primeros reformados que estudiaron el hebreo y la Cábala. Así, Conrado Pelícano (1478-1556), uno de los primeros hebraizantes de Alemania, era zapatero en el convento. Desarrolló una actividad prodigiosa en traducciones y comentarios de textos cabalísticos. Hay que reconocer que Pelícano, como Viterbo,

---

[397] *Ver F. Secret*, Les Kabbalistes chrétiens de la Renaissance, *pág. 138*.

Widmandstetter y más tarde Masay, fueron los mejores hebraizantes y que recogieron la mayoría de los textos, pero no dejaron detrás de sí monumentos a la altura de sus trabajos[398].

El discípulo de Pelícano, Sebastián Munster (1489-1552) por el contrario, produjo buena cantidad de gramáticas, diccionarios, comentarios bíblicos, trabajos geográficos, traducciones de D. Kimhi y de Elías Levita. Se ha destacado su testimonio de 1523: "La fama, que no siempre es mentira, refería que gracias a los cuidados del Cardenal de Toledo, que ilustró, nuestra Congregación mientras vivió, se imprimían en Alcalá de Henares, en España, todos los libros del Antiguo Testamento en cuatro lenguas con un diccionario hebreo. Lo que fácilmente creemos porque España ha tenido siempre judíos sabios". Munster, si no fue un gran fervoroso de la Cábala, hizo de ella buen uso.

También Wolfgang Fabrizio Capito (1478-1541) tuvo un aprecio relativo por la Cábala. Su alumno Pablo Fagio (1504-1550) mostró por el contrario un gusto más decidido. Sus comentarios sobre la Escritura que han sido reeditados con los de Munster en la *Critica Sacri,* permiten fácilmente juzgar, sobre un mismo texto, las reacciones de los dos comentaristas.

Mientras que para Capito la Cábala era una leyenda infantil, Fagio precisa por dos veces que la verdadera Cábala es la tradición cristiana.

Juan Ecolampadio (1482-1531), que fue alumno de Reuchlin, de W. F. Capito, y colaborador de Erasmo, tampoco desdeñó la Cábala.

> "La Cábala cristiana en los medios de la Reforma debía tener tantos adversarios como simpatizantes, pero aduciremos las manifestaciones más adelante al hablar de la Cábala en los reformadores".

La Cábala cristiana en Francia

La Cábala no produce en Francia un intérprete cristiano de la envergadura de Pico de la Mirándola, de Galantin, de Justiniano, de Giorgio, de Gil de Viterbo, o de Reuchlin, Pelícano, Widmandstetter, hasta que aparece Guillermo de Postel (1510-1581), uno de los

---

[398] Ibid., pág. 144.

personajes más sorprendentes del Renacimiento. Sus obras, en número considerable, son en efecto muy difíciles de encontrar.

Sin entrar en los meandros del mito construido y vivido por Postel, que algunos de sus contemporáneos comparaban a un laberinto (Kvagala, *Postelliana*, pág. 55) y otros a "una cloaca de todas las herejías" (T. de Beza, *Hist. Eccl.*, 2), y que, como decía R. Simón, es "una mezcla de la filosofía de Aristóteles comentada por Averroes, del platonismo y de la Cábala de los judíos" *(Lettre,* Moisiers, 1730, I, pág. 211), nosotros señalaremos su sentido general antes de dar alguna idea de la manera como utiliza la Cábala.

Teniendo primeramente la idea de establecer la concordia universal demostrando las razones de adoptar el cristianismo, Postel, en una sucesión de iluminaciones, vino a dar en un milenarismo en que el hombre encontraría el esplendor de la razón antes de la caída. Según él, el mundo y el hombre que fueron creados por el mediador entre el Dios inmóvil y el mundo móvil, viven cuatro edades: la de la ley de la naturaleza, la de la ley escrita, la de la ley de gracia y, en fin, la de la ley de la Concordia, en que el hombre es restituido al estado de naturaleza. Postel, para llamar la atención de los espíritus, decía que había tomado las dos grandes verdades del sistema de la Cábala: el espíritu del Mesías y el Gilgul o la recirculación de las almas. Dos aspectos de una misma verdad que el Evangelio condensa en una fórmula aplicada a Cristo: "Omnia in omnibus". Para Postel todos los hombres, desde Adán hasta entonces, son miembro de Cristo y han sido hechos realmente participantes de su sustancia y no de su divinidad... Postel que se ha restituido con la razón de antes de la caída, comprende todos los secretos escondidos desde la constitución del mundo y esto es lo que revela con su traducción del Zohar[399].

El Zohar de Postel es un Zohar posteliano. Para Postel no cabe duda de que el Zohar es obra de Simón el Justo, de quien San Lucas hace el elogio: "El Espíritu Santo le había revelado que no moriría antes de ver el Cristo del Señor". El texto sorprendente publicado por Postel en Venecia en latín y hebreo se intitula *La luz de las lámparas del candelabro para iluminar los ojos en los secretos de la Ley, compuesta con los libros Hazoar y Habahir o resumen de las teorías del Zohar.*

---

[399] Ibid., pág. 176.

De hecho, Postel expone su propia doctrina en temas ya comunes en los cabalistas cristianos[400].

Si la gran obra de Postel, que Buxtorf el joven soñó todavía con publicar, quedó bajo el celemín, constituyó, sin embargo, el origen de toda una escuela francesa.

La escuela de Guillermo de Postel

Postel, que no formó la secta de los postelianos, como católicos y reformados le reprocharán, tuvo discípulos y admiradores. Uno de los primeros fue sin duda Juan Boulaese (n. 1530), que comenzó a recopiar los manuscritos de Postel, mientras este último estaba prisionero en Roma.

Otro discípulo de Postel fue su admirador Pedro Víctor Palma Cayet (1525-1610), acusado por sus antiguos correligionarios de entregarse a ciencias curiosas. *Editor de una historia prodigiosa y lamentable del gran doctor Fausto*, se le llama de ordinario Pedro el Mago. Y *los Pithoeana* refieren: "He oído predicar a Cayet que la Virgen había venido para salvar a las mujeres"[401]. Cayet multiplica las referencias al Zohar sobre temas que sin duda ha reunido en los cabalistas cristianos.

Pero los discípulos predilectos de Postel fueron los hermanos Guido y Nicolás Le Fèvre de la Boderie, normandos como él. Guido (1541-1598) publicó un *Diccionario siro-caldaico*, que Buxtorf utilizó y que señala el interés de su autor por la Cábala. Nicolás (1550-1613) escribió un pequeño libro publicado en 1588 como alabanza a la lengua santa, y un copioso prefacio a su traducción del *Heptaplo*. La opinión de Nicolás Le Fèvre de la Boderie es que queda en las tinieblas exteriores quien se atreve a hacer la explicación del Apocalipsis sin ayuda de las tradiciones de la Cábala.

También ejerció gran influencia Postel sobre otros dos personajes menos misteriosos y muy considerables en su tiempo: Gilberto Génebrard (1537-1597) y Blas de Vigenère (1513-1596).

El primero, uno de los autores de la autorización eclesiástica para la traducción de la *Harmonía* y del *Heptaplo*, no fue con todo siempre tan favorable a la Cábala. Vigenère se hizo célebre por la criptografía.

---

[400] Ibid., pág. 179.
[401] Ibid., pág. 191.

La Cábala cristiana en Inglaterra

Erasmo envió el *De arte cabalística* de Reuchlin a John Fischer (1459-1535), quien se sintió atraído por la Cábala. En el sermón que pronunció en 1521 sobre la condenación de Lutero justifica las tradiciones de la Cábala, tradiciones no escritas por los profetas.

Se sabe que Tomás Moro tradujo la biografía de Pico de la Mirándola por medio de su sobrino.

Con todo, es en la obra de un francés donde se encuentra mención de la Cábala: Du Guez, que había leído a Reuchlin hace esta aclaración.

Las menciones de la Cábala se multiplican. En 1583 Henry Howard, conde de Northampton (1539-1614), en una *Defensa contra el veneno de las pseudoprofecías* distingue entre la Cábala, que es un método válido para exponer las escrituras y los métodos que manejan las letras para entregarse a la adivinación.

Reginal Scott (1538-1599), en *The discovery of Witchcraft*, publicado en 1584, y dirigido contra la *Demorwmanía* de Bodin, ataca la Cábala como mágica y papista.

La Cábala toma importancia en Henry Wainsworth (1571-1622), un exégeta que vivió en Ámsterdam y que publicó, desde 1616, *Anotaciones sobre el Pentateuco*.

Hasta Francisco Bacon (1560-1626) se interesa en la Cábala. En el *De dignitate et augmentis scientiarum* critica a los rabinos y cabalistas que buscan en la Escritura lo que sólo puede conocerse por la filosofía. Finalmente, Roberto Fludd (1574-1637) se caracteriza por su afición a la Cábala y por distinguir una verdadera Cábala y una Cábala supersticiosa. El camino quedaba abierto en Inglaterra para que Milton y H. More y tantos otros no dejaran de asociar la Cábala a sus especulaciones.

La Cábala entre los protestantes

Los Papas del Renacimiento y de la Contrarreforma se mostraron favorables a la Cábala.

Alejandro VI estableció que Pico de la Mirándola no había caído en herejía formal. León X recibió la dedicatoria de la *Historia saeculorum* y la del *De arte cabalística*, y si condena el *Augen Spiegel* es a consecuencia del movimiento luterano. Su sucesor, Clemente VII, que se preparaba para convocar una comisión de seis sabios judíos y seis sabios cristianos para una revisión de la Biblia, apura al cardenal de Viterbo a redactar y publicar sus trabajos sobre la Cábala. El cardenal Madruzzi, que patrocina en 1543 las imprentas hebraicas de Rita di Trento, todavía en 1562 abogará en favor de los libros que se quiere condenar. Cierto que Paulo IV (1555-1559) se hizo célebre por su dureza, desde el punto de vista de la Cábala cristiana, pero hay que advertir que fue bajo Pío IV (1559-1565) que un editor cristiano publica la edición del Zohar de Mantua.

En los protestantes las simpatías y antipatías por la Cábala se repartieron de modo más o menos igual. Lutero, que cambiara de actitud para con los judíos, distinguió una Cábala buena y una Cábala mala[402].

Melanchton, sobrino de Reuchlin -de quien escribió una biografía, a pesar de que su tío lo había desheredado-, fue de opinión más matizada: "Hay entre las doctrinas de la Cábala muchas cosas válidas transmitidas por los antiguos a sus sucesores, pero estos últimos han añadido con frecuencia las teorías más fantasiosas.

Del lado de Calvino (1509-1564) la condenación de la Cábala descarta toda curiosidad. En el comentario sobre la palabra *Beresith*, advierte que es muy frívolo explicar que allí se trata de Cristo, y sobre la palabra Elohim, "plural en Moisés, del que se ha tomado el hábito de decir que denota las tres personas de la Trinidad, me parece que es una prueba poco sólida, y no insisto". Sobre el nombre de Jesús: "Es más que tonto, ya que los nombres de Jesús y de Jehová no se parecen sino en dos letras y difieren en las otras, y no tienen ninguna afinidad para querer mezclarlas y hacerlas un solo nombre".

Teodoro de Beza acusa a Postel de haberse hecho judío porque ha caído en los delirios de la Cábala. Nicolás de Gallars, en sus *Comentarios sobre el Éxodo,* dedicados a G. Farel, Calvino y P. Viret, otro adversario de Postel, deja discutir a "los cabalistas y a sus semejantes las elucubraciones de los judíos sobre los acentos, espíritus, vientos de voces, de donde pretenden sacar sus maravillas. Yo no quiero estar al acecho de las sílabas y de las letras, sino estar atento a la cosa misma, señalada por la verdadera significación de las palabras. Porque esta

---

[402] *F. Secret,* Les Kabbalistes chrétiens, *pág. 275.*

superstición es tan peligrosa y perniciosa en teología como en cualquier otra ciencia.

Vemos que esta locura estúpida ha sido inventada por los judíos y la audacia o más bien locura con que ha depravado la verdadera historia. Lo que también ha acontecido a los cristianos que, no solamente han aceptado tales fábulas, sino que las han desarrollado y han preferido oscurecer la redención de Cristo"[403].

Salomón Gesner (1559-1605), teólogo luterano, en su *Génesis*, publicado en 1603, en Vitembergg, no tiene sino desprecio por las paparruchas de los rabinos. En las regiones ganadas al socinianismo, la Cábala cristiana, que quiere probar la Trinidad, es objeto de burlas. Sin embargo, no es menos curioso observar que estos socinianos fueron estigmatizados a veces con el término de cabalistas.

El hecho cierto es que los grandes simpatizantes y detractores de la Cábala repartieron por partes iguales su admiración y su detracción.

La Cábala cristiana y la filosofía oculta

Este punto hay que comenzarlo por el *De Occulta Philosophia* de Agrippa (1486-1535), que no trabaja sino guiado por los cabalistas cristianos: Pico de la Mirándola, Reuchlin, Paulo Ricci y Giorgi, para dar un color cabalístico a su propósito, que es la magia natural, la magia celeste y la magia ceremonial. Agrippa, como lo ha mostrado M. L. R. Wagner,[404] utilizó para fines mágicos temas propuestos por Pico de la Mirándola, Reuchlin y Giorgi sobre las correspondencias de la física, la astrología y la magia. Pero él fue víctima tanto de su curiosidad demasiado charlatanesca como del descrédito de la hechicería, de la que había intentado separar una magia más humanista. Y Jean Wier escribía contra la leyenda difundida por Paul Jove, "que el diablo ha tenido compañía con Agrippa hasta el último suspiro". "Yo he visto y conocido familiarmente a ese perro en cuestión, que era negro... Llamado Señor... Era una verdadero perro macho y tenía por hembra a una perra de la misma talla y color llamada Señorita...".

Agrippa, cuya influencia fue tan grande a través de su *De Occulta Philosophia*, no la tuvo menos grande por la palinodia de su *De*

---

[403] Ibid., pág. 277.
[404] Sorcier et magicien, *pág. 165*.

incertitudine scientiarum, donde denunciaba la Cábala judía y la cristiana.

La obra de Agrippa *De Occulta Philosophia*, que es una concepción teosófica en la que entran elementos cristianos, neoplatónicos y cabalistas con magia, astrología y el arte de Lulio, refleja mejor que el de la Ciencia oculta la cristalización de las curiosidades del Renacimiento.

Los historiadores de la filosofía han destacado que en Giordano Bruno (1550-1600) "la organización del lulismo y del enciclopedismo recuerda no sólo los cuatro mundos y los diez sefirot, sino sobre todo aquel árbol cabalístico que termina en la corona[405]. Hemos visto en él la importancia de la muerte por el beso. Bruno hace mención de otros temas cuando en la *Cábala del caballo Pegaso* desarrolla esta filosofía teológica, filosofía de teología cabalística, teología de cábala filosófica...

Las correspondencias establecidas por Pico, Reuchlin, Giorgi, Agrippa, los Ricci, entre Cábala y Astrología han de llevar a Juan Bautista Morin (1583-1656), médico y profesor real de matemáticas, que estuvo en correspondencia con Marsenne y Descartes, y uno de los adversarios de Gassendi, a publicar una *Cábala, descubrimiento de las mansiones astrológicas*.

La alquimia tampoco fue olvidada por los cabalistas cristianos. El primero en haber comparado alquimia y Cábala fue sin duda el misterioso Juan Pantheus, que publicó un *Arte de transmutación metálica*.

Pero toda esta literatura en la que la Cábala se convierte en astrología, alquimia, magia, permite entender mejor la filosofía ocultista del tiempo, de la cual Theofrasto Paracelso (1493-1541) fue con Agrippa uno de los grandes representantes. Se ha querido hacer de él un cabalista, pero los textos muestran bien a las claras que no hizo nunca una representación como la de Agrippa, a partir de los cabalistas cristianos. Los pasajes en los que se encuentra la palabra "Cábala" muestran que Paracelso no se preocupó nunca de seguir a los cabalistas cristianos.

---

[405] C. Bartolomess, *G. Bruno*, l. pág. 51; II, pág. 20, 107, 168, 309, citado por F. Secret, *Les kabbalistes chrétiens de la Renaissance*, pág. 290.

CAPÍTULO VIII

LA CÁBALA, UNA VEZ INTRODUCIDA, TRABAJA EN EL MUNDO CRISTIANO CON BOEHME, SPINOZA Y LEIBNIZ

Al hacer la Cábala su entrada oficial en el Renacimiento tuvo la virtud de *cabalizar* el pensamiento cristiano. Esta acción se verificó por dos caminos: el de la influencia directa, que se señaló de un modo típico y singular en algunos grandes pensadores, como Boehme, Spinoza y Leibniz; y por una influencia indirecta, que tuvo como efecto propio ablandar y relajar las grandes tesis de la filosofía tradicional y dar origen a una filosofía más o menos irenista.

En este capítulo consideraremos de modo particular la influencia directa que tuvo lugar en algunos pensadores relevantes y que tuvieron singular importancia e influjo en todo el pensamiento posterior.

Los precursores

Nicolás de Cusa (1401-1464) recibió la influencia de la Cábala, al menos indirecta, en varias corrientes. Se ha dicho que "Cusa es un espíritu amplio, curioso, abierto a todas las corrientes e influencias de su tiempo. Se halla a horcajadas entre dos mundos"[406], en el punto de intersección entre las corrientes de pensamiento que provienen de la Edad Media y las nuevas aportaciones del humanismo y el espíritu de los nuevos tiempos. En su biblioteca se encuentran obras tan significativas como las de Proclo, los libros herméticos, Juan Escoto Eriúgena, Raimundo Lulio [407]. Baste indicar estas influencias fundamentales para ver que nos hallamos ante una mentalidad de

---

[406] H. Höffding, *Historia de la Filosofía*, París, 1921, pág. 89.
[407] G. Fraile, *Historia de la Filosofía*, III, pág. 157.

tendencia mística fuertemente influida por el neoplatonismo, que busca expresiones en el campo filosófico y en el simbolismo matemático, cuya insuficiencia es causa, por una parte, de un marcado acento de agnosticismo respecto de la posibilidad de alcanzar la verdad y, por otra, de un lenguaje un poco impreciso en que las palabras van más allá del pensamiento del autor[408].

Primeramente, hemos de decir que ha sido Nicolás de Cusa el primero en tener el mérito de poner esta idea del *Absoluto* propiamente en el significado que mantendrá a continuación, del principio trascendente y al mismo tiempo inmanente al mundo de la experiencia[409]. También tuvo Nicolás de Cusa el mérito de tomar de las filosofías heraclitana y neoplatónica la idea de la *coincidentia oppositorum* y de haberla colocado en la base del concepto de Absoluto, en el cual, así, se identifican máximo y mínimo, infinito y finito, necesidad y contingencia, eternidad y tiempo, posibilidad y actualidad, y así consiguientemente[410].

No sabemos si se puede llamar "mérito" al hecho de haber introducido esta novedad, pero de ella se han de seguir una serie de consecuencias funestas y peligrosas, que han de alterar los principios más fundamentales de la doctrina católica.

Para Nicolás de Cusa, en la esencia divina coinciden, se confunden, armonizan e identifican todos los contrarios: el todo y la nada, el ser y el no ser, el existir y el no existir, lo creado y por crear. La creación *ex nihilo* también ha de quedar insuficientemente expresada. No sin razón el teólogo Juan Wenck, aristotélico de Heidelberg, reprochó a Cusa esta y otras frases de sabor panteísta parecidas a algunas que se hallan en Eckhardt. "La ortodoxia de Cusa, dice Fraile, se halla al abrigo de toda sospecha. Pero Giordano Bruno y Spinoza apenas tendrían que retocar nada en algunas de sus expresiones"[411].

Giordano Bruno (1545-1600) sufrió la influencia de los cabalistas del Renacimiento como Ficino, Pico de la Mirándola, Paracelso y sobre todo Raimundo Lulio y Nicolás de Cusa, "el divino Gusano", al cual "si

---

[408] Ibid., pág. 157.
[409] *Enciclopedia Filosófica italiana*, Roma, 1957, "Assoluto", I, pág. 411.
[410] Ibid., pág. 411.
[411] Fraile, *Historia de la Filosofía*, III, pág. 163.

al hábito de sacerdote no hubiera infectado su genio, no sólo habría igualado, sino superado al de Pitágoras"[412].

En su intención, Bruno no es panteísta, como tampoco lo son Plotino y los neoplatónicos, dice Fraile[413]. Pero tanto en los unos como en los otros, los propósitos quedan fallidos por la carencia de un recto concepto de creación y por no distinguir las operaciones *ad intra* y las *ad extra*. El resultado de Bruno será un monismo, no estático a la manera de Parménides, sino dinámico, evolutivo, a la manera de Heráclito y los estoicos.

Se ha observado que en su sistema Bruno domina y centraliza todo en la cosmología, ya que la causa universal es el alma, que por esto vivifica el universo desde adentro, y que está dotada de entendimiento más que toda otra alma, ya que es providencia que de lo interno regula todas las cosas[414]. Por esto, Bruno concibe el universo como un único cuerpo infinito con un alma universal intelectiva también infinita por la forma.

Esta alma universal es la potencia divina activa, presente en todas las cosas, *natura naturata*, es la *explicación* de la infinita *complicación* divina. Spinoza está ya anticipado en este monismo metafísico.

El alma humana es una partícula desprendida del alma del mundo y su anhelo más profundo es retornar a la unidad dentro del Todo, en lo cual consiste su felicidad. Hay que amar el universo, como divino y buscar la unidad por encima de la multiplicidad[415].

Cómo compagina Bruno la libertad humana, de la que constantemente hace el elogio como el mejor atributo del hombre, con este panteísmo sujeto a la necesidad más rigurosa, es cosa que no aparece claro.

A. Guzzo ha advertido en el artículo que le dedica en la *Enciclopedia filosófica italiana* que "Bruno está de acuerdo con una tradición que venía de atrás, pero que él encontraba cerca en los neoplatónicos, que le eran tan queridos, del cuatrocientos; la tradición según la cual eran inspirados no solo los libros sagrados de los hebreos y de los cristianos,

---

[412] Ibid., pág. 184.
[413] Ibid., pág. 184.
[414] Enciclopedia filosófica, *Roma, I, 813*.
[415] Fraile, ibid., pág. 195.

sino también los escritos de los grandes fundadores, orientales y griegos, de los grandes movimientos del pensamiento"[416].

Sebastián Franck (1499-1542), *Valentín Weigel* (1533-1588), *Gaspar Schwenckfeld* (1489-1561). Estos pensadores, también en línea gnóstica y cabalista, son importantes por cuanto han preparado el camino a Boehme. Franck concibe de tal manera la inmanencia de Dios en todas las cosas que ninguna creatura puede obrar más que por Dios. "Dios es el que vuela y canta en el pájaro". El hombre necesita redención, pero ésta se realiza dentro de cada uno y Cristo no es sino el símbolo de una realidad eterna.

Weigel leyó obras de Platón, Plotino, Proclo, Hermes Trimegistro, Eckhardt, Nicolás de Cusa y sobre todo de Paracelso, de quien toma su filosofía de la naturaleza. De todo ello formó un sistema místico-panteísta. Todo está en Dios. En Dios están contenidas implícitamente todas las cosas (*complicite*), pero ninguna explícitamente (*explicite*). La creación es necesaria, y Dios, al crear al mundo, se crea a sí mismo. Se hace personal mediante la creación y adquiere conciencia de sí mismo a través del hombre.

Schwenckfeld alteró sobre todo la cristología sosteniendo que la naturaleza humana de Cristo no había sido creada sino engendrada por el Padre y por lo mismo que no poseía la santidad por gracia, sino como algo que le correspondía por sí mismo[417]. A propósito de esta doctrina, Lutero pronunció la palabra Eutychianismo. La resumía en estos términos: *Dicit creaturam post resurrectionem et glorificationem in Deitatem transformatam et ideo esse adorandam.*

Con Jacobo Boehme (1575-1624) entramos resueltamente en una concepción clara de la Cábala. F. C. Oetinger, uno de los últimos partidarios de Boehme, relata en su autobiografía, que en su juventud, preguntó en Frankfort del Meno al cabalista Hopel Hecht, muerto en 1729, cómo llegaría a comprender mejor la Cábala, y éste lo remitió a un autor cristiano que, dijo, hablaba más abiertamente que el Zohar. "Yo le pregunté qué quería decir y me respondió:

---

[416] A. *Guzzo*, Giordano Bruno, *en* Enciclopedia filosófica, *pág. 819.*
[417] *Dict. de Theol. Cath.*, t. 14, col. 1.589.

"Jacobo Boehme"; y me siguió hablando de sus paralelos entre sus metáforas y las de la Cábala"[418].

Para exponer el pensamiento de Jacobo Boehme seguiremos preferentemente a Alejandro Koyré[419], considerado como uno de los expertos más autorizados en Boehme. Expondremos los puntos salientes de su filosofía que muestran sus semejanzas con la Cábala.

La noción de Dios. "La *Deitas* no es sino una etapa: el primer momento que está aún

"antes" de esta vida. Porque Dios, el Dios de Boehme, vive, se desarrolla, evoluciona. Es justamente el Dios que "wird und entwird" eternamente en un solo *nunc aeternitatis*. No está fuera del movimiento. Lo comprende y lo contiene en sí"[420].

"El Dios-persona de Boehme no está "fuera" de la diferencia y de la semejanza en la indistinción fuera de la unidad. Contiene en sí mismo toda diferencia, todo el infinito de la oposición y de la distinción que eternamente supera y reúne, revivifica y agrega en sí. Está *en* el movimiento y el movimiento está en él.

> "Boehme parte del ser divino constitutivo, del Dios acabado, del Dios concreto. Y si, a veces, nos parece asistir sólo a una subida dialéctica de abajo hacia lo alto, en la que lo menos engendra lo más, desengañémonos: esta dialéctica no es posible sino porque lo "menos" contiene ya lo "más", y porque en su indistinción caótica el germen contiene virtualmente el ser concreto que está llamado a producir"[421].

A la tesis: *Omnis determinatio est negatio*, Boehme opone implícitamente la creencia: *omnis determinatio est positio;* la perfección de lo finito se hace posible, y por lo mismo, posible la victoria definitiva sobre el mal.

Dios, la nada eterna y el caos

En Boehme, Dios es la Nada eterna[422], que es lo Uno eternal.

---

[418] G. Scholem, Le grandi correnti della mistica ebraica, *pág. 254.*
[419] La philosophie de Jacob Boehme, *de Vrin, París, 1929.*
[420] Ibid., pág. 317.
[421] Ibid., pág. 318.
[422] Mysterium magnum, I, 2.

"Siendo por tanto la primera voluntad un Insondable, al considerarla como una Eterna Nada, nos parece como un espejo en el cual uno ve su propia imagen, semejante a una vida, aunque sin ser vida, sino sólo una figura y un retrato de la vida"[423].

El solo nombre que se le puede dar es el de Absoluto, de *Ungrund*, abismo sin fondo y sin fundamento, abismo en el cual no sólo no puede ser encontrado el fundamento o la razón de algo, sino donde Dios encuentra su propio fundamento[424].

El Ungrund es en lo absoluto lo que es en sí eternamente misterio, no revelado y no expresado: en su "fuero interno", lo que es antes y que no se manifiesta ni se expresa; "antes" que no se ponga a sí mismo y no se dé a sí mismo su ser absoluto. El Absoluto es el *Ungrund* realizado en tanto absoluto. El *Ungrund* es el fondo eternamente fecundo de la vida del Absoluto, el germen absoluto que, siendo germen no es todavía nada, pero que contiene en sí todo lo que será[425].

"La voluntad pertenece esencialmente al espíritu. Dios en tanto espíritu, es voluntad, voluntad absoluta y primera a la cual nada precede y nada fundamenta, sino lo Absoluto indeterminado, el *Ungrund* mismo. Ahora bien, como el Absoluto no es nada ni funda nada, es más justo decir que la voluntad es el fondo mismo del Absoluto. El Absoluto encuentra allí su fundamento; la nada encuentra allí algo. La voluntad divina se llama, a causa de la emanación directa que la engendra, voluntad de lo absoluto, lo que no quiere decir que la voluntad quiera el Absoluto, sino, al contrario, que el abismo absoluto (el *Ungrund)*, que quiere "en la voluntad"[426].

Un Dios que se engendra a sí mismo

De hecho, y lo hemos visto más arriba, es sobre el esquema del germen que Boehme se representa la vida divina; su Dios es un dios viviente que se engendra a sí mismo y engendra a *Dios*[427].

> "Su evolución es totalmente orgánica; en tanto espíritu, su vida es la de un germen espiritual que, partiendo de lo inconsciente (el Absoluto indeterminado) se engendra como voluntad y pensamiento. Se

---

[423] Sex puncta, *I, 7.*
[424] *Koyré,* La philosophie de Jacob Boehme, *pág. 320.*
[425] Koyré, pág. 323.
[426] Ibid., pág. 336.
[427] Ibid., pág. 339.

desarrolla, se encuentra, toma conciencia de sí. Se constituye, se construye en centro espiritual, se da una vida y un cuerpo, se hace personal y se expresa por la voluntad y el pensamiento. Se eleva al amor y a la acción ordenada por el amor"[428].

La Creación ex nihilo

Para Jacobo Boehme, la creación *ex nihilo*, como se la enseña habitualmente, no tiene ningún sentido. De nada, nada puede salir. "Dice la razón: Dios ha creado el mundo de la nada. Respuesta: No era por lo mismo alguna esencia o materia externamente tomada en realidad; pero una tal formación estaba en la eterna fuerza del querer[429]. Pero, por otra parte, ya que antes del acto creador de Dios no había nada de lo que Dios hubiese podido hacer el mundo, y nada de donde hubiese podido sacarlo, no queda sino que de sí mismo, es decir, de su naturaleza, lo saca, y de sí mismo lo crea y lo produce[430].

He aquí como se puede, piensa Jacobo Boehme, imaginarse la creación del mundo: Dios "ve" en su sabiduría el mundo posible, en tanto que lo expresa, y la naturaleza divina, guiada por la imaginación divina, lo desea, lo engendra y lo produce; Dios, es decir, la naturaleza divina, forma y engendra (mágicamente) la naturaleza temporal.

Por otra parte, otra corriente de ideas afirma que Dios es la esencia de todo y que se manifiesta de todas las maneras. No es únicamente luz; es naturaleza, es cólera. La Sabiduría es igualmente reflejo del ojo encolerizado de Dios, imagen global de todas las crea turas oscuras[431].

La creación por Dios del mal

La creación no es explicable sólo por el deseo de encarnar las formas celestes de la sabiduría radiosa y luminosa. La naturaleza no es solamente el deseo de Dios; aparece más bien como una Matrix infinitamente fecunda, que busca producir todo, realizar todo. Bien o mal, tinieblas y luz, cólera y amor, produce todo, porque todo expresa un aspecto de la divinidad[432].

---

[428] Ibid., pág. 339.
[429] Koyré, ibid., pág. 417.
[430] Koyré, ibid., pág. 417.
[431] Ibid., pág. 421.
[432] Ibid., pág. 422.

El mundo presente, mezcla de bien y de mal, se explica por una caída cósmica

El mundo de las tinieblas no es, para decir verdad, la revelación de Dios, en tanto amor, en tanto *Dios*. Es una expresión de Dios, pero no legítima. La lucha es necesaria, pero no lo es sino para permitir la oposición, la tensión, la victoria. La vida implica la muerte, pero no es necesariamente una agonía. Además, el estado de este mundo no es de ninguna manera necesario. Es visiblemente el efecto de una perversión causada y producida por una caída.

¿Qué caída? ¿La de Adán? No es posible. Porque Adán fue creado el último día y ya antes de su creación el mundo era un caos.

Ahora bien, si se considera el proceso total de la creación se puede concebir que un trastorno sobrevenido en una de sus fases pueda influir sobre su resultado final. Justamente esto es lo que aconteció. La creación no estaba de ningún modo acabada cuando la rebelión de Lucifer pervirtió su marcha e introdujo en la estructura del universo total, lo mismo que en las del universo sensible y material, la desarmonía, el mal, la muerte y el sufrimiento. Es quizá injusto, o mejor, no es siempre exacto hablar de caída y rebelión. Esta técnica implicaría, en efecto, que Lucifer en el momento de su caída y de su rebelión ha estado plenamente constituido en su ser, que hubiese estado acabado, y que su ser y su naturaleza hubiere precedido sus actos[433].

La antropología

Hay en el mundo aun actual y caído un *quid divini* que le permite desear a Dios y la eternidad. En efecto si no hubiese algo tal en el hombre no podría amar a Dios y buscarlo como hacen los animales y los demonios... El hombre, por tanto, tiene su fuente en lo eterno y él mismo es eterno; ha salido de Dios, es el hijo de Dios. Pero no es sólo una creatura eterna; pertenece también a la naturaleza, que, proviniendo directamente de la naturaleza eterna, es ella misma eterna y funda así la independencia y la perennidad del hombre en cuanto hombre. La especie humana es eterna y necesaria y también lo es el individuo humano.

---

[433] Ibid., págs. 426, 427 y 431.

Pero también el hombre pertenece a este mundo temporal y participa de sus propiedades.

Tiene un cuerpo que es un cuerpo "poseso", tiene carne animal que, lejos de ser instrumento del espíritu, posee una vida relativamente independiente. Entre el cuerpo del hombre y el del mundo hay correspondencia[434].

Adán no se parecía al hombre actual en el cuerpo

También sostiene Boehme que "Adán, creado por Dios en un estado de perfección ontológica, no se parecía exactamente al hombre tal como existe sobre la tierra. No poseía ninguno de los órganos fisiológicos que hacen al hombre cercano de los animales. No tenía ni partes sexuales, ni aparato digestivo; sea que se alimentara de frutos paradisíacos o también indirectamente por el espíritu divino, es evidente que no poseía cuerpo ni carne animales, y que no podía tener una estructura corporal comparable a la de los animales[435].

Adán, representante del hombre total, completo y perfecto, en toda la integridad de su esencia, era evidentemente un ser andrógino. Es evidente que el estado actual de la humanidad, es decir la separación de sexos, no es esencial al hombre como tal[436].

No tenemos necesidad de describir en detalle la historia de las caídas sucesivas que han llevado a Adán al estado actual de la humanidad. A cada una de estas caídas corresponde un entorpecimiento, una materialización progresiva del cuerpo de Adán, un desarreglo más profundo de su organismo espiritual-corporal y una dependencia cada vez más grande del cuerpo orgánico frente al espíritu que progresivamente pierde el dominio sobre la naturaleza, se hunde más profundamente en lo sensible y en la animalidad[437].

El hombre se salva a sí mismo

"Nos es menester ahora, afirma Koyré, partiendo de la condición del hombre caído, considerar el problema de su libre retorno a Dios, el problema de la salvación que, lo sabemos bien, se planteaba para Boehme desde el comienzo de su pensamiento y que había determinado

---

[434] Ibid., pág. 454.
[435] *Mysterium magnum*, cap. 18, 12; 19, 20.
[436] Koyré, ibid., pág. 466.
[437] Ibid., pág. 467.

la marcha de su especulación. La metafísica boehmista nos permite establecer con seguridad estos puntos cardinales, piezas fundamentales de su concepción religiosa: el Universo no es comprensible si no se admite que tiene por fuente un Dios vivo, Dios bueno y dueño de la naturaleza eterna que lo revela por su acción creadora.

Frente a Dios se coloca una creatura tan libre como Dios mismo, que debe colaborar con Dios en la obra misma de la creación. Esta creatura es el hombre. Es él mismo que se salva y se condena; no es Dios en tanto *Dios* que lo predestina a la pérdida o a la salvación. Por otra parte, en Dios no hay elección ni deliberación. Su voluntad es una, eternamente semejante a sí misma. Dios quiere manifestarse en el mundo y en el alma. Dios quiere el conjunto de sus teofanías. Al hombre el decidir de su suerte; escoger la manera de expresar y revelar a Dios; cada uno es para sí mismo una causa determinante; cada uno lleva en sí mismo, dice Boehme, el paraíso y el infierno, su propio Dios y su propio Satán[438].

El alma -el hombre, para ser más exactos- "imagina" "en Dios", "imagina" "en Cristo", lo que quiere decir en Boehme que él se reconstruye a sí mismo según la imagen de Cristo que forma en él; potencia plástica y mágica, la *imaginatio* vacía al hombre en la "forma" imaginada por él.

Ella lo transforma en esta imagen que lo hace imitar; lo introduce en Cristo, del que lo hace participar, y esta transformación no es otra cosa que la encarnación de Cristo en el hombre, que deviene, en un sentido directo y primitivo, imagen, encarnación y expresión de Dios. Se podría decir: imaginando "en" Cristo, el fiel lo imita, y, al imitarlo, realiza él mismo la imagen de Dios. *Se podría decir igualmente que, al hacerlo, no hace sino realizarse y expresar su propio fondo*[439].

Como se ve, en el pensamiento de Boehme, Cristo no es causa eficiente de nuestra redención y salvación. Sólo es causa ejemplar. No otra cosa enseñaban los gnósticos, que hablaban también de la *sola* imitación de Cristo. El hombre se salvaba a sí mismo y al hacerlo imitaba a Cristo.

Y aquí Koyré advierte algo importante: "El renunciamiento a sí mismo, la muerte del "yo", el abandono y el desapego son temas comunes a Schwenckfeld, a Franck, a Jacobo Boehme y a la *Theologia germánica*.

---

[438] Ibid., pág. 478.
[439] El subrayado es mío, J. M. Ibid., págs. 481-482.

El aniquilamiento, el renunciamiento al "yo", a la *Selbheit,* al egoísmo que separa al alma de su fundamento divino: el abandono del mundo, del cual el alma "se separa" para volver a sí misma, para sumergirse en su fondo increado el *Ungrund* eterno; el tema de la *Entleerung* por el cual el hombre, destruyéndose a sí mismo (destruyendo la falsa individualidad que pertenece a este mundo) hace en sí mismo la nada, el vacío, encontrando así en esta nada de sí mismo la Nada eterna de Dios, que, sustituyéndose a la individualidad desaparecida, toma su sitio; la necesidad de la acción voluntaria, solo medio por el cual puede ser obtenida esta destrucción de la voluntad propia *(Eigenwille)* y del deseo que nos lleva a la identificación con Dios y a la intuición mística, que, en una sola visión indistinta, nos permite percibir el alma en Dios y Dios en el alma"[440].

El hombre posee una autonomía absoluta

En la concepción de Boehme la libertad del hombre es absoluta. Hay ciertamente muchos factores que traban el ejercicio de esta libertad: la herencia, las pasiones, el temperamento, las falsas doctrinas, la carne, para decirlo de una vez.

Pero todos estos factores, siendo finitos, no pueden destruir la libertad infinita del hombre. En efecto, la personalidad humana es infinita; como tal, es "más" que el universo sensible en conjunto.

El hombre, en la concepción que se hace Boehme, posee una autonomía absoluta. En el fondo, no tiene necesidad de nada. Los cielos y la tierra, Paraíso e Infierno, todo está en él. La gracia está en el hombre. Cristo está en él. Dios se le ha dado antes de su nacimiento. La eternidad se ha encarnado en él -virtualmente-, pero esta virtualidad ¿no es ya una realidad de potencia?[441].

Juicio sobre el pensamiento de Boehme

El En-Sof de la Cábala, que significa Nada, Nada que evoluciona y que luego se realiza en los Sefiroth, está determinando toda la concepción de Boehme. El Dios de la Cábala que se realiza y constituye para acabar en el Universo con el hombre por culminación también aparece claramente en Boehme.

---

[440] Ibid., pág. 483.
[441] Koyré, pág. 491.

En el tercer capítulo del *De Signatura Rerum* intitulado "Del gran misterio de todas las cosas", Boehme dice: "Tomado fuera de la naturaleza, Dios es un Misterio, entended por aquí, en la Nada; porque fuera de la naturaleza hay la nada, es decir un ojo de la eternidad, ojo insondable que no reside y no mira en nada porque es lo Indeterminado; y este ojo es una voluntad, entended un deseo de manifestación de encontrar la Nada"[442]. Lo indeterminado es la nada y al mismo tiempo voluntad, una voluntad sin fondo, una nada que tiene "hambre de algo"[443]; una libertad pura, que no tiene ninguna esencia[444].

Todo esto, al igual que la Cábala, no es sino un proceso teogónico, el proceso del nacimiento de Dios en la eternidad, en el Misterio eterno. Boehme, escribe Berdiaeff [445] "es el primero en la historia del pensamiento humano que ha hecho de la libertad el fundamento primero del ser; ella es para él lo más profundo y primario que todo Ser, más profundo y primario que Dios mismo".

Como el Dios de la Cábala tiene una cara luminosa y otra tenebrosa, así el de Boehme. "Porque el Dios del mundo sagrado y el Dios del mundo tenebroso no son dos dioses diferentes: existe un Dios único; Él es todo Ser, Él es el Mal y el Bien, el cielo y el infierno, la luz y las tinieblas, la eternidad y el tiempo, el comienzo y el fin; allí donde su amor se esconde en un ser aparece su cólera[446].

En el Dios de la Cábala y en el de Boehme "existen dos vidas eternas, dos fuentes diferentes, y cada una reside en su fuego. La una se abrasa en el amor y en el reino de las delicias; la otra en la cólera, el enojo y el dolor, y el dolor, y sus materiales son el orgullo, la codicia, la envidia y la cólera, su fuerza se parece a un espíritu sulfuroso. Porque la subida del orgullo es la codicia, la envidia y la cólera componen un azufre en que se quema el fuego, y en que se abrasa siempre alimentándose de esta materia[447].

Berdiaeff observa respecto a la antropología en Boehme que "el hermafroditismo es una caricatura represiva y enfermiza, mientras que

---

[442] Vol. IV, 284-285, citado por N. Berdiaeff en *Jacob Boehme,* Aubier, París, 1945, t. I, pág. 15.
[443] IV, 286, cit., ibid., pág. 15.
[444] IV 429.
[445] *Misteríum magnum,* prólogo, pág. 18, Aubier, París, 1945.
[446] Citado, ibid., pág. 20.
[447] Citado, ibid., pág. 21.

el mito del andrógino es uno de los más profundos y antiguos de la humanidad, justificado por una interpretación más esotérica del Génesis. Se puede encontrar la teoría del andrógino en la *Cábala*. Las teologías que temen y niegan la doctrina del andrógino, son las que niegan al Hombre Celeste, *Adam Kadmon*, a consecuencia de su carácter exotérico y que no hablan sino del hombre terrestre natural, empírico, que no reconocen sino la antropología vetero-testamentaria, construida retrospectivamente a partir de la concepción del pecado. Ahora bien, Boehme descubre la antropología celeste y seráfica, el origen celeste del hombre. Su antropología está ligada a la cristología; su cosmología y su mariología están en función de su doctrina sobre la sofía y el andrógino.

Para terminar, la intuición de la Sofia y de la imagen andrógina del hombre es para él la intuición fundamental de la luz, lo mismo que la del *Ungrund* es la intuición fundamental de las Tinieblas[448].

En definitiva, que Dios es abismo, caos, tinieblas, y el hombre es luz. Tal es, asimismo, la enseñanza de la *Cábala*.

Baruj Spinoza

Boehme es un místico pero Spinoza (1632-1677) es un filósofo. Si la Cábala pervierte el mundo de la mística, también altera el de la filosofía. Por aquí ha de infectar toda la vida. Las relaciones entre Spinoza y la Cábala fueron ya patentes en la época de Spinoza, escribe Claude Tresmontant[449]. La obra acromática que nos ha legado permite aun discernir los temas fundamentales de la gnosis judía. La parte de su obra que Spinoza quemó antes de morir debía contener textos más francamente esotéricos, especialmente escritos sobre la metensomatosis.

El primer libro consagrado a este tema es el de Joh Georg Wachter, *Der Spinozismus im Judenthumb, oder, die vom dem heutigen Judemthumb, und dessen Geheimem Kabbala Vergötterte Welt*, publicado en Amsterdam en el año 1699, y seguido pronto por una obra en la que Wachter corrige sus tesis anteriores y afirma la unidad de la doctrina spinociana y de la Cábala, *Elucidarius cabalisticus, sive Reconditae*

---

[448] Berdiaeff, pág. 33.
[449] *Estudios de metafísica bíblica*, Gredos, Madrid, 1961, pág. 172.

Hebraeorum Philosophiae Brevis et succinta Recensio, Epitomatore Joh. Sergio Wachterio. Philos. Prof., Romae, Anno 1706.

Después de Wachter, se publican: Fr. H. Jacobi, Werke, IV, I, (1819); Elías Benamozegh, *Spinoza et la Kabbale,* 1864; Is. Misses, *Spinoza und die Kabbala* (Zeit für ex. Philos. VIII, 1869, 359-367).

En nuestros días el problema ha sido replanteado con una erudición considerable por Stanislas von Dunin Borkowski, S. J., *Spinoza,* Zweite auflage Münster, 1933.

He aquí algunos de los puntos en torno a los cuales Wachter, en su *Elucidarius Cabalisticus,* agrupa las analogías y las identidades entre la doctrina de la Cábala y la de Spinoza: 1) El conocimiento de la verdad en la Cábala empieza con Dios y las cosas son concebidas por nosotros en el orden en que han sido traídas a la existencia. Cf. *Eth.* pars. 2, schol. prop. 10: *Omnes concedere debent...*

2) Los cabalistas llaman al principio de su Filosofía *En-Sof,* que significa *Infinito,* vocablo por el cual definen a *Dios* en sí mismo considerado. La misma filosofía funda Spinoza: "Per Deum, inquit..." *(Eth.,* I, def. 6).

3) Si preguntamos de qué modo estas cosas finitas han sido producidas por las infinitas, tenemos casi las mismas respuestas. La Potencia Infinita no produce algo de la nada, opina con los cabalistas. Que la nada se convierta en algo lo remite a las ficciones *(De Emens. int.,* pág. 374).

4) De este principio los cabalistas sacan varias conclusiones, como que la materia no es creada ni a causa de la vileza de su esencia puede existir por sí; por consiguiente, o no existe ninguna materia en el universo, o el espíritu y la materia son una y misma cosa (Cf. H. Morus, *Theses Cabbal n Kabbala denudata,* t. I, 1677, part. 2ª, págs. 153 y ss.). En lo cual de un modo admirable concuerda Spinoza, ya que éste niega que ninguna masa corporal y material, que sea sujeto de este mundo, pueda ser creada por Dios (Cf. *Eth.,* I, schol., prop. 15).

5) De aquí que con frecuencia advierta (Epíst. 73) que la materia ha sido mal definida por Descartes como estando constituida por la extensión, pues la extensión mal se explica por la naturaleza vil, que debe estar en un lugar, ser finita y divisible, etc., ya que la materia debe explicarse por el atributo que expresa la eterna e infinita esencia.

¿Afirma entonces Spinoza que Dios es materia? No. Pero niega enteramente la materia y tan sólo retiene el vocablo, libre de la significación del vulgo.

6) Según Spinoza no hay en el universo ninguna materia, pero lo que es, es una cosa excelentísima, o sea, como dicen los cabalistas, espíritu... Manifiestamente enseña *(Eth.* I, Cor. prop. 13 y schol. prop. 15) que ninguna sustancia, ni la corpórea, en cuanto sustancia, es divisible. Cf. *Eth.* 3, schol. prop. 2: "que la mente y el cuerpo son una misma y única cosa, expresada tan sólo de dos modos..." y *Eth.* II, schol. prop. 7: "que la sustancia pensante y la sustancia son una y la misma sustancia que se conoce ya bajo el atributo del pensamiento y del de la extensión" (proxime cit.: *Hoc quidam Hebreorum quasi per nebulam...*).

8) Que Dios ha producido unas cosas mediata y otras inmediatamente es sentencia unánime de los cabalistas; de aquí que hablen de un primer principiado que Dios había hecho inmediatamente fluir de sí y, mediante el cual, las demás cosas serían producidas en serie y orden y esto lo suelen saludar con varios nombres como Adam Kadmon, Mesías, Cristo, Lagos, Verbo, Hijo Primogénito, Primer Hombre, Hombre Celeste, etc. La misma cosa conoció Spinoza *(Eth.* I, schol. prop. 28).

9) También es doctrina admitida por los cabalistas que Dios produjo un mundo vivo y animado, ya que al no haber ninguna materia en el universo, tampoco existe la muerte, sino que cuanto aparece está animado en diversos grados.

13) Las almas humanas existen desde la eternidad antes que los cuerpos y no pueden ser matadas con los cuerpos.

19) Afirma Spinoza que todo se hace por una indómita necesidad y por un necesario destino, aún más por una exigencia necesaria de la naturaleza de Dios mismo y que esta necesidad se llama Malchut o Reino de Dios.

Hasta aquí Wachter.

Dunin Borkowski advierte que en 1647 y 1648, cuando Spinoza llevaba a cabo sus estudios cabalísticos, los partidarios de la Cábala consultaban diligentemente esta obra en Amsterdam *(obra citada,* pág. 171). Y advierte asimismo que *La puerta del Cielo* de Herrera, uno de los libros favoritos de Manasse y Morteira, que justamente en aquella época gozaba de gran popularidad en el barrio judío de Amsterdam, le habló en lengua moderna de las concepciones del *Zohar (ibid., pág. 188).*

Borkowski señala que sería un error atribuir toda relación de semejanza a una relación de dependencia. Spinoza parte del ser divino y sólo entonces desarrolla los atributos divinos. Por cierto que no tuvo necesidad alguna de aprender este paso previo de los cabalistas. Cuando más adelante la Cábala enseñaba: "Sabed, pues, que no está permitido atribuirle al eterno una voluntad, un deseo, una intención y un sentido", habremos de hallar esta frase, generalmente espinozista, en una versión más precisa y más detalladamente fundamentada, en casi todos los filósofos religiosos judíos; y es mucho más probable que el filósofo haya adoptado sus decisiones, y no las de la Cábala. Lo mismo acontece con respecto a la frase cabalista, de que cada afirmación implica una negación *(ibid., pág. 171).*

Dunin Borkowski muestra cómo Spinoza ha sublimado y racionalizado los Sefirot o seres intermediarios, rindiendo así homenaje a las especulaciones neoplatónicas-cabalistas y neoplatónicas-árabes *(ibid., pág. 172).* No parece que hayan tenido influencia sobre el pensamiento de Spinoza los siete Sefirot[450]. Por el contrario, la doctrina de los tres primeros Sefirot parece haber desempeñado un papel importante en la génesis del espinozismo. Para Spinoza, las reminiscencias de la 1ª y 3ª partes del Zohar tenían importancia suprema. La Sefirot *Sabiduría* compone junto con la *Corona,* y el *En-Sof* una unidad absoluta. Son tres cabezas en una. "Todo se une y fusiona en un Todo". "Entre el universo y el anciano no existe diferencia alguna". "Todo es uno y él mismo, sin diferencia ni separaciones". Aquel que presenta a los Sefirot por separado, destruye la unidad de Dios[451].

La naturaleza corporal es la última expresión de la sabiduría, la materia representa una degradación. El espacio, la inversión del pensamiento. Esta doctrina no es nueva. La materia, el espacio, última etapa de la emanación, alejados de Dios cuanto les es posible, es la doctrina de Plotino. La encontraremos, apenas transformada, en Bergson. La materia exterioriza una esencia eterna e infinita. Por esto, la materia ha sido mal definida por la *extensión* en Descartes, pues se la debe explicar como atributo que exprese la eterna e infinita esencia *(Epist. 83).*

---

[450] Pág. 186.
[451] *Zohar,* III, 286b y 290a; III, 290.

La materia procede eternamente del Absoluto. El materialismo marxista se refiere a Spinoza en lo concerniente a la eternidad de la materia; por supuesto, después de haber puesto bajo los pies al espinocismo.

Claude Tresmontant afirma la existencia de una relación estrecha, aunque no de dependencia, entre la Cábala y Spinoza. León Dujovne, en su *Spinoza* -Su vida - su época - su obra - su influencia[452] - da cuenta de toda esta cuestión, deteniéndose en la tesis de Harry Waton[453], favorable a la influencia que habría ejercido la Cábala sobre el sistema de Spinoza, y en contra de la opinión de Sir Frederick Pollock[454], que niega cualquier vínculo entre Spinoza y la Cábala.

Quizás Dujovne rebaje un poco la opinión de Borkowski, a la que juzga como posición intermedia entre las de Waton y de Pollock. Escribe Dujovne: "Las circunstancias biográficas de Spinoza justifican, pues, que nos preguntemos si la Cábala ejerció influencia en el espinocismo, si en este último no hay pensamientos procedentes de la Cábala. A esta pregunta contesta Waton afirmativamente, fundado en argumentos diversos. En su libro reproduce fragmentos de escritos cabalistas para señalar semejanzas entre las ideas contenidas en ellos y algunas de nuestro filósofo"[455].

Nosotros pensamos que la semejanza y la diversidad entre Spinoza y la Cábala se deben al método propio de la filosofía de Spinoza, quien adoptó la *forma matemática en la exposición filosófica*. Este problema ha sido muy bien estudiado por Dujovne en su citada obra, donde expone la opinión de Ludwig Meyer[456] quien trae estas palabras significativas de Spinoza con respecto al método matemático empleado por Descartes: "Para venir en su ayuda he deseado a menudo que un hombre, igualmente ejercitado en el orden analítico y en el sintético, muy familiarizado con la obra de Descartes y que conozca a fondo su filosofía, quisiera ponerse a la tarea de disponer en orden sintético lo que Descartes ha presentado en orden analítico y demostrarlo ajustándose al modo de la geometría ordinaria. Yo mismo aunque con

---

[452] Cuatro tomos, Instituto de Filosofía, Buenos Aires, 1941-1945, especialmente t. II, págs. 135-149.
[453] *The Kabbalah and Spinoza's philosophy*, Spinoza Institute of America, Nueva York, 1931, págs. 20-21.
[454] *Spinoza, his life and philosophy*, Duckworth and Co., Londres, 1899, págs. 92-96.
[455] Dujovne, ibid., II, 145.
[456] *Œuvres de Spinoza*, traducidas y anotadas por Ch. Appuhn, Garnier, París, 1904; ver Dujovne, ibid., II, pág. 274.

plena conciencia de mi debilidad y sabiéndome muy por debajo de faena tan grande, he tenido más de una vez la intención de hacerlo y hasta he comenzado a realizarla, pero otras ocupaciones que me distraen muy a menudo me han impedido llevarla a cabo".

Pero Spinoza había de exponer con método cartesiano, no la filosofía de Descartes, sino la filosofía de la Cábala. Y aquí creemos que hay que entender en sentido riguroso y radical las palabras de León Dujovne[457]: "Otra disidencia está en que mientras Descartes -como Spinoza expone fielmente- admite que "tal o cual cosa está por encima de la comprensión humana" nuestro filósofo, a su vez, cree "que todas estas cosas y aun muchas otras más elevadas y más sutiles no solamente pueden ser concebidas por nosotros clara y distintamente sino que hasta es posible explicarlas con mucha comodidad si el entendimiento humano en la persecución de la verdad sigue un camino distinto del que Descartes ha abierto y desbrozado, y admite que los fundamentos de la ciencia encontrados por Descartes y el edificio que ha levantado sobre ellos no bastan para penetrar y resolver todas las cuestiones más difíciles que se encuentran en la metafísica, sino que se requieren otras, si deseamos elevar nuestro entendimiento a esa cumbre del saber". Y apunta aquí Dujovne: "En estas líneas, Spinoza no sólo rechaza determinadas concepciones de Descartes, sino que propone *procedimientos* intelectuales distintos del cartesianismo y más apropiados para alcanzar la verdad".

León Dujovne mostrará a continuación cómo "la idea de Dios ocupa el primer plano en el espíritu de Spinoza, y por eso pudo decir que el común de los filósofos toma como punto de partida las creaturas, mientras Descartes partía del *yo*, y él, Spinoza, de Dios".

Aquí se refleja abiertamente en Spinoza la influencia cabalística. La idea de Dios ocupa el primer lugar de la mente humana. Esta idea no puede ser adquirida a través de las cosas sensibles, sino que es primera y nace por tanto del sujeto cognoscente. Al hacer de la idea de Dios la primera y total realidad, a Spinoza no le queda otro recurso que hacer del hombre y las demás cosas también una realidad divina. No hay sino una única substancia. Y ésta es Dios.

Luego, todo es Dios.

---

[457] Dujovne, ibid., II, pág. 275.

De aquí que las ideas fundamentales del sistema de Spinoza sean las de la Cábala, expuestas, como se ha dicho, con un método cartesiano. "A la tesis nada nueva sobre la existencia de un Dios único, agrega Spinoza la tesis de una única substancia. Esta existencia única es Dios. No habiendo más que una substancia, y siendo ésta Dios, Dios y naturaleza han de ser lo mismo"[458].

De esta afirmación primera de Spinoza "de que no hay más que una substancia y de que ésta es Dios", han de seguirse rigurosamente las otras afirmaciones. Pero como esta primera es antojadiza y falsa, han de ser igualmente antojadizas y falsas las consiguientes proposiciones.

"Son igualmente necesarias todas las cosas producidas por Dios, tanto las producidas de manera mediata como las que de Él derivan inmediatamente; Dios es la causa de todas ellas, determinadas a tal o cual acción. Queda así excluido de la realidad cualquier asomo de contingencia. El determinismo es universalista. La voluntad no es causa libre; es causa necesaria, sostiene Spinoza en la proposición 32"[459]. Este determinismo universal contradice evidentemente la experiencia, pero está regido en definitiva por aquella primera proposición que hace de toda substancia, Dios.

"De todas las modalidades de la causalidad divina, dentro del espinocismo, la que más nos interesa aquí es la de la inmanencia. Ella y el determinismo universal constituyen rasgos de largo alcance en la filosofía de Spinoza"[460]. Es claro que con esta idea de la causalidad eficiente e inmanente de Dios, todo el universo está engendrado de la sustancia divina. Panteísmo, determinismo universal y causalidad inmanente son una misma cosa, dichas de otra manera y bajo una perspectiva distinta.

"Spinoza ya ha afirmado que hay una sola substancia, Dios o naturaleza. Esta naturaleza es causa de todas las cosas; las cosas, a su vez, no son, lógicamente, substancias independientes.

Casi habría que distinguir entre la substancia única como causa y lo que de ella fluye como efecto: entre *natura naturans* y *natura naturata*"[461]. He aquí otra versión, que ya encontramos en Giordano Bruno, del

---

[458] Dujovne, ibid., III, pág. 50.
[459] Dujovne, ibid., III, pág. 70.
[460] Ibid., pág. 85.
[461] Ibid., pág. 82.

panteísmo de Espinosa y que también es de origen cabalístico. Porque entre el *En-sof* y el último de los Qulipoth hay una única realidad o substancia que fluye *homogénea* en todo el universo.

La alteración, tan radical y profunda, del concepto de Dios ha de traer por vía lógica, también una alteración del universo y del hombre. Y si esta alteración se hace en el sentido de la gnosis cabalística, como acaece en Spinoza, todo su sistema ha de ser también gnóstico-cabalístico.

Gottfried W. Leibniz

Sobre Leibniz (1646-1716) y la Cábala también se ha ocupado Claude Tresmontant[462], quien escribe: "Leibniz leyó y anotó el libro de Wachter sobre Spinoza *Elucidarius cabalisticus.*

Tenemos el texto de estas anotaciones en la colección de A. Foucher de Careil titulada *Réfutation inédite de Spinoza par Leibniz,* París, 1854. En este importante documento, las observaciones de Leibniz sobre Spinoza se entremezclan a menudo, como en el mismo libro de Wachter, con reflexiones sobre la Cábala y otras doctrinas místicas y esotéricas..."[463].

"Leibniz, que tantas cosas fue, fue también siempre un ocultista cuyo pensamiento es curioso y está impregnado de doctrinas alquimistas. Se quiere, a menudo, olvidar que, apenas salido de la Universidad de Altdorf, en 1667, se afilió a los Rosa-Cruz de Nürernberg, de los que llegó a ser secretario, que pasó todo un invierno absorbido por esa actividad hasta la llegada de boineburg. Aunque este episodio de su carrera sea apenas conocido, correríamos el riesgo de engañarnos si lo considerarnos desprovisto de significación[464].

Leibniz está unido a dos de los más grandes cabalistas de la época, Francisco Mercurio van Helmont y el barón Knorr von Rosenroth, autor de la *Kabbala denudata, seu doctrina Hebraeorum trascendentalis.*

Es probable que van Helmont y su amigo Knorr tuvieran intervención en la denominación de *mónada* dado por Leibniz, después de una

---

[462] Estudios de metafísica bíblica, *pág. 177.*
[463] Friedmann, *Leibniz et Spinoza,* 1946, pág. 134.
[464] Ibid., pág. 135.

lectura de Giordano Bruno, a sus sustancias espirituales[465]. Knorr empleaba en su *Kabbala denudata* el término *mónada* y consideraba la materia corno un conglomerado de mónadas espirituales adormecidas, *coalitio monadum spiritualium torpentium* (F. van Helmont se refiere a este pasaje de Knorr en sus *Princ. Philos.* y toma también para su terminología la palabra mónada).

En 1687, Leibniz pasa un mes con Knorr von Rosenroth. Leibniz nos ha dejado un resumen de sus conversaciones, editado por Foucher de Careil[466].

Jorge Rodier, en un artículo sobre *Uno de los orígenes de la filosofía de Leibniz*[467] expone la doctrina de Plotino como *"un centón de la Monadología"*, lo que parece poner fuera de duda la influencia del sistema neoplatónico sobre el de Leibniz[468]. "No obstante -añade Rodier- Plotino y Proclo raramente se encuentran citados en las obras de Leibniz publicadas hasta ahora, y éste calla incluso su autoridad aún en los casos en que la analogía entre sus opiniones y las de aquellos es flagrante". Rodier supone que Leibniz había leído a los neoplatónicos en su juventud y que había olvidado sus fuentes... Pero acaso, se podría emitir otra hipótesis: la filiación entre Plotino y Leibniz pasaría por intermedio de los cabalistas judíos y cristianos. La estructura fundamental de los metafísicos neoplatónicos y cabalísticos en lo esencial es idéntica. El neoplatonismo se alió con la gnosis, para crear los grandes sistemas gnósticos de la Cábala, y luego del idealismo alemán. He aquí una página de la *Kabbala denudata* que puede ilustrar las afinidades entre la doctrina de la Cábala y la de Spinoza y Leibniz.

"Fundamentos de la filosofía... que niega propiamente toda creación, y supone la esencia divina como corpórea-espiritual, y el mundo material de algún modo.

1. De la nada nada se crea.

2. Y por tanto ni la materia se puede crear.

---

[465] Friedmann, *Opus laud.*, pág. 137.
[466] *La philosophie juive et la Kabbale*, París, *1861.*
[467] *Études de philosophie grecque, 1926, págs. 338 y sig.*
[468] Ibid.

3. Ni por la vileza de su naturaleza puede existir de sí; cuya consecuencia, o más bien fundamento, es que no puede existir ninguna cosa vil.

4. No hay por tanto ninguna materia de la naturaleza de las cosas.

5. Lo que existe es espíritu.

6. Que este espíritu es increado y eterno, intelectual, sensible, vital, que se mueve por sí, infinito en amplitud y existiendo en sí necesariamente.

7. Que por tanto este Espíritu es realmente la Esencia Divina.

8. Que ninguna esencia fuera de la Divina puede existir por fuerza propia.

9. Ya que, fuera de la Divina, no se hace ninguna esencia en la universidad de cosas, según los exiomas 1, 2, 3 y 8, y siendo manifiesto que cualquiera de esta Esencia única se puede actualmente dividir, es manifiesto también que la Esencia divina se puede dividir.

10. Cuando la Esencia Divina se hace, cada una de sus partículas es infinita y puede extenderse y expandirse en órbitas de infinita virtud y amplitud.

11. Ahora bien, como cada una de las arenillas y los granos de piedra y las partículas de aire, de éter, etc., son partes de esta Divina Esencia, es igualmente manifiesto que también ésta puede contraerse y constreñirse en estas menudísimas partes.

12. De estas partes contraídas consta el mundo que se llama *Material* cuando verdaderamente es *espiritual,* componiéndose ciertamente de espíritus divididos o de partículas de la Divina Esencia contraídos en mónadas y puntos físicos.

13. Esta contracción es *un estado de sueño* o de sopor y la expansión de estas partículas divinas son en cambio *un estado de vigilia*.

14. Los grados *del estado de vigilia* son varios, a saber, de la vida *vegetativa, sensitiva, racional* y en *Neschamam, Chajah y Jachidah;* más aún; la vigilia y la expansión se hace en un infinito orbe de poder y de amplitud, de tal suerte que esta Divina partícula o Espíritu particular pueda fabricarse un mundo que conste de tierra, agua, aire, cielo y otras partes.

15. Este Espíritu particular del polvillo, por ejemplo del mármol, puede hacerse Planta, de la Planta bruto, del bruto Hombre, del Hombre Ángel y del Ángel Dios, Creador de una nueva Tierra y Cielo.

16. Lo mismo puede decirse de cada una de las partes de la Divina Esencia necesariamente separadas o separables, o sea que todas sean o puedan ser Dios, creadores de la Tierra o de los cielos. Esto es lo que un niño me insinuaba en sueño preguntándome si yo creía en Dios. Y él sonriendo respondía que él creía en varios dioses, distintos unos de otros..."[469].

Conclusión del capítulo

Esta toma de posesión del pensamiento moderno por la Cábala en pensadores de la jerarquía de Boehme, Spinoza y Leibniz va a significar un dominio cada vez más total hasta llegar al idealismo alemán y al pensamiento contemporáneo que de éste deriva.

---

[469] Esta página está tomada de la *Kabbala denudata*, de Knorr von Rosenroth, en el t. I, pág. 293, con el título *Fundamentos de la Filosofía* o *de la Cábala aito-paido-melisea*, que niega toda creación propiamente dicha.

CAPÍTULO IX

LA CÁBALA ACTÚA ABIERTAMENTE A TRAVÉS DEL IDEALISMO ALEMÁN

Boehme era principalmente un místico y no un filósofo. Spinoza era un filósofo, y aunque tuvo una influencia grande sobre las corrientes filosóficas[470], por el exceso de sus afirmaciones y sobre todo por su panteísmo, quedó un tanto al margen y como solitario frente a estas mismas corrientes. Diríase que en cierto sentido se adelantó a ellas. Spinoza debía realizarse cumplidamente en el idealismo alemán, y a este respecto cabe advertir que el sistema de Fichte fue calificado como un *spinozismo interiorizado,* lo que con más razón cabe decir del sistema de Hegel.

Fichte

Georges Rodier ha analizado la presencia de los temas neoplatónicos y más precisamente plotinianos y cabalísticos en la filosofía de Leibniz[471]. Con Fichte volvemos a encontrarnos con los principios y temas metafísicos que evocáramos en Plotino, en la gnosis y que aparecían de nuevo en el *De Divisione naturae* de Escoto Eriúgena. En Fichte como en Spinoza no hay creación del ser sino división, dispersión, individualidad. Pasando por Plotino, dice Claude Tresmontant[472] hay que remontarse a los Upanishad para encontrar la primera expresión conocida de las tesis metafísicas fundamentales elaboradas por Fichte.

---

[470] León Dujovne, *Spinoza*, t. IV, Instituto de Filosofía, Buenos Aires, 1945.
[471] *Georges Rodier,* Sur une des origines de la philosophie de Leibniz, *París, 1936, pág. 338.*
[472] *Claude Tresmontant,* La métaphysique du christianisme et la naissance de la philosophie chrétienne, *Au Seuil, París, 1961, pág. 717.*

Seguiremos aquí a Claude Tresmontant, quien a su vez analiza uno de los escritos más populares de Fichte, "Die anweisung zum seligen Leben"[473].

1º *La apariencia y el ser de las cosas.* El punto de partida de Fichte es la distinción entre *la apariencia* y *el ser*. Una gran parte de los hombres, durante toda su vida, no llega sino al *exterior* de las cosas, a lo que percibe con los sentidos exteriores, creyendo que es la realidad de las cosas. Frente a este modo de pensar de las gentes, Fichte opone uno contrario que consiste en pensar que detrás de *la apariencia* que nos proporcionan los objetos exteriores está la verdadera realidad de lo que las cosas *son*. En todas las cosas hay que terminar en un *Ser* que no está sometido al devenir, y que por esta razón no depende de nadie sino que existe por sí y de sí y a partir de sí. En el interior de este ser no se produce cambio sino que es inmutable desde la eternidad. El *Ser*, en lo que consiste en último término todas las cosas, es *uno* y no múltiple[474].

¿Porqué por lo tanto lo que en sí es pura unidad y queda uno en la vida y en el pensamiento verdadero, se transforma en la diversidad de los fenómenos, cuya realidad no podemos negar?

A esto va a responder Fichte en la cuarta conferencia, en la que al comienzo recuerda que la miseria de los hombres consiste en su dispersión en lo diverso y cambiante y que, en cambio, la única condición de la vida feliz está en comprender lo *Uno y Eterno* en un amor íntimo.

No existe verdaderamente y en sentido propio del término nada fuera de Dios, si no es el saber; y este saber es la existencia divina misma, pura, simple e inmediata, y es en la medida en que nosotros somos el saber que *somos nosotros mismos en nuestra raíz más profunda de la existencia divina.*

Todo lo que a parte de esto nos aparece como existencia -las cosas, los cuerpos, las almas, nosotros mismos en la medida en que nos atribuimos un Ser autónomo e independiente- no existe verdaderamente y en sí. Sólo existe en la conciencia y en sí, como sabido. Sólo lo uno e

---

[473] Ed. Medicus, Leipzig, 1923, pág. 41, trad. franc. de Rouché.
[474] Claude Tresmontant, ibid., pág. 717.

inmutable existe; lo cambiante y variable no existe y su manifestación no es más que apariencia[475].

2º *El saber, en el acto de distinguir, da origen a lo múltiple y diverso.* La conciencia o el saber, en el acto de distinguir, transforma en diferente lo que es esencialmente Uno y Eterno. Por tanto el concepto transforma en un ser fijo y presente lo que es en sí directamente la vida divina. *La transformación de la vida inmediata en un ser fijo y muerto*, tal es el carácter fundamental que el Concepto hace sufrir a la existencia. El Concepto es propiamente el creador del mundo, transformando en un ser fijo y diferente la vida divina que en sí es una y eterna.

En el acto de la *reflexión,* por su misma naturaleza, se divide y se desdobla en dos lo que no era sino uno. La reflexión produce el mundo y el mundo, a consecuencia de la reflexión, no puede sino romperse y dividirse. Y así como el Concepto en general se ha revelado creador del mundo, lo mismo el libre hecho de la reflexión se revela aquí creador de la diversidad y de una diversidad infinita en el mundo[476].

Lo mismo que nuestro ojo sensible es un prisma en el cual el éter del mundo material, que en sí es perfectamente igual, puro y sin color, se refracta en colores variados en la superficie de las cosas, así nosotros no podemos ver el éter incoloro, pero podemos pensarlo incoloro, así es para la vida intelectual y para nuestro ojo espiritual. *Lo que veis,* nos dice Fichte, *lo sois vos eternamente.* Pero vos no sois tales como os veis, lo mismo que vos no os veis tales como sois.

Vos sois de manera inmutable, pura, sin color y sin forma. Sólo la reflexión, que es igualmente vos mismo, y que por esta razón vos no podéis apartarla de vos, la refracta en formas y en rayos infinitos[477].

3º *La Ciencia o gnosis nos hace conocer nuestra realidad divina.* Nosotros *somos* la vida inmediata de Dios y, con todo, de esta vida inmediata, no sabemos nada. Nuestro ser en Dios, aunque pueda ser nuestro en su raíz, nos queda eternamente extranjero. Aunque Dios quede el mismo detrás de todas estas formas, nosotros no le vemos; o mejor no vemos sino su envoltura; lo vemos bajo forma de piedra, de hierba, de animal. Siempre la forma nos oculta la esencia. Elévate, nos dice Fichte, al punto de vista de la religión y todos los velos

---

[475] Ibid., pág. 719.
[476] Ibid., pág. 720.
[477] Ibid., pág. 721.

desaparecen; el mundo desaparece a tus ojos con su principio muerto y la divinidad misma entra en ti, bajo su forma primera y primitiva, como vida, como tu propia vida.

Pero el punto de vista de la Ciencia -de la gnosis- es todavía superior al de la religión. La Ciencia abraza todos los puntos de transformación de lo Uno en lo diverso y de lo Absoluto en lo relativo, de modo completo, en su orden y en sus relaciones mutuas; ella puede siempre, y a partir de cada punto de vista aislado, *reducir,* según la ley, todo lo diverso a la unidad, o deducir de la unidad todo lo diverso. La Ciencia supera lo que ya percibe la religión, es a saber que todo lo diverso está fundado ya en lo Uno y a él debe ser reducido. La Ciencia llega a comprender el cómo de esta relación; para ella convierte en genético lo que para la religión no era sino un hecho absoluto[478].

4º *Conclusión de todo lo dicho.* Claude Tresmontant saca como conclusión que en estos temas fundamentales del sistema de Fichte encontramos las tesis expresadas ya en los Upanishad, en Plotino, en los gnósticos cristianos, en Escoto Eriúgena y en la Cábala.

El Absoluto es lo Uno. Pero el Absoluto es Saber, Conciencia, Reflexión. El Absoluto, lo Uno se conoce, se reflexiona y así nace la segunda hipótasis, el *Nous.* "El Uno no es el entendimiento.

¿Cómo engendra el entendimiento? Porque ve al tornarse a sí mismo; y esta vista es el entendimiento" (Plotino, *Enn.,* V, 1, 7). Este entendimiento ha tenido la audacia de apartarse de la Uno... *(Enn.,* VI, 6, 9, 5). Hay en el seno del mundo inteligible, una *apostasis,* un cisma, una división. El entendimiento se dispersa, es principio de dispersión. La conciencia es principio de división. Como en la Cábala, en que la Sefira *Bina,* la Inteligencia es también la que divide y diferencia[479].

Esta idea de *Trefnnung, Entzweiung,* responsable de la diversidad al menos aparente de lo real, esta idea que encontraremos en Schelling y en Hegel es una idea muy vieja que encontramos en Plotino, en ciertos gnósticos y en la Cábala. La multiplicidad de los seres no procede de la creación, sino que es efecto de una acción de dividir y separar.

Por la enseñanza del sabio -que se llama Spinoza, Plotino o Fichte- nosotros nos liberamos de esta multiplicidad y reconocemos la

---

[478] Ibid., pág. 722.
[479] Ibid., pág. 723.

substancia divina y el Absoluto que, en lo íntimo de nuestro ser, *somos*. Por la gnosis operamos la *conversión* desde el punto de vista ilusorio hacia la verdad de la unidad. Y en este conocimiento que nos convierte y retorna hacia lo *Uno* consiste la salvación gnóstica. No se trata, como en el cristianismo de que la salud se opera por la gracia que *se añade* al hombre, sino de *quitar* lo que obstaculiza la gnosis y de sacar la *maya* que nos oculta la verdadera realidad divina que somos[480].

5º *Fichte oree que su doctrina es el verdadero cristianismo*. Fichte cree encontrar su doctrina confirmada por el Cuarto Evangelio de San Juan y cree además que sólo es Juan quien enseña el cristianismo auténtico en oposición a San Pablo que habría dejado subsistir el viejo error del judaísmo, la idea de creación. Para Juan, en cambio, siempre de acuerdo a Fichte, el Concepto o el Verbo es el único creador del mundo en general y, por las *divisiones* operadas en su esencia, el creador de la diversidad infinita que se encuentra en el mundo[481].

Schelling

Schelling renueva los grandes temas de la filosofía pagana adoptando el esquema teogónico de las teosofías gnósticas. Schelling considera que el Dios de la teología cristiana carece de vitalidad al substraerse al devenir y a lo trágico. Pero ha de ser Hegel quien en su *Filosofía de la religión* y en su *Fenomenología del Espíritu*, ha de ser el exponente máximo de la gnosis valentiniana, como en 1835 lo demostró acabadamente Fernando Christian Baur[482]. Allí muestra Baur cómo el parentesco entre la Filosofía de la religión de Hegel y la gnosis valentiniana reside especialmente en una concepción común por la cual Dios, dividiéndose, alienándose y volviéndose a sí, se engendra a sí mismo y toma conciencia de sí.

Hegel

Vamos a extraer algunas páginas de la "Fenomenología del Espíritu" de Hegel, donde aparece claramente el esquema gnóstico. Seguiremos las

---

[480] Ibid., pág. 724.
[481] Ibid., pág. 726.
[482] *Die christliche Gnosis oder die christliche Religions-Philosophie in ihrer geschichtlichen Entwicklung*, Tubinga, 1835.

páginas de la "Phénoménologie de l'Esprit" de G. W. F. Hegel traducidas por Jean Hippolite[483].

Dios o el Absoluto no es un ser simple sino que se mueve diferenciándose por lo negativo. En el célebre prefacio de la *Fenomenología del Espíritu,* Hegel critica el formalismo de Schelling donde el Absoluto es la noche donde todas las vacas son negras. Y allí propone lo verdadero, no como sustancia, sino precisamente también como sujeto. Y escribe Hegel: "La vida de Dios y el conocimiento divino pueden por lo tanto muy bien, si se quiere, expresarse como un juego de amor consigo mismo; pero esta idea se rebaja hasta la edificación y aun hasta la banalidad cuando faltan en ella la seriedad, el dolor, la paciencia y el trabajo de lo negativo. *En sí* ésta es realmente la igualdad serena y la unidad consigo misma que no está seriamente comprometida en lo otro y en la alienación, y que no está comprometida tampoco en el movimiento de superar esta alienación... Lo verdadero es el todo. Pero el todo es la esencia cumpliéndose y acabándose mediante su desarrollo. Del Absoluto hay que decir que es esencialmente *Resultado,* es decir, que es solamente al final cuando lo es en verdad; en esto consiste propiamente su naturaleza, que es la de ser realidad efectiva, sujeto o desarrollo de sí mismo"[484].

Hegel va a intentar descomponer la representación de Dios en sus elementos originarios y en los momentos que le constituyen y para ello va a destacar el poder del *entendimiento,* entendimiento que hay que entenderlo no sólo como una facultad humana sino como el entendimiento ínsito en las cosas mismas y en Dios. Y así escribe: "Pero es un momento esencial que este *separado,* esta no-realidad efectiva; es, en efecto, solamente porque lo concreto se divide y se hace no efectivamente real que él es lo que se mueve. La actividad de dividir es la fuerza y el trabajo del *entendimiento,* de la potencia más sorprendente y grande, o más bien de la potencia absoluta. El círculo que reposa en sí cerrado sobre sí mismo, y que, como sustancia mantiene todos sus momentos, es la relación inmediata que no suscita ninguna sorpresa. Pero que lo accidental como tal separado de su contorno, lo que está ligado y efectivamente real sólo en su conexión con otra cosa, obtenga un dasein propio y una libertad distinta, es por la potencia prodigiosa de lo negativo, de la energía del pensamiento, del puro yo. La muerte,

---

[483] Aubier, 1939, París.
[484] *La Phénoménologie de l'Esprit,* I, 18, Aubier, 1939, París.

si queremos llamar así a esta irrealidad, es la cosa más temible y sostener fuertemente lo que es muerte exige la mayor fuerza... No es esta vida que retrocede de horror ante la muerte y se conserva pura de la destrucción, sino la vida que lleva la muerte, y se mantiene en la misma muerte, que es la vida del espíritu. El espíritu conquista su verdad sólo con la consideración de encontrarse a sí mismo en el absoluto desgarramiento"[485].

Con esta idea de *separación* y de *desgarramiento,* Hegel concibe a un Dios que evoluciona y que en esta evolución se separa y desgarra. Dios no podría realizarse sin este desgarramiento interior. La creación del mundo actuaría como una inmolación que completaría a Dios.

La creación sería una alienación y un desarrollo de Dios

En la teología católica el universo sale de las manos de Dios por la eficiencia, de suerte que sin que se verifique ningún cambio en Dios, son hechas las creaturas como *participaciones* del ser divino. El universo creado acrecienta con nuevos seres, pero no con más ser, el espectáculo de las cosas existentes. En la filosofía de Hegel, lo mismo que en la de Plotino y en la de la Cábala, en la creación, no se opera un acrecentamiento de seres sino una *división* del ser único, es decir, una alienación. Así Hegel escribe que "la alienación de la sustancia, su hacerse conciencia de sí, expresa el pasaje en lo opuesto, el pasaje inconsciente de la necesidad, o expresa que es *en sí* conciencia de sí.

Inversamente la alienación de la conciencia de sí expresa que ella es *en sí* la esencia universal o -por que el Sí es el puro ser-para-sí que permanece cabe sí en su contrario- que es *para ella* que la sustancia es conciencia de sí y, por lo mismo espíritu. Se puede por tanto decir que este espíritu que ha dejado la forma de la sustancia y entra en el dasein bajo la figura de la conciencia de sí -si quiere servirse de relaciones tomadas de la generación natural-, que hay una *madre efectiva,* pero un padre permaneciendo-en-sí; porque la *efectividad* o la conciencia de sí y el *en-sí,* como la sustancia son sus dos momentos por la alienación mutua de los cuales cada una haciéndose el otro- el espíritu pasa en el dasein como su unidad"[486].

Y Hegel describe así la creación utilizando el concepto de alienación o negación o división: "1. *(El mundo).* El espíritu sólo eterno o abstracto

---

[485] Ibid., I, 19.
[486] Ibid., II, 263.

se hace para sí *un otro*, o entra en el dasein, e inmediatamente en el *dasein inmediato. Crea* así un *mundo*. Este "crear" es el modo de la representación para el concepto mismo según su movimiento absoluto, o para el proceso en el cual lo Simple enunciado absolutamente, o el puro pensamiento, es más bien lo negativo y así lo opuesto a sí mismo o lo otro porque lo abstracto; o para decir lo mismo en una forma todavía diferente porque lo que puesto como *esencia* es la inmediatez simple o *el ser*; pero como la inmediatez o el ser no tiene *Sí*, y así faltándole la interioridad es *pasivo* o es ser *para-otro*. Este *ser para otro* es al mismo tiempo un *mundo*; el espíritu en la determinación del ser para otro es la calma subsistencia de los momentos incluidos anteriormente en el puro pensamiento, así la disolución de su universalidad simple y la dislocación de esta universalidad en su propia particularidad..."[487].

"El mundo con todo no es sólo este espíritu lanzado y dispersado en la integralidad de la existencia y su orden exterior..."[488]. "Para que sea en efecto Sí y espíritu debe primero llegar a ser para sí mismo un *otro*, lo mismo que la esencia eterna se presenta como el movimiento del ser igual a sí mismo en su ser otro"[489]. Es decir que para Hegel la creación es un momento dialéctico de la génesis del Absoluto, Dios se aliena, se hace por sí mismo otro; y en el movimiento por el que se aliena y luego se encuentra superando la alienación, Dios se desarrolla y realiza. Es el tema de todas las teosofías y gnosticismos que hacen de la creación un desplegarse de Dios, una teogonía.

El mal dentro de la esencia divina

El mal entra, dentro del pensamiento hegeliano, dentro de la esencia divina como un elemento necesario sin el cual ésta no se desarrollaría. "Siendo dado, escribe Hegel, que esta concentración en sí mismo de la conciencia estando allí se determina inmediatamente como el hacerse desigual asimismo, el mal se manifiesta como el primer dasein de la conciencia concentrada en sí misma, y, ya que los pensamientos del bien y del mal son radicalmente opuestos el uno al otro, y que esta oposición no está todavía resuelta, entonces esta conciencia es solamente el mal"[490]. "Se puede decir que el primogénito de la luz,

---

[487] Ibid., II, 276.
[488] Ibid., II, 276.
[489] Ibid., II, 276.
[490] Ibid., II, 277.

concentrándose en sí mismo, es aquel que cayó; pero que, en su lugar, en seguida otro hijo ha sido engendrado. Tales formas, la de la *caída* y la del *hijo* pertenecen a la representación y no al concepto..."[491].

> "La extraneación de la esencia divina es puesta en su doble modo. El Sí del espíritu y su pensamiento simple son los dos momentos cuya unidad absoluta es el espíritu mismo; su extraneación consiste en la separación de estos momentos y en su valor desigual del uno con relación al otro. Esta desigualdad es por tanto la doble desigualdad, y así toman nacimiento dos conjunciones cuyos momentos comunes son los ya indicados. En uno, *la esencia divina* vale como lo esencial, pero el dasein natural vale como lo inesencial, que hay que suprimir; en el otro, es por el contrario, el *ser-para-sí* que vale como lo esencial y lo divino simple como lo inesencial. Su medio todavía vacío es el dasein en general, la simple comunidad de los dos momentos"[492].

La pasión de Cristo es una alienación y reconciliación de la esencia divina

El Absoluto se genera en la creación y en la encarnación. El Absoluto se va engendrando por la tragedia del mal y de lo extraño que de manera desigual se va produciendo en este proceso de despliegue que se realiza a través de la historia humana.

La pasión es el momento culminante de la desigualdad que determina el proceso de reconciliación y de resurrección. Así escribe Hegel: "Esto está representado como una operación voluntaria, pero la necesidad de su alienación reside en el concepto, según el cual el estando-en-sí, así está determinado en la oposición, no tiene por esto mismo una subsistencia auténtica. Este término por tanto para el cual vale como esencia no el-ser-para-sí, sino el simple, es el que se aliena a sí mismo, va a la muerte, y por aquí reconcilia consigo mismo la esencia absoluta; en este movimiento, en efecto, se presenta como espíritu; la esencia abstracta se hace extraña a sí misma; ella tiene un dasein natural y una efectividad personal; este ser otro que es suyo o su presencia sensible vienen a ser retomados por el segundo hacerse-otro, y son puestos como suprimidos, como *universales*. Por aquí la esencia divina ha vuelto a sí misma en esta presencia sensible; el ser-allí inmediato de la efectividad ha dejado de ser un ser-allí extraño o exterior, porque ha sido suprimido,

---

[491] Ibid., II, 278.
[492] Ibid., II, 279.

universal; esta muerte es por consiguiente su resurrección como espíritu"[493]. Y en nota Jean Hippolite comenta este pasaje diciendo que "la muerte de Cristo es en sí la reconciliación". La *presencia* no está ya opuesta a la *esencia,* por la muerte ha sido elevada a la universalidad. Al término de este movimiento, el espíritu abandona el reino del Hijo (el mundo representado) para entrar en el reino del Espíritu Santo (el de la conciencia de Sí universal de la comunidad). Esta negación por la muerte es en efecto la interiorización de la existencia, su paso en la conciencia de sí como espíritu[494].

El filósofo debe revivir este proceso de alienación y de retorno a sí de la sustancia divina en la naturaleza y en la historia

El filósofo, al igual que el gnóstico, debe tomar conciencia del proceso teogónico. Ha de saber así de dónde viene, quién es, adónde va. Qué es la naturaleza y qué es la historia. Por eso el gran valor que se le asigna a la Ciencia y al saber absoluto en la filosofía hegeliana. El saber absoluto es la gnosis y "contiene en sí misma esta necesidad de alienar de sí la forma del puro concepto y contiene el paso del concepto a la conciencia"[495].

Porque el espíritu que se sabe a sí mismo, justamente porque sabe su concepto, es la igualdad inmediata consigo mismo[496].

Pero "el saber, añade Hegel, no es sólo el conocimiento de sí mismo sino también de lo negativo de sí mismo, o sea de su límite. Y saber su límite significa saber sacrificarse"[497]. El espíritu conoce lo que sabe y lo que no sabe en el doble conocimiento de la naturaleza y de la historia. Y la "naturaleza, el espíritu alienado, en su propio ser-allí no es otra cosa que esta eterna alienación de su propia *subsistencia* y el movimiento que restituye al sujeto"[498]. Y añade Hegel: "Pero el otro lado del hacerse del espíritu, *la historia,* es el hacerse que se actualiza en el *saber,* o el *hacerse mediatizándose a sí mismo,* el espíritu alienado en el tiempo; pero esta alienación es la alienación de sí misma; lo negativo es lo negativo de sí mismo"[499]. Y explica Hegel por qué la

---

[493] Ibid., II, 280.
[494] Ibid., II, 281, en nota.
[495] Ibid., II, 311.
[496] Ibid., II, 311.
[497] Ibid., II, 311.
[498] Ibid., II, 311.
[499] Ibid., II, 311.

historia o la Ciencia por la historia debe desarrollarse lentamente y así escribe: "Este hacerse presenta un movimiento lento y una sucesión de espíritus, una galería de imágenes de la cual cada una está adornada de toda la riqueza del espíritu, y ella se mueve con tanta lentitud porque el Sí debe penetrar en toda esa riqueza de su sustancia y asimilarla"[500]. Este trabajo de asimilación por la historia debe ser lento y paciente porque el filósofo tiene que asimilarse el trabajo de siglos en la evolución de los espíritus. "El *objetivo*, escribe Hegel, el saber absoluto, o el espíritu sabiéndose a sí mismo como espíritu, tiene por vía de acceso la recolección de los espíritus, como son en sí mismos y como cumplen la organización de su reino espiritual"[501]. La razón de ser de esta lentitud y paciencia es que "no sólo la sustancia del individuo, sino el espíritu del mundo mismo tuvo la paciencia de recorrer estas formas en toda la extensión del tiempo y de emprender el prodigioso trabajo de la historia universal en la cual ha encarnado en cada forma, en la medida en que lo soportaba, el contenido total de sí mismo..."[502].

Hacemos nuestra la opinión de Claude Tresmontant que resume la gnosis hegeliana diciendo que "la idea de una alienación de la sustancia divina es una idea que se encuentra en varios sistemas gnósticos: en el maniqueísmo y en la gnosis judía, la Cábala. Contrariamente al maniqueísmo, Hegel no experimenta, como tampoco Spinoza, la necesidad de recurrir a dos principios heterogéneos increados. Dios se exila, se aliena pero no en una materia enemiga e increada que le sería hostil. La naturaleza es Dios que se habría hecho extraño a sí mismo. No hay en el hegelianismo, una materia preexistente en la cual lo Absoluto se habría exilado, alienado"[503].

---

[500] Ibid., II, 311.
[501] Ibid., II, 312.
[502] Ibid., I, 27.
[503] Claude Tresmontant, *La métaphysique du christianisme*, pág. 743.

CAPÍTULO X

LA FILOSOFÍA MODERNA EN CAMINO DE LA NEGACIÓN DE DIOS Y DE LA DIVINIZACIÓN DEL HOMBRE

Anteriormente hemos advertido que el corazón de toda gnosis consiste, en definitiva, en hacer de toda realidad, la divina y la humana, la buena y la mala, la verdad y el error, el sí y el no, la naturaleza y la gracia, la Iglesia y el Mundo, *una única realidad, una única dimensión de la realidad*. Aquí está, asimismo, el corazón de la Cábala. El *Ein Sof*, que por otra parte se confunde con la nada, con lo indeterminado, evoluciona y por grados más o menos insensibles se va haciendo *lo más de las cosas* -lo menos se convierte en más- y así se hace el universo; *la naturaleza naturata* sale de la *natura naturans*.

En la Cábala y los sistemas gnósticos pareciera haber dos procesos: primero, el uno, que se verifica en Dios mismo, en el Ein Sof, en el Pleroma. Un proceso del Ein -la nada- que se convierte en Ein-Sof -lo infinito indeterminado, las tinieblas, el Abismo, el Ungrund de Boehme- y luego este Ein-Sof que se convierte en Ein Sof Aur, en luz, y en un Dios con atributos y personal que se desarrolla en los Sefirot -el Pleroma-. Y el proceso de este Dios - *natura naturans*- que se despliega luego en todo el universo hasta llegar a la materia y al mundo demoníaco -el mundo de los Qulipoth-, *la natura naturata*. Pero en este único o doble proceso hay una *única realidad emanante y emanada*, divina y humana, espiritual y material.

Por esto, toda creatura, y el hombre particularmente, es divino en lo profundo de su ser.

Es claro que pareciera dominar la duplicidad del proceso o triplicidad de los procesos. Porque primeramente hay un camino de la nada al ser, de las tinieblas a la luz, y luego de la luz a las tinieblas, y por fin, en el retorno, de las tinieblas de nuevo a la luz, al Pleroma. *Pero siempre hay una única realidad que evoluciona.*

Por tanto, Dios y el mundo se componen de una única realidad; Dios no es *trascendente* al mundo, sino inmanente. Al rechazar la *creación,* el mundo lejos de venir de la nada absoluta, viene de la sustancia de Dios. Por esto, la creación, lejos de ser creación, es generación, y Dios sale de Dios y se constituye en Dios. Ahora bien, un Dios que constituye al mundo, y que antes de constituirlo sale él mismo de la nada, es perfectamente inútil. Por esto, en la total inmanencia de Dios en el mundo, Dios es inútil y el ateísmo se impone. Y, por el contrario, el ateísmo implica la total inmanencia de Dios en el mundo y la divinización del hombre, que es por otra parte, como hemos visto, también una idea abiertamente expresada en la Cábala y en todos los sistemas gnósticos. De aquí que estudiar el ateísmo de la filosofía moderna, es estudiar la inmanencia de Dios en el hombre y por lo mismo la divinización del hombre.

Estudiar el principio de la inmanencia equivale por lo mismo a estudiar el ateísmo de la filosofía moderna y la divinización de la creatura.

1. El principio de la inmanencia

El principio de la inmanencia es una adquisición típicamente moderna. "Mientras hasta el Renacimiento las afirmaciones de ateísmo (y las afines de monismo, panteísmo, naturalismo...) eran la consecuencia de una "reducción" o rebajamiento del hombre al común denominador ontológico de la materia y el ser del hombre venía reducido a una u otra forma de elemento o principio de la naturaleza, el pensamiento moderno -y su ateísmo- en cambio, se constituye precisamente mediante la reivindicación de la originalidad del hombre frente a la naturaleza".

Es decir, que antes del Renacimiento eran ateos los que negaban la trascendencia del hombre sobre la materia y la naturaleza, mientras que después del Renacimiento, por el contrario, son ateos quienes afirman dicha trascendencia. "La reivindicación está expresada por el nuevo principio de la inmanencia, o sea de la elevación del ser del hombre al *cogito,* o sea de la reducción del actuarse del ser al actuarse del *cogito...*

Así, la verdad no es, como para el ateísmo clásico naturalista, un simple volverse del hombre a la naturaleza, sino que brota de la posibilidad del hombre que se presenta como libertad de ser. Es decir que en el ateísmo moderno hay una divinización del hombre, mientras que en el antiguo había un rebajamiento y una materialización del mismo. Por ello, Fabro puede añadir que esta positividad del nuevo ateísmo (sea el mismo marxista o existencialista o neopositivista o pragmatista...) está expresado en el ambicioso epíteto de "humanismo" que los ateos de la época moderna reivindican especialmente a partir de Feuerbach[504].

2. El principio de la inmanencia implica la negación del principio de contradicción y el ateísmo

"La tesis de la implicancia del ateísmo en el principio de la inmanencia no es ciertamente nueva: importa retener firmemente la profunda afinidad que circula en los sistemas más opuestos del pensamiento moderno y que es la razón del combate que se traba entre los mismos. Racionalismo y empirismo, deísmo, sensismo, criticismo, idealismo, fenomenismo, positivismo... con los otros sistemas menores que se pueden indicar, constituyen las etapas de la autenticación del *cogito*. Es verdad que en la resolución atea del *cogito* el materialismo parece expresar un evidente desentono y un patente contrasentido, y por esto, el ala racionalista e idealista refutó siempre como indigna la calificación de ateísmo. Pero después de la obra de Nietzsche, Feuerbach y Sartre, tal desdén se ha hecho siempre más raro y se puede decir que hoy ha desaparecido completamente entre los filósofos: hay que admitir que esto constituye una contribución notable de honestidad y claridad en el campo especulativo[505].

Para entender el principio de inmanencia y sus implicancias hay que partir del hecho de que "la filosofía moderna ha constituido sin duda la más audaz tentativa del espíritu humano, que es la autofundación y formación del pensamiento en sí mismo. El pensamiento, el *cogito*, se ha erigido en principio primero y único, de donde ha de salir toda realidad. Pero el pensamiento humano es vacío. Tiene que alimentarse con el ser y la realidad que le viene de fuera. Pero el pensamiento, una vez alimentado con la realidad de fuera, puede imaginar esta realidad de muy diversas maneras y según infinitas combinaciones. Puede crear estas combinaciones, *entes de razón*, que respetan o no el principio de contradicción. La idea no supone necesariamente el ser. Esto lo ha visto lúcidamente Santo Tomás contra San Anselmo. La idea de Dios implica la existencia de Dios, enseñaba San Anselmo. Porque "sabido lo que significa este término, *Dios*, en el acto se comprende que Dios existe

---

[504] Cornelio Fabro, *Introduzione all'ateismo moderno*, Editrice Studium, Roma, 1964, pág. 33.
[505] Ibid., pág. 79.

porque con este nombre expresamos lo más grande de cuanto se puede concebir, y más grande será lo que existe en el entendimiento y en la realidad que lo que existe en el entendimiento". Pero Santo Tomás responde: "Aun supuesto que todos entiendan por el término *Dios* lo que se pretende, no por eso se sigue que entiendan que lo designado por ese nombre exista en la realidad, sino sólo en el concepto del entendimiento" *(Suma,* I, 2, 1, ad 2).

Es decir que de la idea, de la idea pura, no se puede pasar al ser. No porque uno tenga la idea de una cosa se sigue que esa cosa exista. Es un principio de sentido común que a la gente se le hace evidente cuando reflexiona y cae en la cuenta de que no, porque sueña tener una fortuna, la tiene en efecto. La idea del hombre, la idea sola, no crea nada ni produce nada.

Para llegar a la realidad de Dios hay que partir de otra realidad, de la realidad de la existencia del mundo. Si el mundo no es capaz de darse existencia ha de existir un Dios que saque esa existencia de la nada.

Pero el pensamiento moderno erige el pensamiento, el *cogito* en fuente creadora. Luego, Dios no es necesario. El pensamiento basta para crear al mundo. Si la realidad del mundo no es independiente y anterior al pensamiento, tampoco hay que buscar la explicación de esa realidad mundana y del pensamiento. En consecuencia, Dios no existe. El principio de la inmanencia implica el ateísmo.

En rigor, también puede decirse que implica la asimilación del ser y de la nada, o sea, la asimilación de los contradictorios, o del ser y el no ser. Ya que la inteligencia humana en cuanto tal, puede, aunque no con coherencia lógica, concebir como compatibles ambos términos, así como puede hacerse la noción de un círculo cuadrado.

Porque la inteligencia depende del ser, como enseña Santo Tomás, pero debidamente aplicada. Puede determinarse por un *ente de razón* como por un ser real, o sea engañarse o ilusionarse. Si la inteligencia puede tomar como realidad lo que no es realidad y como no realidad lo que en verdad lo es, puede con más razón ignorar al Ser por excelencia o negarle.

La afirmación intelectual de la existencia de Dios está necesariamente conectada con el conocimiento intelectual de los primeros principios de la inteligencia porque es en virtud de estos primeros principios y únicamente por ellos, que el hombre se ve constreñido intelectualmente a admitir la existencia de Dios. Al no tener el hombre intuición del ser en común y menos del Ser en sí, su conocimiento de Dios es necesariamente mediado y por vía de resolución en los primeros principios.

De aquí que toda la filosofía moderna, que se rige por el principio de inmanencia, sea una filosofía distorsionada, *contra naturam,* ya que fracasa en la tarea elemental de darnos a conocer a la creatura y al Creador.

3. Descartes introduce el principio de la inmanencia como el primer principio de la filosofía

"La paradoja del pensamiento moderno, escribe Fabro[506], en su fase ascensional y en el período de mayor esplendor que va desde Descartes a Hegel, es, por una parte, el propósito explícito de sus mayores representantes de hacer del Absoluto, en las demostraciones de la existencia de Dios y de sus atributos, el principio y el centro del filosofar, y, por otra parte, la acusación siempre más reiterada de ateísmo por parte de sus enemigos". Y con razón. Porque esta afirmación del Absoluto era de una realidad abstracta y no la de un Dios personal, dotado de inteligencia y libertad. Sobre todo, Dios no era un Dios Creador, que habría fijado el destino personal de la criatura inteligente. De aquí la significación de la denuncia por parte de G.

Hardouin en *Los Ateos Desenmascarados*[507]: "El argumento o acto de acusación central es presentado rápidamente en el breve *Praefatio:* Lo que éstos presentan como Dios no es el Dios de los creyentes, sino tan sólo el Ente, el Ente de todo Ente, la esencia de toda esencia, la Verdad universal, la Bondad universal, la Forma inteligible de toda verdad... atributos diversos que algunos de aquellos autores (alude especialmente a Descartes) han pensado recoger con un solo término, el de Infinito, *Ens infinite perfectum.* De hecho, prosigue nuestro autor, si Dios se redujese tan sólo a un tal infinito, no sería posible el ateísmo; todos, sea en el presente como en el pasado, habrían admitido a Dios, no habrían sido nunca ateos, y sería del todo inútil y fuera de lugar escribir contra el ateísmo".

Hardouin muestra que el Dios de Descartes es precisamente el *Ens,* el *Ens illimitatum, Ens, Res, Perfectio in genere: Ens propterea ínfinitum,*

---

[506] Ibid., pág. 99.
[507] Ibid., nota al pie, pág. 99.

cujus nullum est nomen determinatum; unde et innominabilis a nonnullis appellatur: id fere quod Galli dicunt chose. Así pues esta filosofía es llamada, y con razón, entre los católicos, filosofía de los ateos[508].

Y arremetiendo contra los argumentos de Descartes, Hardouin demuestra que la Idea de Dios, como la del ser infinito que Descartes celebra, no dice más que la idea del *"ens in genere, verum in genere..."*, Ente en general, verdad en general... Y concluye: "El Dios metafísico no es sino el mundo infinitizado y el Dios moral es el hombre infinitizado"[509].

Maurice Blondel ha denunciado las ramificaciones profundas de la corrosión producida por el *cogito* en toda la vida: "La fe personal de un Descartes no ha impedido al cartesianismo preparar el cisma moderno de la especulación metafísica y de la meditación religiosa. No es normal que el filósofo especialice su búsqueda (que, a diferencia de las ciencias positivas, debe ocuparse de todo el hombre y de todo el ser) al punto de mantener, aun si es creyente, una compatibilidad de conciencia en parte doble y establecer tabiques estancos allí donde la necesidad de la unidad, de la universalidad, de la coherencia en la ley superior de toda vida espiritual. Inversamente, el esfuerzo de Leibniz para realizar e implicar la naturaleza en la gracia es a la vez el efecto y la causa de un error no menos grave. Porque al mostrar en lo sobrenatural una simple expansión de la naturaleza profunda prepara al pie de la letra y suscita el espíritu de la ilusión modernista". Y ya había advertido Blondel[510]: "Ya hemos indicado cómo Descartes ha invertido el sentido de la filosofía. No sólo invirtiendo el impulso primero de la búsqueda y al replegarlo sobre el *cogito*, mientras que el primer movimiento de la mente *primus motus mentis* va a la verdad, al ser, a Dios. Otra inversión, que sin duda resulta secretamente de la precedente, ha preparado, si no la regresión, al menos la desviación o desnaturalización del ideal civilizador. ¿Cómo es esto? Descartes ha tenido la firme intención de fundar una ciencia y una filosofía íntimamente asociadas para asegurar su autonomía, su desarrollo franco e indefinido, su reino limitado sin

---

[508] *Hardouin muestra que el Dios de Descartes es precisamente el* Ente, *el* Ente ilimitado, Ente, Cosa, Perfección en general: Ente por lo mismo infinito, del cual no hay ningún nombre determinado; de donde el innominable es llamado por algunos: casi lo que los franceses llaman cosa.
[509] Ibid., pág. 177.
[510] Maurice Blondel, *L'Être et les êtres*, 135.

duda a este mundo y al orden humano, pero, independientemente, y bastándose en este dominio: *mundus nobis traditur*[511]. Metafísico, lo es sobre todo para establecer la certeza de nuestro dominio sobre la naturaleza, para sacar, pacificándolas, la inquietud de las almas, para ofrecer un campo definitivamente asegurado al feliz porvenir de una cultura indefinidamente acrecentada, casi hasta prolongar sin límites asignables la duración de nuestra existencia terrestre (...) se comprende ahora la inmensa apostasía de una concepción que, aun cuando use de Dios, lo usa, para así decir, contra él, lo toma a la letra para que nos deje a nosotros mismos, prescinde lo más posible de él y se contenta con organizar el mundo y la humanidad para nuestro goce, nuestra dominación, nuestra autolatría".

4. *Spinoza introduce la inmanencia metafísica*

El segundo paso, escribe Fabro[512], y más decisivo que el cartesiano, del pensamiento moderno hacia el ateísmo es, sin duda, el de Spinoza (1632-1677): pero la naturaleza de su contribución y en particular del interior dinamismo de sus principios hacia la eliminación del principio teológico de la filosofía es bastante evidente y al mismo tiempo más compleja y controvertida... Se puede decir que mientras el *cogito* cartesiano ha introducido la inmanencia gnoseológica y, con ella, el ateísmo exigencial, Spinoza ha concebido -del fondo panteísta y panenteísta de la filosofía griega, medieval, hebraica y renacentista- la inmanencia metafísica...

Y si Descartes piensa hacer el comienzo con el acto de conciencia... Spinoza va más a fondo y trata de hacer el comienzo con el contenido "del principio de pertenencia" (de las partes en el Todo, de lo finito en lo infinito, del mundo en Dios).

El Dios de Spinoza, cuya libertad se identifica con la necesidad[513], también se identifica con la naturaleza. Es un Dios ciego, mudo y paralítico. "Vemos así que los hombres se han acostumbrado a llamar a las cosas naturales perfectas o imperfectas, más por un prejuicio que por un conocimiento verdadero de las mismas. Hemos mostrado, en el Apéndice de la primera parte, que la naturaleza no obra por un fin; y

---

[511] Un mundo se nos da.
[512] Ibid., pág. 127.
[513] *Epístola XLIII*, Ed. Gebbardt, t. IV, pág 211, cit. Fabro, ibid., pág. 133.

aquel eterno e infinito Ente que llamamos Dios o naturaleza obra por la misma necesidad que hace existir a la misma obra[514]. La razón o causa por la que Dios, o la Naturaleza, obra y por la que existe es la misma. Y así como no existe por ninguna causa tampoco obra por causa del fin y así como no hay del existir tampoco hay del obrar ningún principio ni fin"[515].

El Dios de Spinoza se identifica con su famosa *natura naturans* y ésta con la *natura naturata*.

Dios se identifica con el mundo de las cosas creadas. Así como todo es Dios, Dios no se encuentra en ninguna parte.

Se ha podido decir que, al identificar la naturaleza con Dios, Spinoza ha introducido en ella la expansión de lo infinito, propio de la edad barroca; un infinito de lo informe que reduce a nada lo finito como tal, de acuerdo al principio *omnis determinatio est negatio*, que será luego la clave de la filosofía hegeliana[516]. Al ser divina la creatura, es divino también el hombre, quien queda unido a la divinidad. De aquí que el famoso "*amor intelectual de la mente hacia Dios sea el mismo amor de Dios, por el cual Dios se ama a sí mismo, no en cuanto es infinito, sino en cuanto por la esencia misma del alma humana, considerada bajo la especie de la eternidad, puede desenvolverse; esto es, el amor intelectual del alma hacia Dios es parte del amor infinito por el cual Dios se ama a sí mismo*". La inmanencia de Dios en el hombre se cambia en la inmanencia del hombre en Dios, según la cual el verdadero pensamiento del hombre se identifica con el de Dios y el pensamiento de Dios actúa únicamente en el del hombre. Y así el hombre queda actuado como algo divino, como lo único divino.

5. *La inmanencia metafísica y dinámica del idealismo alemán*

El idealismo alemán debe ser considerado como la forma más completa del pensamiento moderno, como la expresión teorética y sistemática más alta del principio de inmanencia y síntesis de la metafísica espinociana y del *ich denke* kantiano, o sea del principio monístico y naturalístico del ser y de la nueva concepción de la productividad de la

---

[514] Prop. 16, p. I, Fabro, ibid., pág. 137.
[515] Ethicae, P. IV, *Proefatio*, t. 11, pág. 206, citado Fabro, ibid., pág. 138.
[516] Fabro, ibid., pág. 149.

conciencia[517]. Una síntesis de elementos que hoy pueden parecer disparatados y extraños, pero que en realidad muestran una fascinación que tiene pocos puntos comparables en la historia del pensamiento y que pertenece desde ahora a la estructura de la conciencia occidental[518].

> "Se trata de que en el idealismo las aspiraciones e instancias más vitales del pensamiento moderno -como la pertenencia esencial de la verdad a la conciencia, la aspiración de recoger en una unidad dinámica la naturaleza y el hombre así como a la naturaleza y lo absoluto, el propósito de penetrar y recoger al Uno y el todo en lo múltiple y en lo diverso, la nostalgia de recoger lo eterno en el tiempo y de conjugarse a la primera fuente de la vida y en fin la síntesis creadora de la conciencia toda extendida para absorber en el acto especulativo la elevación de la religión histórica- habían hecho brillar la esperanza de recoger al fin el enigma de la libertad y de poner en las manos del hombre, con el sentido cumplido de la historia, la solución del misterio de la existencia"[519].

Spinoza había reducido su Dios a la naturaleza, a un bloque rígido e inmóvil, y en cambio el idealismo había concebido la naturaleza como el crear como tal, la creación pura sin ningún objeto, la productividad pura y absoluta. Pero la productividad y el crear no es sino de objetos singulares. Y en cambio para esta filosofía sólo puede existir un ser único, eterno e inmutable, esto es, el Ser de la productividad absoluta. El idealismo alemán había realizado un espinosismo dinámico: pero mientras Fichte había erigido en absoluto la conciencia moral, Schelling había conferido esta dignidad a la "natura", proclamándola la "... productividad absoluta, la sagrada fuerza creativa del mundo que genera y produce con la actividad de sí misma todas las cosas, el único verdadero Dios, el Viviente"[520].

Pero en realidad en la concepción del Dios-Natura no se puede sin absurdo identificar el ser y la nada en el sentido de la identidad del Incondicionado con lo condicionado, de la necesidad con la razón, de la razón con lo absurdo, del bien con el mal... es decir que esta filosofía destruye lo que está en la raíz de la dignidad del hombre, la libertad de

---

[517] Ibid., pág. 461.
[518] Fabro, ibid., pág. 461.
[519] Ibid., pág. 461.
[520] Citado por Jacobi, *Von den göttlichen Dingen...*, S. W. Bd., III, 342, en Fabro, ibid.., pág. 524.

la razón, y el hombre no tendría otra superioridad frente al bruto que la del error y la mentira"[521].

Jacobi mostraba que "mientras el teísmo refiere el mundo y todos los seres finitos a lo Absoluto como Causa primera, el naturalismo resuelve toda la realidad del mundo en el Uno-todo... como fundamento y abismo infinito. Es una inversión y sustitución muy sintomática para quitar la máscara al verdadero rostro de la nueva filosofía en sus variaciones panteístas".

Jacobi repite por lo mismo a Schelling, contra el materialismo trascendental, lo que había opuesto a Fichte contra su moralismo trascendental: "La razón sin personalidad es un absurdo, el mismo absurdo de aquella *materia fundamental* o del *fundamento originario*, que es todo y no uno, o sea uno y ninguno, la perfección de lo imperfecto, lo absolutamente indeterminado, y es llamado Dios por aquellos que no quieren saber del verdadero Dios, pero que todavía evitan negarlo en los labios"[522]. A la fórmula de los naturalistas *sin el mundo, no hay Dios,* Jacobi opone la fórmula *sin Dios no hay mundo.*

Hegel, en su *Historia de la Filosofía*[523], señala claramente que "la sustancia de la filosofía espinocista es solamente una sustancia rígida, no es aún el espíritu, no es uno en ella cabe sí. Y tampoco Dios es aquí el Espíritu porque no es el Dios trino y uno. La sustancia espinocista conserva su rigidez, su petrificación, sin las fuentes de un Boehme, pues las determinaciones del entendimiento no son los espíritus fuentes de Boehme, que se entrelazan y desaparecen los unos en los otros".

De aquí que Hegel censure al espinocismo porque carece de la dinámica que tiene lo "negativo". La sustancia espinocista, escribe Hegel[524], está concebida como "totalmente en abstracto, pero no en su vivacidad". Al faltar lo negativo -el "separador" de Boehme- falta el movimiento, el devenir, el fuego, la conciencia de sí[525].

6. El drama del humanismo ateo

---

[521] Jacobi, ibid., Fabro, ibid., pág. 524.
[522] Ibid., Fabro, ibid., pág. 525.
[523] Fondo de Cultura Económica, III, pág. 309.
[524] Ibid., pág. 310.
[525] Ibid., pág. 310.

Henri de Lubac publicó un libro con este título[526], donde daba cuenta de las corrientes del ateísmo en el proceso de inmanencia iniciado por Descartes y consumado en el idealismo alemán. El verdadero autor de la corriente ateísta en el siglo XIX es Hegel, quien por vez primera habla de la *muerte de Dios*[527].

Feuerbach sacó consecuencias de la dialéctica de la conciencia de Hegel y demolió esta dialéctica. Fue el gran anillo de unión entre Hegel y la corriente revolucionaria de Marx[528].

Hegel muere en 1831 y casi en seguida se produce el gran debate con respecto al problema de Dios que divide a la izquierda de la derecha hegeliana. "Para explicar el mecanismo de esta teogonía, Feuerbach recurre al concepto hegeliano de *alienación*. Pero mientras Hegel lo aplicaba al Espíritu Absoluto, Feuerbach, invirtiendo la relación de la "idea" a lo "real", lo aplica al hombre de carne y hueso[529].

La alienación, según él, consiste en el hecho de encontrarse el hombre desposeído de algo que le pertenece por esencia en provecho de una realidad ilusoria. La divinidad le pertenece al hombre, y he aquí que éste, sabiéndose privado de la misma, la proyecta en un ser exterior, en un sujeto fantástico, e inventa la idea de Dios. Por un mismo acto despoja al mundo de lo que contiene y lo traslada a Dios. El hombre pobre cree en un Dios rico... y afirma en Dios lo que niega en sí mismo"[530].

Para Feuerbach entonces "la esencia del hombre es el ser supremo... Si la divinidad de la naturaleza es la base de todas las religiones, comprendido el cristianismo, la divinidad del hombre es el objetivo final... El punto clave de la historia será el momento en que el hombre tomará conciencia de que sólo el Dios del hombre es el hombre mismo. *Homo homini Deus*".

Feuerbach había querido dar por título a *La Esencia del Cristianismo*, que es la primera de sus obras, el lema de su idea esencial: *Gnothi seavton*, conócete a ti mismo. El hombre era la verdadera divinidad. La

---

[526] *Le drame de l'humanisme athée*, Edt. Spes, París, 1945, 3ª ed.
[527] *La phénomenologie de l'Esprit*, Aubier, París, 1951, I, pág. 287.
[528] Ver mi libro, El poder destructivo de la dialéctica comunista.
[529] Feuerbach, *L'essence du christianisme*, traduit de l'allemand par Jean-Pierre Osier, François Maspero, París, 1968.
[530] Ibid.

gnosis se hallaba perfectamente cumplida y consumada en el materialismo sensista de Feuerbach.

En su tiempo, Feuerbach produjo una verdadera revolución. Engels ha hablado de la extraordinaria impresión de liberación que experimentarían muchos de los jóvenes de su generación, en noviembre de 1841, en la lectura de la *Esencia del Cristianismo*. "El entusiasmo fue general... Todos nos convertimos inmediatamente en feuerbachianos"[531]. Pero el gran discípulo y admirador de Feuerbach fue Carlos Marx, quien ha dejado estampada en *La Sagrada Familia* su admiración, y así escribe:

"La crítica absoluta, que jamás ha salido de la jaula de la concepción hegeliana, se enfurece aquí entre los barrotes de los muros de su prisión... Pero ¿quién ha descubierto el misterio del sistema? Feuerbach. ¿Quién ha destruido la dialéctica de los conceptos, la guerra de los dioses, lo único que los filósofos conocían? Feuerbach. ¿Quién ha puesto, no ciertamente la significación del hombre -¡como si el hombre pudiera tener otra significación además de la de hombre!- sino "el hombre" en lugar del viejo baratillo, incluso de la "autoconciencia infinita"?

Feuerbach y solamente *Feuerbach*

Pero el Dios de Carlos Marx no debía ser el hombre individual de carne y hueso, sino la clase social despojada, la de los proletarios, que, en una lucha de muerte debía despojar a la clase burguesa del poder del dinero y del gobierno y erigir la sociedad perfecta y divina de la humanidad. El comunismo de Marx se presentaría como la verdadera realización concreta del humanismo y de la divinidad del hombre. Allí el problema humano encontrará solución completa.

> "Este comunismo, como un naturalismo completamente desarrollado, es igual a naturalismo y es la *genuina* solución del conflicto entre el hombre y la naturaleza, y entre el hombre y el hombre -la verdadera solución de la lucha entre la existencia y la esencia, entre la objetivación y la propia consistencia, entre la libertad y la necesidad, entre lo individual y la especie. El comunismo es la solución del

---

[531] Engels, *Ludwig Feuerbach*, Ed. Carthago.

enigma de la historia y el conocimiento de haber logrado esta solución"[532].

"Y la religión de los trabajadores, escribía Marx, es sin Dios porque busca restaurar la divinidad del hombre"[533].

7. Nietzsche y la muerte de Dios

Nietzsche, de alguna manera, quedó impresionado por Feuerbach. La religión sería el resultado de un desdoblamiento psicológico. Dios no sería otra cosa que el espejo del hombre[534]. Y la religión no sería sino un caso de alteración de la personalidad humana. Y en el cristianismo este proceso de envilecimiento alcanzaría un grado extremo. "La muerte de Dios" había tenido una interpretación correcta en la teología tradicional, tanto católica como protestante. Pero con Hegel había comenzado a tomar otro acento. En Nietzsche ya traduce una opción. "Ahora, dice Nietzsche, nuestro gusto decide contra el cristianismo y no los argumentos". Es un acto y acto tan neto y brutal como el de un asesino. La muerte de Dios no es sólo para él un hecho terrible, sino que es querido. Si Dios ha muerto, "nosotros le hemos matado". Somos los asesinos de Dios"[535]. Pocas páginas se han escrito tan tremendas y tan patéticas como aquellas en que Nietzsche describe el anuncio de la *muerte de Dios*. En la *Gaya Ciencia* aparece el loco con su anuncio inusitado de la muerte de Dios.

El loco

"Quizás hayan oído hablar del loco que, en una soleada mañana, encendió una linterna y corrió a la plaza del mercado gritando sin parar: ¡Busco a Dios! ¡Busco a Dios! Por allí había mucha gente que no creía en Dios y les produjo un gran regocijo oír al loco. ¿Qué pasa, se ha perdido? dijo uno. ¿Se ha extraviado como un niño? dijo otro. ¿Acaso se esconde? ¿Está asustado de nosotros? ¿Quizá haya emprendido un viaje por mar? ¿Habrá emigrado? decía la gente chillando y riendo alborotadamente. El loco se plantó en medio de ellos y los atravesó con la mirada. ¿A dónde se ha ido Dios? gritó.

---

[532] Marx, *Economic and philosophic manuscripts 1844*, Foreign Languages Publishing House, Moscú, pág. 162.
[533] Carta a Hardmann.
[534] Henri de Lubac, ibid., pág. 41.
[535] Ibid., pág. 47.

¡Ahora voy a decirlo! ¡Lo hemos matado, vosotros y yo! ¡Todos nosotros somos asesinos! Pero, ¿cómo lo hemos hecho? ¿Cómo hemos sido capaces de beber en el mar? ¿Quién mordió la esponja que nos ha permitido borrar el horizonte entero? ¿Qué hicimos al separar la tierra de su sol? ¿Hacia dónde se dirige ahora? ¿Hacia dónde nos dirigimos nosotros? "¿Lejos de todos los soles? ¿Acaso no avanzamos sin parar? ¿Hay todavía un arriba y un abajo? ¿No andamos descaminados, como si vagáramos por la nada infinita? ¿No alienta el espacio vacío sobre nuestras cabezas? ¿No hace más frío? ¿No es cierto que la noche avanza continuamente, cada vez más oscura? Tendremos quizá que encender linternas en pleno día.

¿No oímos el ruido de todos los sepultureros que están enterrando a Dios? ¿No advierte nuestro olfato la putrefacción divina? Porque los dioses mismos están sujetos a ella. ¡Dios ha muerto! ¡Dios sigue estando muerto! ¡Y nosotros lo hemos matado! ¿De qué modo nos consolaremos nosotros, los más abyectos de los asesinos? Lo más santo y lo más alto que el mundo ha tenido hasta ahora, ha derramado hasta la última gota de sangre bajo nuestro cuchillo. ¿Quién borrará en nosotros la mancha de esa sangre? ¿En qué agua nos lavaremos?

¿Qué lustros, qué fuegos sagrados tendremos que inventarnos? ¿No deberíamos convertirnos en Dios sólo para hacernos dignos de él? ¡Jamás ocurrió nada de mayores proporciones, y con relación a ello todos los que nazcan después de nosotros pertenecerán a una historia más alta que cualquiera de las anteriores!

"Al llegar aquí, el loco guardó silencio y miró de nuevo a sus oyentes; ellos también estaban callados y lo miraban con sorpresa. Al final tiró su linterna, de modo que se rompió y dejó de alumbrar. "Llego demasiado pronto", dijo entonces, "no he venido en momento oportuno".

Este acontecimiento prodigioso está todavía en camino; no ha llegado todavía a los oídos de los hombres. El rayo y el trueno, la luz de las estrellas y las hazañas tardan un tiempo en ser vistos y oídos. Esta acción, por ahora, está más alejada de ellos que la estrella más lejana - y sin embargo, ¡son ellos quienes la han llevado a efecto!-. Se dice que después el loco se encaminó hacia varias iglesias aquel mismo día y que dentro de ellas entonó el *Requiem aeternam Deo.*

Cuando se le invitaba a salir y a dar una explicación, siempre respondía: "¿Qué otra cosa pueden ser ahora estas iglesias sino las tumbas y mausoleos dedicados a Dios?".

8. El principio de la inmanencia en la política moderna

El principio de la inmanencia que pone en el hombre mismo al Creador y que por lo mismo diviniza al hombre, al tiempo que seculariza y humaniza a Dios, debía dar un contexto secularizado y humanizado a todo un movimiento gnóstico y cabalístico que se venía operando en Occidente, y del cual dimos cuenta ya al ocuparnos de Juan Scoto Eriúgena y de Joaquín de Fiore. De este movimiento se ocupa particularmente uno de los pensadores más advertidos en política de la actualidad, en su valioso libro *"The New Science of Politics"*, Eric Voegelin.

Eric Voegelin arranca de la *Civitas Dei* de San Agustín, que había dedivinizado el mundo pagano y había creado los fundamentos sanos de la Cristiandad, que se mantuvieron mil años en la sociedad occidental, para ser luego alterados por la intromisión de elementos gnósticos y cabalísticos que volvieron a redivinizar, aunque en contexto secularizado, la sociedad.

El planteo de Eric Voegelin

El choque entre los diversos tipos de verdad en el Imperio romano acabó con la victoria del cristianismo. La desacralización de la esfera temporal del poder fue el resultado inevitable de la misma. Ya hemos adelantado que los problemas de representación específicamente modernos tendrían relación con una redivinización del hombre y de la sociedad. Estos dos términos necesitan especialmente una más extensa definición, dado que el concepto de la modernidad, y con él, la periodización de la historia, dependen del significado que se dé a la redivinización [536]. Por ello, debe entenderse por desacralización el proceso histórico en que la cultura del politeísmo murió de atrofia y la existencia del hombre en la sociedad se reordenó, a través de la experiencia del destino del hombre y por la gracia de Dios que trasciende al mundo, hacia la vida eterna en visión beatífica... la redivinización moderna tiene más bien su origen en el mismo cristianismo y se deriva de componentes que fueron eliminados como

---

[536] Eric Voegelin, *The New Science of Politics*, The University of Chicago Press, 1952, pág. 107; ed. cast., pág. 168.

heréticos por la Iglesia universal. Habrá que concretar con mayor precisión la naturaleza de esta tensión interna del cristianismo[537].

En la vida de la Iglesia hubo, en los primeros siglos, algunos fermentos cabalísticos que especulaban *con una nueva especulación y apocalipsis dentro de la historia*. Pero esto fue rechazado firmemente por los Padres y Doctores y definitivamente en la *Civitas Dei* de San Agustín. Éste abandonó claramente la creencia en el milenio como fábula y audazmente declaró que el reino de los mil años será el reino de Cristo en su Iglesia en el presente siglo que debía continuar hasta el juicio final y el advenimiento del reino eterno en el más allá[538].

La concepción agustiniana de la Iglesia, sin cambio sustancial, permaneció efectiva hasta el final de la Edad Media. La expectación revolucionaria en la Segunda venida, que había de transfigurar la estructura de la historia en la tierra, fue descartada como "ridícula"... La sociedad cristiana única quedó articulada en los órdenes espiritual y temporal. En su articulación temporal aceptaba la "conditio humana" sin fantasías kiliásticas, pero a la vez sublimaba la existencia natural con la representación de su destino espiritual por medio de la Iglesia... [539]. La Iglesia en cuanto representación históricamente concreta del destino espiritual del hombre encontró su paralelo en el Imperio romano como representación históricamente concreta de la temporalidad humana[540].

> "La sociedad cristiana de Occidente se articulaba, pues, en los órdenes espiritual y temporal, con el Papa y el Emperador como sus representantes supremos tanto en el sentido existencial como en el trascendental. De esta sociedad, con su sistema establecido de símbolos, surgieron los problemas específicamente modernos de la representación con la nueva aparición de la escatología del Reino... Joaquín de Fiore, cuya concepción hemos estudiado ya[541], rompe la concepción agustiniana de la historia e introduce un nuevo reino del Espíritu dentro de la historia misma hacia donde converge todo el devenir histórico".

---

[537] Ibid., pág. 107; ed. cast., pág. 168.
[538] *Civitas Dei*, 7, 8 y 9.
[539] Voegelin, ibid., pág. 109; ed. cast., pág. 171.
[540] Ibid., pág. 110; ed. cast., pág. 172.
[541] Ver capítulo V de la presente obra.

"Como variación de este símbolo son reconocibles la periodización humanística y enciclopedista de la historia en antigua, medieval y moderna; las teorías de Turgot y Comte sobre la sucesión de las fases teológica, metafísica y científica; la dialéctica de Hegel sobre los tres estadios de la libertad y plenitud autorefleja; la dialéctica marxista con sus tres fases del comunismo primitivo, la sociedad de clases y el comunismo final, y por último, el símbolo nacional-socialista del Tercer Reich..."[542]

"El segundo símbolo es el del caudillo. Cobró realidad inmediata en el movimiento espiritual de los franciscanos, quienes vieron en San Francisco el cumplimiento de la profecía de Joaquín.

Las especulaciones del Dante sobre el "Dux" de la nueva edad espiritual vinieron también a reforzar su eficacia. Luego es identificable en las figuras paracléticas, los "homines espirituales" y "homines novi" del final de la Edad Media, el Renacimiento y la Reforma; puede discernírsele como uno de los componentes del "príncipe" maquiavélico; en el período de la secularización surge de nuevo en los superhombres de Condorcet, Comte y Marx, hasta llegar a dominar la escena contemporánea con los dirigentes paracléticos de los nuevos reinos"[543].

El tercer símbolo es el del profeta de la nueva era... Por ello el profeta gnóstico o, en las últimas fases de la secularización, el intelectual gnóstico es un elemento de la civilización moderna[544].

El cuarto símbolo es la fraternidad que se realiza en la historia con el descenso del Espíritu Santo. Joaquín concebía la nueva edad como fraternidad de monjes; los puritanos como iglesias de santos y el misticismo marxista como un reino de la libertad sin la compulsión del Estado.

La estructura de la historia queda cambiada. "El movimiento de la historia no se realiza en ciclo, como expusieran Platón y Aristóteles, sino que adquiriría dirección y destino. En la elaboración de su visión teórica, San Agustín distinguía entre la esfera profunda de la historia en la que los imperios se levantaban y caían y una historia sagrada que culminaba con la aparición de Cristo y el establecimiento de la Iglesia. Además, situaba la historia sagrada en una historia trascendental de la

---

[542] Ibid., pág. 111; ed. cast., pág. 175.
[543] Ibid., pág. 112; ed. cast., pág. 175.
[544] Ibid., pág. 112; ed. cast., pág. 176.

Civitas Dei que incluía los acontecimientos de la esfera evangélica y los del sábado eterno trascendental. Sólo la historia trascendental, incluyendo el peregrinaje de la Iglesia, tenía dirección hacia un cumplimiento escatológico. La historia profana, por otra parte, no tenía tal dirección; era un esperar para el fin; su modo presente de ser era el *saeculorum senescens,* una edad que envejecía.

Con la especulación joaquímica, el proceso histórico se inmanentiza y saca de sus mismas entrañas una edad nueva del Espíritu. "La idea de un cumplimiento radical inmanente creció más rápidamente en un largo proceso que puede ser llamado "del humanismo al Iluminismo"; sólo en el siglo XVIII con la idea del progreso, tuvo crecimiento la significación en la historia y se hizo un fenómeno completamente intramundano, sin irrupciones trascendentales. Esta segunda fase de inmanentización puede ser llamada de "secularización""[545].

La inmanentización de un objetivo cristiano se seculariza porque se da en el contexto de negación de Dios que hemos estudiado más arriba en este mismo capítulo. Eric Voegelin advierte que en esta historia inmanentizada se da un *eidos histórico* que dirige la marcha de la historia y el resultado es una *interpretación progresista* de la historia, que puede asumir la forma de una utopía, como en el caso de Santo Tomás Moro, o de las varias formas de idealismo que sueñan con la abolición de la guerra y de la desigual distribución de la propiedad, del miedo y de la necesidad o final- mente pueden vestirse en una total transfiguración revolucionaria del hombre como en el marxismo[546].

Eric Voegelin muestra cómo esta inmanentización de un *eschaton cristiano* -un estado de perfección ideal, realizado dentro de la historia, aunque sea secularizado- se opone a la fe cristiana, que es un asentimiento intelectual a la palabra de Dios y descansa en cambio en una "falsa experiencia, en una iluminación o gnosis, que debe ser históricamente ligada con los antiguos sistemas gnósticos o cabalistas". "La experiencia gnóstica -escribe Voegelin- ofrece un firme asidero y es una expansión del alma al punto de que Dios es dibujado en la existencia humana. Esta experiencia puede comprometer las facultades humanas, y de aquí, en efecto, es posible distinguir varias clases de facultades gnósticas de acuerdo a la facultad que predomina en la operación de alcanzar a Dios. La gnosis puede ser primariamente

---

[545] Ibid., pág. 119; ed. cast., pág. 186.
[546] Ibid., pág. 121; ed. cast., pág. 189.

intelectual y asumir la forma de una penetración especulativa del misterio de la creación y de la existencia, como por ejemplo, en la gnosis especulativa de Hegel y de Schelling. Puede ser primeramente emocional y tomar la forma de una habitación de la divina sustancia en el alma humana, como por ejemplo en los líderes de las sectas paráclitas. O puede ser primariamente volicional y tomar la forma de una redención activista del hombre y de la sociedad, como por ejemplo en los activistas revolucionarios como Comte, Marx o Hitler"[547].

Y aquí añade Voegelin una advertencia muy importante: "Estas experiencias gnósticas, en la amplitud de su variedad, son el centro de la *redivinización de la sociedad*[548] porque los hombres que caen en estas experiencias se divinizan a sí mismos sustituyendo cada vez más la fe en el sentido cristiano por los modos pasivos de participación en la divinidad[549].

Las experiencias gnósticas que alimentan al hombre de hoy, experiencias secularizadas, son el humanismo, el iluminismo del siglo de las luces, el progresismo, el liberalismo, el positivismo y el marxismo. Y finalmente, con su prodigioso avance desde el siglo XVII, la ciencia puede llegar a ser, está uno inclinado a decir inevitablemente, el vehículo simbólico de la verdad gnóstica.

En la especulación gnóstica del cientificismo esta variante particular alcanza su punto extremo cuando la perfección positivista de la ciencia reemplaza la era de Cristo por la era de Comte. El cientificismo ha quedado como una de los movimientos gnósticos más fuertes de la sociedad occidental; y el orgullo inmanentista de la ciencia es tan fuerte que aun las ciencias especializadas han alcanzado un sedimento distinguido en las variantes de salvación por la física, economía, sociología, biología y psicología[550].

9. *La Revolución moderna*

Con la inmanentización del *eschaton cristiano* dentro del curso mundano de la historia -lo cual es típicamente gnóstico o cabalista, como hemos advertido- la sociedad se convierte en cambiante y

---

[547] Ibid., pág. 124; ed. cast., pág. 194.
[548] Subrayado por mí, J. M.
[549] Ibid., pág. 124; ed. cast., pág. 194.
[550] Ibid., pág. 127; ed. cast., pág. 199.

revolucionaria. Eric Voegelin estudia con detención el caso de los puritanos, que fueron sin duda los primeros revolucionarios gnósticos que lograron el dominio político de una nación. Con ellos, la Revolución triunfa en la sociedad occidental, rechazando el destino sobrenatural del hombre que se aseguraba en la Iglesia Católica dando lugar primero a una expansión naturalista del hombre, y luego a una liberal que será seguida luego por la expansión comunista[551].

La Revolución Británica es la primera revolución de un país que en su totalidad entra en la sociedad revolucionaria de la modernidad[552]. Por esto, Isaac Disraeli, padre de Benjamín, conde Beaconsfield, comienza la vida de Carlos I publicada en 1851 con estas palabras: "Estaba predestinado que Inglaterra había de ser la primera de una serie de revoluciones que todavía no está terminada".

La revolución inglesa fue hecha por los puritanos, que eran "gnósticos revolucionarios, empeñados en la lucha por la representación existencial que tuvo como resultado el derrocamiento del orden social inglés, el control de las universidades por los puritanos y el reemplazo de la ley común por la ley escriturística. Hooker[553] comprendió perfectamente lo que hoy no se entiende acerca de que la propaganda gnóstica era acción política y no la búsqueda de la verdad en el sentido teórico. Con sensibilidad infalible diagnosticó el componente nihilístico del gnosticismo en la creencia puritana de que su disciplina, siendo el absoluto mandamiento del Dios todopoderoso, debía ser recibida como de lo alto; aquí estribaba el peligro mayor". En la cultura política del tiempo era harto claro que el gobierno, no los súbditos, representaba el orden de la sociedad.

La revolución gnóstica de los puritanos procedía, a su vez, de la formulación sistemática operada por Calvino en sus *Instituciones,* que con ellas había creado un Corán gnóstico[554].

---

[551] Ver mi libro, *El comunismo en la Revolución anticristiana*, Theoria, Buenos Aires, 1964.
[552] A. H. M. Ramsay, *The nameless war,* Britons Publishing Comp., Londres, 1962, Traducido y publicado por Omnia Veritas Ltd, *La guerra innominada - El poder judío contra las naciones,* www.omnia-veritas.com.
[553] Hooker, Richard, *Works,* ed. Keble, (7 Oxford 1888), citado por Voegelin, ibid., pág. 137; ed. cast., pág. 213.
[554] Voegelin, ibid., pág. 139; ed. cast., pág. 215.

Después de esta primera gran revolución habían de venir otras, la francesa, la rusa y la mundial, operadas todas ellas con la misma estructura y configuración, con los mismos métodos y por los mismos poderes. A este respecto, las obras de Nesta H. Webster, *World Revolution, The plot against civilization* y *Secret Societies and subversive movements*[555] son definitivas para demostrar que el proceso está afectado por una total dependencia de un foco central que hay que situar principalmente en la Cábala. La Revolución Mundial procedería de este foco y tendría como objetivo fundamental la destrucción del poder de la Iglesia Católica romana y de su obra civilizadora, es decir, de la civilización cristiana. Este intento cabalístico se habría perpetrado a través de las sectas gnósticas como los albigenses, los templarios, el ocultismo y en la edad media y edad moderna a través de las innumerables sociedades secretas que, a su vez, impulsan los movimientos comunistas y anárquicos. El peligro judeo-masónico-comunista no sería sino la ejecución, en el plano práctico y político, de la Cábala.

Para el conocimiento de estos planes y de su realización hay que acudir a los autores expertos en la materia como Barruel[556], Cretineau-Joly[557], Dom Benoit[558], Drumont[559], Descbamps[560], Mons. Jouin[561], Henri Ford[562], León de Poncins[563], Henry Coston[564], Pierre Virion[565], Mauricio Carlavilla y tantos otros.

---

[555] Britons Publishing Comp., 1964.
[556] *Mémoire sur le Jacobinisme.*
[557] *L'Église romaine en face de la Révolution.*
[558] *La cité antichrétienne*, 2 tomos, 2ª ed., París, 1894.
[559] *La France Juive*, 2 tomos, París.
[560] *Les sociétés secrètes et la société, París, 1880.*
[561] *Le péril iudéo-maconniques; Les protocols des Sages de Sion.*
[562] *El judío internacional.*
[563] *Les Forces secrètes de la Révolution*, Beauchesne, París, 1932; *Les juifs maitres du monde*, Beauchesne, París, 1932.
[564] *Les financiers qui mènent le monde.*
[565] *El gobierno mundial y la Contra-Iglesia; La masonería dentro de la Iglesia*, Cruz y Fierro Editores, Buenos Aires.

CAPÍTULO XI

DIVERSOS CAMINOS MANIFIESTAN LA INVASIÓN DE LA CÁBALA EN EL MUNDO CRISTIANO

La Cábala entra abiertamente con la filosofía y la política en el pensamiento y en la vida del mundo cristiano. Desde allí ha de dominar todos los otros sectores del pensamiento y de la vida. Todo queda inundado por experiencias cabalísticas. Pensamiento, política, sociología, psicología, economía, literatura, todo rezuma la concepción cabalística de Dios, el mundo y el hombre. La Cábala, en la misma contradicción y en antagonismo, ha de expresar las mil variantes de su rico e inagotable contenido. Por esto, en el presente capítulo trazaremos un cuadro general de las grandes líneas por donde el mundo cristiano ha sido inundado por la Cábala judía. Para seguir un orden, primero expondremos las líneas del esoterismo, hinduismo y ocultismo; en segundo lugar, las líneas filosóficas del hegelianismo, marxismo y existencialismo; en tercer lugar, las líneas del psicologismo en Freud y Jung, y en cuarto término, las líneas de la sociología, economía, o política y cultura de masas.

1. Las líneas cabalísticas del esoterismo

René Guénon (1886-1940) representa lo más alto que ha producido el esoterismo, quizá en todos los tiempos [566]. El esoterismo es una

---

[566] Las principales obras de René Guénon son: *Introducción general al estudio de las doctrinas hindúes*, ed. Losada, Buenos Aires, 1945; *L'homme et son devenir selon le Vedanta*; Les Éditions tradicionnelles, París, 1952; *Orient et Occident*, Véga, París, 1948; *Les etats mu/tiples de l'être*, 1932, 2ª ed., 1947; *Autorité spirituelle et Pouvoir temporel*, Véga, París, 1947; *La grande Triade*, Table ronde, París, 1947; *Aperr;us sur l'esotérisme chrétien*, Les Éditions tradicionnelles, París, 1954; *Symboles fondamentaux de la Science sacrée*, Gallimard, París, 1962; *Le symbolisme de la Croix*, Véga, París, 1934; *Aperçus sur l'initiation*, Les éditions tradicionnelles, París, 1953; *L'ésotérisme*

metafísica pura, la cual no sería, en la concepción de René Guénon, ni pagana ni cristiana, sino universal. Las formas religiosas no serían sino un modo de expresión *exterior* de ciertas verdades de esta metafísica. Frithjof Schouon, discípulo de Guénon, ha publicado un libro, *"De l'unité trascendante des religions"*[567] donde da cuenta autorizadamente de las principales tesis del esoterismo y, por lo mismo, de René Guénon. En este pensamiento una primera tesis es la de la *gradación de la realidad universal:* La realidad se "afirma por grados", pero sin dejar de ser una. Los grados inferiores de esta afirmación se encuentran absorbidos por la interacción o síntesis metafísica, en los grados superiores: es la doctrina de la ilusión cósmica: el mundo no es más o menos imperfecto, "efímero", sino que no es de ninguna manera con respecto a la realidad absoluta, ya que la realidad del mundo limitaría la de Dios que solo "es"; pero el ser mismo, que no es otro que el "Dios personal", se encuentra a su vez superado por la "divinidad impersonal" o "suprapersonal", el "No-ser", del cual, el Dios personal o el Ser, no es sino la primera Determinación[568].

Estas ideas las expresa René Guénon diciendo que el "Sí mismo" es el principio trascendente y permanente del cual el ser humano y cualquier otro ser no es sino una modificación transitoria y contingente. O el principio supremo, total y universal, por lo tanto impersonal, está más allá de toda calificación y más allá de toda distinción. O también, lo infinito es lo que no tiene límite, que lo contiene todo y fuera de lo cual no hay nada. O también la posibilidad universal contiene todas las posibilidades, de las cuales el Ser o también el No Ser son por consiguiente aspectos. Lo no manifestado comprende las posibilidades de la no-manifestación y las posibilidades de manifestación, en cuanto tales, no se manifiestan. El estado de no manifestación es siempre transitorio y condicionado.

De aquí aparece que el Dios o la realidad o la posibilidad infinita de Guénon coincide totalmente con la del *En Sof* de la Cábala. Dios es todo y además es el no ser o la nada. Lo mismo ha de aparecer en la noción de creación o de caos.

La noción de creación *o* de caos.

---

de Dante, Les éditions traditionnelles, París, 1949. Tous deux publiés par Omnia Veritas Ltd, www.omnia-veritas.com.
[567] Gallimard, París, 1948.
[568] Ibid., pág. 51.

La *creación,* en tanto resolución del *caos,* es en cierto modo instantánea, es propiamente el *fíat lux* bíblico; pero lo que está verdaderamente en el origen del *cosmos* es la Luz primordial misma, es decir el *espíritu puro* en el cual están las esencias de las cosas; y a partir de aquí el mundo manifestado no puede efectivamente sino ir rebajándose más y más hasta la *materialidad.*

Esta producción del orden a partir del caos está asimilada por todas las tradiciones a una iluminación: *fiat lux.* El caos está identificado simbólicamente con las tinieblas y con la potencialidad. La producción del universo manifestado es una producción del orden a partir del caos, siendo el caos indefinido y el cosmos lo definido[569].

La realización metafísica

El hombre toma conciencia de lo que en realidad nunca ha dejado de ser, a saber de su identidad esencial con el principio que es lo único real[570]. Aquí aparece el panteísmo del sistema guénoniano, al igual que el del vedanta y el de la Cábala. El hombre puede acceder a lo sobrehumano tomando conciencia de que su ser está realizado en otro ser que prolonga su yo, como la ola realiza el mar. El hombre no es una unidad absoluta y completa sino que está abierto por lo alto y la metafísica es la ciencia que cumple la realización, o sea, que hace que el cognoscente se identifique ontológicamente con lo conocido. En la realización esta identificación se cumple en el "sí mismo", o sea, en Brahman, en el Cero metafísico, en el No-ser[571].

Estas ideas sobre la metafísica constituirían la tradición primordial de todos los pueblos. René Guénon se ha esmerado en múltiples y valiosas obras en hacer la exposición de estas doctrinas y en destacar la significación y el valor de la Cábala. En *Le Roi du Monde* (1930) se explaya largamente en las interpretaciones de la *Shekinah* y de *Metatron* que lo acercan peligrosamente a lo demoníaco[572].

Aunque René Guénon conoció a Papus en 1906 y, a través de él y de Saint-Yves d'Alveydre se puso en contacto con los círculos esotéricos que provenían de Martínez de Pasqually y de Luis Claudio Saint-

---

[569] Jacques Marcireau, *René Guénon et son œuvre,* París, 1946, pág. 61.
[570] Frithjof Schouon, ibid., pág. 53.
[571] *Symbolisme de la Croix,* págs. 25, 193 y 203.
[572] *Renovatio,* Núm. 2, 1967, pág. 300.

Martín, es claro que sus enseñanzas son más elevadas que las de todos ellos.

René Guénon ha sido siempre gnóstico, pero tomando distancia del gnosticismo histórico, colocará a la Iglesia gnóstica, a la que perteneció, en la misma categoría que el espiritismo, el teosofismo y el ocultismo[573]. Su línea de iniciación hay que colocarla en la de *barabah* del Sheikh Elish que la ponía en la línea del sufí del siglo XII, Ibn'Arahi, uno de los representantes más eminentes de lo que especialistas como G-C. Anarrabe y Louis Gardet han llamado, a falta de algún término mejor, un "monismo existencial"[574].

Lucien Meroz, que ha seguido inteligentemente la trayectoria espiritual de René Guénon señala que éste "inspirándose en cierta vista de la Cábala hebraica, interpreta el relato del Génesis y comprende lo que llama "símbolo de la caída universal"[575]. Siguiendo esta especie de mitología, el hombre es representado en el origen como idéntico a un solo principio: el Verbo o Verdad total. Toma el nombre de *Adam Kadmon*. Interviene un nuevo factor: *Nashah,* el egoísmo o deseo de la existencia universal. El Adam Kadmon original se segmenta y las partículas separadas que de él provienen constituyen el *Adam Protoplastes,* es decir, el primer formador.

El *Adam Kadmon* podría ser comparado con la idea platónica del hombre. Es también el Andrógino. En el interior del *Adam Kadmon* surge la voluntad de existencia individual designada por el nombre de *Adam Protoplastes.* Los dos Adam son como dos caras invertidas, la una de luz, la otra de tinieblas, y se hallan simbolizadas en la higuera de los dos ancianos del Zohar y en el sello de Salomón[576].

No podría decirse que René Guénon haya sufrido la influencia directa de la Cábala; más bien, estas influencias son las de las tradiciones brahamánicas y sufitas y a través de ellas, también de la Cábala, ya que todas las tradiciones coinciden y convergen en la gran Tradición primordial de la humanidad.

---

[573] *Lucien Méroz,* René Guénon et la Sagesse initiatique, *París, pág. 47.*
[574] Ibid., pág. 48.
[575] Ibid., pág. 192.
[576] Ibid., pág. 194.

Raymond Abellio, otro autor esotérico[577]. En su novela *La Fosse de Babel*, Raymond Abellio habla por vez primera de *la estructura absoluta* como clave universal del ser y del devenir, de las situaciones y de las mutaciones. La estructura absoluta se fundaba en la esfera senaria universal derivada de la Biblia, interpretada ésta cabalísticamente. "Consideramos, dice[578], la Biblia y los textos de explicación que la acompañan, los *Sefer Yetzirath*, libro de la creación, y el *Sefer-ha-zohar* o libro del Esplendor, que constituyen la Cábala, o tradición primordial como el depósito y el campo de la ciencia numeral... La construcción y el mecanismo sefirótico constituyen el centro mismo de la Cábala y el nudo de nuestra ciencia...". "Los documentos hebraicos son por excelencia documentos iniciáticos". La obra de Abellio se funda a su vez en los trabajos de Fabre d'Olivet[579].

"La ciencia numeral, dice Abellio, es la ciencia de los ciclos y de las vibraciones que componen el mundo. De esta manera, como toda ciencia es, a la vez, un modo de representación y un modo de acción. No daré, dice, aquí, la definición del número que las escuelas pitagóricas y platónicas han desarrollado largamente. El gran misterio no está en el número, sino en el paso del número al ciclo de los números, cuya relación es la misma que el de la inmovilidad al movimiento. La existencia del "sí mismo" considerada aisladamente no establece en el No-Ser ninguna dualidad, ninguna hendidura y, en el sentido propio, ninguna *existencia*. Es la unidad absoluta. Y ninguna meditación es posible sobre el número 1 considerado en su perfección estática.

El movimiento comienza en el número 2, cuando al nivel del "sí mismo" aparece la conciencia del sí mismo, elemento de imperfección y con todo de progresión, pero de progresión cíclica, porque inmediatamente el binario trae el ternario y el acto de *conciencia de sí mismo* objetiva un tercer término, la *Conciencia*. En un solo movimiento están entonces indisolublemente ligados no sólo el sí mismo, sino el acto de conciencia mismo, es decir, el consciente, lo conocido y el conocimiento. Es el primero y a la vez el más simple y

---

[577] *Ha publicado las siguientes obras, todas ellas en francés, en Gallimard, París:* Les yeux d'Ezechiel sont ouverts, *1949;* La Fosse de Babel; Vers un nouveau prophetisme; La Bible, document chiffré *(2 volúm.);* La structure absolue; Heureux les pacifiques (Flammarion); Assomption de l'Europe *(Flammarion).*
[578] La Bible, document chiffré, *pág. 14.*
[579] *Cosmogonie de Moise; La langue hebraique restitué,* 2 vol. Rorban Ainé, París, 1815, Chacornac, 1905.

general de los ciclos. Es la procesión del Padre, del Hijo y del Espíritu Santo que genera intemporalmente al Hijo... ¿qué hace falta para que la encarnación comience? Que el *otro* en el sentido platónico, sea a su vez existente, y que se pase así del ternario al cuaternario. Pero esta materialización por el 4 es incompleta. Para que la procesión continúe y se acabe, es necesario que este otro adquiera a su vez su propia conciencia de sí y objetive su propia inteligencia, es decir, que al término primordial se confronte un segundo ternario. Es la Encarnación del Hijo, por el nacimiento del número seis, cifra de cumplimiento en la creación, simbólicamente expresado por el mito general de seis etapas o seis días. El nacimiento del número seis expresa también el génesis desde su primera palabra: *Bereschit*. El *Sifra di-Tzeniutha* da en efecto la traducción oculta siguiente: "Seis, en el principio (Bereschith) creó seis (bara schith)..."[580].

> "Se quisiera ver el tetragrama chino de Wen Wang que, a la cabeza del Yi King, da, según Matgioi, *La voie métaphysique,* la llave del fenomenismo universal... se reconocería la expresión mitológica del *Ein Sof* hebraico... Y todo esto para concluir en la magia. La magia era antes un contacto directo con las fuerzas divinas..., pero hoy el aumento de "una conciencia clara", vértigo psíquico y conciencia clara... Más tarde "la eficacia mágica de la palabra ligada al dominio progresivo de las vibraciones cósmicas, aparecerá más claramente"[581].

Y aquí viene el punto en que se distancian René Guénon y Abellio. El primero censura acremente al mundo moderno, que se alejaría cada vez más de la tradición primordial y caminaría hacia el reinado de la cantidad; el segundo, en cambio, trata de conjugar la Cábala con la modernidad en el aspecto fenomenológico de Husserl[582] y de Heidegger y en los aportes de las ciencias matemáticas. *"No hay,* escribe, *una sola cuestión planteada desde este ángulo por la ciencia tradicional que no evoque de manera más o menos precisa cuestiones de la misma naturaleza planteadas por las más altas y más recientes teorías matemáticas, sobre todo aquellas que están en curso de elaboración y*

---

[580] *Abellio,* La Bible, document chiffré, *pág. 21.*
[581] Ibid., págs. 24 y 25.
[582] Ver en *La structure absolue,* Gallimard, París, 1965, como se incorpora al esoterismo la fenomenología de Husserl y la ontología heideggeriana.

que no hacen sino presentir la posibilidad de una futura y prodigiosa síntesis entre las ciencias exotéricas y el conocimiento secreto"[583].

Y añade Abellio: "Y, en otro dominio, quizá sea un intersigno que las matemáticas han tomado por símbolo de los nombres transfinitos la letra hebrea *aleph;* se puede quitar no importa qué número de *aleph* y ésta siempre queda idéntica a sí misma". Esta frase sacada de una obra de Eddington[584] podría servir para plantear lo que llamamos en nuestra genética el problema de la Emanación o de la creación *ex nihilo*[585].

2. Las doctrinas hinduistas y el Occidente cristiano

Abellio en *La structure absolue*[586] nos dice, repitiendo las tesis de la Cábala, que "el problema de lo Indeterminado, llamado Supremo *Brahman* por los hindúes, *Tem* (el que no existe en forma) por los egipcios, *Ain-Sof* por los judíos, *deidad* de Dios por el maestro Ekhart y *Ungrund* por Jacobo Boehme, se confunde con el de la infinidad de los posibles, y la suprema contingencia aparece allí como resultado de una determinación absoluta... La deidad nos aparece como la equivalencia de un lleno absoluto y de un vacío absoluto"[587]. Por aquí aparece que las gnosis, tanto antiguas como modernas, son una mezcla de los misterios de todas las religiones y tradiciones con un barniz de elementos también cristianos y todas tienen una misma y única estructura, calcada sobre el hinduismo, parsismo, religiones caldeas y egipcias, hermetismo e infaltablemente, el molde fundamental de la gnosis cabalística.

De aquí que las doctrinas hindúes cumplan un papel de primerísima importancia en esta diseminación de la mentalidad cabalística.

Modernamente la difusión del hinduismo[588] como religión o práctica esotérica en el Occidente ha cobrado gran impulso. A fin del siglo XVII y comienzos del XVIII el hinduismo parecía moribundo como consecuencia de prácticas mágicas o idolátricas. El primero que le dio

---

[583] *La Bible chiffré, I, pág. 33.*
[584] Espace, Temps, Gravitation, *Hermann, París.*
[585] *La Bible chiffré, I, pág. 34.*
[586] Pág. 315.
[587] Ibid., pág. 316.
[588] Todo este punto sobre neo-hinduismo está tomado del excelente libro de Emile Galtier, *La Pensée hindoue, du Seuil,* París, 1960.

nuevo vigor fue *Ram Mohan Roy* (1772-1833), el fundador del Brahma Samaj. Para él el hinduismo es teísta. Dios es el autor del universo y debe dársele adoración sólo en el espíritu, sin que sea permitido darle ningún nombre ni representación plástica. La moralidad, la fe, la humildad son los caminos de salvación. Por igual camino continuaron Debendranath Tagore (1817-1905) y Keshab Chandrasen (1818-1884)[589].

Dayananda Sarasvati (1824-1883), conociendo bien el hinduismo popular y el yoga de su tiempo, trató de renovar al hinduismo. Para probar en nombre de los Vedas la existencia de tres eternos, Dios, las almas y el mundo, para establecer también sobre los Vedas los fundamentos de la ciencia moderna, en la medida en que tuviere contenido, debió solicitar los textos de manera poco científica[590].

Ramakrishna Paramahansa (1834-1886) fue el hombre de las experiencias extraordinarias. Sus visiones son incontables y ofrece un sistema de estudio interesante para el psicólogo y para el historiador de las religiones. Para él, todas las formas de hinduismo son igualmente buenas en sí mismas, aunque la devoción a la diosa madre Kalí le arrebatase. La condición de sus experiencias era que *todas* las formas religiosas no eran sino aspectos de una misma verdad.

Extendió esta teoría también al Islam y al cristianismo[591].

Vivekananda (1863-1902), su sucesor, se presenta bajo un aspecto totalmente opuesto. Es sobre todo un extravertido, un dinámico. Repite las lecciones de su maestro sobre la relatividad de todas las religiones. Su retórica sabe amplificar las ideas recibidas de Ramakrishna, lo que le permite tomar de la ciencia profana y de todos los sistemas filosóficos conocimientos superficiales y dar lugar a un sincretismo en cuya cima irradia el *Advaita*.

Su éxito en el Congreso de las Religiones de 1893 lo incitó a fundar la "Ramakrishna Mission".

No dudó en estudiar las constituciones de las órdenes monásticas cristianas y tomar de ellas las bases de su propia organización. Sus discípulos hacen aún un trabajo real en la India, publicando libros,

---

[589] Ibid., pág. 11.
[590] Ibid., pág. 114.
[591] Ibid., pág. 114.

dando conferencias, ocupándose de los pobres, misioneros, etc. Fuera de la India, ofrecen a los americanos y europeos no avisados una presentación del hinduismo que difiere del de los hindúes ortodoxos[592].

La teosofía. Esta sociedad fundada por Mme. Blavatsky y llevada a su cenit por Annie Besant, no es hinduismo. Es una combinación poco feliz de elementos sacados del hinduismo, del budismo y del cristianismo. En el fondo, el anticristianismo es una de sus actitudes fundamentales[593].

Aurobindo Gnose (1872-1950). Bastante conocido en los medios mundiales. Su "ashram", monasterio de Pondichéry, es una bella realización económica, una especie de falansterio[594].

Su yoga quiere mostrar la vía de la liberación y al mismo tiempo preparar una raza de liberados vivientes, de super-hombres. No como los de Nietzsche, que superen a la humanidad en el crimen, sino super-hombres que, habiendo realizado su naturaleza divina, hagan irradiar la felicidad. Cuando explica su posición metafísica, se encuentra de nuevo delante de un Advaita, no el de Caneara, en que el mundo y el hombre serían productos de la Maya, sino un mundo de multiplicidad que no debe ser sacrificado a la unidad. Una bella presentación de la teoría del "Chedâbheda", distinción sin distinción: la distinción y la unidad son igualmente verdaderas.

El segundo aspecto de su teoría afirma que, si hay evolución, es porque ha habido involución, es decir, que todo, aun la materia, es el aspecto del Uno, o mejor, que lo Uno, apareciendo bajo diferentes formas, produce la multiplicidad como juego de lo uno.

Muchas corrientes atraviesan la posición tomada por Aurobindo: la corriente advaítica, las influencias de Plotino, de Bergson, del cristianismo y aun otras. La complejidad de la presentación del sistema le da apariencias de profundidad, mientras algunos elementos prestados dan a los adeptos un terreno conocido.

Otros filósofos modernos. No se puede pasar en silencio a uno de los representantes más conocidos del hinduismo moderno, a Shri S. Radhakrishnan. Su posición filosófica es una advaíta sin Maya. Tiene

---

[592] Ibid., pág. 115.
[593] Ibid., pág. 115.
[594] Ibid., pág. 116.

una posición anticristiana y es de la India según él, de donde habría venido el elemento místico del cristianismo.

K. Coomaraswammy (1877-1947) fue un esotérico hinduista que conoció los libros de René Guénon y aceptó la idea de una verdad tradicional única de tan buen grado que sus búsquedas no cesaban de confirmársela. En su obra principal, *Hindouisme et boudhisme*[595] trata de restablecer el significado del budismo original, que habría sido desnaturalizado por los orientalistas.

Habría que advertir que no sólo los hindúes han tratado de introducir el hinduismo en la sociedad occidental sino que los mismos occidentales se han empeñado en revalorar la doctrina de los Upanishad. Como representante máximo de esta tendencia figura Aldous Huxley (1894-1963) que en los últimos años de su vida se aficionó a la filosofía y el misticismo hindúes y publicó una cantidad de obras donde refleja esta preocupación, como *The perennial philosophy* (1946).

3. El Ocultismo

Ocultismo, Espiritismo, Teosofía, son etiquetas intercambiables que designan los mismos productos. Podría decirse lo mismo del esoterismo, al que nos referimos anteriormente, pero que tiene una presentación intelectual más distinguida. El corifeo moderno más relevante del ocultismo es sin duda Éliphas Levi, quien ha dicho: "A través del velo de todas las alegorías hieráticas y místicas de los antiguos dogmas, a través de las tinieblas y de las pruebas extrañas de todas las iniciaciones, bajo el sello de todas las escrituras sagradas, en las ruinas de Nínive y de Tebas, bajo las piedras corroídas de los antiguos templos y bajo el rostro ennegrecido de las esfinges de Asiria y de Egipto, en las pinturas monstruosas o maravillosas que traducen para los creyentes de la India las páginas sagradas de los vedas, en los emblemas extraños de nuestros viejos libros de alquimia, en las ceremonias de recepción practicadas por todas las sociedades misteriosas, se encuentran siempre las huellas de una misma doctrina, en todas partes cuidadosamente escondida. La filosofía oculta parece ser la nodriza o la madrina de todas las religiones, la palanca secreta de

---

[595] Gallimard, París, 1949.

todas las fuerzas intelectuales, la llave de todas las escrituras divinas"[596].

Los ocultistas invocan la *Génesis de Enoch*, anterior a Moisés y a los profetas e idéntica en su fondo a las enseñanzas del antiguo Egipto. *Hermes Trimegisto*[597] es uno de sus autores favoritos, y sobre todo, los libros de la Cábala. La tradición ocultista está ligada con la Cábala por Nicolás Flamel (muerto en 1413), Pico de la Mirándola (1463-1494), el sacerdote Trithemo (1462-1516), Cornelio Agrippa (1486-1536), Paracelso (1493-1541), Guillermo Postel (1510-1581), Jacobo Boehme (1575-1625), en el cual se inspiró el marqués Claudio de Saint-Martin (1743-1803). En los años que preceden la revolución francesa, Europa está surcada de personajes misteriosos, de carácter equívoco: el conde de Saint-Germain (1710-1784), José Bálsamo (1743-1795) , llamado Conde de Cagliostro, el magnetizador Mesmer (1733-1815), el sueco Swedenborg (1688-1772). Más recientemente, el ocultismo se inspira en Fabre d'Olivet (1767-1825), quien, con la clave de los santuarios de Egipto, pretende reconstruir la cosmogonía mosaica, y que transmite sus poderes a Éliphas Lévi, el sacerdote católico Alfonso Luis Constant (1810-1875), quien expone los principios y la historia del ocultismo en sus célebres obras *La clef des grands mystères*[598], *Histoire de la Magie*[599], *Dogme et rituel de la haute magie*[600], *La science des esprits*[601]. Los herederos de Éliphas Levi son Stanislas de Guaita (1860-1899), Josephin Pelladan (t 1920), Saint Yves d'Alveydre (1842-1909) y el Dr. Gerard Encause (1865-1916), llamado Papus, quien tiene publicada *La Cabbale*[602].

No es necesario que expongamos la doctrina de los ocultistas, pues habría que repetir lo dicho.

Sólo querría subrayar el libro del Dr. Adolfo Weiss, *La ley universal de las sociedades*[603], donde estudia lo que llama la lección biológica dada por nueve mil años de historia del género humano. Esta lección

---

[596] Éliphas Levi, *Dogme et rituel de la haute magie*, París, Germer-Baillière, 1856, 2 vol. T. I, Introd.
[597] Ver Festugiere, *La Révélation de Hermes Trismegiste*, Gabalda, París.
[598] Librairie Alean, París.
[599] Alcan, París, 1922.
[600] Alcan, París.
[601] Alcan, París.
[602] Éditions Dangles, París.
[603] Editorial Kier, Buenos Aires, 1945.

biológica sería interpretada a través del ocultismo, que suministraría la síntesis para entender cuál es el gobierno ideal de los pueblos. A esto nos llevaría el epílogo en el que se recogerían las "experiencias históricas cuya voz es esta obra, [que] pide a los gobernantes más libertad que el radicalismo, más igualdad que la democracia, más aristocracia personal que la nobleza de origen, más fraternidad que el socialismo, más jerarquía auténtica que los representantes de tronos y altares"[604].

¿Y qué nos enseñaría la experiencia histórica de los pueblos? Que hay una ley universal biológica de las sociedades: la constitución trinitaria, los tres poderes sociales.... "Esta ley no la he inventado, dice Weiss, sólo la he verificado y dado a la luz. Las universidades antiguas y modernas que me "suministraron el material de conocimiento. India, Irán, Tibet, el Egipto Antiguo, China, Japón, el Israel de Moisés, la Hélade de Orfeo, la Roma de Numa, la Judea de los profetas y de Jesucristo, todos ellos son testigos de la verdad de este libro y de la ley social por él revisada en el pasado, este testador de todos los principios en estado de actividad y cumplimiento en el presente y para el futuro"[605].

Hay que formar tres cuerpos en la sociedad: el cuerpo de los docentes, el cuerpo de los juristas y el cuerpo de los economistas. La opinión pública debe persuadirse de que sólo una sociedad gobernada por la *autoridad* de la sabiduría, por el *poder* del Estado y por la *estructuración* de la economía realizará la paz sinárquica en la que entrarán todos los cultos y universidades, todos los tribunales y los sindicatos económicos de Europa y el mundo.

Es decir que el plan universal del ocultismo sinárquico del cual esbozó los lineamientos Saint Yves d'Alveydre coincidiría con el viejo plan de las sociedades secretas y masónicas.

Nos quedaría por referir algunas expresiones más vulgares y populares del ocultismo, como el espiritismo de Allan Kardec, que cree en la reencarnación, el mismo espiritismo de Arthur Conan Doyle, el famoso autor del personaje Sherlock Holmes, que trató de entrar en contacto con el mundo de los muertos; la teosofía de la Blavatsky (1831-1891), Annie Besant (1847-1933) y Khrishnamurti (1895-) ; la antroposofía

---

[604] Ibid., pág. 453.
[605] Ibid., pág. 453.

de Rudolf Steiner (1861-1925); los esoteristas Gurdieff (1877-1949) quien contó entre sus discípulos a Louis Jouvet, Aldous Huxley, H. O. Lawrence y Lanza del Vasto; el físico Bennet; Ouspensky, autor del *Tertium Organum*, que en alguna época de su vida mantuvo relaciones con Gurdieff; Louis Pawells, con su célebre revista *Planete*.

4. La línea cabalista de la filosofía hegeliana

Hemos mostrado en el capítulo nueve cómo Hegel es un autor típicamente gnóstico. El famoso sistema no es sino una gnosis con el vocabulario de la filosofía alemana. Con la muerte de Hegel en 1831, el sistema se rompe en pedazos. Por un lado, la famosa derecha hegeliana y por el otro la aún más famosa izquierda. Los distintos sistemas gnósticos no indican sino lineamientos generales que luego cada autor va a llenar y determinar según sus gustos y preferencias.

Así pasa también con Hegel. Ya en vida de Hegel, Herbart, en 1822, había advertido sobre la profunda contradicción que atravesaba todo el sistema hegeliano del derecho. "Hegel, decía, quiere reconciliar lo inconciliable, esto es, el monismo espinocista y la libertad kantiana"[606].

Pero la verdadera división se iba a establecer, después de la muerte del gran filósofo, con motivo de la polémica en torno de la religión. "La escuela hegeliana se dividía entonces, como el parlamento francés, en una derecha que aplicaba la idea de la unidad de la naturaleza divina y humana, considerando toda la historia evangélica como auténtica historia; a ésta pertenecían Goschell, Garbler y Bauer; en un centro que cumplía aquella aplicación tan sólo en parte, en el sentido de la derecha, al que pertenecía Rosenkranz; y una izquierda representada por Strauss, que la aplicaba en el sentido de no considerar enteramente como historia al relato bíblico"[607].

La izquierda no hacía sino resaltar la posición gnóstica de Hegel, que consideraba la vida divina manifestándose en las grandes personalidades históricas, pero de ningún modo plena y absolutamente, y como el grado más alto que podía ser alcanzado por la persona humana en el de la propia conciencia en una unidad propia en Dios. Jesucristo habría poseído esta conciencia en grado que ningún otro

---

[606] *Enciclopedia Filosófica*, Firenze, 1957, t. II, col. 1.018.
[607] Ibid., col. 1.023.

mortal tubo[608]. Detrás de Strauss, Feuerbach y Marx debían llegar a posiciones más radicales, pero siempre dentro de la línea gnóstica o acentuando sus caracteres.

Los momentos de la dialéctica hegeliano-comunista como una trasposición profana de los misterios cristianos. Para comprender a Marx hay que comprender a Hegel, y para comprender a Hegel hay que comprender los misterios más profundos del cristianismo. Porque tanto Hegel como Marx no han hecho sino trasponer los misterios cristianos: el primero en un plano filosófico, y el segundo en un plano económico social.

El cristiano eleva su mirada hacia un Dios trascendente, infinitamente trascendente. Aunque reconoce que con su presencia Dios se hace inmanente en las creaturas, sabe que su modo especialísimo de ser -Ser subsistente- está fuera y por encima de todo lo creado. Dios -plenitud de ser- no ha creado al hombre por una necesidad intrínseca de complementarse sino por un acto completamente gratuito de la sobreabundancia de su bondad.

El Dios trascendente, plenitud de Ser, sin mezcla de finitud o imperfección, encierra en su Deidad dos comunicaciones de su misma esencia: una, por vía de inteligencia; otra, por vía de amor -dos procesiones-, la del Verbo y la del espíritu. Pero ellas se cumplen en la inmanencia de la Divina Esencia. El Padre ingénito desde la eternidad engendra al Hijo, comunicándole su mismísima esencia y el Padre y el Hijo dan procedencia al Espíritu Santo por vía de amor. El misterio de la Trinidad es el misterio más augusto e impenetrable de todos los misterios. Pero hay otro misterio también augusto e impenetrable, y es el de la Encarnación del Verbo: "Y el Verbo -el Logos- se hizo carne". Cierto que Dios se basta a sí mismo y no tiene necesidad de la creatura. Sin embargo, se comunica libremente a ella. La comunicación más grande se realiza en Cristo. El Hijo, la Segunda Persona, sin dejar de ser Dios toma en unidad de persona la naturaleza humana. El Hijo se hace hombre. En el misterio de la Encarnación, dos naturalezas, la divina y la humana se unen en la misma persona. San Pablo nos describe este misterio como la *negación de Dios* y así nos dice en la *Carta a los filipenses*, 2, 5:

---

[608] Ibid., col. 1.023.

"Tened los mismos sentimientos que tuvo Cristo Jesús, quien, existiendo en la forma de Dios, no reputó codiciable tesoro mantenerse igual a Dios; *antes se anonadó*, tomando la forma de siervo y haciéndose semejante a los hombres, y en la condición de hombre se humilló, obediente hasta la muerte, y muerte de cruz, por lo cual Dios le exaltó y le otorgó un nombre sobre todo nombre para que al nombre de Jesús doble la rodilla cuanto hay en el cielo, en la tierra y en los abismos, y toda lengua confiese que Jesucristo es Señor para gloria de Dios Padre".

En esta enseñanza de San Pablo hay que poner atención especialmente en este *"se anonadó"*, que en latín la Vulgata traduce por *"exinanivit"*, se hizo nada, y el original griego por ἑαυτὸν ἐκένωσεν, se vació. Porque de aquí procede toda la interpretación teológica falsa que había de introducir el luteranismo, y que influiría sobre Hegel para la creación filosófica de la dialéctica que, como hemos señalado, descansa de modo particular sobre el principio del "segundo momento", el de la "antítesis" o "negación", o "contradicción", o "alienación".

San Pablo, cuando habla de este "anonadamiento", o "vaciamiento" de Cristo, no lo hace ontológico como si Cristo dejara de ser Dios y se hiciera otra cosa, sino simplemente quiere llamar la atención de los cristianos sobre el ejemplo de humildad que nos dio Jesús, el cual siendo Dios se mostró como un simple hombre escondiendo la gloria y el poder de la divinidad.

La doctrina cristiana adulterada por el luteranismo

Estos dogmas cristianos van a ser adulterados por el movimiento protestante que nació en la reforma de Lutero.

El catolicismo mantenía una actitud especulativa y sapiencial de los misterios cristianos. Los consideraba en sí mismos, en su realidad "especulativa". Pero con Lutero comienza un movimiento teológico de la *acción y del conocimiento práctico*. Los dogmas no interesan como verdades *en sí*, verdades objeto de pura contemplación, sino como verdades para nosotros, y en cuanto se refieren a nuestra justificación. Lutero presta atención a lo que él llama *Theologia crucis*, en contraposición a la *Theologia gloriae*. El aspecto metafísico de la Cristología tampoco le interesa, pero sí su aspecto dramático. Poco le importa que Cristo tenga dos naturalezas: en cambio le interesa que haya venido a tomar nuestros pecados y a darnos su justicia. Y así también concibió de una *manera práctica* lo que los teólogos llaman la *communicatio idiomatum*, es decir, el hecho de que a un *sujeto concreto único*, Cristo, Verbo Encarnado, puedan aplicársele indistintamente las propiedades de la naturaleza humana y de la naturaleza divina. *"Dios murió por nosotros"*, se dice y con propiedad. Y ello en virtud de esta *"communicatio idiomatum"* sin que ello signifique que haya sufrido y muerto, en cuanto Dios, en su Deidad. Sufrió y murió en su humanidad, la cual es creada y pasible, pero como esta humanidad pertenece a la Persona Divina del Verbo, legítimo es afirmar que Dios -la Persona Divina del Verbo- ha sufrido y muerto en la Cruz.

Lutero, en cambio, *comienza* a entender esto de que *"Dios se hizo hombre y pecado"* en Jesucristo como si se efectuara *"un cambio"* de las virtudes y de la situación de las dos naturalezas tomadas como realidades concretas. Dios, tomando en Jesús nuestras debilidades y aun tomando nuestro pecado, pero atribuyéndonos su Justicia, y después, ulteriormente, su Gloria[609].

Este defecto de rigor especulativo y de consideración sapiencial va a determinar que aquel texto del Apóstol a los Filipenses en que se habla de que Dios se anonadó, se interprete como si Dios al encarnarse se despojara de sus atributos de esencia divina, de su inmutabilidad, y adquiriese condiciones creaturales. Se inicia entonces un movimiento teológico que va a culminar en lo que se conoce como la *teología de la Kenosis*, y en la cual los teólogos protestantes de los siglos XVIII y XIX van a sostener que el Logos tiene facultades para limitarse en cuanto a su ser y actividad y que en la carrera de Cristo en la tierra la divinidad ha estado limitada, y así la *"communicatio idiomatum"* se interpreta como *"Logos non extra carnem nec caro extra Logos";* a saber, como si el Verbo no tuviera ser fuera de la humanidad y la humanidad fuera del Verbo[610].

Debajo de estos errores puramente teológicos hay en el luteranismo un error fundamental filosófico proveniente del nominalismo. El nominalismo no tiene una noción exacta sobre el ser, que se predica no unívoca sino analógicamente de los distintos seres que lo realizan diversamente. Dios es el Ser por esencia, y la creatura es ser por participación. Hay una predicación analógica. La diversidad del ser permite su unidad. En cambio, en el nominalismo el ser es *unívoco,* de modo que hay, diríamos, una única masa de ser que se distribuye, parte a unos seres, parte a otros; parte a Dios y parte a las creaturas. No hay

---

[609] Yves Congar, *Le Christ, Marie et l'Église*, París, 1952, págs. 32-38; Georges M.-M. Cottier, *L'athéisme du jeune Marx*, J. Vrin, París, 1959, pág. 140.
[610] Dict. de Théologie, *de* Vacant-Kénose.

dos modos esencialmente diversos de poseer el ser -en el caso de Dios, Ser por esencia, y en el caso de la creatura, ser participado y derivado de Dios sino una única manera, de donde se sigue que lo que tiene Dios no lo tiene la creatura y lo que tiene la creatura no lo tiene Dios.

La filosofía de la univocidad del Ser tiende a *oponer* la creatura con el Creador; tiende a extremar la trascendencia divina sobre la creatura, como si para exaltar a Dios hiciera falta humillar y despreciar a la creatura.

La gnosis hegeliana. Sobre esta teología adulterada elabora Hegel su sistema filosófico. Hoy está suficientemente comprobado que Hegel recibió una fuerte impregnación de teología luterana. Paul Asveld, en su excelente estudio *La pensée religieuse du jeune Hegel*, afirma que "Hegel no adhirió nunca a la ortodoxia luterana, aunque fue literalmente asediado por ella".

Todo el fondo del sistema de Hegel es profundamente teológico. Después de los estudios de Nohl[611], Dilthey[612], Enrico de Negri[613], Jean Wahl[614], Hippolite[615], Asveld[616], Grégoire[617], nadie duda al respecto. El dominico Georges M. M. Cottier[618] ha hecho una demostración de esta tesis en las primeras cien páginas de *L'Athéisme du Jeune Marx*, que causa una impresión de sobrecogimiento.

Y en efecto, todo el sistema de Hegel está construido sobre la noción de *Entäusserung* que los autores traducen por el término *alienación*. Enrico de Negri en su excelente artículo *L'elaborazione hegeliana di temi agostiniani*, dice de *entäusserung:* "El automovimiento de la idea o del espíritu absoluto o del sistema en tanto que el sistema se desarrolla o debería desarrollarse sobre un terreno limpio de toda impureza".

---

[611] Hegel Theologische Jungendschriften, *Tubinga, 1907*.
[612] *Hegel y el idealismo*, Fondo de Cultura Económica, Méjico, Buenos Aires, 1956.
[613] *L'elaborazione hegeliana di temi agostiniani*, en Revue Internationale de Philosophie, t. VI, 1952, N° 19, págs. 62-68.
[614] *Le malheur de la conscience dans la philosophie de Hegel*, Presses Universitaires de France, *1951*.
[615] *Genèse et structure de la phénoménologie de l'esprit de Hegel*, Aubier, París, *1945*.
[616] *La pensée religieuse du jeune Hegel*, Desclée, París, *1952*.
[617] *Aux sources de la pensée de Marx*, Vrin, París, 1952. Études hégéliennes, Louvain, 1958.
[618] J. Vrin, París, 1959.

Este término *entäusserung* es la forma sustantivada de la palabra *hat sich selbs geeussert* con que Lutero traduce de la Vulgata aquel *"se anonadó"* de San Pablo a los filipenses de que hablamos más arriba.

Así como en la Encarnación, interpretada en la doctrina de la kenosis, el Logos *se vacía* de la divinidad y se reviste de la humanidad para ser exaltado en la comunidad de la Iglesia por el Espíritu, así en el sistema hegeliano, el Logos, el Espíritu se va vaciando en diferentes figuras hasta alcanzar su completa realización en el Espíritu Absoluto, que comprende lo infinito y lo finito, la identidad de la identidad y de la no identidad.

En este proceso que cumple el Logos podemos considerar un doble movimiento, un movimiento de negación, de alienación, en que el Logos se va despojando de toda trascendencia, y un segundo movimiento, negación de la negación o apropiación -aufhebenen que el Logos se apropia en su inmanencia de la divinidad representada en la anterior trascendencia.

Primer movimiento, la negación. Aquí tenemos que considerar que Dios se hace Cristo, Menschwerdung, se encarna, entendido como una acción o devenir incesante, o mejor, "Dios se identifica con la historia, que es un continuo proceso de revelaciones, manifestaciones, encarnaciones. Aquí tenemos el sentido de la fenomenología del Espíritu, que se desarrolla en sucesivas figuras"[619].

En estas sucesivas figuras Dios muere, o sea que la muerte de Cristo es la negación, lo que en Hegel constituye el alma vivificadora del movimiento.

La muerte de Cristo -alienación- es también mediación, porque una figura nos hace llegar a una figura superior y así a través de la serie de figuras llegamos al saber absoluto. Las figuras que son negación del Logos, el otro del Logos, son también su negación.

Pero Hegel quiere negar primeramente un Dios trascendente; por esto, en este proceso de *entäusserung*, kenosis, que se cumple en la totalidad del sistema hegeliano, se va realizando una serie de alienaciones. Hegel rechaza al Dios trascendente de la tradición judeo-cristiana, se ensaña con el Dios de Abraham. Y en la célebre figura del amo y del esclavo, el amo es el Dios trascendente y el esclavo es la conciencia; pero el

---

[619] Cottier, ibid.

esclavo acabará por ser amo de su amo, cuando logre reabsorber la divinidad en la imanencia de la conciencia.

El segundo movimiento de la entäusserung. El primer movimiento, la negación de la *entäusserung,* no constituye sino un primer tiempo de un movimiento circular. A la pérdida sucede la reapropiación; a la escisión, la reconciliación; a la negación, la negación de la negación. Al anonadamiento de que nos habla el Apóstol sucede la exaltación de que también nos habla. La negación suprime y conserva. Se niega la divinidad como trascendente, pero se la conserva en la inmanencia.

En resumen, que Hegel toma del misterio cristiano de la Trinidad la idea de *proceso* o *procesión,* la cual, aunque en buena teología no implica movimiento ni cambio, Hegel la toma como si fuera un automovimiento. ¿De dónde saca Hegel esta idea de automovimiento que se desarrolla en tres momentos? La saca del misterio de la Encarnación, entendido malamente a través de la teología de la Kenosis, como si el Logos se transformara en la humanidad de Cristo para luego transformarse ésta, en su pasión y muerte, en la exaltación de la Iglesia. Esta confusión y simplificación de los más altos misterios cristianos la traslada desde el plano de la teología al de la filosofía, al del "concepto". En el concepto se ha reabsorbido toda trascendencia y el concepto es sujeto que se automueve y se autocrea. El concepto es *causa sui,* no sólo con relación a sus propias determinaciones, sino que él es la efectividad. El movimiento dialéctico interno era ya un juego de lo mismo y de lo otro. Pero también el Logos debe tener su otro, la natura. *Natura* y *Logos* son así los dos momentos de una unidad dialéctica, pero esta victoria no puede perdurar porque señalaría la victoria de la dualidad y de la escisión. A su vez, Logos y natura son "suprimidos" en el espíritu. El Logos evoluciona a través de la natura en el espíritu, que es identidad de la identidad y de la no identidad. El espíritu se realiza históricamente en *el arte, la religión y la filosofía,* Dios se confunde con la historia. Y como la historia es la humanidad andando, Dios se confunde con la vida de la humanidad, con el devenir humano, vale decir que se va realizando a través de la praxis filosófica.

5. *La gnosis de la dialéctica revolucionaria comunista*[620]

---

[620] Tanto lo de la gnosis comunista como lo de la hegeliana, que aquí se publica, es reproducción de lo escrito en mi obra *El Poder destructivo de la dialéctica comunista.*

Los tres momentos de la dialéctica de Hegel son una transformación *en el plano de la razón humana* de los misterios cristianos y, en especial, del misterio de la Encarnación falsamente entendido. Resulta así una perversa teología, y una perversa filosofía. Los otros misterios de la Trinidad, de la Encarnación, de la Pasión y Muerte del Señor y de la vivificación de la humanidad en el Cuerpo Místico por el Espíritu Santo, son utilizados para construir un sistema ateo y evolucionista que convertirá la filosofía moderna en una divinidad, en una gnosis atea y peligrosa. Se llama gnosis, en sentido peyorativo, todo sistema que racionaliza los misterios cristianos. Es la gran herejía que trata de destruir al cristianismo desde el primer momento de su existencia y que persevera bajo diversos nombres en todas las edades cristianas. A pesar de todo, la gnosis hegeliana no será de todas las posibles la más peligrosa. Hegel mantiene la superioridad del espíritu sobre la materia. Puede discutirse la legitimidad con que Hegel admite esta superioridad del espíritu. Porque en rigor, al constituirse la dialéctica por la contradicción y por la negatividad como por su elemento esencial y constitutivo, está movida no precisamente por el ser sino por la nada. No tiende en consecuencia hacia arriba, hacia el Espíritu, sino hacia abajo, hacia la materia. Sin embargo, aunque puede cuestionarse la coherencia del sistema de Hegel, el hecho es que en él el Espíritu tiene la primacía. Marx, en cambio, con su famosa inversión de la idea en lo económico-social, creará una gnosis más perversa y revolucionaria al llevar al plano de la vida de los pueblos y de las sociedades humanas este cristianismo gnóstico como factor de disolución social. El cristianismo, en efecto, sustancialmente desfigurado y sosteniendo este engendro terrible que es el comunismo ateo de Carlos Marx y de Lenin. Hemos visto cómo Marx mantiene como pieza esencial de su sistema la de *proceso, cambio* y *movimiento*. Nada hay estable, todo es puro proceso. Esta idea la toma de Hegel, el cual, a su vez, en su transposición sacrílega, la toma de las *procesiones* que se cumplen en la inmanencia de la Trinidad.

Este proceso se desenvuelve en los tres grandes momentos de afirmación, negación y negación de la negación. La de Hegel es una dialéctica que se desenvuelve con ritmo triádico.

Este sistema está tomado, también, como hemos explicado, del misterio cristiano de la humillación de Cristo. En la Encarnación, cuando el Verbo se hace Hombre, hay una afirmación, el Verbo, hay una negación -el hombre-, y una negación de la negación o superación -que es Cristo exaltado sobre todo lo creado-. Marx va a llevar estos tres momentos de la dialéctica al plano de la historia actual de la humanidad.

El punto central del sistema de Marx está constituido por lo que se llama *la gran ley de la historia,* o *la profecía de Marx* y que consiste, en definitiva, en el *paso dialéctico* del capitalismo al comunismo. Esta ley tiene tres momentos culminantes. *Primer momento,* la humanidad del comunismo primitivo, cuando por la falta de división del trabajo, y debido al carácter primitivo de la técnica, no hay *posesión privada de los medios de producción.* En la concepción marxista es éste un comunismo puramente "negativo", "pobre", "vacío", algo así como la "idea" de la lógica de Hegel. Para enriquecerse, para pasar de lo vacío a lo lleno y rico, esta humanidad tiene que alienarse, perderse; así como la "idea" de la lógica, antes de llegar a la riqueza del Espíritu Absoluto, tiene que pasar por todas las fases de la naturaleza y de la historia. Y el factor de enriquecimiento, lo constituye la negación o contradicción. El hombre no puede enriquecerse con el progreso técnico si no se niega y se aliena. En realidad, Marx no asigna la razón de la necesidad de esta alienación. ¿Por qué el hombre del comunismo primitivo no pasa directamente y en un proceso continuo al hombre del comunismo con alto progreso técnico sin necesidad de pasar por la etapa del trabajo alienado de la época de la esclavitud, del feudalismo, y del capitalismo? Marx no asigna ninguna razón de esta necesidad.

La impone el juego dialéctico. Y, ¿por qué la impone el juego dialéctico con su movimiento triádico? Tampoco asigna Marx, como no asigna Hegel tampoco, ninguna razón. La herencia cristiana, de la cual no ha podido desprenderse el mundo moderno, aun en la época más profunda de sus aberraciones, está alimentando y sosteniendo un pensamiento que, de otra suerte, se agotaría en un puro nihilismo.

Pasamos al *segundo momento* de la dialéctica comunista, cuando la humanidad, cuya esencia la constituye el trabajo social, se aliena o pierde por la propiedad privada de los medios de producción. Este segundo momento tiene una larga y accidentada trayectoria histórica que recorre en el régimen de la esclavitud, en el régimen feudal y finalmente en el régimen del capitalismo. El progreso técnico determina la división del trabajo, la cual, a su vez, trae como consecuencia que ciertos hombres propietarios de los medios de producción sometan al trabajo a los que están privados de dichos medios. La sociedad se convierte en dos clases irreconciliables, la de los explotadores y la de los explotados, que en la fase actual del desarrollo dialéctico la constituyen burgueses y proletarios. Cada una de estas clases constituye a la otra dialécticamente y, a su vez, se opone a la otra y lucha y combate contra la otra.

La tragedia del drama cristiano en que el Verbo-Dios se entrega a la gran humillación de tomar nuestra humanidad pasible y de hacerle recorrer los diversos pasos de una pasión accidentada y colmada de oprobios, encuentra su correspondiente paralelo en la masa trabajadora de la humanidad -esclavos, siervos y proletarios- que con sus sufrimientos y sus luchas entabla el gran combate para liberar a la humanidad.

Esta alienación económica determinada por la propiedad de los medios de producción, ha de engendrar a su vez otra alienación en el plano social, político, filosófico y religioso. La infraestructura económica determina y engendra también la superestructura. El hombre que se siente esclavo ante el patrón, su amo, en el régimen burgués, se siente también, por una alienación puramente imaginativa, esclavo ante su amo, un Dios trascendente, sobre todo el de la tradición judeo-cristiana. Y el hombre, el proletario, no ha de entablar su lucha a muerte contra el patrón económico, su amo, si no la entabla primeramente contra su amo religioso -el Dios de la religión- pues para vencer la alienación que lo tiene perdido necesita tener confianza en su poder creador, lo cual no sería posible mientras esté acobardado y apocado poniendo su confianza en un Creador fuera de sí. Para que el proletario tome conciencia de su poder creador, de su propia vida y de la historia, debe autoconvencerse de que sólo él es su divinidad para sí mismo, de que el hombre es la *esencia suprema del hombre*[621] y por consiguiente como otro Prometeo debe exclamar "odio a todos los dioses" y hacer suyas las palabras del mismo Prometeo a Hermes, el mensajero de los dioses: "Jamás cambiaré mis cadenas por el servilismo del esclavo. Mejor es estar encadenado a una roca que obligado al servicio de Zeus"[622]. Por aquí se ve que el ateísmo -la guerra a la religión- constituye un elemento esencial e inseparable del comunismo de Marx.

Y así podemos comprender el *tercer momento de la dialéctica comunista*, el de la negación de la negación, cuando el proletariado, pertrechado de la teoría revolucionaria del socialismo científico, entabla su lucha despiadada contra el mundo que él llama burgués, y que lo es en gran parte, ya que por efecto de la revolución anticristiana, la antigua ciudad católica que floreció en el medioevo se ha transformado en la sociedad cristiana aburguesada del mundo occidental. El comunismo

---

[621] Marx, *Crítica de la Filosofía del Derecho de Hegel*.
[622] *Filosofía de Demócrito y Epicuro*.

sostiene que en este tercer momento el proletariado ha de obtener una victoria aplastante sobre la burguesía y que, después de un proceso laborioso, ha de instaurarse finalmente la ciudad mundial comunista. Así como el Verbo se humilla y obtiene la victoria sobre el pecado, así el proletariado redentor humillado salva a la humanidad.

De este comunismo, dice Marx en su famoso *Manifiesto* de 1844: "Él es la genuina solución del conflicto entre el hombre y la naturaleza, y entre el hombre y el hombre, la verdadera solución de la lucha entre la existencia y la esencia, entre objetivación y propia afirmación, entre la libertad y la necesidad, entre el individuo y la especie. El comunismo es la solución del enigma de la historia, y la conciencia misma de ser esta solución".

Así, la afirmación de la humanidad, su pérdida en el capitalismo y su recuperación y salvación en el comunismo, responde a la versión profana y económico-social del misterio cristiano de la Encarnación, de aquel "se anonadó" de San Pablo a los filipenses. El proletariado adquiere los atributos de mesianidad que en el cristianismo corresponden a Cristo, el Salvador, y la ciudad del trabajo comunista es la versión marxista del Cuerpo Místico de Cristo, que es la Iglesia.

El materialismo histórico de Marx es, con toda verdad, una gnosis operativa de la Revolución Anticristiana.

6. La línea cabalista schopenhaueriana

Oponiéndose a la línea intelectualista de Hegel y a la materialista de Marx, Schopenhauer (1788-1860) afirma *la voluntad,* como fuerza creadora, voluntad irracional y mala, que trabaja para la muerte y el nirvana. Se ha dicho de Schopenhauer que era una síntesis de kantismo y budismo. El hecho es que las tesis cabalísticas, a través del hinduismo, aparecen en Schopenhauer por todos los poros de sus obras. "El único sistema filosófico cuyo conocimiento es imprescindible para comprender mi obra es, pues, la filosofía de Kant. Más todavía, es mejor el conocimiento de la filosofía platónica. Y si a más de esto, el lector estuviera iniciado en la sabiduría de los *Vedas,* cuyos secretos nos han revelado los Upanishad, estaría perfectamente capacitado para entender cuanto diga"⁶²³. Y Schopenhauer podría expresar que lo que revelan los Upanishad se lo manifiestan asimismo Spinoza, Bruno, los gnósticos y la Cábala: "Ninguno de nosotros conocemos de un modo inmediato más que una sola cosa: nuestra propia voluntad es nuestra propia conciencia íntima. Todo lo demás lo conocemos por mediación y lo juzgamos por analogía con aquello. Ello depende de que, en realidad, no hay más que un solo ser; la ilusión de la pluralidad *(Maya)*, que se deriva de las formas de la comprensión objetiva extensa que no ha podido penetrar en la conciencia íntima, por lo que ésta no conoce más que un solo ser⁶²⁴. Y este ser único es el yo: "Pero, quien así siente, ¿podrá creerse en contradicción con la naturaleza, imperecedera, completamente mortal? Por el contrario comprenderá el profundo sentido de la sentencia de Upanishad en los Vedas. *Todas estas criaturas en totalidad soy yo, y fuera de mi no hay otro ente*⁶²⁵.

Y los temas de la Cábala y de Spinoza aparecen en la naturaleza hipostasiada y creadora: "Al propio tiempo nos convenceremos de que la fuerza primitiva, la *natura naturans*, está inmediatamente presente, entera e indivisa, en cada una de sus innumerables obras, tanto en la más perfecta como en la más insignificante, de donde se sigue que la naturaleza creadora no conoce por sí mismo ni el tiempo ni el espacio"⁶²⁶.

A su vez, este "yo" es lo mismo que la voluntad. "El mundo es, por una parte, representación y nada más que representación; por otra, voluntad y nada más que voluntad" ⁶²⁷. El mundo es entonces creación o representación hecha por mi voluntad y la única realidad soy "yo" o mi "voluntad", que es, a su vez, la *cosa en sí* de Kant, o sea, la negación o la nada. "Mi doctrina, de acuerdo a estos principios, toma al llegar a su punto culminante un carácter negativo y termina en una negación que llegada a este punto no le queda más que hablar de lo que se renuncia, de lo que se repudia; cuanto a lo que se gana o se encuentra en cambio, se ve obligada a denominarlo la nada; sólo por vía de consuelo añade que no es una nada absoluta, sino una nada relativa. En efecto, cuando una cosa no es nada de lo que conocemos, en realidad no es nada para

---

⁶²³ Schopenhauer, *El Mundo como voluntad y representación*, Aguilar, Buenos Aires, I, 25.
⁶²⁴ Ibid., 11, 157.
⁶²⁵ Ibid., 195.
⁶²⁶ Ibid., 157.
⁶²⁷ Ibid., I, 38.

nosotros. Pero esto no quiere decir que sea nada, hablando en términos absolutos, es decir, que no sea nada bajo todos los aspectos y en todos los sentidos..."[628].

Es claro que este nihilismo no puede sino terminar en un pesimismo absoluto. Y así dice Schopenhauer, poniéndole en boca de San Clemente de Alejandría: "Al mismo tiempo, lleno de ello no quiere dejar a los marcionistas ni el mérito de la originalidad, y armado de su conocida erudición, les demuestra con numerosas citas que los antiguos filósofos Heráclito y Empédocles, Pitágoras y Platón; Orfeo y Píndaro, Herodoto y Eurípides, y por añadidura la Sibila, lamentaron la desdichada condición del mundo y enseñaron por consiguiente, el pesimismo"[629].

Allí mismo da Schopenhauer una visión gnóstica del Antiguo Testamento y del cristianismo, asimilándolo con el brahmanismo y el budismo y las sectas gnósticas y pérsicas[630], y enseñando finalmente la doctrina del panteísmo. "La doctrina del ἕν και μαν es decir, de la unidad e identidad absoluta, de la esencia de las cosas, después de haber sido enseñada por los eleatas, por Scoto Eriúgena, Giordano Bruno y Spinoza, y de haber sido refrescada por Schelling, estaba admitida y comprendida ya en mi época; pero el problema estaba en saber qué es ese principio único y cómo llega a hacerse múltiple, y creo haber sido el primero en dar la solución"[631]. Es claro que esta doctrina monista, en absoluto, y pesimista, no puede tender sino hacia la *nada*, al *nirvana*. Y así escribe Schopenhauer: "La calma y la paz que se dibujan en la faz de la mayoría de los muertos parece tener este origen. Renuncia voluntariamente a esta existencia, tal como nosotros la conocemos. La que será dada en cambio a nuestros ojos es la *nada*. El budismo lo llama *nirvana*, que quiere decir extinción"[632].

7. El nihilismo de Nietzsche

Con Nietzsche nos encontramos de vuelta con el pesimismo total. "¡Ay, el hombre vuelve eternamente! ¡El hombre pequeño vuelve

---

[628] Ibid., III, 230.
[629] Ibid., 253.
[630] Ibid., 111, 237.
[631] Ibid., III, 152.
[632] Ibid., 111, 239.

eternamente! Un día vi desnudos al hombre más grande y al más pequeño: demasiado parecidos el uno al otro; demasiado humanos, aún el más grande.

¡Demasiado pequeño el más grande! Esto fue lo que me asqueó en el hombre. ¡Y también la eterna vuelta del más pequeño! Esto fue lo que hizo que me asqueara todo lo existente. ¡Ay!, ¡asco! ¡Asco! ¡Asco! ¡Asco! ¡Asco! Así habló Zaratustra suspirando y estremeciéndose, porque se acordó de su enfermedad"[633].

Si Nietzsche, con Schopenhauer, hace de la voluntad la esencia del ser, voluntad de vida, voluntad de querer, voluntad de poder, la voluntad es la fuente originaria del ser. No hay que preguntarse por un fin exterior a esta voluntad originaria; no tiene sentido preguntar: ¿por qué, de dónde y para qué? El devenir y el placer eterno de la voluntad no tiene nada que pueda trascenderla. "Piensa en este instante, continué; desde este pórtico del momento parte *hacia atrás* una larga calle eterna; detrás de nosotros queda una eternidad.

"Todo lo que *puede* correr, ¿no tiene que haber recorrido esta calle? Todo lo que puede suceder, ¿no se habrá verificado, no habrá sido y pasado ya? ¿Y si todo ha sido ya, que piensas tú, enano, de este momento? Este mismo pórtico, ¿no debe haber estado aquí ya otra vez?"[634].

Retorno por tanto al monismo cósmico del έν και μαν según el cual hay una completa compenetración de ser y voluntad. No sólo ya el insostenible teísmo, sino el panteísmo trascendental y sin sentido. Schopenhauer y Nietzsche aceptan en sustancia la crítica de Feuerbach al idealismo teológico con una leve modificación: la teología no es antropología, sino antropologismo[635].

No hay ninguna duda de que la negación de Nietzsche no tenía un sentido radical; Dios ha muerto, no tan sólo el Dios del cristianismo, aunque éste lo estaba de modo especial, sino también ha muerto Buda y han muerto todos los dioses de cualquier tiempo y religión. Se trata por lo tanto de una afirmación y de una comprobación en la historia del espíritu: de éste, que en la edad moderna se ha desembarazado de Dios y de la religión, que el hombre moderno se ha exorcizado de lo divino

---

[633] *Así hablaba Zaratustra*, Ediciones ibéricas, Madrid, pág. 264.
[634] Ibid., pág. 162.
[635] *Fabro*, Introduzione all'ateísmo moderno, *pág. 829.*

de modo radical... Nietzsche hace el balance del hombre moderno y proclama como Feuerbach y la izquierda hegeliana, como Schopenhauer, que en el hombre moderno no hay ya puesto para Dios. Pero a diferencia del pensamiento quietista de Schopenhauer, Nietzsche quiere llenar este vacío dejado por Dios, el puesto de Dios no puede quedar vacante; y a esto tiende la doctrina del "superhombre" que forma el tema de *Así hablaba Zaratustra*.

Es claro que esta voluntad de potencia que anima al superhombre de Nietzsche en realidad tiene su fundamento y significado en la actuación de la *voluntad de la Nada*, ya que no se cierra en ninguna cosa determinada, sino que es un devenir de una cadena sin fin de cosas movidas eternamente por la necesidad. La vida de los seres humanos y de todos los seres no tiene ningún sentido. Es el *nirvana* absoluto. Un infierno nirvánico. El nihilismo total. El hombre es una estructura de muerte. Nietzsche tiene conciencia de la dramaticidad que plantea a su generación y así dice: "No valía la pena sacrificar a Dios mismo por crueldad para consigo mismo y adorar las piedras, la estupidez, la gravedad, el destino, la nada. Sacrificar a Dios a la nada, este misterio paradojal de suprema crueldad, estaba reservado a la generación presente; de ello algo sabemos todos"[636].

8. Freud y Jung, o la corriente psicoanalítica de la Cábala

El instinto nirvánico que atraviesa las obras de Schopenhauer y de Nietzsche, invade igualmente el psicoanálisis de Freud y de Jung. Freud, en 1920, ha estudiado con cierta prolijidad el instinto de muerte en relación con la libido o instinto del placer en *Más allá del principio del placer*[637].

Sabido es que Freud se mueve dentro de la evolución darwiniana y que así imagina un estado evolutivo en que la vida habría surgido de la no vida. Y de aquí que diga: "Si como experiencia, sin excepción alguna, tenemos que aceptar que todo lo viviente muere por fundamentos *internos*, volviendo a lo inorgánico, podremos decir: *La meta de toda vida es la muerte*. Y con igual fundamento: *lo inanimado era antes que lo animado*"[638]. Y más adelante insiste: *"El instinto de conservación,*

---

[636] Nietzsche, *Más allá del bien y del mal,* Aubier, edic. bilingüe, París, 111, 55.
[637] *Obras completas*, Biblioteca Nueva, Madrid, 1948, I, P. 1111.
[638] Ibid., pág. 1.126.

que reconocemos en todo ser viviente, se halla en curiosa contradicción con la hipótesis de que la total vida instintiva sirve para llevar al ser viviente hacia la muerte"[639].

Así se establecía, en opinión de Freud, una lucha u oposición entre los instintos de conservación, derivados del instinto de placer, y el instinto de la muerte, que procedería del estado originario de los seres inanimados. "Los instintos del yo proceden de la vivificación de la materia inanimada y quieren establecer de nuevo el estado inanimado"[640]. Y no se crea que este instinto de muerte puede ser secundario, sino, por el contrario, Freud estima su carácter dominante y fundamental en toda la vida psíquica del hombre. "El haber reconocido como la tendencia dominante de la vida psíquica, y quizá también de la vida nerviosa, la aspiración a aminorar, a mantener constante o a hacer cesar la tensión de las excitaciones internas, el principio de nirvana, según expresión de Bárbara Low), tal y como dicha aspiración se manifiesta en el principio del placer, es uno de los más importantes motivos para creer en la existencia de instintos de muerte"[641].

En este estudio, Freud sostiene que al principio la naturaleza humana era muy diferente.

> "Primitivamente, dice, hubo tres sexos; tres y no dos, como hoy en día; junto al masculino y al femenino vivía un tercer sexo que participaba en igual medida de los otros dos...". También estos seres humanos eran dobles; tenían cuatro pies, cuatro manos, dos rostros, genitales dobles, etc. Mas Júpiter se decidió un día a dividir a cada uno de ellos en dos partes, como suelen dividirse las peras para cocerlas". "Cuando de este modo quedó dividida en dos toda la naturaleza, apareció en cada hombre el deseo de reunirse a su otra mitad propia, y ambas mitades se abrazaron, entretejieron sus cuerpos y quisieron formar de nuevo un solo ser".

Freud anota aquí que estas ideas sobre el mito platónico las debe al profesor Heinrich Gomperz, de Viena, y que se halla en el *Brihad-Aranyaka-Upanishad*[642]. Pero es claro que estas ideas son también de la Cábala, aunque no con los detalles del mito platónico, sino

---

[639] Ibid., pág. 1.127.
[640] Ibid., pág. 1.129.
[641] Ibid., pág. 1.135.
[642] Ibid., pág. 1.136.

simplemente del Adán primeramente celeste, que luego se hizo andrógino. La distinción entre macho y hembra coexistiría aun en Dios, según el cabalista Abulafia[643]. Henri Serouya añade que "Adán, reflejo fiel del Adán superior o primordial, debió como su modelo unir en él el doble principio de macho y de hembra. Fue creado primitivamente andrógino, el hombre y la mujer estaban ligados dorso con dorso; Dios separó la mujer y la llevó a Adán, de modo que pudieron verse cara a cara"[644].

Si Freud debe ser vinculado por el instinto nirvánico de su doctrina con la corriente cabalística, Jung lo ha de ser con mucha mayor razón. En rigor, este psiquiatra famoso propone un sistema de ideas que supera el campo puramente psicológico y alcanza la metafísica y la teología. En *Respuesta a Job* encontramos la sistematización completa de su pensamiento[645].

Jung parte de un Dios que se "encuentra en contradicción consigo mismo, y esto, además, de manera tan total, que Job está seguro de encontrar un Dios protector y un abogado contra Dios mismo; un Jahvé... que es una *antinomia,* una total contradicción interna"[646], antinomia que "es el presupuesto necesario de su tremendo dinamismo, de su omnipotencia y de su omnisciencia"[647]; un Yahvé amoral y con ataques de ira devastadores; un Dios inconsciente, con tres cuartos de animalidad y sólo un cuarto de humanidad, de un comportamiento insoportable"[648]. No hace falta decir que aquí aparecen las ideas consabidas de la Cábala, de Boehme y de los gnósticos.

Este Dios contradictorio, injusto y malo, se va acercar "con la *jojma* hebrea"[649], con la idea de *Sofia,* o *Sapientia Dei, un pneuma de naturaleza femenina*[650]*;* un pneuma cosmogónico que atraviesa el cielo y la tierra y todas las creaturas[651]; con carácter de "modelador del

---

[643] Henri Serouya, *La Kabbale,* Grasset, París, 1967, pág. 264.
[644] Ibid., pág. 267. El origen cabalístico de Freud constituye el tema de la obra del Prof. David Barkan, "Freud and the jewish mystical tradition".
[645] *Respuesta a Job,* Fondo de Cultura, 1964.
[646] Ibid., pág. 16.
[647] Ibid., pág. 17.
[648] Ibid., pág. 32.
[649] Ibid., pág. 36.
[650] Ibid., pág. 36.
[651] Ibid., pág. 36.

mundo, de *maya*"[652]; lo que va a determinar un *status* de transformación de Jahvé[653], transformación que se operaría ante el fracaso del intento de pervertir a Job que habría experimentado el mismo Jahvé[654].

Así como habría una analogía entre Adán y Yahvé, la habría asimismo entre Satán, el hijo de Dios, y Caín y la serpiente[655]. Adán habría tenido una escabrosa relación con Lilith, que es la correspondencia satánica de la sabiduría[656]. Satán es un embaucador y un aguafiestas, que se complace en organizar incidentes desagradables[657]. No se ve claro hasta qué punto representa Eva a la sabiduría ni hasta qué punto representa a Lilith. Pero Adán posee la prioridad en cualquier aspecto. Eva salió secundariamente del costado, y por ello viene en segundo lugar[658].

En la idea de creación "de la nada" encontramos igualmente reminiscencias cabalísticas y de Scoto Eriúgena. "Cuando Yahvé, dice Jung[659], creó el mundo sacándolo de la "nada", no pudo hacer otra cosa que introducirse secretamente a sí mismo en la creación, cada parte de la cual es él mismo". Y recalca más adelante esta misma idea. "Estas indicaciones y prefiguraciones de la Encarnación pueden parecer a algunos totalmente ininteligibles o superfluas, ya que toda la creación, que salió *ex nihilo* de Dios, no consta de otra cosa más que de Dios, y por ello el hombre lo mismo que toda creatura, es Dios objetivado"[660].

De la creación sale un mundo en que, al igual que en Dios su autor, dominan la injusticia, el engaño, la inmoralidad y la contradicción. Pero ahora, al decidir Yahvé encarnarse, no es el mundo el que debe transformarse sino Dios que quiere transformar su propia esencia. Y ahora la humanidad no ha de ser aniquilada sino *salvada*. Ahora no han de ser creados nuevos hombres, sino sólo uno. El masculino *Adam secundus* no ha de brotar inmediatamente de las manos del creador, como el primer Adán, sino que ha de nacer de una mujer humana. Esta es la *Eva segunda*, que tiene la prioridad, y no sólo en un sentido

---

[652] Ibid., pág. 36.
[653] Ibid., pág. 40.
[654] Ibid., pág. 42.
[655] Ibid., pág. 42.
[656] Ibid., pág. 43.
[657] Ibid., pág. 43.
[658] Ibid., pág. 47.
[659] Ibid., pág. 53.
[660] Ibid., pág. 54.

temporal, sino también en un sentido sustancial[661]. "Es nada menos que una transformación revolucionaria de Dios; representa algo parecido a lo que significó en un tiempo la creación, es decir, la objetivación de Dios"[662].

Esta transformación de Dios significa la victoria de Job sobre los arrebatos y la inmoralidad de Yahvé. "Job tenía mayor altura moral que Yahvé. La creatura había superado al Creador en este aspecto"[663]. En Cristo la divinidad alcanza su esencia humana, es decir, el momento en el que Dios tiene la vivencia del hombre mortal, y experimenta aquello mismo que él hizo sufrir a su fiel siervo Job"[664].

Con la transformación de Yahvé en Cristo acaece la separación histórica, definitiva por el momento, de Yahvé de su tenebroso hijo. Satán ha sido desterrado del cielo y ya no tiene ocasión de convencer a su Padre a que se lance a empresas problemáticas. "Este acontecimiento podría explicar el por qué Satán, siempre que aparece en la historia de la encarnación, tiene una función tan secundaria que no guarda semejanza con su anterior relación de confianza con Yahvé"[665]. "A raíz de esta relativa coartación de Satán, Yahvé se ha identificado con su aspecto luminoso y se ha convertido en un Dios bueno y en un padre amoroso"[666].

"La actuación inmediata y continua del Espíritu Santo en los hombres llamados a la filiación divina significa *de facto* una encarnación progresiva. Cristo, como hijo engendrado por Dios, es el primogénito, al que sigue toda una serie de humanos nacidos después de él... El hombre tiene una íntima relación de confianza con Dios como Padre y con Cristo como "hermano".

Estas transformaciones radicales en el *status* humano son directamente causadas por obra de la *redención* de Cristo[667].

Después de esta breve exposición de la tesis de Jung no es necesario aclarar que hay en este autor una teogonía, una cosmogonía, una

---

[661] Ibid., pág. 49.
[662] Ibid., pág. 57.
[663] Ibid., pág. 61.
[664] Ibid., pág. 63.
[665] Ibid., pág. 64.
[666] Ibid., págs. 68 y 69.
[667] Ibid., págs. 68 y 69.

antropogonía en nada diferente de las de los antiguos gnósticos y misterios. La única novedad que hace valer Jung es la fuerza del *inconsciente* y del arquetipo en que se traducirían estas magnitudes simbólicas de Yahvé, Satán, Cristo, Eva y María. Jung concede "al arquetipo cierto grado de autonomía, y a la conciencia cierta libertad creadora, correspondiente a su grado de conciencia. De aquí surge una interacción mutua entre dos factores relativamente autónomos, y esto nos obliga, en la descripción y aplicación de los fenómenos, o presentar unas veces a un factor y otra al otro como el sujeto actuante; esto ocurre cuando Dios se hace hombre. La solución que ha venido dando hasta ahora ha eludido esta dificultad reconociendo un solo hombre-Dios, Cristo. Pero la inhabitación de la tercera persona divina, es decir, del Espíritu Santo, en el hombre, origina una cristificación de una cantidad de hombres; y entonces surge el problema de si estos hombres-dioses lo son totalmente"[668].

Hay en Jung, como se ve, una naturalización y aun una materialización psíquica del misterio cristiano. Por aquí se puede establecer una relación entre Jung y los ocultistas de todas las épocas. "Nada se crea y nada se destruye: es la fórmula victoriosa sobre la muerte". La Jacobi, intérprete autorizada del pensamiento jungiano, afirma textualmente: "La muerte no es menos importante que el nacimiento y es, como ésta, inseparable de la vida. La misma naturaleza, si bien la comprendemos, nos toma en sus brazos protectores. Cuanto más viejos nos ponemos, tanto más se oculta el mundo exterior, que pierde color y fascinación, y tanto más intensamente nos reclama y nos ocupa el mundo interior. El hombre que envejece tiende a retornar a aquel estado psíquico colectivo del que emerge con gran fatiga de niño. Así se cierra el ciclo de la vida humana y el principio y el fin coinciden, como expresa de tiempo inmemorial el símbolo del Ouroburo, la serpiente que se muerde la cola. El espíritu de hecho no está nunca ligado a la conciencia, como el entendimiento, sino que contiene, conforma y domina toda la profundidad del inconsciente, de la naturaleza primigenia"[669].

Así, aquello que en Freud era un desesperado monismo de muerte se transforma en Jung en un monismo de vida eterna, en un verdadero y propio panteísmo[670]. Y el inconsciente llena la función del caos en las

---

[668] Ibid., pág. 131.
[669] Citado por *Renovatio*, II, pág. 293.
[670] Ibid.

antiguas teogonías y del Abismo y del Silencio en los primeros sistemas gnósticos.

9. La línea cabalista de Heidegger

Heidegger ha tenido el gran acierto de centrar la filosofía en el problema de la verdad del ser y del "ser que trasciende los entes". Ya no sería fundamental el problema del idealismo y del realismo, del subjetivismo y del objetivismo, sino que éste lo constituiría el problema del "ser", que es anterior y más fundamental que todas las divisiones que se formulan dentro de la "esencia", cuando en realidad hay que buscar algún acuerdo que haga posible las esencias mismas.

El ente respecto del ser es algo fundado y derivado. El ser, en cambio, es la apertura y lo que ilumina a los entes. "En la filosofía griega los dos significados de *on*, el auténtico y el espurio, conviven el uno junto al otro. Lo mismo que se vio respecto de la *idea* de Platón, otro tanto se dice de la *energía* de Aristóteles, del *Logos* de Heráclito, de la *moira* de Parménides, del *Jreón* de Anaximandro. Comenzó la desviación -de la que nació la confusión de los "sistemas" de la filosofía- cuando se extendió y tradujo el *einai* del *on* (el esse del ens) como *actualitas* en el sentido de actualización de un "sujeto" (que es la esencia) respecto a la que el ente sería deudor de su fundamento. Y he aquí entonces que de *actualitas* se pasa a "realidad" y de ésta a "objetividad" y se toma a ésta como principal, cuando es la última, echando en olvido la "presencia"[671].

En todo esto, el proceder de Heidegger es acertado. El problema verdadero comienza cuando se trata de determinar qué es ese ser *que trasciende los entes*. El asunto es tanto más grave cuanto sabemos que Heidegger encuentra inadmisible la idea cristiana de creación en cuanto ella comporta la producción desde la nada, y por tanto niega la verdad del principio *ex nihilo nihil fit*. La nada viene a ser así para Heidegger en la concepción cristiana, el concepto opuesto al que es propiamente, al *Summum Ens*, a Dios como *ens increatum;* pero es para Heidegger un pasar más allá del punto fundamental, ya que se pasan por alto los problemas del ser y de la nada y especialmente el mismo problema de que "si Dios produce de la nada, debe precisamente poder meterse en

---

[671] Fabro, *Historia de la Filosofía*, Rialp, Madrid, 1965. II, pág. 630.

relación con la nada. Pero si Dios es Dios, no puede conocer la nada, dado que como Absoluto "excluye de sí toda nulidad" (¿Qué es metafísica?). El único concepto válido de nada no es el contrapuesto al ser, sino el hacerlo pertenecer al ser del ente y por tanto identificarlo, en sede teorética, con el ser mismo según el principio hegeliano de que el puro ser y la pura nada son la misma cosa"[672].

Heidegger ha sido acusado de nihilismo y de ateísmo. Pretexto para la acusación de nihilismo se había hallado en la tesis de *Was ist Metaphysik?*, que ponía la nada junto, o mejor, como fundamento del ser, sino también toda la orientación que había cobrado el *Dasein* en *Sein und Zeit* como "ser para el fin" que se resuelve en ser para la muerte. A esto contestó Heidegger con *Brief über Humanismus* (1947) con la siguiente fórmula: "Dado que la verdad del ser consiste en la apertura a la presencia del ser del esente, sólo desde el presentirse del mismo se puede dirimir el problema de si existe Dios o no, y de cómo existe".

Pero Heidegger, al alterar el concepto de creación, se cierra el único camino racional de llegar a Dios. Tiene entonces que inventar un "camino gnóstico", el descubrimiento de "lo sacro", que partiendo de la verdad del ser nos hace llegar a lo divino. Heidegger ha mostrado que Hölderlin ponía especial realce en los últimos escritos y que en él se equivalen los términos "naturaleza", "caos", "sagrado", "abierto"[673]. El ser heideggeriano tiene entonces a la espalda lo sacro [674], lo indeterminado, lo impersonal. O sea, un dios gnóstico que no supera la esfera de indeterminación de lo absoluto.

Creemos atinada la afirmación de Karl Löwith que "en el escrito *Sobre el humanismo*, Heidegger se aproxima tanto al historicismo metafísico de Hegel que apenas hay diferencia en su *Historia del ser* y la historia del Espíritu Absoluto de Hegel". Y Hegel no hace sino renovar con lenguaje moderno el sistema gnóstico de Valentino, como hemos apuntado más arriba[675].

---

[672] Hegel, *Ciencia de la lógica*, trad. de Augusta y Rodolfo Mondolfo, Hacrette, Buenos Aires, 1956, pág. 107.
[673] Fabro, *Introduzione all'ateismo moderno*, Studium, Roma, 1964, página 867.
[674] Brief über Humanismus, *pág. 102*.
[675] *Heidegger, pensador de un tiempo indigente*, Rialp, Madrid, 1956, pág. 126.

10. La Cábala y la cultura de masas

Toda esta expansión de la Cábala en las altas manifestaciones de la religión y de la inteligencia ha de descender como por cascadas por los grupos intermedios de la publicidad, la prensa, la radio, la televisión y el cine, hasta llegar a las masas. "El mundo se podría llamar tanto la encarnación de la música como la encarnación de la voluntad"[676]. Esta fórmula, que resume la ontología de Schopenhauer constituye también el fundamento de la cultura de masas, entendida como instrumento para la educación del hombre en la mística de lo colectivo, esto es, en la trascendencia de aquel ser superpersonal y superracional que Teilhard de Chardin define como "totalización planetaria de la conciencia humana"[677].

Pero es "el descubrimiento del inconsciente y la reducción de su pensamiento latente en lógica, un doble de la lógica humana, lo que constituye el principio del gran sistema freudiano... Freud pretende revelar el secreto del hombre absoluto mediante la pura observación científica. Transforma en *antropograma* la situación y realidad del hombre y reduce al hombre a la inmanencia de la cosa, de la materia. De aquí que no sea por casualidad que un fruto visible del freudismo sea la cultura de masas. El humanismo racionalista ha sido ya sobrepasado. Hoy estamos en la civilización del consumo en que se representa el drama del renunciamiento a toda pretensión intelectual, el "eclipse intelectual", para usar una expresión de Zolla: eclipse que significa la real trascendencia de las cosas con respecto a la voluntad, y al entendimiento humano"[678]. La gnosis racionalista fundada por Kant y Hegel confluye en la gnosis cientista fundada por el médico de Viena[679].

"Y así Sartre saca la fórmula "categórica" de la novísima filosofía el famoso "vivir es hacer vivir el absurdo", del estudio de la obra freudiana, cuya natura estrictamente gnóstica él intuyó el primero. La filosofía humanística reconoce que la negación de la trascendencia implica necesariamente la negación de la trascendencia del

---

[676] Schopenhauer, passim.
[677] Renovatio, 1967, III, pág. 467, art. de Piero Vasallo sobre *Fundamento neopagano della cultura de massa*.
[678] *Gnose e psicoanalisi*, Piero Vasallo, en Renovatio, I, 1967, págs. 142-143.
[679] Ibid.

entendimiento sobre las cosas. El desesperado grito sartriano, el "todo existe" no es sino la fórmula filosófica de la fórmula científica de Freud. "La vida no es otra cosa que la dialéctica del camino de la vida hacia la muerte"'[680]. También se verifica dentro de la fenomenología de Husserl y de sus seguidores la acabada síntesis de freudismo y de filosofía humanista[681].

El inmanentismo en la materia vincula directamente la gnosis freudiana con el marxismo. El mismo Freud busca unir, en *Más allá del principio del placer*, el instinto de muerte, que como instinto pertenece a la psicología, al envejecimiento, al consumo, a la irreversibilidad del tiempo, a la entropía. La satisfacción final para Freud tiende a la paz, según aquel principio que Bárbara Low llama "principio del nirvana"[682].

La vida es un proceso que incluye la muerte. La vida es un constante camino hacia la muerte.

Por otro lado, para vivir para la muerte, para exteriorizarme, para cumplirme como hombre, debo satisfacer las necesidades con los bienes. La vida es doblemente consumo: para vivir para la muerte debo consumir. La satisfacción final es el cumplimiento del instinto nirvánico[683].

Por esto, la gran ciencia hoy es *la psicosociologia*, la ciencia del manejo de las multitudes, la ciencia del manejo de las masas para la muerte. Y el gran enemigo, al que hay que abatir con esta ciencia de la psicosociología, es la idea cristiana de *Trascendencia*. Porque hoy no debe quedar en pie sino el inmanentismo absoluto de todas las gnosis que buscan la glorificación del hombre en sus necesidades puramente materiales de masa.

---

[680] Renovatio ibid., pág. 143.
[681] Ibid., pág. 143.
[682] Ibid.
[683] Ibid.

CAPÍTULO XII

LA CÁBALA DENTRO DE LA IGLESIA O EL PROGRESISMO CRISTIANO

Sería un error entender al progresismo cristiano como efecto de una influencia *directa* de la Cábala. No lo creemos; al menos en relación con el sector corriente de teólogos en que se verifica el movimiento impulsor del cambio de la Iglesia, desde la Iglesia tradicional, la de siempre, a la Iglesia nueva, que está en gestación. Pensamos que la influencia es indirecta, aunque real y efectiva, a través de la cultura moderna que ha sido ganada totalmente por influencias gnósticas y cabalísticas.

Estas influencias, a su vez, no se realizan de modo general y total, sino que son influencias parciales sobre cada uno de los elementos doctrinarios y sobre los hechos -litúrgicos, societarios, de vida espiritual y pastoral y de gobierno- tomados separadamente. El cambio que así se produce, en definitiva, va a tomar, si las cosas no cambian su curso, un ritmo global arrollador, de carácter universal, que va a modificar sustancialmente toda la doctrina y vida de la Iglesia Católica.

Vamos a estudiar cada uno de estos cambios para llegar a la conclusión de que está en movimiento y gestación dentro de la Iglesia Católica romana *una nueva religión, sustancialmente diversa de la que dejó Cristo, y que adquiere los caracteres de una gnosis pagana y cabalística perfectamente configurada.*

1. Relativismo en la Revelación y en la teología

Conocida es la enseñanza de la Iglesia respecto a la inmutabilidad de los dogmas revelados. El Concilio Vaticano I en la "Constitución sobre la fe católica" establece claramente dicha enseñanza. Allí dice: "Porque la doctrina que Dios reveló no es propuesta a los ingenios humanos para ser perfeccionada como un invento filosófico, sino que ha sido entregada a la Esposa de Cristo como un divino depósito que ha de ser fielmente custodiado e infaliblemente declarado. De aquí que sea éste el sentido que se debe retener de los sagrados dogmas el que una vez declaró la Santa Madre Iglesia y nunca se ha de apartar de aquel sentido por una especie y nombre de más alta inteligencia. "Crezca por tanto y aumente en alto grado la inteligencia, la ciencia, la sabiduría de cada uno y de todos, lo mismo de un hombre que de toda la Iglesia, pero en su propio género, en el mismo dogma, con el mismo sentido y en la misma sentencia"[684].

Otra doctrina enseña Karl Rahner en una conferencia de la Asociación "Paulus" en la Facultad de Teología de S. Cugat del Vallés en mayo de 1966[685], donde defiende la historicidad de la Revelación y de la teología. Rahner allí sostiene primeramente "la historicidad de la Revelación" y al parecer critica la exposición tradicional que reduciría "la revelación a una serie de afirmaciones separadas (?)[686], que Dios va notificando una tras otra de manera simplemente aditiva, haciendo crecer así poco a poco el "depositum fidei", hasta que éste alcanza su medida definitiva con la revelación cristiana, y de manera que sólo le queda a la Iglesia después, administrar y repartir aquel depósito".

Al criticar la concepción tradicional del incremento y de la formación de la revelación no aparece claro si Rahner sostiene que la revelación pueda crecer aun después de la muerte del último apóstol. Parece que tal cosa sostuviera ya que inmediatamente añade: "Igualmente la situación cultural, religiosa y profana significa también un estímulo de crecimiento para la historia de la Revelación, un supuesto sin el cual no se puede pensar absolutamente esta historia". Y como es evidente que la situación cultural del mundo viene cambiando desde la Iglesia de los apóstoles y de los mártires, y luego de los doctores y de la escolástica, habría que suponer que también cambia la Revelación, cosa completamente gratuita y antojadiza.

Es claro que, al pasar al segundo punto, *historicidad de la teología*, Rahner resuelve prontamente la cuestión porque "solamente si hay

---

[684] Denz., ed. 31, Herder, Fribourg, núm. 1.800.
[685] *Selecciones de teología*, Barcelona, N° 22, pág. 148.
[686] El signo de interrogación es puesto por mí para cuestionar el modo odioso y falso con que se propone a la enseñanza tradicional, como si no tuviera la cohesión orgánica de una tradición viva.

historia de la Revelación puede haber propiamente historia de la teología que haga de la historicidad real un elemento de su esencia"[687].

Para comprobar que la Revelación y la Teología han de cambiar y cambiar sustancialmente, en contra de la enseñanza clara del Concilio Vaticano I, Rahner aduce una triple característica de la situación actual, desde la cual y sobre la cual la teología debe expresarse. 1) La imagen científico-racional del mundo, que sería un sistema dinámico, evolutivo; 2) el diálogo entre teología y mundo sería codeterminado por el pecado; 3) habría posibilidad y realidad de errar en teología.

Pero a esto hay que contestar que el sistema evolutivo no es una adquisición científica, comprobada por los hechos, sino una opinión meramente hipotética de los paleontólogos, desvirtuada y negada por los biólogos[688]. Que haya contaminación de pecado en los teólogos y posibilidad de errar demuestra que puede existir variedad en las *opiniones* teológicas en materias opinables, pero no varias verdades firmemente afirmadas en la Revelación y en la teología con respecto a un mismo punto. Se trata en definitiva de si ha de quedar en pie la enseñanza de Vicente de Lerin recordada en la transcripción del Vaticano I hecha más arriba. Si Rahner autoriza con un artículo ambiguo y proclive a la justificación el cambio en la Revelación y en la teología, ¿qué se ha de extrañar uno de que luego los teólogos pongan en cuestión las verdades más evidentes sancionadas por el magisterio extraordinario de los mismos Concilios universales?

Por esto, el discurso de Paulo VI del 3 de abril de 1968, al mismo tiempo que documenta la gravedad de la situación en los medios teológicos, al dejarse invadir por este "historicismo transformador", testifica que "la palabra de Cristo es la verdad que no cambia y que permanece siempre idéntica e igual a sí misma". Dice allí el Papa: "Este fenómeno invade también el campo religioso, al cual muchos quisieran someter a una revisión radical, intentando despojarlo de aquellos dogmas, es decir, de aquellas enseñanzas que parecen ser anticuadas y superadas por el progreso científico y que resultan incomprensibles para el pensamiento moderno. En la tentativa de conferir a la religión católica una expresión más adecuada al lenguaje y a la mentalidad común, es decir, de "aggiornare" la enseñanza religiosa, se trastorna a menudo por

---

[687] Ibid., pág. 149.
[688] Ver esta cuestión más extensamente estudiada en mi obra *Teilhard de Chardin o la religión de la evolución*.

desgracia su realidad íntima y se busca el modo de hacerla "comprensible ", cambiando ante todo las fórmulas con que la Iglesia maestra la ha revestido y por así decir sellado para que a través de los siglos conservase celosamente su identidad, y alterando luego el contenido mismo de la doctrina tradicional, sometiéndola a la ley dominante del historicismo transformador. De este modo, la palabra de Cristo no es ya la verdad, que no cambia y que permanece siempre idéntica e igual a sí misma, siempre viva, siempre fecunda, siempre luminosa, si bien con frecuencia superior a nuestra comprensión racional. La palabra de Cristo se ve reducida a una verdad parcial, como las demás, que la mente mide y modela dentro de sus propios límites, pronta a darle en la generación sucesiva una expresión diversa, según un libre examen que la despoja de toda autoridad objetiva y trascendente".

La *Humani Generis* (1950) ya denunció este error del relativismo teológico, que luego tomó desarrollo y que pretende disminuir y relativizar las fuerzas y el valor de la razón. "En cuanto a la teología, leemos allí, lo que algunos pretenden es disminuir lo más posible el significado de los dogmas y librarlos de la manera de hablar tradicional ya en la Iglesia, y de los conceptos filosóficos usados por los doctores católicos, a fin de disolver, en la exposición de la doctrina católica, las expresiones empleadas por las Sagradas Escrituras y los Santos Padres. Esperan que así el dogma, despojado de elementos que llaman extrínsecos a la revelación divina, se pueda comparar fructuosamente con las opiniones dogmáticas de los que están fuera de la Iglesia, y que por este camino se llegue poco a poco a la asimilación del dogma católico con las opiniones disidentes".

"Reduciendo la doctrina católica a tales condiciones, creen que se abre también el camino para obtener, según lo exigen las necesidades modernas, que el dogma sea formulado con las categorías de la filosofía moderna, ya se trate del inmanentismo, del idealismo o de cualquier otro sistema".

Y más adelante añade:

"Y mientras desprecian esta filosofía (la de Santo Tomás), exaltan otras, antiguas o modernas, orientales u occidentales, de tal modo que parecen insinuar que cualquier filosofía o doctrina opinable, añadiéndole algunas correcciones o complementos, si fuera menester, puede compadecerse con el dogma católico; lo cual ningún católico puede dudar ser del todo falso, principalmente cuando se trata de los falsos sistemas llamados *inmanentismo, idealismo* o *materialismo*, ya sea *histórico*, ya *dialéctico*, o también *existencialismo*, tanto si defiende el ateísmo como si al menos impugna el valor del raciocinio metafísico".

Porque el problema que hay en el fondo de esto es el de saber si se sostiene y propugna una filosofía que se modele por las *esencias* y el *ser* de las cosas, o en cambio otra que se modele por la *inmanencia* o la *idea* o la existencia del sujeto que sería, en definitiva, el autor y creador de la realidad. No hay sino una única filosofía que de un modo pleno y total llena estas condiciones de modelarse total y plenamente por la realidad de las cosas. No hay sino una única filosofía que, modelada por el ser extramental, puede llegar racionalmente a Dios. De aquí que el adherirse a falsas filosofías que alteran o distorsionan el valor de la razón humana, también ha de dar pie a la elaboración de falsas teologías, porque una razón distorsionada no puede, aplicada a la revelación, sino dar una teología también distorsionada. De aquí la falsedad de las teologías existencialistas, dialecticistas, inmanentistas, historicistas con que la nueva teología y los nuevos teólogos quieren reemplazar a la teología tradicional. Ello no lo pueden hacer, como luego veremos, sino alterando gravemente los dogmas y confeccionando una nueva religión que no será la que nos dejó Jesucristo, sino otra, de factura gnóstica y cabalística.

Por otra parte, al aplicar a la Revelación un tratamiento filosófico *inmanentista, dialecticista, idealístico* y *existencialístico* que usa un método eminentemente *subjetivista* y *antropológico* que necesariamente rebaja el contenido revelado desde una esfera eminentemente trascendente, en que ha sido concebido el plan divino de la salvación de un Dios también trascendente, a una esfera específicamente humana y mundana, se cae en el error típico del gnosticismo que consiste en adjudicar una única dimensión a Dios y a la creatura, al bien y al mal, a la naturaleza y a la gracia, a la Iglesia y al mundo. Por aquí se ha de mundanizar o secularizar, o inmanentizar en el hombre, ya individual o comunitario, todo el misterio de la fe, de donde se ha de cumplir la palabra del apóstol Pablo: "Que no me envió Cristo a bautizar sino a evangelizar, y no con artificiosas palabras, *para que no se desvirtúe la cruz de Cristo"*. Los artificios y palabras de los nuevos sistemas teológicos elaborados por el hombre, *han de vaciar totalmente la cruz de Cristo,* contra el mandato del Apóstol, *non evacuetur Crux Christi*[689].

2. Se pone en cuestión el carácter histórico de la Escritura

Sobre los errores más audaces que circulan en los ambientes dedicados al estudio de la Escritura, no hace, mucho elevó el grito de alarma Antonino Romeo, en un artículo *L'Enciclica Divino afflante Spiritu,* que publicó en la prestigiosa revista "Divinitas"[690], y en que denunciaba particularmente los excesos de un artículo del P. Luis Alonso Schökel, intitulado *¿Adónde va la exégesis católica?*

Karl Rahner calificó como "odioso" "contra los profesores del Instituto Bíblico Pontificio"[691] el artículo de Romeo, pero, por otra parte, se hizo eco de las mismísimas críticas, cuando exhortaba a los exégetas de hoy a no olvidar que *"la exégesis católica es una ciencia de la fe, y no solamente filosofía y ciencia religiosa, y que tiene una relación positiva con la fe de la Iglesia y de su magisterio"*[692].

Sabido es que las tendencias que dominan hoy en la interpretación de los Libros Santos están todas ellas, de una manera más o menos cercana, en la órbita de los exégetas protestantes, y de modo particular de Bultmann, quien, como es notorio, se halla en plena tarea de desmitologizar los libros sagrados del Antiguo y Nuevo Testamento. En realidad, Bultmann renueva en una variante, de mejor colorido científico, los errores del impío Strauss, quien sostenía que los hechos del Nuevo Testamento carecían de *valor histórico* y se reducían a mitos o fábulas. Es evidente que con el desplazamiento del acontecimiento histórico y suprahistórico que se resume con el nombre de Cristo crucificado y resucitado, queda también desplazada la fe cristiana en su totalidad. Nosotros no creemos en la resurrección de Cristo porque ésa haya sido la fe de la primera comunidad cristiana, sino que creemos en ella porque ese hecho se ha verificado real e históricamente.

Rudolf Bultmann se ha convertido hoy en el símbolo de un radicalismo teológico peligroso...

---

[689] 1 *Cor.*, 1, 17.
[690] Diciembre de 1960.
[691] Autores varios, *Exégèse et dogmatique*, Desclée de Brouwer, París, 1966, pág. 30.
[692] Ibid., pág. 32.

Sus discípulos continúan con fría determinación su obra crítica exegética. Algunos críticos lo exhortan a librarse del concepto de *kerygma*, como de un último residuo mitológico y a asimilar francamente su cristianismo con una filosofía[693].

En realidad, Bultmann renueva una gnosis. No hay sino que leer el artículo que F. Mussner dedica, en "enciclopedia de la Biblia", a *"Desmitologización del Nuevo Testamento"*. Leamos lo que dice Mussner: "Puesto que lo que se había anunciado acerca de este histórico Jesús en el *kerygma* post-pascual, había tenido la significación de subrayar con ayuda de ideas mitológicas, sobre todo de las provenientes del mito apocalíptico del judaísmo tardío y del mito gnóstico de la redención, la "trascendencia" de Jesús y de su cruz para el logro de una verdadera y cristiana comprensión de sí mismo (selbstverständnis)". El anuncio profético hecho por Jesús de la inminencia del fin del acontecer histórico habría tenido la significación de una "llamada decisiva" a los hombres, con lo que se pretendía, liberándolos de su caída en la mundanidad y en la "carne", conducirlos a la "autenticidad" y "desmundanización" de la existencia... Siempre, según Bultmann, "resurrección a la vida" significa, desmitologizándola, lograr la autenticidad de la existencia... En realidad, la salvación no ha acontecido (entonces y allí) sino que acontece siempre, cuando por la palabra de la predicación acierto en mi existencia... Por eso, la desmitologización no es, según Bultmann, un procedimiento eliminatorio o sustractivo, sino un proceso hermenéutico o interpretativo, en el que, por medio de la interpretación del mito, llego a la verdadera comprensión de mí mismo ante Dios.

En realidad, el intento de desmitologización de Bultmann se caracteriza como una tentativa por vaciar el Nuevo Testamento de la verdad cristiana, que se funda en el hecho histórico de la Resurrección del Señor, y revestirlo de un *mito gnóstico*. El Nuevo Testamento, privado de verdad histórica, encerraría una significación gnóstica, cual sería la propia comprensión de la existencia auténtica. El *kerygma* no sería la predicación de una verdad histórica sino el llamado de la existencia mundana a una existencia auténtica. La famosa desmitologización sería una mitologización gnóstica. El esquema del gnosticismo cabalístico se llena cumplidamente en la desmitologización bultmanniana. Por el

---

[693] Giovanni Miegge, *L'Évangile et le mythe dans la pensée de Rudolf Bultmann*, Delachaux et Niestlé, S. A., París, 1958, pág. 117.

proceso hermenéutico el hombre descubre su mundanidad y se encuentra a sí mismo en su autenticidad. El hombre se salva por sí mismo y Cristo no es sino un paradigma de este proceso de salvación.

Bultmann renueva con su desmitologización del Nuevo Testamento la transformación en Cábala del Antiguo Testamento, y en especial del Génesis, que hicieron los antiguos cabalistas.

3. *Los teólogos de la nueva teología hechos el Primum movens de la Iglesia*

La Iglesia está regida por el Espíritu de Dios. Y el Espíritu Santo ha constituido a los obispos para apacentar la Iglesia de Dios[694], y, de un modo particular, al Obispo de Roma, sobre el que ha sido fundada la Iglesia universal. Pero *en el cambio*, que está operando el Progresismo en la Iglesia, no sólo se debilita el valor de la razón y el de la revelación, sino que se hace de los teólogos -y de los teólogos de la nueva teología- la pieza angular de la Iglesia. Esta tendencia, oscuramente expresada, se halla perfectamente significada en un artículo sumamente sugestivo del conocido teólogo M. Chenu, O. P., quien revela al mismo tiempo la acción cumplida por los teólogos en Vaticano II[695]. La tarea teológica no consistiría ya en la aplicación de la inteligencia metafísica al dato revelado para deducir de ahí, de manera perfectamente homogénea, las conclusiones teológicas, sino que consistiría en algo más ambiguo, que ya se había intentado poner en práctica en Vaticano II. Primero, "una orientación interna de los debates" que determinaría "el eje exacto" de la problemática en cada una de las cuestiones, y, a través de este procedimiento metodológico, determinaría asimismo la solución de los problemas en un sentido dado. Segundo, elaborar una visión del mundo en que se refracte y se introduzca la luz de la fe. Tercero, elaboración de los conceptos y de los vocablos utilizados para enunciar la palabra de Dios, de forma que al transmitirla pueda ser entendida recta y fecundamente, para que encarne hoy, en su verdad humana actual, el mensaje evangélico.

Cuarto, la introducción en el lenguaje de la Iglesia de toda una familia de términos, como *socializatio, communio, communitas, historia, evolutio, progressio, dinamismo.* Finalmente, en estas formas y estos

---

[694] I. Pedro, 5, 2.
[695] Concilium, Nº 21, *La teología como ciencia eclesial,* pág. 96 y sig.

niveles hay que situar el argumento de conveniencia, cuyo nombre traiciona un poco su densidad para la epistemología de la fe, y que es sin duda el más apropiado tanto para el objeto de la fe como para la discreción del creyente"[696].

Esta extensión de la teología y de la tarea del teólogo más allá del terreno estrictamente teológico no deja de traer consecuencias gravísimas que pueden autorizar al teólogo, o al presuntamente tal, a incursionar, en nombre de la teología, en campos o bien ajenos a tal saber, o, si no ajenos aportando opiniones discutibles y puramente humanas, que nada tienen que ver con esta ciencia divina. El problema es tanto más delicado cuando hoy, que nos vemos en un mundo *politizado*, y politizado por las fuerzas siniestras de la Revolución, la teología puede creerse con derecho a pronunciarse en favor de la Revolución y convertirse en un arma de subversión. El asunto no es meramente hipotético cuando vemos a tantos clérigos que, con la visión de Hegel o de Marx, han tomado "teológicamente" posición en el mundo de hoy.

El cardenal John Heenan denuncia el actual desprecio por el magisterio

Dice así[697]: "En la teología actual no hay ningún tema tan delicado como éste. ¿Qué es el magisterio? Hojeen ustedes sus viejos libros de teología dogmática (digamos los de 1960) y podrán leer allí que el magisterio ordinario es el que garantiza que el fiel aprenderá la verdad revelada a través de las enseñanzas del Papa y de los obispos (*"qui fidelibus oralem veritatem revelatam seu Traditionem dispensant,* dice un viejo manual popular muy usado durante los últimos diez años). Hoy en día definir el magisterio es un poco más difícil. El mismo, por cierto, tiene autoridad, pero ¿quién puede ejercer una autoridad que no resulte debidamente reconocida?

El magisterio ordinario del Papa se manifiesta en sus encíclicas, alocuciones y cartas. No es ningún secreto que los teólogos contemporáneos tienen un respeto menos marcado por una encíclica que -por ejemplo- por un artículo de "Concilium".

"La voz solitaria del Papa. Así, pues, el magisterio se ha vuelto un tema muy arriesgado de tratar, no sólo porque quienes tienen el deber de

---

[696] Ibid., pág. 106.
[697] L'Osservatore romano, ed. arg. del 25-6-68.

transmitir sus directivas lo ignoran ampliamente, sino porque quienes poseen la autoridad del mismo la ejercen con menos confianza. Es muy difícil que el obispo o la jerarquía local condenen una teoría, por insólita o frágil que sea. Según recientes informaciones provenientes de Roma, Paulo VI lloró en una audiencia pública, mientras hablaba de la deslealtad y la desobediencia de muchos que hablan y enseñan en nombre de la Iglesia Católica. Es posible que estas informaciones no sean exactas, pero lo cierto es que el Papa insiste regularmente sobre los peligros de las innovaciones teológicas. Ninguna otra autoridad sigue su ejemplo. Durante el Sínodo de los Obispos, un cardenal destacó que la voz del Papa se está convirtiendo en una voz solitaria.

Quizás la noción global del magisterio ordinario de la Iglesia está cambiando. Después de la conclusión del Concilio, es raro que el Episcopado mundial se haga eco de los llamados angustiosos del Obispo de Roma.

"Las palabras "magisterio" y "jerarquía" se han vuelto términos desagradables. Por esto, quizá, pocos obispos están dispuestos a arriesgar su popularidad ejerciendo el magisterio. Es cierto que en el pasado el magisterio fue ejercido muchas veces más para condenar que para guiar. Fuera de Roma, el magisterio se ha vuelto hoy tan poco seguro de sí mismo que hasta es raro que trate de guiar. Peligrosos escritos contemporáneos sobre el ecumenismo y la Eucaristía no conocen ninguna censura episcopal. Distinguidos ecumenistas parecieran no ver ninguna diferencia significativa entre el catolicismo y otras confesiones. Al buscar soluciones para los angustiosos problemas de los matrimonios mixtos, por ejemplo, afirman que un católico no tiene el derecho ni el deber de salvaguardar la fe de sus hijos. Esta doctrina se predica sin ninguna protesta por parte del magisterio".

A través de la propaganda progresista, potenciada por los grandes órganos de la publicidad mundial, se está efectuando una peligrosísima substitución del magisterio, que estaría desplazándose del Papa y de los obispos a los teólogos de la nueva teología. Un artículo de "Concilium" de cualquier teólogo contemporáneo tiene más audiencia, como dice el Cardenal Heenan, que una directiva del magisterio romano.

El asunto es tanto más grave cuanto ha merecido una advertencia del Santo Padre en la II Asamblea General del Episcopado latinoamericano, reunido en Bogotá el 23-8-68, con motivo del Congreso Eucarístico Internacional. Dijo allí el Papa que "la fe es la base, la raíz, la fuente, la primera razón de ser de la Iglesia, bien lo sabemos. Y sabemos también cómo la fe es insidiada por las corrientes más subversivas del pensamiento moderno. La desconfianza, que incluso en los ambientes católicos se ha difundido acerca de la validez de los principios fundamentales de la razón, o sea, de nuestra "philosophia perennis", nos ha desarmado frente a los asaltos no raramente radicales y capciosos, de pensadores de moda. El "vacuum" producido en nuestras escuelas filosóficas por el abandono de la confianza en los grandes maestros del pensamiento cristiano es invadido frecuentemente por una superficial y casi servil aceptación de filosofías de moda...

"Desafortunadamente, también entre nosotros algunos teólogos no siempre van por el recto camino. Tenemos gran estima y gran necesidad de la función de teólogos buenos y animosos; ellos pueden ser providenciales estudiosos y valientes expositores de la fe, si se conservan discípulos inteligentes del magisterio eclesiástico, constituido por Cristo en custodio e intérprete, por obra del Espíritu Santo, de su mensaje de verdad eterna. Pero hoy algunos recurren a expresiones doctrinales ambiguas, se arrogan la libertad de enunciar opiniones propias, atribuyéndoles aquella autoridad que ellos mismos, más o menos abiertamente, discuten a quien por derecho divino posee carismas tan formidable y tan vigilantemente custodiados, incluso consienten que cada uno en la Iglesia piense y crea lo que quisiere, recayendo de ese modo en el libre examen que ha roto la unidad de la Iglesia misma y confundiendo la legítima libertad de conciencia moral con una mal entendida libertad de pensamiento que frecuentemente se equivoca por insuficiente conocimiento de las genuinas verdades religiosas".

4. El progresismo tiende a debilitar la firme verdad de la existencia de Dios

Si hay una verdad primera y fundamental en la Iglesia Católica es, sin duda, la existencia de Dios. Santo Tomás la coloca a la cabeza de su Suma Teológica. En efecto, si Dios no existe o no tengo la seguridad absoluta de su existencia, cae todo el edificio de la teología y de la revelación. El progresismo debilita sensiblemente verdad tan augusta y fundamental de dos maneras: revalorando el ateísmo, y negando eficacia demostrativa a las pruebas de la existencia de Dios.

Revaloración del ateísmo en el progresismo

La doctrina católica sobre el ateísmo traduce inmediatamente lo que revelan las Escrituras. Allí se enseña claramente que "el necio dijo en su corazón: no hay Dios"[698]. Y San Pablo enseña abiertamente que "desde la creación del mundo, lo invisible de Dios, su eterno poder y su divinidad son conocidos mediante las creaturas. De manera que son inexcusables"[699]. Y entre las condiciones para la salvación, *la Carta a los Hebreos,* coloca dos como necesarias con necesidad de medio, es decir que sin ellas es total y absolutamente imposible la salvación: "Que es preciso que quien se acerca a Dios crea que existe y que es remunerador de los que le buscan"[700]. Por aquí aparece, de toda evidencia, que la palabra de Dios enseña que el ateísmo es un pecado que hace imposible la salvación. Esta es la enseñanza objetiva de la Revelación. Qué pasa *subjetivamente* en el corazón del ateo y qué posibilidades tiene de salvarse, eso sólo Dios lo sabe, de acuerdo con aquello del Eclesiastés: "Poniendo en mi corazón todo esto, vi bien que el justo y el sabio y sus obras están en las manos de Dios, y ni siquiera sabe el hombre si es objeto de amor o de odio; todo está encubierto para él"[701].

Esta es la doctrina clara de la Santa Iglesia Romana. Pero ahora los teólogos progresistas, con Rahner a la cabeza, enseñan otra doctrina, cuyos fundamentos no asignan ni pueden asignar.

En un artículo, *En torno a la doctrina de Vaticano II sobre el ateísmo*[702], Karl Rahner asienta su doctrina, que comparten hoy innumerables teólogos y que podemos resumir en tres proposiciones. Primera, el Concilio modifica la doctrina tradicional, que enseñaba que no puede darse sin culpa moral un ateo adulto que profese el ateísmo. Segunda, en consecuencia, hay que admitir la nueva posición y aceptar que puede existir un ateo sin culpa moral. Tercera, este ateo puede tener fe salvífica.

Primera cuestión: *el Concilio modifica la doctrina tradicional,* según Rahner[703]. Pues bien, léanse los números 19-21 de la Constitución "Gaudium et Spes" que se refiere especialmente al ateísmo y que Rahner invoca, y no se encontrará nada que justifique la posición de

---

[698] *Salmos,* 14, 1.
[699] *Rom.,* 1, 20.
[700] *Hebr.,* 11, 6.
[701] *Eccles,* 9, 1.
[702] Concilium, Nº 23.
[703] Ibid., pág. 380.

este teólogo. Al contrario, se afirma lo opuesto a la proposición de Rahner. Porque leemos:

> "Quienes voluntariamente pretenden apartar de su corazón a Dios y soslayar las cuestiones religiosas, desoyen el dictamen de su conciencia y por tanto no carecen de culpa". Allí se afirma que el *acto voluntario y deliberado* de negación de Dios es culpable. De aquí nadie tiene derecho a concluir, como lo hace Rahner, que el *acto involuntario o indeliberado* de negación de Dios no sea culpable. Porque el Concilio nada enseña al respecto. No es de buena lógica adjudicar al Concilio una afirmación por el hecho de que el Concilio calle. La responsabilidad de un acto involuntario sólo Dios la puede conocer. Se trata de una responsabilidad *in causa*, en la que entran mil motivaciones *subjetivas* que no se pueden discernir así en general y que se han de determinar en cada caso concreto; y que en definitiva sólo caben al conocimiento de Dios, "escudriñador del corazón"[704].

Cierto que en la "Lumen Gentium"[705] leemos: "La divina Providencia no niega los auxilios necesarios para la salvación a los que sin culpa por su parte no llegaron todavía a un claro conocimiento de Dios y, sin embargo, se esfuerzan ayudados por la gracia divina, en conseguir una vida recta". Por de pronto, aquí se refiere "a los que sin culpa por su parte no llegaron todavía a un claro conocimiento de Dios". Quien no tiene un claro conocimiento de Dios, no es necesariamente ateo. Por esto no nos parece correcta la interpretación que asigna Rahnes a este párrafo incluyendo con toda seguridad a los ateos[706]. Además, de este oscurecimiento de la idea de Dios habrá que disculpar sin duda de culpa *personal* a los que la sufren, pero esta culpa, que siempre existe, deberá descargarse en los responsables de las sociedades modernas que con su cultura trabajan para oscurecer y no para esclarecer la existencia de Dios.

La culpa en este caso se diluye en la sociedad y en los responsables de ese estado social que determina la existencia de personas que no atinan a poner en funcionamiento el propio discurso que fácilmente lleva a Dios. El texto del Vaticano II no aclara si se trata de semiateos precarios que se convertirían antes de su muerte en teístas explícitos, porque en este caso, que es el más probable, no habría dificultad especial. Porque

---

[704] *Salmo*, 7, 10.
[705] Núm. 16.
[706] Ibid., pág. 383.

en caso de tratarse de semiateos *permanentes,* habría una nueva dificultad, que sería la de la práctica de una vida recta. Si ésta es ya difícil para un creyente, tanto más para un no creyente que no tendría la posibilidad de pedir el arrepentimiento a un Dios cuya existencia no admite.

Segunda cuestión: que puede existir un ateo sin culpa moral. *Objetivamente* no puede haber ateos sin culpa moral, porque San Pablo enseña[707] que son *inexcusables* y el Salmo dice que son *necios,* y el hombre tiene obligación de portarse como *hombre* y no como estúpido. Para que pudiera haber ateos sin culpa sería menester que el conocimiento de Dios fuera una cosa difícil de adquirir y que no fuera una cosa indispensable y obligatoria al hombre. Y ambas hipótesis no son ciertas. El hombre puede fácilmente conocer a Dios, mediante un sencillo razonamiento fundado en los primeros principios de la razón especulativa. Al ver el espectáculo espléndido de la creación está movido a afirmar la existencia del Creador. Hay un razonamiento sencillo y seguro. Sin duda que la demostración *científica* que pueden proporcionar las cinco vías de Santo Tomás no están al alcance de todos, pero la ilación demostrativa y concluyente se impone a todo aquel que no tenga la inteligencia pervertida.

Hoy, es cierto, puede existir en muchos esta perversión de la inteligencia que incapacita para el razonamiento metafísico más sencillo. Pero *objetivamente* hay culpa en la perversión de la inteligencia. Como sea en cada caso concreto la responsabilidad *subjetiva* de esta culpa no está en el poder humano medirla.

Tercera cuestión: que un ateo pueda salvarse. La "Carta a los Hebreos" excluye terminantemente que un ateo pueda salvarse y la razón es muy sencilla. No puedo tener fe teologal si no acepto a Dios. Karl Rahner, por el contrario, afirma que, "basándose en la doctrina de la epístola a los Hebreos podemos empezar afirmando: sí [puede salvarse], *con tal que* en este contenido de conciencia se dé *al menos* un conocimiento *implícito* de Dios y además que este "contenido" sea afirmado en un acto libre, elevado por la gracia según el modo de la fe"[708]. Pero la Carta a los Hebreos habla de un conocimiento *explícito* de Dios.

---

[707] *Romanos,* 1, 20.
[708] Concilium, Rahner, pág. 388.

Además, ¿qué es este conocimiento implícito? ¿Qué contenido de conciencia puede *contener* a Dios y exigirle que se *explicite*? Si no se *explicita*, es señal de que hay una *perversión* de la inteligencia, la cual no puede dejar de ser *objetivamente* culpable.

Karl Rahner en toda esta cuestión habla de una "experiencia trascendental", o sea de una experiencia de la apertura ilimitada del espíritu hacia el ser absoluto, ya que todo conocimiento -en el plano subjetivo- es un conocimiento real de Dios, aunque implícito, es decir, no necesariamente objetivado y concreto"[709].

Pero, en primer lugar, ¿qué es esto de experiencia trascendental de Dios? Si es experiencia, es un conocimiento inmediato. Pero de Dios, como lo ha demostrado Santo Tomás en forma definitiva, no podemos tener conocimiento *a priori* ni inmediato. Sólo hay un medio para conocer a Dios y es por razonamiento a través de las cosas sensibles. Si es por razonamiento es necesariamente *mediato*. Luego no puede haber *experiencia* ya que supone un conocimiento *inmediato*.

Que todo conocimiento implique una apertura del espíritu al absoluto, no tenemos dificultad en admitirlo; pero ello no autoriza a afirmar que esta apertura sea conocida directamente en cada uno de los actos cognoscitivos y que por lo mismo Dios sea conocido en todo conocimiento. No hay otro medio de conocer a Dios que por el análisis metafísico de toda realidad mundana, incluso de todo conocimiento humano, y ello, por lo mismo a través de un razonamiento que indague la última instancia de toda realidad finita. La tesis de Karl Rahner tiene sabor a ontologismo porque en ella estaría implícita la afirmación de que en todo conocimiento habría un conocimiento inmediato de Dios.

Otra afirmación que hace Rahner, enteramente antojadiza, es que se da la posibilidad de una apertura transcendental a Dios; pero que en el plano objetivo, es interpretada falsamente, o de un modo no totalmente recto, y dentro de un ateísmo categorial[710]. Esto es repetir de otra manera lo anterior, es decir, lo de una experiencia transcendental de Dios que se ignoraría a sí mismo y que no podría traducirse en términos categoriales. No hay, como hemos dicho, tal experiencia transcendental de Dios, porque entonces habría un conocimiento inmediato de Dios que sería una evidencia. El espíritu humano en todo conocimiento podrá

---

[709] Ibid., pág. 389.
[710] Ibid., pág. 392.

estar *ontológicamente* abierto a Dios; pero esta relación de apertura ontológica a Dios no puede ser conocida sino por un razonamiento, es decir por un conocimiento mediato. Luego no hay tal experiencia transcendental de Dios, como afirma gratuitamente Rahner. Y en el caso, al no ser conocida en términos categoriales, no es de ningún modo conocida, ya que todo conocimiento humano ha de expresarse categorialmente, aunque se exprese en virtud de la evidencia de un razonamiento, fundado en los primeros principios del ser y de la razón, y con valor para el mundo supracategorial o transcendental. Rahner que afirma lo de la apertura del espíritu a Dios, lo de la experiencia transcendental de Dios, que no se traduciría en términos categoriales, no puede fundar psicológicamente la posibilidad de esta apertura. Su afirmación es totalmente antojadiza y arbitraria, basada en presupuestos idealistas.

Las pruebas de la existencia de Dios

La entrada que se ha dado entre los católicos a los sistemas existencialistas, historicistas, dialecticistas, evolucionistas y otros, llevan a poner en cuestión una filosofía fundada en los primeros principios de la metafísica. Vimos anteriormente[711] que el único camino para llegar a Dios es el de la razón, y el de la razón metafísica, y que a ésta no se llega sino a través de la *evidencia y certeza* de los primeros principios del ser. Inquiriendo por la causa del ser llegamos a un Ser por sí mismo subsistente, causa de todo ser. Aquí radica la exposición *científica* de la demostración racional de la existencia de Dios reclamada por el Concilio Vaticano l. "La misma Santa Madre Iglesia sostiene y enseña que Dios, principio y fin de todas las cosas, ciertamente puede ser conocido por la luz natural de la razón humana"[712]. Y aquí el Concilio apela a la palabra del Apóstol: "porque desde la creación del mundo, lo invisible de Dios... es conocido mediante las creaturas"[713].

La demostración racional de la existencia de Dios plantea la cuestión del valor de las cinco vías de Santo Tomás, en su famoso texto I, 2, 3 de la *Suma Teológica*. De algún modo toda la escuela tomista está en esa tarea, desde Cayetano, que se planteaba la cuestión de qué prueban

---

[711] Capítulo VI del presente libro.
[712] Denz., ed. 31, nº 1.785.
[713] *Rom.*, 1, 20.

realmente las vías, hasta Garrigou-Lagrange, que la desarrolla y completa.

Pero actualmente, además de ejercitar sobre los argumentos de Santo Tomás los instrumentos de la crítica histórica y doctrinal (especialmente un estudio de las fuentes diversas que confluyen en la elaboración del Angélico) se criban los argumentos según las exigencias de las ciencias positivas y de la filosofía marcada por la crisis kantiana.

Importa mucho determinar qué pueden decirle al hombre del siglo XX las famosas v *iae*. En realidad este problema está enmarcado en uno mayor: ¿qué acceso puede tener el pensamiento contemporáneo, desposeído de una sana metafísica y ahogado en la inmanencia, al abigarrado mundo de los conceptos y realidades de la síntesis tomista?

Hay dentro del campo católico dos actitudes o líneas de interpretación bien diversas frente a la "prueba de Dios" de Santo Tomás. Una que le confiere un valor riguroso, destacando el nivel de profundidad metafísica en que se desarrollan las vías, nivel en que son estrictamente científicas y probatorias. Otra línea diluye este valor y las considera no ya "pruebas" sino simplemente "vías", es decir, "approches"; no serían argumentos seguros que lleven de manera completa y satisfactoria a afirmar la existencia de Dios. A menudo se advierte en esta segunda actitud una reacción contra una presentación y repetición miope y manualística de las "vías", que no tendría en cuenta la riqueza del texto tomista y las dificultades de interpretación que encierra.

En la primera actitud se pueden alinear los trabajos de fabro [714] y Guérard des Lauriers [715], por ejemplo; en la segunda hay que colocar a F. van Steenberghen [716]. Según este lovaniense, la cuarta vía es inútil, la primera y segunda incompletas, la tercera y la quinta necesitan corrección y complementación. O sea que ninguna de las cinco vías constituye en su tenor literal una prueba completa y satisfactoria de la existencia de Dios. Trata en cambio de entresacar de las cuestiones siguientes de la Suma (deducción de los atributos divinos) los elementos de lo que él llama una prueba metafísica auténtica. De allí

---

[714] *L'uomo e il rischio di Dio*.
[715] *La preuve de Dieu et les cinq voies*, Cathedra Sanchi Thomae, 1 vol. de 232 págs., Roma, Universidad de Letrón, 1966.
[716] *Dios oculto*, Desclée de Browuer, colección Veritas et Justitia, 1965.

habría que extraer los principios de una demostración completa y rigurosa, inspirada en el tomismo, para presentar al hombre de hoy.

Bernhard Welte representa una posición menos clara tal vez, pero mucho más matizada, en la publicación del curso que dictó en Buenos Aires[717]. Hay en éste, todo un intento para llegar, por el método fenomenológico, a demostrar la existencia de Dios. De más está decir la imposibilidad que esta tentativa representa. La demostración de la existencia de Dios no puede fundarse sino en el análisis metafísico de los primeros principios. Si existe algo, y ello es de toda evidencia, tiene su razón de ser en sí mismo o en otro. Es así que no la puede tener en sí mismo, ya que la realidad existente está afectada de una determinación que rechaza la existencia necesaria, luego hay que acudir a otro ser, que no dependa de nadie y sea perfectamente absoluto. La demostración se funda próximamente en el principio de causalidad, pero en último análisis y en última instancia, en el principio de no contradicción. Es decir que caería el principio de no contradicción si no se acepta la existencia de Dios. A ello se reducen las famosas cinco vías de Santo Tomás. Y tocar la validez de las cinco vías es, por lo mismo, poner en cuestión el valor de la razón para llegar a Dios. Y si la razón no nos lleva a Dios, no hay otro camino *legítimo* para alcanzarle. Y por lo mismo se destruye la fe que sólo puede descansar en la razón como en preámbulo de la fe.

Todas las críticas modernas a las cinco vías son válidas igualmente en cualquier demostración racional de la existencia de Dios. Estas críticas se fundan, en definitiva, en el agnosticismo kantiano, el cual descansa a su vez sobre la imposibilidad de la metafísica. Para todo hombre moderno, de cualquier corriente filosófica que proceda, la metafísica es imposible, y con ello es imposible llegar al *noúmeno*, a la realidad, al ser, y por lo mismo, al Ser Subsistente. La razón no llega sino al fenómeno y al mundo de la apariencia. Existe una imposibilidad radical de la mente humana para llegar a Dios. Esta imposibilidad se funda en que la mente humana está *distorsionada* y por ello es *radicalmente* incapaz de alcanzar el objeto natural de la razón, que es el ser.

Los teólogos, que de un modo u otro aceptan el planteo moderno, caen igualmente en el agnosticismo que caracteriza a todo el pensamiento moderno, y vense obligados, si fueran consecuentes, a poner en cuestión

---

[717] *Ateísmo y religión, Teología,* t. VI, nº 12, 1968, págs. 75-122.

los primeros principios y aun, el de no contradicción. Al negar la existencia de Dios y en consecuencia, la validez de los primeros principios, se ha de afirmar que el mundo es, en última instancia, divino y que la realidad fluyente no es sino apariencia y *maya*. Por aquí se cae en las gnosis cabalísticas, que no son sino variantes de la gnosis brahamánica que enseña que todo es *brahman,* lo divino, y que el mundo no es sino *maya* o apariencia.

5. Algunos teólogos nuevos ponen en cuestión el misterio de la Santísima Trinidad y el de la Encarnación

Leemos, en efecto, en la página 249 del número tres, correspondiente al año 1966, de la revista "Tijdschift voor theologie":

"La Presencia saludable de Dios en el hombre Jesucristo. Diálogo sobre el misterio de Cristo. El artículo que sigue reúne tres con tribuciones; el punto de partida y el objeto de este diálogo se encuentran en el estudio del P. A. Hulsbosch, sobre el cual los otros dos autores dejan curso libre a sus reflexiones. Fiel a la intención fundamental de la confesión de fe eclesial, Hulsbosch no quiere dejar de hacer la crítica -en el sentido constructivo de la palabra- de la simple formulación, "Dos naturalezas en una sola persona". Estima que la unicidad excepcional del hombre Jesús puede entenderse suficientemente cuando se la comprende como una gracia, concebida y asimilada a una creación. De esta suerte "la unidad hipostática" le parece ser una superestructura conceptual sobre el dato de fe, superestructura que fue quizás necesaria en otro tiempo, pero que está vacía de sentido para nosotros. E. Schillebeckx estima que la "unidad hipostática" es una implicación ineluctable de la manera nueva absolutamente única de como Jesús es hombre, pero critica la representación sin matices de "dos partos" en Cristo.

El P. Schoonenberg critica sobre todo la idea de lo que se llama la preexistencia de las personas divinas y se pregunta si, cuando se abandona esta idea queda todavía lugar para admitir una hipóstasis divina en Cristo, para ser fiel a su importancia única para nuestra salvación.

"Dudar de la intención ortodoxa de semejante fe que reflexiona sería no sólo faltar a la caridad sino igualmente dar prueba de una perspectiva estrecha. Estos estudios tratan lealmente de renovar la predicación del misterio de Cristo, al que quieren conferir un sentido existencial.

Además, la publicación de un diálogo de este género en una revista científica parece perfectamente justificada. Y esto principalmente porque el pueblo de la Iglesia holandesa (católica y reformada), se lo quiera o no, se plantea el problema de Jesús. Esta problemática ha llegado al público, o mejor dicho, ha surgido en el público. Además, querer tener al público apartado de la reflexión de este problema es querer hacer la política del avestruz. En cuanto a rechazar el problema oponiéndole la artillería pesada de las fórmulas dogmáticas no interpretadas, es simplemente confesar su impotencia kerygmática y es, al fin de cuentas, ser infiel a Cristo vivo. Por lo demás, la mejor censura es la opinión pública (en la ocurrencia científica) que, en un diálogo constantemente preocupado de religarse con la palabra de Dios, se da progresivamente cuenta en donde se encuentra exactamente el momento de ligazón. El sentido más profundo de nuestro cristianismo no es finalmente otra cosa que la voluntad de ligarnos con la Palabra de Dios; y este sentido último se realiza precisamente por la potencia de la gracia que Dios nos da en Cristo". "Los autores".

Hasta aquí, "Tijdschift voor Theologie".

¿Qué pensar, objetivamente, de la formulación del dogma trinitario y cristológico en la contribución de estos autores? A. Hulsbosch pone en cuestión, nada menos, que la divinidad de Cristo. Afirma en efecto que la unicidad excepcional del hombre Jesús puede entenderse como una "gracia creada". Y para remachar el asunto, habla de que la "unidad hipostática" no es sino una superestructura conceptual que no tiene ningún sentido para nosotros. En consecuencia, con las palabras de Hulsbosch que reflejan la inteligencia del dogma cristológico, el hombre Jesús no tendría la gracia increada de la unión, es decir, no sería la persona divina del Hijo en la cual subsistiría esa humanidad de Jesús. No sería por tanto Dios.

En la formulación de E. Schillebeckx no habría dos nacimientos en Cristo, el uno eterno, por la generación del Padre, el otro temporal, en el seno de María. No habría, en consecuencia, dos naturalezas unidas en la unión hipostática de una única persona.

En la formulación de Schoonenberg, al no existir una preexistencia de las personas divinas al misterio cristológico se pondría en cuestión el misterio de la Trinidad y el mismo de la encarnación.

Y no se diga que aquí no se tocaría el contenido de los misterios sino tan sólo su formulación.

Porque las fórmulas dogmáticas no son sino la expresión de ese contenido y no pueden alterarse sustancialmente sin que se altere la intelección de esos divinos misterios. Porque es claro que con fórmulas que contradicen los misterios, y tal es el caso que aquí denunciamos en estos teólogos, no se puede afirmar estos mismos misterios.

Una palabra todavía con respecto a la posición sostenida por E. Schillebeeckx en el artículo de referencia. En la pág. 275 escribe: "Yo me adhiero ciento por ciento a la "nueva" aproximación del misterio de Cristo que preconiza Hulsbosch". Pero como Hulsbosch, según hemos visto niega precisamente la unión hipostática, Schillebeeckx en consecuencia también debe negarla.

Y en la página 276 escribe el mismo Schillebeeckx: "Desde 1953 me he opuesto siempre a la formulación "Cristo es Dios y hombre", y también a la expresión desconcertante "el hombre Jesús es Dios"". En nota, advierte: "Al hacer esto, yo estaba en buena compañía. Thomas mismo dice: "Por consiguiente la proposición, *Cristo, en tanto hombre, tiene la gracia de unión,* es verdadera, pero la proposición *Cristo, en cuanto hombre, es Dios,* no es verdadera"".

No se ve cómo se pueda afirmar la unión hipostática si no se acepta la fórmula "Cristo es Dios y hombre". Porque la unidad de hipóstasis se verifica precisamente porque el Verbo, el mismísimo Verbo, la hipóstasis de la Segunda Persona, con la divina naturaleza, asumió la humana naturaleza. De aquí que haya que aceptar también la fórmula: "El hombre Jesús es Dios, porque la naturaleza humana es atribuida a la persona del Verbo, que es Dios. No corresponde, en cambio, decir "Cristo, en cuanto hombre, es Dios", porque allí se expresa precisamente la humanidad de Cristo y ésta, al ser creada, no puede ser Dios.

6. *No faltan teólogos que pongan en duda la existencia de Satán*

La ambigüedad en la exposición de la doctrina es hoy una táctica que usan los nuevos teólogos que debían ser firmes en la exposición y defensa de la fe. Pero más que la ambigüedad, es peligrosa la duda, y ésta se usa también para hablar de los ángeles y del Príncipe de los ángeles malos, Satán. Así, en la revista de los dominicos franceses,

Lumiere et Vie, Christian Duquoc, O. P., publica un artículo[718] con el sugestivo título de *Satán, ¿símbolo o realidad?*, donde se consignan párrafos como éste: "No es la mentalidad científica la que requiere la desaparición de Satán; es la seriedad de la fe. Se ha creído en otro tiempo que el combate cristiano se desarrollaba entre las Potencias supraterrestres; se sabe hoy que este combate es vano. El mal es producto nuestro, y se trata de hacerlo retroceder en nuestro mundo y por nosotros mismos". Y más adelante: "En la situación actual, diremos, la teología no podría responder con plena certeza que la Revelación afirma, con toda la autoridad que le confiere la palabra de Dios, la existencia de Satán. Hay que decir con no menos vigor que el teólogo no sabría sostener la no existencia personal de Satán por segura"... Y añade: "Por desilusionadora que sea, es la única respuesta honesta en la situación actual".

Sin embargo, no hay verdad tan firmemente explicitada en los Sagrados Libros, en las Cartas del Apóstol San Pablo y en los Evangelios mismos. Si se pone en duda verdad tan firme, invocando la mitologización, también habrá que invocarla para poner en duda la misma existencia del Señor Jesucristo.

7. Se niega el pecado original originante

La cuestión del pecado original en la cultura moderna es de las más difíciles de mantener.

Sobre todo, pero no únicamente, por la tesis evolutiva, y de evolucionismo total que se ha impuesto de modo irracional pero que, de cualquier modo, se ha impuesto entre los estudiosos. Y en efecto, si el hombre es producto de la evolución, y procede de la materia más informe, que se va perfeccionando y llegando primero a las especies químicas y de éstas a las vivientes, vegetales y animales, y de aquí al hombre, es claro que el primer estado de éste ha sido de imperfección que ha caminado hacia otro más desarrollado y perfecto[719]. En cambio, el relato del pecado original tal como aparece en el Génesis, es el de un

---

[718] Mayo-agosto 1966.
[719] El P. Labourdette, O. P., defiende que el primer hombre, proveniente por evolución de las especies inferiores, habría sido adornado con los dones sobrenaturales y naturales al llegar a transformarse en hombre, y que luego los habría perdido al pecar, cayendo en el estado que habría tenido antes de recibir esos dones.

hombre perfecto, que en la plenitud de su razón y de su voluntad ha elegido deliberadamente el mal y *ha caído* en la culpa y en las consecuencias de ésta, en un estado de notoria imperfección y miseria. De aquí que sostener el evolucionismo no es posible manteniendo las tesis clásicas de San Agustín y de Santo Tomás sobre el estado de perfección en que habría sido constituido el hombre, no sólo en los dones de justicia original, sino en los preternaturales de inmortalidad, ciencia y libertad de la concupiscencia. Además, si se admite el evolucionismo no es posible luego no aceptar el poligenismo, ya que es de suponer que la evolución se habría efectuado por varias ascendencias de especies animales que habrían dado origen a diversas especies o líneas humanas. Y entonces, ¿cómo se cumpliría aquello del Apóstol Pablo, "como por un hombre entró el pecado en el mundo, y por el pecado la muerte y así la muerte pasó a todos los hombres por cuanto todos habían pecado"[720].

Hasta ahora, los teólogos mantenían firme la doctrina del pecado original en todos sus capítulos y hacían observar que la tesis del evolucionismo era una hipótesis científica que estaba lejos de ser abonada por los hechos y que éstos, antes bien, sobre todo los biológicos, se oponían a dicha hipótesis. Las cosas han variado estos últimos años y ya la *Humani Generis* en 1950 había llamado seriamente la atención sobre el peligro de dar por aceptados el poligenismo y aún el evolucionismo. Una serie de trabajos en las principales facultades teológicas han aparecido estos últimos años que ponen en cuestión la doctrina tradicional y sencillamente la niegan. A propósito de esto nos referiremos particularmente a *Il peccato originale in prospettiva evoluzionistica* de Zoltan Alszeghy, S. J., y Mauricio Flick, S. J., aparecido en Gregorianum, 47 (1966), 201-225, al libro de Henri Rondet, S. J., *Le Peché Originel dans la Tradition Patristique et théologique*[721], y a *El Poder del Pecado* de Piet Schoonenberg, S. J.[722].

La solución que se busca en estos estudios al problema de "conciliar el dogma del pecado original con el poligenismo" consiste en identificar "el pecado original originante con el pecado del mundo", es decir, con el conjunto de los pecados personales de los hombres[723]. Esta solución

---

[720] *Rom.*, 5, 12.
[721] Le Signe Fayard, París, 1967.
[722] Ediciones Carlos Lohlé, Buenos Aires, 1968.
[723] Selecciones de Teología, N° 23, 1967, pág. 127.

se busca "para armonizar la fe en el dogma del pecado original con la nueva visión del mundo que es patrimonio común de la cultura contemporánea"[724].

Es evidente que tal propósito ha de traer como consecuencia el ablandamiento de interpretación de las fuentes teológicas del pecado original, a saber, de *Génesis* 2-3, *Romanos* 5, 12-21 y del Decreto de Trento sobre el pecado original. La coincidencia entre los exégetas se realiza sobre la base de defender que *Gén.* 2-3 explica la entrada del mal (sobre todo el moral) en el mundo, revelando la realidad de una resistencia pecaminosa a la voluntad divina, causa del perJmc10 que sufre la humanidad. Todo lo demás (estado de justicia original, unicidad de la pareja pecadora, etc.) no pertenece formalmente al mensaje del *Génesis*[725]. El texto de San Pablo de *Rom.*, 5, 12-21 se atempera visiblemente diciendo que allí se quiere hacer resaltar la salvación del único Cristo que abarca a todos los hombres y que la existencia y el influjo de Adán no se afirma con la misma intensidad que la existencia y el influjo de Cristo y que San Pablo nada nos dice acerca del modo como Adán transmite el pecado y la muerte a los otros hombres. Que, en consecuencia, no se puede concluir que *Rom.* 5, 12-21 exija que todos los pecadores por la transgresión de Adán sean descendientes de él por generación física[726].

Finalmente, con respecto al decreto de Trento, se dice que "mientras es cierto que el Concilio quiere afirmar categóricamente que todo tienen el pecado original antes de poder imitar el pecado de Adán, no es cierto que se dé la misma valoración a la afirmación de que es necesaria la descendencia física de Adán para contraer el pecado original originante"[727].

La hipótesis propuesta se diferencia de la descripción tradicional de los orígenes del hombre, principalmente en la concepción del *estado de justicia original*, ya que en esta hipótesis no se admite que el hombre haya vivido en un estado de gracia, inmortalidad e integridad[728].

Es claro que los nuevos teólogos en realidad destruyen el pecado original originante. Ya no sería cierta la enseñanza terminante del

---

[724] Ibid., pág. 218.
[725] Ibid., pág. 219.
[726] Ibid., pág. 219.
[727] Ibid., pág. 220.
[728] Ibid., pág. 222.

Apóstol: "Así, pues, como por un hombre entró el pecado en el mundo, y por el pecado la muerte, y así la muerte pasó a todos los hombres, por cuanto habían pecado". El pecado no habría entrado por un solo hombre. Tampoco el pecado y la muerte habrían pasado a todos los hombres. A lo sumo, habría pasado *en imitación* como enseñaban los pelagianos. Adán habría tenido influencia sobre sus descendientes tan solo por el mal ejemplo. De aquí, que el Decreto de Trento afirme categóricamente: *Si quis hoc Adae peccatum, quod origine unum est et propagatione*. Si alguno afirma que este pecado de Adán, que es uno por el origen y la propagación. Y el canon 2: Si alguno afirma que la prevaricación de Adán le perjudicó a él solo y no a su descendencia...

Por otra parte, con respecto a *Gen.*, 2-3 hay que decir que aunque el Génesis sea un género de historia tan especial que siempre han de quedar dudas sobre ciertos detalles, sin embargo esto no ha de impedir que el núcleo revelado se dibuje con certeza. De aquí que se puedan desprender las conclusiones que siguen:

1. El relato del Génesis no es un canto de júbilo al progreso. Es la explicación del origen del mal por la caída de nuestros primeros padres.

2. La primera pareja había sido creada para vivir en la inocencia, la familiaridad divina, la felicidad y la inmortalidad del cuerpo.

3. A la instigación de un ser malo misterioso, en el que la revelación posterior nos mostrará claramente al demonio, ha querido por una falta del espíritu alcanzar la semejanza divina.

4. Esta falta le hará incurrir, lo mismo que a sus descendientes, en el castigo divino, que consiste en la pérdida de la familiaridad divina, la concupiscencia, el sufrimiento y la muerte.

5. Dios no abandona completamente al hombre. Su Providencia continúa protegiéndolo después de la primera falta; le da coraje para nuevas luchas y le hace entrever el triunfo sobre la serpiente y su posteridad.

6. Así, no se trata en este relato de la trasmisión de la culpabilidad de Adán a todos sus descendientes. Este no aparece como fuente de pecado sino como fuente de un estado desgraciado, de una ruina en la cual arrastra a toda su familia... Sólo a la luz de las páginas siguientes, a la

luz del Calvario, San Pablo revelará a los cristianos la solidaridad con Adán, fuente de pecado para toda la raza[729].

La enseñanza del Tridentino, interpretando autorizadamente la Escritura, enseña claramente que el pecado original se trasmite con la *generación*, y así es necesaria la solidaridad biológica para el pecado original originado, el cual no puede proceder sino de un único pecado original originante. Y los Padres del Concilio Tridentino definieron el decreto del pecado original no en cuanto hombres de su tiempo, que sólo conocían el monogenismo, sino como Obispos en comunicación jerárquica con el Papa, bajo la asistencia del Espíritu Santo, que les aseguraba la inerrancia en la fe.

El Papa Paulo VI ha cerrado con palabras memorables todos los intentos de acomodar, y por tanto de desvirtuar, la doctrina tradicional del pecado original, afirmada en forma definitiva en el Concilio de Trento. Dijo Paulo VI el 16 de julio de 1966 a los participantes del Simposio sobre el misterio del pecado original: "Es evidente por tanto que os ha de parecer inconciliable con la genuina doctrina católica la explicación que del pecado original dan algunos autores modernos, los cuales, partiendo del presupuesto, que no ha sido demostrado, del poligenismo, niegan más o menos claramente que el pecado, de donde se han derivado tantos males a la humanidad, sea sobre todo la desobediencia de Adán, "primer hombre", figura de aquel futuro, cometida al comienzo de la historia. Por consecuencia, tales explicaciones no concuerdan con las enseñanzas de la Sagrada Escritura, de la Sagrada Tradición y del Magisterio de la Iglesia, según el cual el pecado del primer hombre se ha trasmitido a todos sus descendientes, no por vía de imitación sino de propagación".

8. Se construye una imagen demasiado humana de la Persona de Cristo

En teología como en filosofía todo está perfectamente unido, de suerte que no se pueda debilitar una parte sin que las otras y el todo sufran detrimento. No se puede tocar el pecado sin que sufra la redención y la encarnación. Tras el debilitamiento de la noción de pecado original debía venir asimismo la de la personalidad de Cristo.

---

[729] H. Gaudel, en Dictionn. Théol. Cath., t. 12, col. 286.

Los misterios de la infancia de Jesús. La exégesis católica, que en muchos de sus representantes más publicitados ha emprendido un camino muy peligroso, como señalábamos anteriormente, se muestra particularmente en la historicidad de los misterios de la infancia del Salvador, sumamente mezquina y hasta puramente negativa. Ugo Emilio Lattanzi ha mostrado[730] que el género del *midrash* con que la *escuela midráshica* cataloga los misterios de la infancia del Salvador, narrados por Mateo y Lucas en los dos primeros capítulos de sus respectivos Evangelios, no es sino la resurrección del concepto de mito con que, en el siglo pasado, Strauss calificó el carácter histórico de la vida de Jesús.

De acuerdo a esta escuela serían de indudable contenido midráshico:

1. El anuncio del nacimiento de Jesús, que estaría calcado, según León-Dufour, de acuerdo a los cinco momentos de este tipo de anuncios: aparición, turbación del protagonista, mensaje, duda, signo y nombre[731].

2. Los sueños de San José se inspiran en el midrashim del nacimiento de Moisés[732].

3. La narración de las persecuciones de Herodes se parece a los midrashim relativos a la infancia de Moisés, recogidos en el Targum Jerosolimitano, en la Crónica de Moisés y en el Hiddrash Rabbath[733].

4. La aparición de la estrella imita algunos midrashim que no es el caso de describir[734].

5. La huida a Egipto tiene su modelo en un midrash[735] en el cual se dice que Jacob se refugió en Egipto para huir de las persecuciones de Labán[736].

---

[730] Il vangelo dell'infanzia è verità o mito?, *Renovatio, I, 1968, pág. 9.*
[731] Annonce à Joseph, en Études d'Évangile, *París, 1965, pág. 77.*
[732] L. Dubiere, *La révélation par songe dans l'Évangile de Saint Matthieu*, en *Mélanges*, Levy, Bruxelles, 1955, pág. 665.
[733] R. Bloch, *Quelques aspects de la figure de Moïse dans la tradition rabbinique*, Cahiers Sion, París, pág. 95.
[734] X. Muñoz Iglesias, *El género literario del Evangelio de la infancia en San Mateo*, Estudios Bíblicos, 1958, págs. 264-268.
[735] *Deut.*, 26, 5-8.
[736] D. Daube, *The earliest structure of the Gospels*, New Test. Studies, 5, 1959, págs. 174-187.

6. La hecatombe de los inocentes se relaciona con los midrashim de las persecuciones de Labán contra Jacob[737].

En Lucas, serían de contenido midráshico:

1. Los dos anuncios del nacimiento de Juan y del Señor[738].

2. La visitación está modelada sobre el recorrido del Arca de Yahvé, la que va de la casa de Obededon hacia Jerusalén[739] y también en lo que mira a los tres meses de permanencia[740].

3. El cántico de Isabel repite las bendiciones paleotestamentarias, en especial las de Judith (13, 18)[741].

4. Los cánticos del *Benedictus* y del *Magnificat* no fueron pronunciados respectivamente por Zacarías y por la Virgen[742].

5. El nacimiento de Jesús es un midrash al texto profético de Miqueas (4, 7-5, 5) con el que Lucas describe un acontecimiento sobre la base de un texto profético en función de su propósito[743].

6. El anuncio a los pastores entra dentro del género de los anuncios descriptos en sus momentos[744].

7. El encuentro con la profetisa Ana es un midrash que es como una Cábala (dada la advertencia al número de los años de Ana)[745].

Y esto autoriza a Hugo Lattanzi a concluir que en la mente de estos autores "todo el Evangelio de la infancia no es otra cosa que midrash haggádico".

La infancia de Jesús no tendría valor histórico. Y como entre la infancia y la vida pública del Señor no hay diferencia esencial, si aquella no tiene valor histórico tampoco lo tiene ésta. Y la vida de Jesús es novela, fábula y mito, como enseñaran ya, hace años, Strauss y Renan. Esto es

---

[737] D. Daube, art. cit.
[738] X. Muñoz Iglesias, *El Evangelio de la infancia en San Lucas*, Est. Bíblicos, 16, 1957, págs. 329-382.
[739] 2 *Sam*, 6, 11.
[740] René Laurentin, *Structure et Théologie de Luc.*, 1-2, París, 1957, pág. 79.
[741] René Laurentin, *obra citada*, págs. 81-82.
[742] J. R. Forrestel, *Old Testament background of the Magnificat*, Marianical Studies 12 (1961), págs. 205-244.
[743] René Laurentin, *obra citada*, págs. 86-88.
[744] F. Neirynck, *L'évangile de Noel*, París, 1960, págs. 42-45.
[745] E. Burrows, *The Gospel of the infancy*, Londres, 1940, pág. 42.

lo que dice, por otra parte, el J. J. Schierse, S. J., que tiene el mérito raro de hablar con claridad. Dice en efecto: "Aquel que leyese los testimonios con el objeto de satisfacer su sed de saber histórico, sea con la pésima intención de seguir exactamente la vida terrena de María, de describirnos su pensamiento, impresiones y sentimientos, habría equivocado el camino. La relación que tenemos con María no es diversa de aquella que se tiene con el Jesús histórico y con el Cristo de la fe; también María entra en el proceso pneumático de formación que juntamente ha interesado la tradición de Jesús y que nos deja poco margen en relación con la historicidad de los hechos". Y prosigue el P. Schierse: "El Jesús histórico se ha transformado en el Cristo de la Fe, esto es, para usar los términos del Símbolo apostólico: "Jesús" Cristo, nacido de María Virgen, etc... ha resucitado de entre los muertos al tercer día, ha subido a los cielos donde se sienta a la derecha de Dios Padre omnipotente. Los evangelios anuncian a este viviente Señor Jesús, que continúa operando en la Iglesia, como Salvador y Maestro, aún en la historia de la infancia. Su teatro por tanto no son en primera línea Nazaret, Belén o Jerusalén, sino la Iglesia. En la Iglesia se verifica la anunciación del ángel; allí nace Cristo, allí es presentado al Padre, allí debe ser buscado y encontrado. La calidad histórica de las vidas de Jesús y de María se transforma en símbolo del cielo y de la tierra, del espacio sin límites de la Iglesia, en la cual los acontecimientos del pasado se hacen presentes y perpetúan como misterios de salvación[746].

El evangelio de la infancia, en consecuencia, no es complejo de narraciones históricas, sino de *misterios de fe*.

Sin embargo, por más afirmaciones que hagan estos sabios de las Escrituras que conocen los secretos recónditos de cómo se han confeccionado los Sagrados Libros y de cómo han llegado hasta nosotros, lo prudente es hacer caso al mismo evangelista Lucas, quien, en el prólogo de su Evangelio, nos dice con sencillez y con verdad cómo se ha documentado para referirnos estos hechos históricos: "Puesto que muchos han intentado escribir la historia de lo sucedido entre nosotros, según nos ha sido trasmitido por los que, desde el principio, fueron testigos oculares y ministros de la palabra, me ha parecido también a mí, después de informarme exactamente de todo desde los orígenes,

---

[746] *Weihnachtliche Christusverkündigung*, Bibel und Le ben 1 (1960), págs. 221-222.

escribirte ordenadamente, óptimo Teófilo, para que conozcas la firmeza de la doctrina que has recibido"[747].

La imagen de Cristo en la teología contemporánea

Si la exégesis no nos autoriza para otra cosa que para un *Cristo de la fe y no de la historia* toda la teología queda construida sobre una base frágil, que no nos puede proporcionar la certeza inquebrantable de la razón y de la palabra de Dios. Pero los teólogos, y no los menores, se van a encargar por su cuenta de debilitar la divina palabra, poniendo en cuestión la teología tradicional. Mons. Antonio Piolanti ha escrito en *Divinitas*[748] un artículo notable en que da cuenta de los intentos de los teólogos contemporáneos por crear una "nueva imagen de Cristo", en que éste aparezca más humano y menos divino que el de la teología tradicional.

Estos teólogos comienzan por atacar el "método ontológico" que tendría, dicen, la pretensión, partiendo del dato revelado, de saltar hasta el conocimiento de aquello que Dios y Cristo son en sí, más allá del acontecimiento salvífico. Y así la disquisición teológico-metafísica del misterio de Dios en sí, considerado anteriormente a toda economía reveladora, deja aparecer este último como un hecho puramente contingente y relativo, poco digno de consideración como tal[749].

En cambio, ponderan el método "histórico-funcional" que nos muestra al Dios de la Revelación no manifestado en sí mismo, sino en su libre actividad *ad extra,* en su función salvífica que ejercita mediante Cristo: centro de la historia de la salvación... No se piensa en una preexistencia de Cristo en Dios como persona divina, independiente de su función reveladora, pero se habla siempre, exclusivamente, de una preexistencia como "hipóstasis totalmente dinámica y funcional, para quien el Logos es esencialmente su acción reveladora"[750].

De esta suerte se pone en cuestión y se presenta como carente de todo fundamento toda la teología de Nicea, Éfeso y Calcedonia. Quizás los teólogos católicos no lleguen, por ahora, a estos excesos de la exégesis protestante, pero afirman sin embargo que los datos bíblicos no son favorables a una "teología de la naturaleza" ni a la idea de un Hijo de

---

[747] *Lucas,* 1, 1.
[748] Enero 1968.
[749] Ibid., pág. 152.
[750] V. Cullmann, *Christologie du Nouveau Testament,* París, 1960, pág. 230.

Dios expresable de modo independiente de su función reveladora[751]. La realidad de Cristo salvador no debe ser estudiada entonces con método ontológico, sino que hay que comenzar por la soteriología, haciendo prevalecer una "imagen económica y funcional del Redentor" poniendo en segundo plano su imagen teológica[752].

Así, a la "Cristología de lo alto", a la tradicional, a la teología de la unión que pone en su evidencia lo divino de Cristo y que ilustra la unión hipostática recurriendo a la unidad ontológica del ser divino del Verbo y a una rígida hegemonía en el orden psicológico, se opone con preferencia una "cristología de lo bajo", que parte de la experiencia humana del Salvador, de la afirmación de su mesianidad, de su función de mediación, de la realidad humana de las afirmaciones en que aparece la no-ciencia de Cristo.

De aquí que haya toda una tendencia a sostener la autonomía de la vida humana del Salvador frente al Verbo[753] mostrando cómo, por el hecho de la unión hipostática, no se habría operado ningún cambio en la naturaleza humana de Cristo [754]. Sobre todo, Carlos Rahner, en *Problemas actuales de Cristología*[755] sería el gran defensor y, en cierto modo, iniciador de esta corriente, que sostiene que Cristo hombre no conoce su pertenencia al Logos y que el único conocimiento humano de su ser divino estaría en la línea de la autoconciencia. El conocimiento de la propia pertenencia a Dios de parte de Cristo provendría del polo de la conciencia y no de la ciencia, esto es, sobre la línea del saber subjetivo y no objetivo. Cristo hombre no tendría, al menos al comienzo de la Encarnación, una representación objetiva de Dios, al cual se podía referir su intencionalidad de conciencia humana. Ella es sin duda un momento intrínseco e inmediato de la unión hipostática pero no es visión objetiva. Tal autoconciencia inmediata se hallaría como en una zona de oscuridad que se haría más clara por la reflexión y así podría hablarse de una evolución, incluso religiosa, en la autoconciencia originaria de Jesús[756].

---

[751] J. Dupont, Essais sur la Christologie de Saint Jean, *Bruges, 1951, pág. 7.*
[752] Ver L. Cerfaux, *Le Christ dans la théologie de Saint Paul*, París, 1951, pág. 392.
[753] *Grillmeier*, Zum Christusbild der heutigen katholischen Theologie, *pág. 117.*
[754] Ibid., pág. 117.
[755] *Escritos de Teología*, Taurus, Madrid, 1961, I, pág. 169.
[756] Ibid., pág. 178.

Observaciones sobre la imagen de Cristo en la teología contemporánea

Esta imagen, demasiado humana, de Cristo en la teología contemporánea no deja de suscitar preocupación, sobre todo si se sitúa como corresponde, en una exégesis excesivamente influida por Bultmann. Se corre el peligro de que la figura histórica de la divinidad de Cristo se vaya evaporando y nos deje un Cristo gran profeta y fundador de religiones, como podrían serlo Confucio y Buda.

Y para referirnos al método histórico-funcional de la nueva teología hay que advertir que el mismo no tiene ninguna cosa realmente original que no se verifique, no ya en la teología revelada, sino en la puramente natural. En efecto, también en ésta se parte de las creaturas y de las operaciones de las creaturas para conocer la existencia de Dios y su divina naturaleza.

Por otra parte, no es verdad que las Sagradas Escrituras ignoren los atributos esenciales y las determinaciones sustanciales de Dios y de Cristo. Porque todo el prólogo del Evangelio de San Juan no es sino un himno de adoración al Verbo que al principio estaba en Dios y era Dios; y San Pablo nos invita a elevarnos a la adoración de la profundidad de la riqueza, de la sabiduría y de la ciencia de Dios[757] y a someter nuestra inteligencia al plan divino de salvación, plan que está antes de las mismas operaciones salvíficas del Salvador. Y además que el misterio trinitario presentado a la luz exclusivamente funcional, según una idea no ya trascendente sino "económica" corre el riesgo de ver comprometida la distinción personal del Padre, del Hijo y Espíritu Santo, y de darnos un concepto modalista y sabeliano de la Trinidad[758].

Y viniendo a la Cristología, ¿se puede afirmar que los títulos de *Logos, Hijo de Dios, Unigénito* se han de considerar a la luz funcional salvífica y que nada nos dicen de la Persona de Cristo en sí misma?[759]

Se puede conceder que el concepto de "instrumento" aplicado a la humanidad de Cristo puede ser mal interpretado como si la naturaleza humana de Cristo fuera totalmente pasiva con daño de la originalidad y actividad de su querer humano, pero no es éste el pensamiento del

---

[757] *Efesios*, 1. 3-14.
[758] Piolanti, ibid., pág. 163.
[759] Ibid., pág. 163.

Doctor Angélico, que valoró la *acción humana libre de la Redención de Cristo*[760].

Pero también hay que advertir que la función mediadora mesiánica de Cristo, dogma central e imprescindible de la fe católica, no puede absorber la total realidad de la acción de Cristo, que se mueve en la unidad teándrica del obrar de Cristo como Hijo de Dios[761].

Observaciones al conocimiento psicológico de la naturaleza humana de Cristo respecto al Yo divino

Carlos Rahner, aunque admite un contacto inmediato de la conciencia humana de Cristo con el Yo divino, con Dios por lo tanto, sostiene que este contacto y conocimiento sería confuso y que no se haría objetivamente claro, sino gradualmente; que, en consecuencia, habría también una evolución religiosa en Jesucristo.

Frente a esta tentativa de historicismo en la conciencia humana de Cristo hay que insistir en que Jesucristo, aun en su alma humana, gozó de la visión inmediata de Dios, y de una visión que no excluía, sino que al contrario exigía, la visión beatífica[762]. Sólo así se puede dar plena satisfacción a las palabras del Apóstol San Juan quien en su célebre prólogo de su Evangelio nos dice que "hemos visto su gloria, gloria como de Unigénito del Padre, lleno de gracia y de verdad"[763]. San Juan nos habla de plenitud de la verdad que había en Cristo, o sea una plenitud absoluta que encierra también la visión beatífica y ello en todo momento de su vida terrena.

Esa plenitud de verdad brotaba del Unigénito, es decir, de la divinidad del Verbo que se hizo carne, vale decir, del compuesto teándrico[764]. *Pues de su plenitud recibimos todos gracia sobre gracia*[765]. Se insiste en la plenitud absoluta de Jesucristo y en la participación nuestra de esa plenitud. *A Dios nadie le vio jamás; Dios Unigénito, que está en el seno del Padre, ése nos lo ha dado a conocer*[766]. Se contrapone la falta de visión de Dios que no tienen las creaturas al Unigénito del Padre, hecho

---

[760] Ibid., pág. 163.
[761] Ibid., pág. 167.
[762] Ibid., págs. 168 y 169.
[763] 1, 14.
[764] 1, 14.
[765] 1, 16.
[766] 1, 18.

carne, que ha venido a revelarnos al Padre. Si ha venido a revelárnoslo, eso es señal de que tenía visión clara y plena del mismo Padre, del cual nos ha dado a conocer.

La restricción que hace Carlos Rahner de la visión inmediata de Dios, que habría tenido la humanidad de Cristo es antojadiza, y tiende a limitar las palabras de San Juan, que evidentemente exigen la visión beatífica en el alma de Cristo durante toda la peregrinación terrestre.

La misma argumentación podría hacerse con las palabras jubilosas de Cristo que nos trae Mateo[767]: "Todo me ha sido entregado por mi Padre, y nadie conoce al Hijo sino el Padre, y nadie conoce al Padre sino el Hijo y aquel a quien el Hijo quisiere revelárselo".

Mons. Piolanti, con gran acierto, llama *un eclipse total de lo divino en la humanidad de Cristo* esta tentativa de los nuevos teólogos por anular los reflejos divinos que la asunción de su humanidad por su divinidad exigiría. Además, todo ello no sólo implicaría una grave merma en los privilegios de que estuvo dotada la santa humanidad del Señor, sino que habrían de servir para disminuir, y a la larga suprimir, el culto de adoración que merece en el pueblo cristiano esta misma humanidad santificada por la presencia de la divinidad del Verbo Unigénito.

9. *Se cercenan los privilegios marianos y, de modo particular, su virginidad*

Antes de tocar la figura divina del Hijo, los nuevos teólogos han tenido la osadía de tocar a la Madre. Ya hemos visto cómo se pone en cuestión los misterios de la infancia de Jesús relatados por Mateo y Lucas. Estos misterios están directamente relacionados con los misterios de María y, de modo particular, con su virginidad, tan claramente afirmada en ambos evangelistas. Hemos visto también cómo el jesuita Schierse tiene el raro mérito de cuestionar abiertamente la verdad histórica de los misterios mariológicos. Pero hoy es muy frecuente poner en duda, o abiertamente negar, la virginidad de la Madre de Dios, en el campo católico.

La revista "Time"[768] afirma que "muchos teólogos holandeses insinúan que la virginidad perpetua de la Madre de Dios puede ser un mito". J.

---

[767] 11, 27
[768] Marzo. de 1967.

van Kilsdonk, S. J., profesor en el Instituto Catequético de Holanda, según se sabía, negaba la concepción virginal, en el sentido obvio de este término, de Jesucristo por la Virgen María, y fue invitado por Roma a explicarse. Pero según el "De Tijd", del 12 de octubre de 1966, nada ha cambiado porque en una emisión de la Radiodifusión Católica de Holanda, el 11 de octubre de 1966, declaró que estaba convencido de que Jesucristo no había sido concebido virginalmente por su Madre, aunque la aposición de la palabra "Virgen" al nombre de María quedaba válido para cualquiera que comprenda el arte poético religioso del Nuevo Testamento y de la Iglesia Antigua".

10. Rebajamiento del carácter y de la autoridad de la Iglesia

El progresismo, aun o sobre todo en los más calificados teólogos, tiende a debilitar los grandes dogmas de la Iglesia Católica. Nada de extrañar entonces que las críticas habían de ensañarse particularmente con la misma Iglesia, sus estructuras fundamentales, y de modo especial, con la autoridad del soberano Pontífice, roca viva sobre la que ha sido fundada la Santa Iglesia.

Esto se vio ya en Vaticano II, donde, so pretexto de la colegialidad, quiso seriamente cuestionarse la autoridad primacial del Romano Pontífice. Tuvo que intervenir directamente el mismo Pontífice con la famosa *nota praevia* con lo que cerraba paso a todo posible equívoco que tendiera a debilitar la autoridad de la Cátedra romana.

Hans Küng, teólogo destacado de Tubinga, debía ser quien con sus escritos se pondría a la cabeza en esta tarea de debilitar a la Iglesia en sus dogmas, en su unidad y santidad, y de modo especial en su autoridad. Ya en pleno Concilio, en 1963, publicó su *Structures de l'Église*[769], y ahora en 1968 había de sacar a la luz sus dos tomos sobre *L'Église*[770].

En *Structures de l'Église*, Hans Küng señala, no sin alguna satisfacción, la suerte irónica de que "aquel que es el gran fundamento de la Iglesia se vea denunciado como el factor principal de la persistencia del cisma entre los cristianos"[771]. "Aún aquel que es favorable a la primacía de

---

[769] Desclée de Brouwer, París, 1963.
[770] Desclée de Brouwer, París, 1968.
[771] Ibid., pág. 265.

Pedro queda, a pesar de todo, resueltamente opuesto a la primacía del *Papa"*. Y prosigue: "La problemática del ministerio de Pedro no puede ser desarrollada aquí en toda su amplitud. Las dificultades van de la interpretación que se da de la historia de la Iglesia, de la historia de las constituciones y de la historia de los dogmas, hasta la manera concreta como es representado y ejercido el ministerio de Pedro en nuestros días. Pruebas y sufrimientos históricos, pasiones antiprotestantes y antirromanas, y cantidad de factores no ideológicos pesan en toda esta controversia. Así, mientras esto no sea purificado, al menos de alguna manera, la discusión exegética y dogmática no avanzará sino muy difícilmente"[772].

Más adelante, Hans Küng recoge las acusaciones seculares de que se hace eco el protestantismo aún hoy. Los cristianos evangélicos no pueden, dice, dejar de ver en estos títulos de *Sucesor Petri, Vicarius Christi*, más que orgullosas pretensiones, si no hay una demostración del Espíritu y del Poder que le corresponden auténticamente. El "aparato romano" y el "sistema romano", la pompa y el poder exterior no evangélicos, la etiqueta bizantina, las formas de expresión barrocas y los métodos absolutistas de gobierno hacen que los cristianos separados reconozcan difícilmente en el Papa al Pescador de Galilea del que pretende ser el sucesor"[773].

Pero Hans Küng tanto en *Structures de l'Église* como en *L'Église*, acumula una serie de dificultades para el reconocimiento del primado de Pedro que no aparece claro si lo considera justificado. Nos dice allí que el Oriente "no había comprendido nunca ni aceptado la doctrina del Primado, que se había desarrollado poco a poco en Occidente y que había sido magistralmente formulada en particular por León el Grande[774]; y que "se apoyaba sobre la concepción neotestamentaria de la Iglesia cuando rehusaba una Iglesia de tipo monárquico absolutista y centralista, tal como se desarrollaba poco a poco en Occidente"[775]; que la construcción de la Iglesia, acabada a fuerza de centralismo y de absolutismo, fue obtenida al precio de la división de una cristiandad que

---

[772] Ibid., pág. 265.
[773] Ibid., pág. 267.
[774] *L'Église*, II, pág. 612.
[775] Ibid., pág. 613.

podía acomodarse cada vez menos con este sistema absolutista y sus abusos[776].

Hans Küng prosigue haciendo el contraste entre Vaticano II, "con la conciencia clara de la comunidad, de la *communio*, de la colegialidad, de la solidaridad, del servicio", y "la mentalidad de base de la mayoría de Vaticano I que estaba evidentemente marcada por el mundo político, cultural y religioso del tiempo de la Restauración, del tradicionalismo romántico y del absolutismo político"[777]. Y para presentar en forma más odiosa la definición de Vaticano I sobre el primado del Papa, Hans Küng señala "las exageraciones de muchas exposiciones católicas populares y escolares sobre la primacía y también, en fin, el estilo de gobierno de Papas tales como Pío X (con respecto a los modernistas) y Pío XII con respecto a los teólogos, obispos y en particular con respecto a los curas obreros"[778].

Hans Küng no trae ningún argumento contra la primacía del Papa, pero deja entender que la misma es término de un largo proceso en que la Iglesia Romana, contra las Iglesias de ella dependientes, se habría cerrado en un centralismo absolutista, contrariando las enseñanzas neotestamentarias que se habrían conservado en Oriente. Y para dar remate a esta insinuación odiosa y malévola, ensaya una denuncia de precipitación en Vaticano I, que concluiría "de la primacía de Pedro a una permanencia indefectible de esta primacía. Instituida la primacía, dice, para la salvación eterna y para el bien durable de la Iglesia, debe también necesariamente perdurar según la orden de Cristo. No se cita ningún texto escriturario en apoyo, sino que con todo se decreta". Por consiguiente, "aquel que dice que no es en virtud de la institución del mismo Cristo Nuestro Señor, es decir, en virtud del derecho divino, que San Pedro y sus sucesores perpetuos tienen el primado sobre la Iglesia entera... sea anatema"[779].

Pero en la intención, al menos la objetiva, de este teólogo representativo de las nuevas corrientes, se intenta debilitar una verdad tan fundamental corno es la definición dogmática del Primado de Pedro y de su sucesor, el romano Pontífice. Con este debilitamiento queda sacudida la firme

---

[776] Ibid., pág. 614.
[777] Ibid., pág. 617.
[778] Ibid., pág. 617.
[779] Ibid., pág. 627.

estructura de la Iglesia. Pero además el debilitamiento se opera en otras verdades firmes de la misma Iglesia, corno inmediatamente veremos.

Lumen Gentium de Vaticano II viene a confirmar la doctrina corriente que identifica a la Iglesia con el Reino de Dios. Allí se dice que "Nuestro Señor Jesús fundamentó su Iglesia predicando la buena nueva, es decir, el Reino de Dios prometido muchos siglos antes en las Escrituras..." y luego añade que "la Iglesia, enriquecida con los dones de su fundador, observando fielmente sus preceptos de caridad, de humanidad y de abnegación, recibe la misión de anunciar el Reino de Cristo y de Dios, de establecerlo en medio de las gentes y constituye en la tierra el germen y el principio de ese reino"[780]. Es claro que la Iglesia terrena no es el reino de Dios consumado, sino *el comienzo* de ese reino, como lo es igualmente y asimismo la Iglesia militante. Por allí cae toda la argumentación caprichosa de Hans Küng, que en las páginas 129 a 151 quiere subrayar *diferencias* entre la Iglesia y el reino de Dios. No se explica cómo Hans Küng pueda escribir: "¿En el Nuevo Testamento ya -y esto podría excusar muchas cosas en la historia de la Iglesia y de la teología- el mensaje original de Jesús concerniente al reino de Dios no ha sido despojado en la Iglesia y por la Iglesia?"[781]. "La *identificación* de la Iglesia y de la *Basileia* es tentadora, escribe[782]. Y poco después explica cómo "el Imperio cristiano, realización de la era mesiánica de salvación... una teocracia episcopal de Occidente tal como la han defendido Atanasio, Ambrosio, Hilario y los obispos de Roma, implicaba una amplia identificación del reino de Dios con la realidad terrestre, en este caso con la Iglesia jerárquica"[783]. Y concluye Hans Küng: "En lugar de la identidad, es menester afirmar la *diferencia* fundamental entre Iglesia y reino de Dios"[784]. Es cierto que poco después Hans Küng atenúa la dureza y dice que "el mensaje de Jesús, tal como lo podernos ver hoy, no permite ya disociar a la Iglesia y al reino de Dios como tampoco identificarlos"[785]. Y añade con picardía, colocando el futuro entre paréntesis: "La Iglesia no es, en verdad, el

---

[780] *Lumen Gentium Nº 5*.
[781] *L'Église*, pág. 129.
[782] Ibid., pág. 132.
[783] Ibid., pág. 132.
[784] Ibid., pág. 136.
[785] Ibid., pág. 139.

reino (futuro) de Dios, pero se encuentra desde ahora sometida al reino de Dios que hace irrupción en el mundo"[786].

Más adelante añade: "Jesús ha anunciado el reino de Dios como un reino esencialmente *futuro, escatológico y definitivo*. Y luego: "En este fin de los tiempos, la Iglesia no tiene el derecho, a despecho de todos sus esfuerzos extremos al servicio del reino de Dios, de querer crear ella misma el reino de Dios"[787]. La Iglesia no ha consumado este reino, no lo consumará, puede solamente dar testimonio de él" [788]. Sería interesante que Hans Küng aclarara que si el reino de Dios que *se aproxima*, que está *dentro de nosotros*, y que es semejante a una *semilla que sembró un hombre en su campo*[789], no es la Iglesia de la tierra sino un *reino esencialmente futuro*[790], ¿en qué planeta está ese reino? ¿Y qué aclarara asimismo eso de que el *reino es pensamiento religioso* y que la *Iglesia no puede comportarse como una teocracia político*-religiosa, que no debe establecer un imperium de poder a la vez espiritual y no espiritual, sino un ministerium en forma de servicio?

Porque todo ello puede revestir la forma pasiva y manifestar que la Iglesia se comporta como una teocracia político-religiosa y como un imperio temporal. Hans Küng se haría eco y recogería de buen grado las odiosas acusaciones de los protestantes contra la juridicidad y contra los vínculos sociales que debe tener necesariamente la Iglesia mientras peregrina aquí en la tierra, donde no puede tener un carácter puramente pneumático.

Este odio contra la Iglesia, contra la Iglesia Romana, que destila Hans Küng se acrecienta en las largas páginas que dedica a L'Église et les juifs y en las que imputa a la Iglesia la responsabilidad de los sufrimientos de los judíos a través de la historia. Pero Hans Küng, tan adicto a la teología bíblica, no debiera olvidar las palabras de San Pablo en la Segunda Carta a los Tesalonicenses, cuando dice: "Los judíos, aquellos que dieron muerte al Señor Jesús, y a los profetas, y a nosotros nos persiguen, y que no agradan a Dios y están contra todos los hombres; que impiden que se hable a los gentiles y se procure su salvación". De esta manera, se habría percatado del fundamento bíblico

---

[786] Ibid., págs. 142 y 143.
[787] Ibid., pág. 143.
[788] Ibid., pág. 143.
[789] Mt. 3, 2; 4, 17; Lc. 17, 21; Mt. 13, 14.
[790] Hans Küng, L'Église, II, 142.

que tienen las denuncias de Padres, Doctores, Pontífices y santos, a través de la historia de la Iglesia, de las insidias y persecuciones que en todo tiempo han tramado los judíos[791].

11. La nueva teología cuestiona asimismo la transubstanciación

Los teólogos actuales están en una tarea de revisión que no siempre se mantiene dentro de los límites que la integridad de la fe exige. La obra teológica de dos milenios ha alcanzado por la especulación de los padres y doctores una precisión y ajuste en algunas nociones incorporadas a la intelección de la fe que, aunque no se encuentran explícitamente en las fuentes de la Revelación, sería peligroso abandonar o poner en cuestión, ya que son irreemplazables. Una de éstas es precisamente la transubstanciación, que ha sido incorporada al dogma católico por el Concilio Tridentino y que es única para explicar "conveniente y propiamente" la presencia real de Jesucristo en la Eucaristía.

La Eucaristía es, en efecto, el sacramento en que, bajo las especies del pan y del vino, se halla verdadera, real y sustancialmente el Cuerpo y Sangre de Jesucristo, que se ofrece en sacrificio y se distribuye como alimento espiritual de las almas. León XIII consideraba este sacramento como la prolongación de la Encarnación: Así como el Verbo de Dios se ha hecho presente bajo la forma humana para procurarnos la Salvación, rindiendo a Dios el homenaje debido y la satisfacción plena por el pecado, así Cristo se hace presente bajo los velos eucarísticos para aplicarnos la obra de la Redención, en su fase ascendente, renovando el Sacrificio de la Cruz, y en su movimiento descendente, distribuyendo la gracia a través del rito sacramental de la comunión. Por tanto, el misterio eucarístico abraza la presencia real, el sacrificio de la Misa y el sacramento de la comunión.

La Presencia Real, es el dogma según el cual, bajo las especies de pan y vino, está presente el Cuerpo, la Sangre, el Alma y la Divinidad de Jesucristo Nuestro Señor. La vía por la cual se hace presente el Cuerpo de Cristo, bajo las especies eucarísticas, es la transubstanciación. El

---

[791] Ver mi libro *El judío en el misterio de la historia*, 4º ed. Theoria, 1964.

contenido real de este término lo precisa el Concilio de Trento con estas palabras:

> "Admirable y singular conversión de toda la substancia del pan en el Cuerpo y de toda la substancia del vino en la Sangre de Cristo quedando inmutables las apariencias externas"[792].

La conversión es el paso de una cosa a la otra; la Transubstanciación es una conversión singular, es decir, única en todo orden de la naturaleza; en efecto, todas las conversiones que se suelen verificar en el mundo creado o bien se limitan a la mutación cuantitativa o cualitativa de las cosas, o, a lo más, llegan a variar la forma substancial, como ocurre en el paso del vino al vinagre; pero en la naturaleza no se encuentra conversión alguna que llegue a mudar la materia, sustrato común sobre el cual se borda la infinita variedad de las cosas sensibles. Esto, que no puede ocurrir naturalmente, tiene lugar en la Eucaristía por la omnipotencia de Dios.

Allí se verifica el cambio total de la materia y de la forma del pan y del vino en el Cuerpo y la sangre de Cristo, permaneciendo intactos sólo los accidentes. Por estas razones, la Transubstanciación es una conversión singular, totalmente fuera del ámbito de la experiencia y del alcance natural de la razón humana. Por ello es admirable, es decir, misteriosa, ya que sustraída a la experiencia -de donde el entendimiento humano asciende naturalmente a la idea- no podemos formarnos de ella un concepto adecuado, sino uno imperfecto, elaborado por analogía.

Esta doctrina se deduce lógicamente del análisis profundo de las palabras de la Institución:

> "Esto es mi Cuerpo", a la luz de la enseñanza de la tradición, que creó nuevos términos para expresar, menos inadecuadamente, esta verdad: "Transmutatio, transelementatio, transformatio", que preludiaron el feliz término de "'transubstantiatio", que el Concilio de Trento definió ser expresión óptima del dogma católico[793].

Contra esta doctrina se alzan hoy los autores de la "teología nueva", quienes proponen en cambio la teoría de la transignificación y transfinalización. Para tales autores, esta nueva teoría no significa que, a causa de la presencia real, verdadera y substancial de Cristo,

---

[792] Denz. 884.
[793] Denz. 884.

verificada por la Transubstanciación, la especie del pan y del vino adquieren un nuevo significado para la inteligencia iluminada por la fe, y un nuevo fin para la voluntad, movida por la caridad según sostiene Paulo VI en su reciente encíclica "Mysterium Fidei", sino que, al contrario, pretenden cambiar el contenido de la misma Fe, sosteniendo que Cristo se da al hombre a través del pan y del vino, los cuales, en virtud de este don, adquieren una transfinalización y transignificación ontológica, a consecuencia de las cuales, el pan y el vino no son ya tales, sino que se convierten en la presencia real ofrecida de Cristo.

De esta manera la teología nueva invierte en la materia presente el orden de las causas.

Mientras que Paulo VI en "Mysterium Fidei" considera la transfinalización y la transignificación como efectos, y no como causas, de la presencia real, operada por la transubstanciación, la "teología nueva" las considera como causas que realizan la presencia real. Claro que para este planteo la "teología nueva" se basa en dos postulados, es decir, en dos principios no demostrados y gratuitos.

El primero es la afirmación, del todo arbitraria -no demostrada- según la cual la transfinalización y la transignificación serían ontológicas en cuanto capaces de transubstanciar de su propio ser este pan y este vino; al punto que la realidad, es decir, la sustancia -en sus componentes de materia y forma- no sería ya pan y vino, sino Cristo en su presencia real ofrecido al hombre bajo el signo de un alimento y una bebida.

Pero este postulado, además de ser gratuito, es absurdo. Porque el fin, al cual evidentemente corresponde la transfinalización, es una de las cuatro causas de todo ser. Ahora bien, esta causa sólo puede ejercer su causalidad en el orden en que tiene ser. Y como el fin sólo tiene ser en el orden ideal, no puede ejercer una causalidad sino también ideal o intencional, a diferencia de la causa eficiente, que como causa real, tiene una causalidad física y produce efectos en el orden mismo de las cosas reales. El fin, en efecto, no puede hacer otra cosa que influir como Bonum aprehensum ac desideratum sobre la causa eficiente, la cual, así influida, elige luego los medios y mueve a la acción para poner el fin en existencia. Sicut autem influere causae efficientis est agere, ita influere causae finalis est appeti et desiderari, así como el influir de la causa eficiente es obrar, así el influir de la causa final es ser apetecida y deseada⁷⁹⁴; y también el famoso axioma finis primus est in intentione et ultimum in assecutione, el fin es primero en la intención y último en la ejecución. Aunque Miguel Ángel tenga la idea de hacer de un mármol La Piedad, ésta no deviene tal sino en la medida en que ponga manos a la ejecución de la obra. El fin queda siempre en el orden de las ideas y no pasa a la realidad sino por la actuación de la causa eficiente. Consecuentemente atribuir la cualidad de "ontológica" a la transfinalización implica el absurdo de un salto mortal metafísico de la causa final, o sea del orden ideal en que solo tiene ser y en el que sólo puede ejercer su causalidad intencional, al orden real. O sea que esto implicaría el paso de la idea de una cosa a la cosa misma.

Para que la transfinalización pudiese influir directamente in ordine essendi, en el orden del ser, sería menester que la esencia de las cosas materiales consistiese en la destinación que el hombre le asigna; de tal manera que cambiada la destinación de una cosa, quedase cambiada automáticamente la misma esencia. Hipótesis que constituye el segundo postulado -también absurdo- en que se apoya más o menos explícitamente la teoría de la teología nueva. Y es absurdo porque hay confusión entre la destinación de una cosa y su naturaleza, aun cuando por hipótesis se tratase del finis operis y no del finis operantis. Porque aunque sea verdad que el finis operis entra en un cierto sentido en la naturaleza de la cosa, pero entra como tendencia o impulso y no como constitutivo de su misma naturaleza. Por ello decimos que una vez obtenido el finis operis, la cosa resulta enriquecida, aunque no precisamente en su naturaleza misma. En otras palabras, el fin de una cosa material no constituye su esencia, sino que necesariamente la presupone; no obstante, una vez obtenido, importa un enriquecimiento de la misma cosa in ordine rerum, en el orden de las cosas. Sic ergo secundum primum esse, quod est substantiale, dicitur aliquid ens simpliciter et bonum secundum quid, i.e. inquantum est ens.

Secundum vero ultimum actum dicitur aliquid esse ens secundum quid est bonum simpliciter, con arreglo a esto, cuando se considera el primer ser de las cosas, que es el substancial, decimos que son, en absoluto, seres, y de algún modo, buenas. En cambio, cuando se las considera en posesión de su última actualidad, decimos que son buenas en absoluto y de algún modo seres⁷⁹⁵.

---

⁷⁹⁴ Santo Tomás, De veritate, XXII, art. 2.
⁷⁹⁵ I, 5, ad. 1.

Por otra parte, si fuera verdadera la ecuación: la naturaleza de la cosa material es igual a la destinación que le asigna el hombre, sería necesario concluir, contra el principio de contradicción, que una misma carne tendría distinta naturaleza si se destina a un hombre o a un animal.

Y siguiendo con lógica sería también necesario concluir que la infinita cantidad de cosas materiales que no son destinadas inmediatamente al hombre -o que lo son para su propia visión no son más que meras sombras o puros fenómenos.

Y más aún, si examinamos este postulado a la luz de la Revelación, también sería necesario concluir que las cosas que Dios creó, antes de crear al hombre no tuvieron naturaleza propia hasta que el hombre les dio una destinación. Todo esto sería contrario a lo que nos dice la Revelación cuando describe la naturaleza particular de todas las cosas y también de aquellas destinadas a ser alimento del hombre[796].

Finalmente, según la Revelación, toda cosa creada corresponde a una idea de Dios creador; es imitación ad extra de la Esencia Divina. Y esto es verdad no sólo del hombre sino de toda creatura. Ahora bien, Dios, al no ser un mero nombre, sino el ipsum ese subsistens[797], es creador no de sombras sino de cosas reales, que participan de su ser como substancias consistentes por sí mismas y como núcleos originarios de acción.

Por todo lo cual podemos concluir que estos teólogos de la transignificación a transfinalización se ven constreñidos a admitir o que la causa ideal -el fin- se convierte en causa real, o que la causa ideal no cambia absolutamente en nada la realidad profunda del pan y del vino. En el primer caso, la "teología nueva" cae en el absurdo metafísico de pasar del orden intencional al orden real. En el segundo, incurre en la negación simple y llana de la presencia de Cristo en la Eucaristía.

Por otra parte, estos autores, sacando consecuencias de sus principios, caen en otro error gravísimo que es el de distinguir en la presencia real aquella que es simplemente ofrecida -la de Cristo en el Tabernáculo- de la otra, que es además ofrecida y aceptada. La primera sería secundaria con respecto a la "ofrecida y aceptada" que sería la completa. En otras palabras, la presencia de Cristo en el tabernáculo deviene perfecta a condición de que sea aceptada por los fieles. Error gravísimo éste, pues

---

[796] Gén., 1, 29.
[797] Éxodo, 3, 14.

in ordine essendi, en el orden de la realidad, la presencia real, verdadera y sustancial de Cristo en la Sagrada Eucaristía se verifica in instanti, instantáneamente, excluyendo cualquier tipo de proceso sucesivo de realización.

Fácil es comprobar cómo todos estos errores de la "teología nueva" tienen semejanza y tal vez inspiración en la herejía de los protestantes sacramentarios (Zwinglio, Carlostadio, Escolampadio), que redujeron la Eucaristía a un símbolo vacío del Cuerpo de Cristo, así como en la de Calvino y en la de los anglicanos, que no veían en el sacramento del altar más que un pan embebido en una fuerza misteriosa, emanada del cuerpo de Cristo, presente solamente en el cielo. Contra estos errores, el Concilio de Trento en su S. 13 definió que en la Eucaristía "se contiene verdadera, real y sustancialmente el Cuerpo, Sangre, Alma y Divinidad de Nuestro Señor Jesucristo", y condenó a los que afirmaban que estaba solo "como presente en señal o en figura o sólo virtualmente"[798], y recientemente la encíclica "Mysterium Fidei" afirma contra los mismos errores que el pan y el vino en tanto adquieren un nuevo significado y un nuevo fin, en cuanto contienen una nueva realidad, que justamente se denomina ontológica". Y a todo esto, ya Pío XII, en la Humani Generis[799] había advertido que "no faltan hoy quienes sostienen que la doctrina de la transubstanciación, basada como está sobre un concepto filosófico de sustancia ya anticuado, debe ser corregida; de manera que la presencia real de Cristo en la Santísima Eucaristía se reduzca a un simbolismo en el que las especies consagradas no son más que señales externas de la presencia espiritual de Cristo y de su acción íntima con los fieles miembros suyos en el Cuerpo Místico".

Podríamos examinar este intento de la "nueva teología" en la revisión de la doctrina eucarística dentro del plano de la totalidad de cuestiones que en todo el ámbito de la ciencia teológica se está actualmente realizando, y llegaríamos a la gravísima conclusión de que se está vaciando la doctrina católica de su contenido real, enseñado por Cristo y trasmitido por los apóstoles, y que se le está inoculando un "contenido nuevo", similar al practicado en todos los tiempos por los errores gnósticos[800].

---

[798] Denz., 883.
[799] 12 de agosto de 1950.
[800] La doctrina católica es una doctrina realista y el gnosticismo, en cambio, es irrealista.

12. Se cuestiona el valor histórico de los relatos evangélicos, inclusive el de la resurrección del Señor

En "Tijdschift voor Theologie"[801], el P. Luc Grollenberg negaba prácticamente todo valor histórico a los relatos evangélicos, inclusive al de la Resurrección del Señor.

13. El cristianismo anónimo de Carlos Rahner

Carlos Rahner ha inventado una nueva doctrina del "cristianismo anónimo", "implícito" o "incógnito", que ha logrado mucha aceptación en los medios progresistas y que, en cierto modo, podría conectarse con el famoso Cristo cósmico de Teilhard de Chardin. La exposición de este cristianismo anónimo la encontramos en un artículo, "La incorporación a la Iglesia según la encíclica de Pío XII "Mystici Corporis Christi"", publicado en el tomo II de "Escritos de Teología"[802].

Allí sostiene Rahner que "cuando el hombre, pues, como persona espiritual, actúa según su naturaleza en la decisión total sobre sí mismo, tal decisión personal es siempre en concreto inevitablemente una toma de posición en pro o en contra de la vocación sobrenatural de hombre en la participación en la vida del Dios trino"[803].

Si esto fuera verdad, se seguiría que la naturaleza humana habría quedado cristificada y, en consecuencia, la decisión personal del hombre sería capaz de alcanzar una dimensión sobrenatural. De otra suerte, si no se hubiera producido esta cristificación, un acto humano del plano puramente natural no podría alcanzar una dimensión sobrenatural.

Tal lo que afirma, en efecto, Carlos Rahner; así, dice: "Al hacerse hombre el Verbo de Dios, la Humanidad ha quedado convertida real-ontológicamente en el pueblo de los hijos de Dios, aun antecedentemente a la santificación efectiva de cada uno por la gracia"[804]. Pero esta es una afirmación puramente gratuita que no se funda en ningún dato, directamente o indirectamente revelado. ¿Por qué

---

[801] N° 1, 1964.
[802] Taurus Ediciones, Madrid, 1961, pág. 9.
[803] Ibid., pág. 10.
[804] Ibid., pág. 11.

medio conoce Rahner que la Humanidad ha quedado consagrada y cristificada? ¿Por medio de la razón? Imposible, porque se trata de un hecho sobrenatural que depende del libre arbitrio divino. ¿Por la revelación? ¿Por qué no consigna la fuente de dónde saca tal verdad?

En cambio, sabemos por la Revelación que nadie se salva, nadie se acerca a Dios, si, por lo menos no cree que Dios existe y que es remunerador de los que le buscan. El hombre viene a este mundo en pecado, y no le queda otra alternativa que la fe, de la que vive el justo, o la ira de Dios[805]. El que cree en el Hijo tiene la vida eterna; el que rehúsa creer en el Hijo no verá la vida, sino que sobre él está la cólera de Dios[806]. Podrá no creer en el Hijo si no lo conoce, pero al menos ha de creer que Dios es remunerador. Un acto sobrenatural de fe, principio de justificación, es necesario, absolutamente necesario, para justificarse. De otra suerte la justificación sería automática, sin que el hombre pusiera nada sobrenatural de su parte, cosa inaudita hasta ahora en el mundo cristiano. "Pues de gracia habéis sido salvados por la fe, y esto no os viene de vosotros, es don de Dios; no viene de las obras, para que nadie se gloríe[807].

Rahner no justifica su afirmación, que sirve de base y fundamento a todo el resto de afirmaciones consiguientes que tendrán, por tanto, la solidez que les puede dar la base. De aquí que sostenga luego que la humanidad es pueblo de Dios antecedentemente de ser y de llamarse Iglesia. Pero el Apóstol nos enseña que la humanidad y el hombre están por naturaleza entregados a la cólera de Dios[808]. ¡Qué lejos todo esto de la noción de pueblo de Dios con que califica la "Lumen Gentium" a la Iglesia! ¡Cuán forzada toda esta teología del cristianismo anónimo, de una humanidad que habría quedado santificada por Cristo sólo por el hecho de la Encarnación! ¿Qué fundamento escriturístico o de tradición del magisterio tiene la afirmación, de que la Iglesia abarca una realidad doble: Iglesia como organización de carácter jurídico-sacral, y la Iglesia como humanidad consagrada por la Encarnación?

La cuestión planteada por Rahner ha sido considerada por Santo Tomás en el artículo 3 de la Tercera Parte de su "Suma Teológica". Se pregunta allí el santo doctor: "Si Cristo es cabeza de todos los hombres", y

---

[805] Rom., 1, 17 y 18,
[806] San Juan, 3, 35.
[807] Efesios, 2, 8.
[808] Efesios, 2, 3, en "La Sainte Bible", de Jerusalem.

contesta: "Los miembros del cuerpo natural coexisten todos al mismo tiempo, no así los del Cuerpo Místico, y esta es la diferencia entre el cuerpo natural y el cuerpo místico de la Iglesia. La no coexistencia al mismo tiempo la podemos considerar, ya por relación con su ser natural -la Iglesia, en efecto, se constituye por los hombres que existieron desde el principio hasta el fin del mundo-; ya por relación al ser de la gracia; y así entre los miembros de la Iglesia, aun entre los que viven a un mismo tiempo, hay quienes no poseen la gracia, pero que la poseerán y hay quienes están privados de la gracia, habiéndola antes poseído. Así, pues, se ha de considerar como miembros del Cuerpo Místico no sólo a quienes lo son en acto, sino también a aquellos que lo son en potencia. Entre estos últimos hay quienes jamás han de pertenecer en acto al Cuerpo místico; pero hay los que pertenecerán en un momento dado, según un triple grado: por la fe, por la caridad en esta vida, por la bienaventuranza en el cielo.

"Considerando en general todas las épocas del mundo, Cristo es cabeza de todos los hombres, pero en grado diverso. En primer lugar y principalmente, es cabeza de quienes actualmente están unidos a él en la gloria; en segundo lugar, es cabeza de aquellos que están unidos a él sólo en potencia, y que según los designios de la predestinación divina, han de pertenecer en acto en un determinado momento. Por último, es cabeza de todos los que están unidos a él en potencia y jamás lo han de estar en acto y tales son los hombres que viven en este mundo y que no están predestinados. Cuando a estos últimos, desde el momento en que abandonen este mundo, ya no serán miembros del Cuerpo de Cristo, pues ya no estarán en potencia para serle unidos".

Estar unido en potencia, significa que pueden estar unidos, pero no que lo están efectivamente; en Rahner, en cambio, la unión de la humanidad en Cristo sería radical, vale decir, en raíz, y por lo mismo actual, aunque no plena. Esta actualidad de la unión es lo novedoso de Rahner y también lo antojadizo y falso. De esa idea ha de servirse E. Schillebeckx para su elucubración en que identifica Iglesia y humanidad[809].

Grave, en la enseñanza de Rahner, es que la salvación del hombre que se verifica en la unión con Cristo no deriva de un acto libre del hombre, sino que se produce automáticamente y por el hecho de ser hombre. Todo hombre es radicalmente cristiano. El cristianismo es una

---

[809] Concilium, nº 1, enero de 1965, pág. 65.

estampilla que oculta cualquier realidad del hombre. De aquí, a afirmar luego un cristianismo secularizado, esto es, un cristianismo no cristiano, no hay más que un paso.

14. La justificación en Karl Barth y en Lutero

Hans Küng se ha propuesto revalorar la doctrina protestante de la justificación por la fe. El 10 de noviembre de 1967 dio una conferencia, "La interpretación católica de la justificación según Lutero" en el centro de estudios ecuménicos de Estrasburgo, y ya antes había publicado un trabajo, "La justificación", La doctrine de Karl Barth - Réflexion catholique"[810]. Hay que reconocer que éste es un trabajo serio, donde se examinan primeramente la doctrina de Karl Barth sobre la justificación, luego, en una segunda parte, se esboza "un ensayo de respuesta católica", para llegar a la conclusión de una substancial identidad de doctrina en una y otra exposición.

Karl Barth parte de la justificación como acto de Dios. "Interviniendo en la justificación, Dios obra en un asunto que le es propio. Ciertamente, la justificación es la gracia de Dios que llega al hombre. Pero es más que esto: en la justificación, Dios ejecuta su propio querer eterno concerniente al hombre, obra en virtud de su fidelidad eterna, de su derecho eterno.

Dios se justifica en la justificación del hombre en tanto creador del hombre y su Señor por alianza. Como creador no consiente en la irrupción caótica ni en la vergonzosa mancha del pecado en su creación. Como Señor de la Alianza, el hombre es el confederado de Dios, y Dios no se deja arrancar a este confederado.

La justificación se hace en Jesucristo. Es el derecho divino del Hijo de ser humildemente obediente al Padre, de tal manera que él ejecuta la decisión divina que es también la suya.

Reconociendo y ejecutando el derecho del Padre, ejecuta su propio derecho de Hijo.

La justificación del hombre se cumple en la aceptación del Hijo de Dios, es decir, en su despertar de entre los muertos. Por derecho paternal y no

---

[810] Desclée de Brouwer París, 1965; publicado en castellano, Editorial Estela, Barcelona, 1967.

por un arbitrio tiránico, exige Dios la obediencia del Hijo, y en la revelación de este mismo derecho, lo despierta, y a nosotros con él, de entre los muertos. Así se puede decir: el cumplimiento de nuestra justificación fue también la autojustificación de Dios.

En la justificación del hombre, está la autojustificación de Dios por la cual se ha puesto en plena luz una soberanía magnífica y graciosa de Dios".

Hans Küng muestra cómo "la sola fe justifica", "sólo a Dios se le debe la gloria", y la justificación declarativa de los reformadores puede interpretarse benévolamente, de suerte que coincide con la doctrina católica propugnada por el Concilio de Trento. Y Hans Küng puede concluir: "En el diálogo ecuménico sobre estos problemas, lo esencial es no perder nunca de vista la unidad de la teología y de la vida. Que detrás de una buena teología católica no hay siempre una buena vida católica, he aquí lo que explica por qué, en estas cuestiones, Barth no queda consecuente con su pensamiento.

Bajo reserva de estas precisiones, quisiéramos mantener nuestra conclusión de que en la doctrina sobre la justificación tomada en su conjunto existe un acervo de fondo entre la doctrina de Barth y la de la Iglesia Católica; en estas materias, no hay para Barth ningún motivo válida de separarse de la Iglesia antigua".

Sin embargo, a pesar de este acuerdo de fondo entre la doctrina de Barth y la de la Iglesia Católica, Hans Küng no deja de reconocer que, en la posición de base de Barth aparecen ciertas tendencias que en síntesis coherente no son erróneas pero que, mal comprendidas, podrían fácilmente llevar a errores peligrosos. El deseo fundamental de Barth de exaltar la soberanía graciosa de Dios sobre todas las cosas tiende, en la doctrina de la predestinación, a la apocatastasis; en la doctrina de la creación, a la depreciación de la autonomía de la creatura; en la doctrina del pecado, a la indiferencia dialéctica con respecto al pecado y a su justificación; en la soteriología, a descuidar el aspecto óntico y creado. En la doctrina de la justificación en sentido estricto, convendría mencionar la tendencia a poner el acento sobre el peccator, la justicia aliena, la in spe, con detrimento del justus, de la justitia mea, del in re; la tendencia a suprimir la diferencia existencial entre justos y pecadores, entre cizaña y trigo, entre buenos y malos peces, entre fieles e infieles; tendencia a disolver la justificación en un flujo sin corte real, sin la neta censura que la palabra de Dios opera en el hic et nunc de la justificación de tal hombre determinado. Tendencia, en fin, a rehusar un progreso y un crecimiento auténticos en la gracia y la posibilidad de una defección con respecto a la gracia.

Estas tendencias existen, pero, en la posición fundamental de Barth, no se han convertido en errores ni en imperdonables exageraciones. Constituyen la pendiente natural de la teología de Barth, tendencia natural que se encontraría también de otra manera en los teólogos católicos y aun en Santo Tomás de Aquino.

El libro de Hans Küng está relativamente bien logrado. Pero ¿no hay en él la tendencia a emparejar demasiado la doctrina católica con la protestante en un punto tan esencial como el de la justificación? La duda persiste, aún después de la lectura detenida del libro, y esto constituye el peligro de un falso ecumenismo hoy dominante.

15. Se cuestionan el cielo y el infierno

La revista "Time"[811] afirma que el teólogo dominico Willern van der Marck considera que "no nos debe de ningún modo preocupar si existe el cielo o el infierno".

16. Sustitución de la moral tradicional, fundada en la teología y la ley natural, por una moral fundada en la Cristología y en la situación

También la moral es renovada de diversas maneras, y todas ellas ponen en cuestión la inmutabilidad de la ley moral. Primero vamos a referirnos a una cuestión puramente doméstica entre los teólogos, en cierto modo opinable, pero de la cual teólogos y filósofos situacionistas han de sacar una razón más para hablar de la necesidad de abandonar la moral tradicional e incursionar por nuevos derroteros en busca de los principios morales.

Una moral cristocéntrica en lugar de una moral teocéntrica: Hasta ahora la ciencia teológica moral giraba en torno de Dios. El hombre creado por Dios, a imagen de Dios, con la gracia de Cristo, siguiendo a éste como ejemplar, se hacía cada día más semejante a Dios y en consecuencia más perfecto. El fin último, la posesión beatificante de Dios, suministraba el criterio y la razón última por la cual se medía la

---

[811] Marzo 31, 1967.

moralidad de las acciones humanas. Dios era, en consecuencia, la idea central y suprema de la teología moral como ciencia. Así, al menos, se mueve toda la teología moral de Santo Tomás. Pero hoy los autores hablan de una nueva moral cristocéntrica, que tiene como idea central y suprema de la teología a Cristo en su naturaleza humana, a quien habría que imitar y seguir. Esta sería una moral "nueva", "autónoma", "dinámica", "vital", "verdadera" y "eficaz"[812], en contra de la moral tradicional legalista, escolástica, heterónoma, de normas universales y abstractas, que no se acomodan con el progreso de la vida moderna.

Pero esta moral cristocéntrica, opuesta a la teocéntrica, no corresponde. Porque es posible considerar a Cristo como ejemplar en toda la vida moral humana, pero, en este caso, la moral que de allí resulta, no se opone sino que se subordina a la moral teocéntrica, ya que Cristo tuvo como "alimento hacer la voluntad del que le envió a acabar su obra"[813]. Además, Cristo nos invitó a "ser perfectos como es perfecto el Padre celestial"[814].

La moral de Cristo en los Evangelios es también autoritativa y heterónoma. "No penséis que he venido a abrogar la Ley o los Profetas; no he venido a abrogarla sino a consumarla...". "Si, pues, alguno descuidase uno de estos preceptos menores y enseñare así a los hombres, será el menor en el reino de los cielos"[815].

La teología moral es una ciencia que fija las leyes universales del acto moral y virtuoso descendiendo a la especie; no ha de ser confundida con la ascética y mística ni con la pastoral.

No hay ciencia sino del universal. Que la teología no basta para regular, en todas sus dimensiones, el acto humano, es muy posible. Ya que el acto humano reviste condiciones psicológicas, sociológicas y otras que deben ser consideradas, pero no para determinar su carácter moral, en cuanto moral. En esta campaña contra la moral legalista y autoritativa, se está en realidad contra toda moral. Porque la moral es necesariamente autoritativa y preceptiva. Si el hombre es libre por una parte y con

---

[812] P. J. Kunicic, O. P., Systema moralis Christocentrica, en Divinitas, enero de 1968, pág. 211.
[813] Juan 4, 34.
[814] Mt., 5, 43.
[815] Mt., 5, 19.

capacidad para obrar el mal, ello quiere decir que ha de haber un criterio objetivo que distinga el mal del bien.

Una moral de situación en lugar de la moral tradicional: En rigor, quienes critican la moral tradicional quieren construir una moral de situación. Esto aparece claro en Marc Oraison[816], quien dedica su libro *Una moral para nuestro tiempo* en los primeros capítulos a criticar la moral tradicional con el pretexto de criticar formulaciones odiosas de esta moral como provenientes de integristas y de la confusión post-constantiniana. Leemos allí: "Por mi parte, yo tendría tendencia a pensar que la confusión post-constantiniana entre la ciudad temporal y el Reino de los cielos no es extraña. El terrible retardo que ha introducido la confusión teocrática del gobierno de los hombres en el tiempo está lejos de haber sido estudiada. Y la tendencia a volver a esta concepción teocrática de la sociedad política no está próxima a desaparecer, aunque sea una regresión fuertemente arcaica a una mentalidad de tribu primitiva pasando del nomadismo a la sedentaridad"[817].

Pero se olvida que la autoridad de Dios como fuente de toda autoridad humana, ya sea familiar, social o política, está enseñada abiertamente por el apóstol: "Todos habéis de estar sometidos a las autoridades superiores, que no hay autoridad sino por Dios, y las que hay, por Dios han sido ordenadas de suerte que quien resiste a la autoridad resiste a la disposición de Dios"[818].

También el mismo autor añade: "El ejemplo nos es todavía dado por la actitud que se ha convenido en llamar "integrista". Son las mismas personalidades que reaccionan con violencia contra toda evolución o toda adaptación a situaciones nuevas a partir del momento en que su seguridad afectiva está amenazada en un nivel muy profundo y casi inaccesible a la reflexión; tal es la confusión de una cierta mística de la "patria" o de la "nación". Son los mismos que reaccionan con violencia contra las adquisiciones de la psicología moderna en nombre de la "moral". En el límite -no es tan raro- las mismas personalidades van, sin darse claramente cuenta de lo que esto puede significar, hasta las

---

[816] *Une morale pour notre temps*, Arthème Fayard, París, 1964.
[817] Ibid., pág. 56.
[818] Rom., 13, 1.

irritantes injusticias, si llega el caso hasta el crimen, para defender lo que ellos creen ser la moral o la civilización "cristiana"".

Marc Oraison está perfectamente radiografiado en éste y en el anterior párrafo, que hemos transcripto. Su alergia al "integrismo", que por lo visto constituye en él un "tabú" característico; su alergia igualmente a los derechos y tradiciones de las patrias y de las naciones, y su revaloración de ciertas "adquisiciones de la psicología moderna", vale decir freudiana, y el escozor que le produce la moral de la civilización cristiana frente a las actitudes que se toman ante las irritantes injusticias, demuestran que ha tomado clara posición por la "psicosociología" moderna que disuelve sistemáticamente los valores tradicionales y morales en la vida de los individuos y de los pueblos.

Por esto, los títulos que encabezan los distintos párrafos de la segunda parte nos informan sobre el rumbo que sigue en el problema de la moral "La vida moral está siempre "en situación""[819]. "No hay sino situaciones"[820]. "Nunca estamos sino en situación"[821]. Se nos dice allí que "el otro y la relación al otro constituye la objetividad de la moral"[822] sin que jamás se aclare cómo se determina la norma moral y qué clase de acatamiento se le debe. Porque si el hombre no es pura libertad, pura indeterminación, sino que tiene una esencia, una naturaleza universal que pueda determinarlo, anticipadamente a su libre decisión, entonces hay una rectitud o desorden de sus acciones, que deben ser determinadas por la ley moral. La moral de situación no se compagina con una psicología y con una metafísica sanas, que den cuenta plena del compuesto humano.

E. Schillebeeckx, O. P., clasifica en tres las tendencias sobre la ética de situación. Una primera, la de los existencialistas, sobre todo ateos, como J. P. Sartre, S. de Beauvoir y Fr. Janson, quienes sostienen que la libertad con la que el hombre se realiza es el único criterio de moralidad; la ética de situación protestante, que sostiene que ninguna ley, ninguna autoridad, ninguna Iglesia, pueden revelar cuál es hic et nunc la voluntad de Dios; y por fin, la de ciertos teólogos católicos como Steinbückel, Schiller y el mismo Rahner con su ética "individual", quienes dicen que ninguna situación puede darse en la que el hombre

---

[819] Ibid., pág. 129.
[820] Ibid., pág. 133.
[821] Ibid., pág. 137.
[822] Ibid., pág. 129.

pudiera actuar contra los preceptos negativos de la ley natural, pero que tampoco, en la prescripción positiva, pueda darse una norma universalmente válida para todos los individuos[823].

Una moral según el sentido de la historia en lugar de la moral tradicional. l. Lobo defiende en Concilium[824], en un artículo Hacia una moral según el sentido de la historia - La condición y la renovación de la moral, que el hombre adquiere progresivamente el sentido de la historia, que domina e integra cada vez con mayor empuje la materia y se socializa en todos los niveles. De aquí concluye, no la instauración "de un relativismo malsano en materia moral sino una aplicación del principio de la catolicidad histórica de nuestra religión cuyo eje es la misma ley natural del proceso evolutivo dispuesto por Dios"[825].

La nueva moral que propicia Lobo se funda en la realidad del progreso que se cumpliría en todos los campos del acontecer humano. Y "una consecuencia práctica de cuanto venimos diciendo será que quien considere esta moral de progreso no caerá en el error de valorar al cristiano según que en el momento presente peque no mucho, cumpla o no lo mandado (moral de pecado y moral o no legalista) sino la actitud fundamental ante la llamada de Dios"[826].

Pero aquí está expresado precisamente el equívoco que vicia toda la problemática de Lobo.

¿Cómo se mide el progreso del hombre? ¿Hay un progreso verdaderamente humano en la historia del hombre? El mismo Lobo reconoce que hay quienes sostienen que "la historia camina hacia un suicidio colectivo de la humanidad"[827]. Y esto es sostenido por científicos como Jean Rostand y ensayistas como Bernanos y Gabriel Marcel; y añade Lobo que Charles Chaplin ha hecho en sus films una crítica del mundo moderno y llama la atención sobre el contrasentido de la historia.

Es un hecho que puede haber progreso en un aspecto y regreso en otro, que el hombre puede hacer magníficas conquistas en el plano del saber con reales aberraciones en el plano de la conducta. Por ello, es

---

[823] *Dieu et l'homme*, Éditions du cerf, París, pág. 252.
[824] Mayo 1967, n° 25.
[825] Ibid., pág. 218.
[826] Ibid., pág. 220.
[827] Ibid., pág. 307.

censurable Lobo, que no aclara en qué sentido se verifica el progreso y habla en general de un progreso del hombre como si tratara de algo evidente de por sí y admitido por todos. No en vano ha sostenido René Guénon en "La crise du monde moderne" y en "Le règne de la quantité" el proceso involutivo que sufre la civilización moderna, precisamente en la modernidad.

La actitud fundamental para medir el progreso o el regreso del hombre estriba precisamente en la actitud con que se coloca delante de Dios y ésta, a su vez, con la que toma frente al pecado. Y es evidente que el proceso de ateización de la cultura y del hombre moderno están lejos de hablarnos de un progreso de lo humano. Por allí caen todas las teorías, por otra parte sin fundamento, con que Lobo razona su nueva moral según el sentido de la historia. l. Lobo considera un progreso el que "la Iglesia pierda su lugar privilegiado y dominante en la cultura, en el arte, incluso en la política, etc."[828]

Pero es curiosa la mentalidad de este autor que no advierte que si la Iglesia pierde su lugar privilegiado, éste ha de ser ocupado por otro, que no podrá ser sino el de un mundo movido por el ansia de dinero o de placer. Y una sociedad materialista difícilmente cumplirá con la condición primordial de ocuparse del prójimo, y por lo mismo, de construir "un mundo nuevo y mejor".

El P. Antoine, a quien cita Lobo[829], podrá exponer magníficos gráficos que relacionan la constante tiempo con el progreso y la evolución, por donde "se pone de manifiesto la notabilísima aceleración de la historia"[830], pero lo que no explican Antoine ni Lobo es de qué proceso se trata, porque el hecho cierto es que el hombre nunca se ha encontrado tan condicionado como hoy por la sociedad máquina[831].

La "nueva moral" de lgnace Lepp. Hoy se busca una nueva moral, que deje atrás la moral legalista y autoritativa del pasado y que se acomode al cambio evolutivo dictado por la vida moderna. Esto se repite de mil maneras, más o menos inéditas, en la bibliografía católica y no católica. El tema favorito, sobre todo en la moral sexual, es que las relaciones de este género deben determinarse por el amor, y sólo por el amor, y que

---

[828] Ibid., pág. 223.
[829] Ibid., pág. 273.
[830] Ibid. pág. 224.
[831] Ibid., ver Julio Meinvielle, *Iglesia y mundo moderno*, Ed. Theoria, Buenos Aires, 1966.

lo que por éste se determina ya es bueno y sagrado. Por otra parte, se insiste sobre todo en que la ciencia justifica las teorías freudianas y que, en consecuencia, hay que cuidar mucho de no reprimir el instinto sexual, que sería básico en la especie humana, porque ello determinaría inhibiciones, complejos, y neurosis que especialmente estudia el psicoanálisis. Ignacio Lepp es un autor representativo, de esta tendencia que autoriza el onanismo[832], la masturbación[833], que valora en menor grado la virginidad tan celebrada por la Iglesia[834], y que tiende a justificar el amor y cuanto se haga por amor. "Hasta la unión sexual exige amor para ser moralmente justificable", escribe este autor[835]. Nada extraño hay entonces en que también justifique el divorcio, sobre todo de los no creyentes[836], olvidando que el matrimonio es indisoluble de derecho natural.

A la misma clase de literatura, que circula profusamente en los medios católicos, pertenece "Hombre y mujer - La relación de los sexos en un mundo cambiado"[837]. Su autor, C. Trimbos, insiste en todas sus páginas en que "a los problemas modernos, como la inseminación artificial, regulación de los nacimientos, control demográfico, homosexualidad, matrimonios mixtos, divorcio, enlace entre divorciados, etc., apenas pueden solucionarse dentro de la tradición", y que por lo mismo hay que romper todo dique y prácticamente dejar libertad total para que cada uno resuelva estos problemas sin inhibiciones ni coerciones morales, legales ni de ningún género.

La teología de la homosexualidad. Es claro que si el amor es la única ley de la vida se ha de justificar el matrimonio cuando se hace por amor. Y como las parejas pueden determinarse al matrimonio porque hoy sienten amor, que no lo sentirán mañana, se justificará entonces el divorcio y el abandono de los hijos para constituir nueva familia asentada sobre un nuevo amor. Y como en el amor humano se encuentran las aberraciones más singulares y hay hombres que no reaccionan de amor ante mujeres, como hay mujeres que no lo experimentan ante hombres, se sigue que debe justificarse la homosexualidad, en nombre de la teología católica. De aquí que nadie

---

[832] La nueva moral, Carlos Lohlé, Buenos Aires, 1964, pág. 190.
[833] Ibid., pág. 194.
[834] Ibid., pág. 197.
[835] Ibid., pág. 202.
[836] Ibid., págs. 204-205.
[837] Ediciones Carlos Lohlé, Buenos Aires, 1968.

haya de maravillarse de que un teólogo, el P. Callewaert, O. P., hiciera conocer públicamente un documento, homologado por la Comisión de la sexualidad de la Universidad de Lovaina, en un debate del que participaron médicos, psicólogos e invertidos de los dos sexos. Dijo allí el P. Callewaert, O. P.[838]: "Hoy, aunque la nueva actitud no sea aceptada por toda la Iglesia, creo que muchos teólogos y muchos fieles quisieran dar un paso adelante. Ciertamente, esta doctrina no ha sido oficialmente aprobada. Sus sostenedores quisieran al menos ayudar a los homosexuales, como a todos los otros seres humanos, en su tentativa de vivir bien, aun los unos con los otros. Y yo quisiera proponer a los homosexuales adultos, como una especie de ideal, intentar realizar en su vida una relación de amistad estable; tomar cuidado los unos de los otros; asumir uno la responsabilidad del otro sobre el plano económico, en la vida social. Y también realizar una unión de sentimientos. Y también, ya que se trata de hombres y no de creaturas de puro espíritu, traducir estos sentimientos en el plano erótico y sexual de una manera que les sea congenial".

17. La secularización del cristianismo, aún en los teólogos católicos

Hemos indicado cuáles son las verdades de la fe tocadas por los teólogos, ya para adulterarlas, ya para ablandarlas. En realidad, ninguna verdad fundamental del dogma católico queda en pie. Y lo más singular es que, al ser tocada una verdad por un teólogo y otra por otro, finalmente son afectadas y puestas en cuestión todas; y como en las casas de estudios se tratan todas las cuestiones, aparecen éstas en su totalidad cuestionadas, de manera que nada de la verdad católica queda a salvo de la destrucción.

Este debilitamiento interno de las verdades de la fe hay que colocarlo en el marco del otro proceso, que continúa su camino y que es el debilitamiento de todo el cristianismo mismo en el cuadro de la cultura universal. Desde hace siglos estamos embarcados en un proceso de secularización. Roto el orden de la cristiandad medieval, apareció primeramente una ciudad universal naturalista[839] que llena los siglos

---

[838] Ver revista Il Borghese, 20 de abril de 1967.
[839] Ver Julio Meinvielle, *El comunismo en la revolución anticristiana*, Edic. Theoria, Buenos Aires, 1965.

XVI, XVII y XVIII; luego una ciudad liberal y animalista que llena todo el siglo XIX; y por fin, la ciudad materialista y comunista que invade todo lo que llevamos del siglo XX. Este proceso de secularización de la vida va presionando a los sectores católicos y protestantes en lo que queda del mundo cristiano y los va llevando a entrar en la secularización.

Lo curioso es que los teólogos que debían proclamar altamente los derechos de Dios, también entran de buen grado en esta marea universal de la secularización, y son ellos los que exigen un cristianismo desacralizado y secularizado, y aun ello en nombre del cristianismo mismo.

Sería largo de explicar y de exponer el proceso que los lleva a posiciones tan insólitas y absurdas. Pero ello se debe a que han dejado debilitarse verdades claras de la teología católica.

a) La distinción fundamental entre naturaleza y gracia. Es verdad fundamental de la teología católica que en el orden de los valores universales de la creación y regeneración del hombre existen dos clases de valores perfectamente caracterizados. Los valores de creación, que son valores naturales, y los de salvación que son valores sobrenaturales. Aunque Dios ha creado al mundo y al hombre en estado sobrenatural, este estado no es debido a la creatura, sino que ha sido otorgado por una dádiva graciosa del mismo Creador. El hombre perdió su condición de creatura sobrenatural en que fue creado. Adán decayó del estado primitivo de gracia y produjo la ruina del género humano. Jesucristo vino a restaurar el orden perdido y a devolver al género humano el estado sobrenatural de gracia y gloria en que había sido creado. Este estado y esta condición son enteramente gratuitos. "Ni el ojo vio, ni el oído oyó, ni vino a la mente del hombre lo que Dios ha preparado para los que le aman"[840]. La visión de Dios en la gloria es completamente indebida a toda creatura. Es un don sobrenatural, que está por encima de las fuerzas y exigencias de toda naturaleza angélica o humana. De aquí que haya dos órdenes, el natural y el sobrenatural. Y a estos dos órdenes corresponden dos vidas: una, la presente, en que el hombre debe proveerse de su bienestar terreno; la otra, la futura, la del cielo, que el hombre desde ahora ha de procurársela, pero que sólo podrá adquirirla en la vida del más allá.

---

[840] I Cor., 2, 19.

A estas dos vidas corresponden ya desde ahora dos sociedades perfectas y plenas, cada una en su orden. La sociedad política o de la civilización, el Estado, que ha de procurar directamente los bienes encaminados al bienestar en la vida terrestre; y la sociedad de la Iglesia o de la vida sobrenatural y religiosa, que ha de procurar directamente, y ya aquí en la tierra, los bienes de fe, esperanza y caridad que sirven para la vida eterna. Estas dos clases de bienes son distintos, pero están unidos, y unidos por la subordinación de los bienes inferiores, los naturales, a los superiores, los sobrenaturales. Aunque el Estado, y la Iglesia son autónomos y perfectos, cada uno en su propio orden, ha de haber una subordinación indirecta del Estado y de la civilización a la Iglesia. Esta enseñanza era verdad común en el magisterio de la Iglesia y en la pedagogía cristiana hasta hace unos pocos años, y ha sido enunciada de manera magistral por el gran Papa San Pío X[841]: "Además de estos bienes, hay otros muchos que pertenecen al orden natural, a los que de por sí no está ordenada directamente la misión de la Iglesia, pero que también se derivan de ella como una natural consecuencia suya. La Iglesia, al predicar a Cristo crucificado, escándalo y locura a los ojos del mundo [842], vino a ser la primera inspiradora y fautora de la civilización... La civilización del mundo es civilización cristiana... tanto más declina, con daño inmenso del bienestar social, cuando más se sustrae a la idea cristiana... En este hecho estribaron las relaciones entre la Iglesia y los Estados... la concordia de los dos poderes, del Estado y de la Iglesia, en procurarse de tal modo el bien temporal de los pueblos que el eterno no padeciese quebranto".

Las relaciones entre las dos vidas, la de la gracia y la de la naturaleza, determinan las relaciones de Iglesia y Civilización y determinan asimismo la de Iglesia y Mundo. En la providencia actual, el mundo sólo puede ser salvado por la Iglesia. "Y el mundo ha sido todo puesto en malicia"[843]. "No améis al mundo ni a lo que hay en el mundo. Si alguno ama al mundo, no está en él la caridad del Padre. Porque todo lo que hay en el mundo, concupiscencia de la carne, concupiscencia de los ojos y orgullo de la vida, no viene del Padre, sino que procede del mundo"[844]. Pero el mundo que es malo puede ser salvado por Cristo, si se somete a la ley de Cristo. "No envió Dios a su Hijo al mundo para

---

[841] Il fermo proposito.
[842] I Cor., 1, 23.
[843] 1, Juan, 5, 19.
[844] 1, Juan, 2, 15.

que juzgue al mundo sino para que se salve por él"[845]. De esta enseñanza se sigue que el mundo, al ser malo, lleva a la humanidad a la catástrofe, de la cual sólo le puede salvar Jesucristo. Por esto, Dios creó al mundo bueno, pero el mundo cayó en la catástrofe del pecado; Dios le levantó, pero el mundo se sumió en el diluvio; le volvió a levantar, pero el mundo se llenó de soberbia, se sumió en la confusión de las lenguas de la torre de Babel; Dios se separó el pueblo de Israel y éste fue infiel al Señor. Y en el mundo cristiano se cumple la misma ley de infidelidad del mundo y de la salvación por Jesucristo.

b) La ley de la historia en naturaleza y gracia. Las relaciones de naturaleza y gracia, Iglesia y Estado, Dios y mundo, estaban hasta ahora explicadas por la gran ley de las dos ciudades de San Agustín. La pedagogía de la Iglesia salvaba al mundo, y el mundo, que sin la Iglesia era malo, no podía resolver los mismos problemas del mundo. El mundo, por efecto del pecado había quedado herido en lo natural. La Iglesia, que venía a dar la salud sobrenatural al mundo, de paso y como por consecuencia también, le aseguraba el orden natural de civilización. El mundo sin la Iglesia derivaba en la barbarie, en la barbarie de la selva, o en la barbarie de la sociedad esclavista[846].

Este orden de relaciones de la naturaleza y de la gracia, que se traducía en el orden político en las relaciones de Iglesia y Estado, en la concordia entre sacerdocio e Imperio, estuvo en vigor pleno en toda la Europa cristiana hasta la Reforma. Cuando la Reforma, empieza un movimiento de separación y de ruptura -separación de la Iglesia y del Estado, de la filosofía y de la teología, que luego ha de abarcar zonas cada vez más profundas de lo humano- la inteligencia se ha de separar de la voluntad, el orden especulativo del práctico, y luego el orden de la inteligencia del orden de la sensibilidad, la economía de la política, la técnica de la economía misma. Hoy, cada sector de las ciencias y de la técnica campea por su propio lado y el ser humano está tironeado y destrozado en mil fragmentos. Por otra parte, se cumple un proceso de falsa unificación, por medio de las disciplinas psicosociológicas, y el hombre resulta así un robot y un autómata manejado por poderosos grupos mundiales que aspiran finalmente al gobierno mundial con el manejo psicotécnico del hombre.

---

[845] Juan, 3, 17.
[846] La sociedad de hoy, a medida que se aparta de la Iglesia, cae en la sociedad tecnocrática, en la variante comunista o en la variante del mundo occidental.

Se marcha así a una unificación en una sola dimensión de todo lo humano; una unificación que comprenda a la vez a todas las religiones, todas las culturas, toda la política, todas las economías. La totalidad de la especie humana quedaría unificada en un sincretismo materia-cultural-religioso. ¿Y la Iglesia? ¿La Iglesia Católica? La Iglesia se fusionaría prácticamente con los otros cultos, y quedaría, así fusionada, como emanación de lo espiritual (?), de esa masa unificada de humanidad totalmente secularizada y materializada.

Es decir que si hasta ahora, la relación Iglesia y mundo, quedó señalada por la distinción de una y otra realidad, con predominio definitivo de la Iglesia, como realidad más excelsa y trascendente; ahora, en cambio, ha de quedar marcada por la absorción de la Iglesia en el mundo, que quedaría como realidad única y totalitaria.

De aquí el significado de esta invitación que el mundo de hoy hace a la Iglesia para construir el mundo en el sentido del mundo mismo. Esto exige una problemática nueva del problema naturaleza y gracia, Iglesia y civilización, Dios y mundo, que expondremos inmediatamente en una serie de puntos escalonados.

c) La nueva cristiandad de Lamennais y Maritain. La Cristiandad fue la traducción correcta de Iglesia y Estado, de naturaleza y gracia, en el orden de la vida y de la historia. La totalidad de la vida en su aspecto temporal y sobrenatural, manteniendo cada uno de estos aspectos su autonomía, se deslizaba bajo el dominio suave de la Iglesia, que actuaba sobre el hombre desde el interior del hombre mismo. El mundo rechazó la soberanía de la Iglesia y campeó por sus propios derechos, invocando la libertad de su conciencia, la libertad de expresión y la libertad de pensamiento.

Lamennais, en 1830, fue el primero que legitimó este alzamiento del mundo contra el orden cristiano, y desde el interior mismo de la Iglesia, propició una Nueva Cristiandad fundada en la aceptación y en el reconocimiento de las falsas libertades, que eran a su vez la negación de la idea correcta de la Cristiandad. Lamennais fue censurado por la Iglesia y no logró, al menos oficialmente, apoyo en sus nuevas formulaciones. Pero un siglo más tarde, un filósofo tomista de alta relevancia en la Iglesia, iba a erigir la idea de la Nueva Cristiandad como norma que debía ser apetecida y aplicada. Una Cristiandad que debe aceptar el curso de la historia y, en consecuencia, al mundo moderno, que si había sido liberal, caminaba ahora hacia la ciudad comunista. Era ésta una Cristiandad laica y secularizada. En realidad, una Cristiandad que se negaba a sí misma. Una Cristiandad contra la Cristiandad.

Tentativa tan absurda no encontró ninguna resistencia en el campo católico, sino al contrario, estímulo y apoyo[847].

Maritain era sobre todo un especulativo. Un hombre de mayor empuje en la acción, había de difundir la Nueva Cristiandad de Maritain bajo el rótulo de personalismo cristiano. Las ideas maritainianas, que se propagaron rápidamente en todo el mundo por obra de Emmanuel Mounier, modelarán toda una generación de clérigos y de laicos[848]. Al perderse la correcta idea de Cristiandad, se perdió, en consecuencia, el recto planteo y formulación de las relaciones de naturaleza y gracia, de Iglesia y civilización, de Dios y el mundo.

d) Los teólogos formulan un planteo nuevo en las relaciones de Iglesia y mundo. Los teólogos franceses renovaron de modo particular la problemática de Iglesia y Mundo. Chenu, O. P., e Yves Congar, O. P., tocados por las ideas de Maritain y de Mounier, y, por lo mismo, desprovistos de una correcta formulación de las relaciones de naturaleza y gracia, recogieron la especie de que la Iglesia, desde la época de Constantino, se había forjado una concepción maniquea del mundo, como si éste debiera ser concebido sobre la base de vida de los monjes, como un puro medio para la vida eterna, y que por ello había sido rechazada por los laicos y fracasado; en consecuencia, la Iglesia, desde hoy, debe ser solidaria con el mundo, que tiende a liberar al hombre y debe acompañarlo en esta tarea de construir un mundo porque "el porvenir de la Iglesia consiste en la presencia en el porvenir del mundo"[849].

No vamos a detenernos en exponer las ideas de Chenu, O. P., y de Congar, O. P., cosa que he hecho en mi libro La Iglesia y el Mundo Moderno. Expondré, en cambio, el planteo que formula E. Schillebeeckx en una conferencia que publicó el n° 2 de "Documentation hollandaise du Concile", y Johannes B. Metz en "Comprensión cristiana del mundo de hoy".

---

[847] Ver Julio Meinvielle, *De Lamennais a Maritain*, Ed. Theoría, Buenos Aires, 1968.
[848] Las obras de Emmanuel Mounier.
[849] Congar expone estas ideas en sus obras en general y de modo particular en un artículo titulado *L'Église et le monde*, que apareció en "Esprit", marzo de 1965, y que hemos analizado en La Iglesia y el mundo moderno.

e) La Iglesia y el mundo en E. Schillebeeckx, O. P. Congar sostiene, en definitiva, que la Iglesia, después de Constantino, sofocó al mundo, y aboga, en consecuencia, porque ahora se haga sirvienta del mundo en la construcción que el mundo edifique por sí mismo. E. Schillebeeckx, O. P., va a acelerar este proceso de identificación de mundo e Iglesia.

Partirá de la idea de que el mundo es un cristianismo implícito. "¿Debemos aceptar -se pregunta- la historia humana y toda nuestra vida terrena como una realidad oculta y envuelta en el amor de Dios? Y contesta: "Trabajando para el mundo y trabajando para nosotros mismos, estamos siempre en presencia y bajo las alas del Misterio que se da gratuitamente"...

"El mundo es la realidad profana, terrenal y temporal con estructuras propias, su fin propio e inmediato, pero que en Cristo es asumido en la presencia absoluta y gratuita de Dios"... "Esto equivale a decir que en la economía de la salvación el mundo concreto es por definición un cristianismo implícito, una expresión objetiva, no sacral, sino santa y justificada de la comunión de los hombres con el Dios vivo, mientras que la Iglesia, como institución de salvación, con su confesión explícita de fe, su culto y sus sacramentos, es la expresión directa y sacral de esa misma realidad, la "separata a mundo""... "Hablar de las relaciones entre la Iglesia y el mundo no es, pues, entablar un diálogo entre la dimensión propiamente cristiana y la dimensión no cristiana de nuestra vida de hombres; no es un diálogo entre lo religioso y lo profano, entre lo sobrenatural y lo natural o lo intramundano, sino un diálogo entre las dos expresiones auténticamente cristianas complementarias de una misma y única vida teologal, oculta en el misterio de Cristo".

Todo es cristiano, el mundo y la Iglesia. El uno, implícito; el otro, explícito. Y prosigue E. Schillebeeckx: "Dentro de esta vida teologal aún anónima, la construcción del mundo y la promoción de los pueblos, las dos grandes esperanzas de la humanidad terrena, se convierten en una actividad que tiene, no sólo por la intención, sino intrínsecamente, una relación con el Reino de Dios".

Y Schillebeeckx, lo mismo que Congar y Chenu, jamás aclara si esta construcción del mundo, que se identificaría con el reino de Dios, es la construcción de un mundo conforme a los dictados de la Iglesia. Al contrario, parece excluir la hipótesis contraria. Ya no habrá en la tierra la ciudad de Caín. Todo será el reino de Dios. "Una concepción antropológica dualista ha conducido en el pasado a los cristianos a concebir la gracia y la redención como un asunto entre Dios y el alma del hombre... Se corría el riesgo de depreciar el valor propiamente cristiano de la construcción del mundo y de la promoción de los pueblos, dejando la tarea a los que se daban el nombre de no creyentes". ¿Y el dualismo necesario del bien y del mal, de la ciudad del diablo y de la ciudad de Dios?

Es claro que, si el mundo es cristianismo implícito, ya no es cierto lo del Apóstol Juan de que el mundo "ha sido todo puesto en malicia"; al contrario, tiene una bondad congénita y por lo mismo la Iglesia ha de ponerse en actitud receptiva y crítica al mismo tiempo, atenta a la verdad que se elabora en este mundo de los hombres porque esa voz del mundo no sería "una voz extranjera que le vendría de fuera, sino la de Cristo vivo que es la cabeza de la Iglesia y el Señor del mundo".

E. Schillebeeckx olvida que el "príncipe de este mundo"[850] es el otro, y que, al confundir cosas tan notoriamente determinadas por el Señor, está confundiendo todo el cristianismo.

f) Johannes B. Metz "cristianiza" igualmente al mundo de hoy. Metz comienza por oponerse a la teología de las realidades terrestres que buscaría "dar al cristianismo una apertura al mundo que le haga capaz de enraizado de nuevo en el misterio de Cristo. A tales -dice- les falta a veces perspectiva histórica, y presuponen fácilmente que la mundanidad del mundo es algo que contradice en su origen la cosmovisión cristiana y que, por consiguiente, es algo que debe ser superado". Es claro que con este exordio nada ha de extrañar que para Metz el actual proceso de secularización sea "en su médula cristiano..." y que "el espíritu del cristianismo permanece inserto en la carne de la irreversible historia mundana". Ello quiere decir que el proceso de secularización que contempla el mundo desde hace cinco siglos y que hoy desemboca en el comunismo y en la sociedad máquina es "en su médula cristiano". Y prosigue diciendo: "La mundanidad del mundo, como resultado del reciente proceso de secularización, y tal como se nos presenta hoy en forma agudizada, está elaborada en sus fundamentos (aunque no en todas sus acuñaciones históricas) no contra sino por medio del cristianismo: es originariamente un acontecimiento cristiano, y da testimonio del poder intrahistórico de la hora de Cristo en nuestra actual situación".

Al contrario, afirma Metz, un mundo mundano y secular, que refirma su autonomía e independencia de Dios, reviste así "la forma más

---

[850] Juan, 12, 31.

profunda de su pertenencia a Dios" y "es llamado por Dios a su vida intratrinitaria".

Se da así el espectáculo risueño de teólogos, que por su profesión debieran salir por los fueros de Dios, enseñando que cuanto más se renuncie a estos derechos, más cerca se está de Dios.

Realmente es éste el ejemplar más típico e increíble de una teología de la contradicción.

"Cristianizar al mundo, añade, significa mundanizarlo, mantenerlo en la insospechada altura y profundidad de su ser de mundo, que la gracia posibilitó y sepultó el pecado". Lástima que San Pablo no hubiera conocido estos métodos eficaces de "cristianización" empleados tan sabiamente por Voltaire, Carlos Marx y Nietzsche.

Se marcha así hacia un cristianismo secularizado. Hoy es éste un tema popularizado. Hace unos años, hubiera sido considerado como una locura sólo el enunciarlo. Los teólogos, aun católicos, toman actualmente en serio el "¡Dios ha muerto!" de Nietzsche. La sociedad no puede sino ser secularizada. Una sociedad teísta es absurda. John H. T. Robinson, el autor de Honest to God, llega a preguntarse: "¿Una persona verdaderamente contemporánea puede no ser atea?"[851].

g) El cristianismo secularizado de Robinson. Robinson fue el primero, con su libro Honest to God, en popularizar la idea de un cristianismo secularizado. Es claro que antes de hablarse de un "cristianismo laico", Maritain había hablado de una "cristiandad laica", y los teólogos como Chenu, Congar, Schillebeeckx, Metz, habían revalorado el mundo y la mundanidad presentándolos como un fenómeno cristiano, al menos de cristianismo implícito. Robinson sostiene que después de los estudios de Bultmann no es posible propiciar un cristianismo sobrenatural; que después de los estudios de Bonhoeffer no es posible hablar de un cristianismo religioso; y que después de los estudios de Paul Tillich no hay que referirse a un cristianismo trascendente. Dios sería lo más profundo del ser de cada creatura y Jesús la expresión de la donación más auténtica en favor del prójimo. Que por tanto toda referencia sobrenatural, religiosa y trascendente debía dejar el lugar a un cristianismo "naturalista", "secular" e "inmanente".

---

[851] *La nouvelle réforme*, Delachaux et Niestlé, Neuchatel, 1966, pág. 107.

h) La teología radical y la muerte de Dios en William Hamilton y Thomas J. Altizer: El proceso de la "muerte de Dios" y el de la "secularización" marchan a la par. En ambos procesos, la iniciativa la tienen los teólogos protestantes, aunque los católicos, que marchan a la zaga, no dejan de seguirlos con bastante rapidez. Ouwerkek advierte[852] que "frecuentemente aparecerán voces procedentes de la Reforma, pero esto se debe al hecho de que en la literatura protestante el fenómeno de la secularidad aparece más explícitamente y con mayor frecuencia. En el pensamiento católico existe indudablemente cierta mentalidad secular, pero se manifiesta con menos claridad en escritos que en la conversación y las discusiones orales".

Thomas J. Altizer y William Hamilton son protestantes, lo mismo que John Robinson y Harvey Cox, el de "'The secular city".

Tanto Altizer como Hamilton han tocado este punto con una franqueza que sorprende. "Si la teología verdaderamente debe morir, ha de desear la muerte de Dios, ha de desear la muerte de la Cristiandad, ha de escoger libremente su destino y, por consiguiente, ha de cesar de ser ella misma". Y prosigue anhelando la destrucción radical de la teología: "Todo lo que la teología ha sido hasta ahora debe ser negado, y no debe serlo simplemente porque está muerto, sino más bien porque la teología no puede volver a nacer si no pasa por el trance de su propia muerte y disolución, decretada libremente"[853].

Esta muerte del Dios de la Cristiandad significa la resurrección del Dios de la Cábala. Tomas J. Altizer hace esta confesión, que es de gran significado: "Sin ninguna duda, la teología debe abandonar la Cristiandad, y como ya lo hemos visto, esta palabra puede implicar todas las resonancias significativas que el término "cristiano" nos sugiere. Un país que desde los tiempos de Emerson ha dado acogida al Vedanta, que aun recientemente ha sido profundamente conmovido por el budismo Zen, que ha sido sensible incluso a las vagas especulaciones de Jung y de Toynbee y que se ha iniciado en la historia de las religiones por obra de Mircea Eliade, un país así rechazará con seguridad un cristocentrismo que dista de ser universal. Quizás el pensador más profético de Norte América sea actualmente Norman O. Brown, quien está tratando de conjugar el freudismo radical con el misticismo del ala

---

[852] Concilium, n° 25, pág. 275.
[853] Thomas J. Altizer, William Hamilton, *Teología radical y la muerte de Dios*, Grijalbo, S. A., Barcelona, Méjico, 1967, pág. 32.

izquierda (la Cábala, Boehme, Blake, el taoísmo y el tantrismo)"[854]. Se intenta, como se ve, un sincretismo universal cabalístico, que podrá tener un colorido determinado, pero que se identifica con el anhelo profundo de las gnosis de todos los tiempos, que de un modo especial se han aclimatado en el Oriente. "Aquí, en Oriente -sigue escribiendo-, podemos hallar una forma de lo sagrado que el cristianismo nunca ha conocido, y que cada día se va mostrando más significativa para nuestra situación histórica. Abriéndonos a la forma radicalmente profana de la Existenz contemporánea, podemos prepararnos para una nueva realidad de la Encarnación, una Encarnación que será una definitiva coincidentia oppositorum"[855].

Altizer se percata de que esta tentativa lleva al gnosticismo y así confiesa: "Desde el punto religioso, el peligro estriba en el gnosticismo que resulta tan escurridizo que no es posible definirlo o circunscribirlo"[856]. Y Altizer, al adherir a la historia y al momento histórico, se está defendiendo eficazmente de caer en la instancia intemporal del gnosticismo. "El que dice no a nuestro presente histórico, el que rechaza la existencia en él, el que se coloca enfrente de nuestro destino común, y además busca reposo en una instancia intemporal o pretemporal, en un momento o "eternidad" sin ninguna relación -o sólo con una relación negativa- con el momento presente, está sucumbiendo con ello al peligro gnóstico"[857]. Pero este sincretismo religioso oriental, aunque revista la forma de una secularidad perfecta y responda a las exigencias históricas más temporales del momento actual, no es sino la fábula gnóstica de todos los tiempos que pretende satisfacer las ansias religiosas del momento.

i) El cristianismo secular se extiende pavorosamente: C. A. J. Ouwerkerk es un teólogo holandés, especializado en teología moral, que ha hecho en "Concilium"[858] un estudio muy interesante sobre "Secularidad y ética cristiana". Allí recorre las diversas expresiones de la teología de la secularidad en el campo protestante y en el católico. Al asunto lo hace arrancar, con acierto, de la ética de situación y lo hace pasar por la ética de teonomía contra heteronomía y por una ética de un mundo mayor de edad. En rigor, éstas son variantes que expresan el

---

[854] Ibid., pág. 35.
[855] Ibid., pág. 35.
[856] Ibid., pág. 36.
[857] Ibid., pág. 36.
[858] N° 21, pág. 274.

tema fundamental de la secularidad, que consiste en hacer de la teología una antropología y de la trascendencia una inmanencia, y en definitiva, en hacer arrancar de la profundidad del hombre toda religiosidad. El programa gnóstico y cabalístico está aquí fielmente expresado. El autor hace desfilar a John Robinson, Bonhoeffer, Tillich, Bultmann, Ebeling, Fuchs, Dorothea Solle, van Buren, Altizer, Hamilton, Cox, y estudia a continuación "la función de la Iglesia en relación con una ética cristiana secular"[859], para llegar a la conclusión de que "generalizando un poco podríamos decir que la tesis fundamental que aparece en toda la teología de la secularidad bajo formas variadas es la de que la Iglesia debe ponerse al servicio del mundo y de sus nobles ideales". Y da la razón de esta tesis. "La salvación ha sido prometida al mundo; en él es donde la salvación debe ser realizada, y la Iglesia no puede pretender en modo alguno monopolizar la salvación"[860]. El problema consiste en determinar qué constituye la salvación del mundo. Es muy distinto admitir un Dios trascendente y personal por encima del mundo que hacer arrancar del mundo mismo la divinidad que lo salva; es muy distinto hacer consistir la salvación en la gracia sobrenatural de Cristo que hacerla consistir en la construcción terrena de un mundo que se salva a sí mismo. El servicio que la Iglesia debe prestar al mundo es primeramente un servicio sobrenatural y luego por añadidura un servicio temporal. El Señor fijó esto en términos definitivos: "Buscad primero el Reino de Dios y su justicia, y lo demás se os dará por añadidura"[861].

j) La, ciudad secular de Harvey Cox[862]: "La secularización designa la llegada a la edad adulta, la urbanización designa el contexto de este acontecimiento"[863]. Se vuelve sobre los temas trillados en la teología de la secularización de que el hombre se ha hecho ya mayor de edad para practicar un cristianismo sobrenatural, trascendente, religioso. El hombre ha andado mucho desde La Ciudad antigua descripta por Fustel de Coulanges como un hecho religioso.

---

[859] Ibid., pág. 300.
[860] Ibid., pág. 301.
[861] Mt., 6, 33.
[862] Traducción francesa. *La cité seculière*, Casterman, París, 1968.
[863] Ibid., pág. 34.

Aparece hoy la Ciudad secular, y esto en virtud del proceso de desacralización producido por la Biblia misma, de manera que se puede hablar con todo derecho de "las fuentes bíblicas de la secularización"[864].

Harvey Cox reconoce que el relativismo histórico es el producto terminal de la secularización[865] y que se corre el peligro de que la relativización de valores pueda conducir al anarquismo moral y al nihilismo religioso, aunque no necesariamente[866]. La muerte de Dios tiene, sin embargo, que hacer comprender al hombre que ha de hacerse verdaderamente hombre[867].

Harvey Cox tiene la franqueza de decir que "el interés creciente que los teólogos modernos muestran por una teología de la historia está estrechamente ligado a la necesidad de una teología de la revolución"[868], que sea "la teología del cambio social revolucionario"[869]. El hombre, en consecuencia, debe abrazar el cambio social revolucionario como el Reino de Dios.

Sin embargo, Cox corrige estos puntos de identificación de Reino de Dios y ciudad secular: 1º Mientras que el Reino de Dios es la obra de solo Dios, la Ciudad secular es la realización del hombre.

2º Mientras que el Reino de Dios pide la renuncia y penitencia, la Ciudad secular no exige otra cosa que habilidad y conocimiento.

3º Mientras que el Reino de Dios se coloca por encima y fuera de la historia (o en el corazón de los creyentes), la Ciudad secular es plenamente de este mundo"[870].

Pero, a pesar de estas diferencias, "el reino de Dios, inscripto en la vida de Jesús de Nazareth, es la revelación más perfecta de la asociación de Dios-hombre en la historia. Cuando luchamos por la formación de la Ciudad secular, respondemos fielmente a esta realidad"[871].

En Harvey Cox, la Ciudad secular, que es la versión del Reino de Dios en nuestra situación histórica, está unida indisolublemente con la

---

[864] Ibid., pág. 47.
[865] Ibid., pág. 62.
[866] Ibid., pág. 63.
[867] Ibid., pág. 63.
[868] Ibid., pág. 133.
[869] Ibid., pág. 133.
[870] Ibid., pág. 136.
[871] Ibid., pág. 138.

urbanización, la cual, aunque también sucede en la vida del hombre, representa aquí el esfuerzo que hace el hombre para adecuarse a la nueva realidad histórica con una manera más justa de vivir con los otros seres humanos en un régimen de reciprocidad cada vez más generoso"[872].

En esta empresa de la Ciudad secular, la Iglesia, que no es primeramente institución sino pueblo de Dios[873], debe ser vanguardia de Dios con una función kerygmática que anuncie la revolución en marcha[874], con una función diaconal que cure las llagas de la ciudad[875], combatiendo la tensión entre centro de la ciudad y suburbio, entre poderosos y económicamente débiles, entre blancos y negros, y entre los partidos políticos[876], como asimismo una función de koinonia, haciendo visible una especie de cuadro vivo del carácter y de la composición de la verdadera ciudad del hombre"[877].

Hemos de considerar la fisonomía de la ciudad secular de Harvey Cox como un gran complejo urbano del tipo de las concentraciones americanas, en que las gentes están dedicadas exclusivamente a resolver sus problemas de trabajo, habitación, alimentos, cultura, deportes.

> "Ya hemos dejado entender, dice Harvey Cox, que Dios viene a nosotros hoy en la incidencia del cambio social, en lo que los teólogos llaman historia, y que nosotros llamamos política.
>
> Pero las incidencias del cambio social no son forzosamente convulsiones y revoluciones. Los acontecimientos de la vida son también incidencias del cambio social..."*[878]*.

k) La divinización de las masas del dominico Juan Cardonnel: Si se advierte atentamente, hay un proceso continuo en la tarea de secularización, desde aquel intento de Maritain por laicizar la Cristiandad, al cual sucede la posición de los teólogos que hablan de un cristianismo y de una Iglesia al servicio de la construcción del mundo en la línea del mundanismo, es decir, del proceso revolucionario que

---

[872] Ibid., pág. 148.
[873] Ibid., pág. 150.
[874] Ibid., pág. 152.
[875] Ibid., pág. 157.
[876] Ibid., pág. 158.
[877] Ibid., pág. 168.
[878] Ibid., pág. 279.

lleva al mundo al comunismo y a la sociedad máquina. Al no asignar a la Iglesia una posición por encima del mundo, que ayude al mundo, pero desde arriba, juzgando sobre la construcción del mundo mismo y condicionando su ayuda al sentido de esta construcción, se hace a la Iglesia solidaria del equivocado derrotero que lleva el mundo. Es cierto que estos teólogos desdoblan la misión de la Iglesia en una misión sobrenatural de salvar las almas y otra, solidaria del mundo, que sirve al mundo en la tarea de secularización. Este maniqueísmo no puede mantenerse dialécticamente y ha de dejar paso a otra posición, la de los teólogos de la muerte de Dios y de la secularización, cuya expresión radical encontramos en Robinson, Altizer, Hamilton, van Buren y Cox. Este último habla de una misión social revolucionaria de la Iglesia, pero ésta parece cumplirse dentro de los moldes del mundo burgués. De aquí que sea importante la actitud del dominico Juan Cardonnel, que resueltamente empuja a la Iglesia, a Cristo y a Dios en un funcionalismo total de identificación con las masas y con las masas marxistas.

Juan Cardonnel, dominico del convento de Montpellier, discípulo del P. Chenu y amigo del P. Congar, presentó el 6 de octubre de 1967 un programa de trabajo, "La opción teológica que se presenta hoy a la Iglesia", que debía servir como orientación y plan de trabajo al semanario "Temoignage Chrétien". Notre Combat, en su número 25, de noviembre de 1967, publicó este trabajo.

Para el P. Cardonnel el Concilio Vaticano II no ha considerado la renovación de la Iglesia sino sobre el plano institucional, haciendo más fuerte su organización, pero dejando de lado la necesaria revolución de mentalidad y de actitud de los cristianos frente al mundo. Es necesario renovar nuestra concepción de la Iglesia y asumir resueltamente nuestra defensa de los débiles y de los pequeños que pasa por el socialismo en Francia, por el sostenimiento de la lucha por la independencia y la libertad de los países del Tercer Mundo, por la organización de una solidaridad internacional que colme el abismo entre los satisfechos y los oprimidos, y por el reconocimiento en tanto cristianos de que Cristo está en nuestro combate. El P. Cardonnel cree que la salvación está en un cristianismo comunista y ateo.

El sistema del P. Cardonnel, primero, se funda sobre el principio hegelo-marxista de la dialéctica del amo y del esclavo; segundo, se desarrolla en una autocrítica total de la religión católica, denunciada como una superestructura capitalista y una alienación de los pueblos; tercero, se exhibe como una deificación de las masas revolucionarias, y cuarto, como encarnación del verbo.

1º El principio hegelo-marxista del amo y del esclavo. Para Cardonnel la humanidad está partida en dos clases de hombres, la de los explotadores y la de los explotados. Estamos en el tiempo de la masacre de los inocentes, de la opresión de los pobres por los ricos, pero ha llegado la hora de la revancha con la exasperación de los pobres y de los oprimidos. El hombre blanco no ha aprendido a amar y, en cambio, lo que es peor el negro ha aprendido a odiar.

El nacimiento humano de una masa es la toma de conciencia por la cual de una cantidad se desprende una calidad que da el ser y la existencia a todos los participantes. Este despertar de las masas es la Revolución. Las masas no pueden realizarse sino en la insurrección violenta, implacable, contra aquellos que las oprimían materialmente y las privaban de libertad para impedirles tomar conciencia de su vida propia, de su fuerza solidaria, de su capacidad de transformar al hombre. El porvenir del mundo está en la liberación. Ahí está la Salvación, es decir, que Dios todo se expresa en la Salvación de los hombres, del mundo entero, que no hay nada de Dios que no sea dado para la Salvación, no existe sino un problema de urgencia: ¿cómo salvar, cómo liberar cuando todo está perdido? En el corazón de la desesperación lúcida, ¿qué significa esperar? Es el problema cristiano por excelencia...".

2º Crítica total de la Iglesia Católica, denunciada como superestructura capitalista. La Iglesia sociedad se contenta con discursos, pero no hace nada para remediar la situación de desequilibrio de la actual sociedad entre explotados y explotadores. La Iglesia tiene miedo a las masas... En sus más hermosos arranques de generosidad, de simpatía fraternal, la Iglesia, con la "Populorum Progressio", se dirige a su clientela de élites advertidas, comprensivas, benévolas, en favor de la suerte compasiva de las masas desheredadas. De esta suerte, estos aciertos no engendraban sino un ritual de piadosa aprobación en los satisfechos de buena voluntad y nunca alcanzaban a las masas. Aquí está el punto crucial de la Iglesia sociedad; su fracaso esencial, aquel que le hace perder la audiencia de las masas. La Iglesia tradicional, funcionalmente parlotea, no se compromete, mientras el Verbo está en acto...

"La civilización liberal, capitalista, en la cual se compromete la Iglesia, desde el ángulo en que ella es sociedad, ha consagrado el doble divorcio del acto y del pensamiento, de la palabra con la inteligencia. La prostitución del Verbo es el signo supremo del envilecimiento. Y esta Iglesia envilecida, perdida en los grimorios de los "sistemas teológicos", en el desarrollo de las tesis, la composición de homilías, sermones, encíclica, ha traicionado al Verbo y se ha perdido en palabras vanas con las cuales participa en la esclavización de las masas. Se viola a las masas, se las adula, se las corteja... Pero el Verbo creador no se revela sino por la eliminación de las fórmulas mundanas. Hay que escoger entre las frases de élites y el Verbo que habla a las masas... "Los discursos y la adhesión de palabra constituyen un mundo que se basta a sí mismo: hablar por hablar". ¡Y este mundo de sueño y alienación es la Iglesia!

El P. Cardonnel da un paso adelante y expresa su desacuerdo fundamental con el P. Congar.

Este quiere permanecer en Vaticano II, en una Iglesia distinta del mundo aunque al servicio del mundo. Cardonnel quiere una Iglesia identificada con las masas populares y fundida en ellas.

Es impensable, dice, que la Iglesia "venga" al mundo. Si va en dirección del mundo, es porque en un primer tiempo, digamos en una forma primera de existencia, la Iglesia habita en otra parte, más arriba o al costado, poco importa; es en otra parte... Ir a las masas presupone que se viene de otra parte, y que no existe sino en un mundo extraño a las masas, el de las élites, del lugar aparte, del poder. Ningún camino pone en comunicación a las masas con los privilegiados. Si vengo a las masas, mi residencia habitual está en los barrios ricos. Ir a las masas es no estar con ellas. En tales condiciones, es muy grave, dice el P. Cardonnel, que el P. Congar me reproche que por insistir en la solidaridad de la Iglesia con los hombres yo descuidaría el primer tiempo, el momento en que ella está antes del mundo, abstracción hecha del mundo (aunque enviada al mundo para hacer triunfar a Dios en él), el instante vertical, antes de las ofertas divinas de la gracia. En varias ocasiones el P. Congar escribe que antes de ir al mundo la Iglesia cuida de asegurarse su en-sí, y que le es menester ser fuerte de lo que ella sabe sobre su propio destino para afrontar al mundo sin peligro... Pero aquí justamente está la misma esencia de la marcha mundana que Cristo vino a combatir. ¡Sería necesario a la Iglesia un primer tiempo de contemplación narcisista que la haría fuerte con respecto a los otros!

3º La divinización de las masas revolucionarias. Cardonnel, después de haber criticado a la Iglesia por su pretensión de conservar su realidad institucional y su negación a confundirse totalmente con las masas, explica por qué teólogos tan abiertos como el P. Congar se preocupan de asegurar el en-sí de la Iglesia y halla la razón en el miedo de que Dios se evapore y desaparezca en su trascendencia. Quieren defender el en-sí de Dios. Pero Jean Paul Sartre arruina eficazmente la idea de Dios como síntesis imposible del "en-sí" y del "para sí". No se puede estar centrado sobre el sí, preocupado de la propia gloria y al mismo tiempo estar dado, entregado. Sartre tiene razón. La idea de Dios es incompatible con la revelación.

Para Cardonnel, Dios no tiene trascendencia propia, distinta y libre. Los hombres y la Iglesia, continúa, desde el ángulo de su pertenencia al orden jerárquico y societario, piensan la grandeza, la trascendencia, bajo la forma de la Autonomía absoluta, del "Ens a se", el "Ser por sí", el en-sí que no tiene necesidad de otros. Ahora bien, la Revelación judeo-cristiana no manifiesta nada tal... La Trascendencia se sitúa en la Relatividad consciente... Sartre ha visto bien que el Auto-Suficiente no podía darse.- ¿Cómo podría Dios mantener su trascendencia al abrigo de los riesgos de la Encarnación?

En consecuencia, prosigue Cardonnel, si no hay un en-sí de Dios y de la Iglesia, tampoco hay cosas de la fe, tampoco hay cosas de Dios. Dios está todo entero en su Verbo, que es su acto.

Dios está todo entero en su Acto del Éxodo a Jesucristo. Nada hay de Dios que esté fuera de su Acto, la salvación, la liberación de las masas. Dios no es otra cosa que la "divinización de las fuerzas oscuras actuantes en la humanidad". Y añade: "Jesucristo significa que no hay Dios en el estado puro, que Dios está siempre mezclado con el hombre, en el propósito, consciente o no, de divinización de los hombres"[879].

4º Las masas revolucionarias, encarnación del Verbo. De todo lo dicho se sigue que la Encarnación no es sino la aparición de Cristo en el seno de las masas, señalando el aniquilamiento del Dios trascendente, la muerte de Dios en el nacimiento de la humanidad.

"La teología católica, dice Cardonnel, ha descuidado en su tarea las implicaciones del hecho central: el anonadamiento de Dios, tal como lo canta el himno cristológico de Pablo en el Cap. II de la Epístola a los Filipenses. Se ha anonadado, vaciado de sí mismo. No ha tomado ningún interés en su ser privado, individual. No ha tomado capital, rédito, propiedad, de nada. O todavía no se mantiene en su rango de Dios, sino que toma el rango de esclavo... Dios es el hombre que se desposa con la masa humana, que vive en ella en solidaridad permanente.

---

[879] *Témoignage chrétien*, 16 de febrero de 1967.

La polémica Cardonnel-Congar sobre el horizontalismo. Jean Pierre Jossua, O. P., recogió en "Parole et Mission" [880] con el título ¿Cristianismo horizontal o vertical? la controversia que se originó por un artículo del P. Thomas Jean Cardonnel llamado "El esquema XIII: una decepción.

Conversación con el P. Cardonnel"[881], y el del P. Yves Congar en "Informations Catholiques lnternationales" [882] sobre Une analyse critique des tendances actuelles.

Criticando ciertos aspectos del esquema XIII, el P. Cardonnel la emprendía en particular: primero, con el dualismo Iglesia-mundo: "Nosotros somos decididamente alérgicos a la idea misma de una relación que se trataría de establecer entre la Iglesia y el mundo... ; todo el esquema estaría viciado por este pueblo de Dios que sería otra cosa que la comunión de los hombres"; segundo, la emprendía asimismo con el dualismo natural-sobrenatural, como si el aporte divino que traería Cristo no fuese en realidad "provocación al surgimiento de lo humano total", y como si "Jesucristo no consiste todo en la pasión de ser humano hasta el fin"; tercero, la emprendía finalmente con la idea de Dios trascendente, como si estuviese más allá de su comunión con los humanos, lo que provocaba un dualismo entre Dios y la fraternidad universal.

El P. Congar denunciaba como horizontalismo esta tentativa del P. Cardonnel, que se negaba a considerar el momento primero de la Iglesia como otra cosa que el mundo. Si Gaudium et Spes ha podido señalar una franca entrada en el servicio de los hombres, es porque el Concilio había primero asegurado el en-sí de la Iglesia (fe, liturgia, eclesiología). No hay "puro en-sí", ciertamente, pero tampoco hay "puro para los hombres" que no sea la consecuencia normal de este en-sí. Nada de puro verticalismo ni de puro horizontalismo.

A esto contestaba Cardonnel con un artículo[883], "El gran mito de no ser sino humanos", en que después de reconocer los aportes decisivos del P. Congar en el dominio de la eclesiología de servicio, concentra su ataque sobre el en-sí de la Iglesia y la verticalidad de la relación con

---

[880] N° 41, abril de 1968.
[881] Frères du monde, n° 37, 1965, págs. 105-111.
[882] N° 286, de 15 de abril de 1967.
[883] Frères du monde, n° 46-47, 1967.

Dios. Para Cardonnel no se puede situar un tiempo de recogimiento en el en-sí de la Iglesia antes de ir al mundo. Si no se está con los pobres desde el comienzo, no se puede ir a ellos. "La Iglesia es de Cristo, la Iglesia es pueblo de Dios en la estricta medida en que no se reconoce con un en-sí". Tampoco hay un tiempo vertical en Dios. "El P. Congar sitúa ahora al nivel de Dios y de los hombres las relaciones de poder... cuya nocividad para la Iglesia había mostrado".

Y la relación de verticalidad es "autocracia divina".

Cardonnel se niega a aceptar una "teología de la trascendencia, cuyo fin sea asegurar el poder de la Iglesia-Institución, sobre todo cuando se está comprometido en el esfuerzo de vivir el Evangelio en el Camino de la Revolución". "Toda confesión de la "trascendencia" que aleje de un compromiso efectivo al servicio de la justicia y de la paz es un veneno para la humanidad".

Rechazado el P. Congar en todos los frentes donde había llevado sus ataques, se ve obligado a confesar que "diferimos mucho menos en el fondo que en el sentimiento de las urgencias prioritarias". Pero el P. Congar no queda convencido. "¿Hay una oposición? No estoy seguro de ello, pero tampoco estoy seguro de que no la haya, dice. Cardonnel justifica la trascendencia de lo sobrenatural en la posición de Bonhoeffer, que adopta la de un "Cristo para los otros", pero no sé si con esto reconoce el "carácter sobrenatural de Cristo y de la vida que nos da"".

La duda queda, en la controversia de Congar y Cardonnel, de si este último mantiene el sentido sobrenatural del cristianismo, o si convierte a éste en un humanitarismo puramente naturalista. Pero nosotros decimos, que no hay tal duda. El Cristianismo de Cardonnel es anticristianismo.

18. Culto y oración en un mundo secularizado

Si se propicia un cristianismo totalmente secularizado, se plantea inmediatamente la cuestión de qué lugar ha de caber en ese cristianismo al culto y a la oración. El jesuita Pierre Antoine no ha dejado de referirse al asunto en la revista "Études" de París[884], y Alfonso Álvarez Bolado, también jesuita, lo toca en un artículo, Culto y Oración en un mundo

---

[884] Marzo de 1967.

secularizado, que reproduce Selecciones de Teología[885]. Antoine nos convida a "liberarnos de las ideas hechas, de los hábitos canonizados en dogmas, y volver a un sano empirismo y al análisis racional de las situaciones, como cosa hoy necesaria y urgente para liberar la imaginación y el espíritu creador indispensables a la Iglesia para hacer frente a la tarea presente"[886]. "En las condiciones actuales, dice, parecería normal concebir este lugar de reunión (de la asamblea eclesial) como la imagen de las actividades de la comunidad, como un lugar plurifuncional, utilizable para otros fines que las solas ceremonias litúrgicas"[887]. Y continúa: "Así, una domus ecclesiae (la casa de la asamblea cristiana), que podría estar sobre uno o dos pisos de un gran inmueble, comprendería, además de algunas pequeñas salas (pudiendo una de ellas estar adaptada como oratorio para la oración privada y la visita al Santísimo Sacramento) y las oficinas permanentes, una gran sala arreglada para diversos usos (conferencias, reuniones, fiestas, recepciones, liturgia, etc.) por medio de un mobiliario verdaderamente "móvil""[888].

Antoine insiste en "la inadecuación de la institución parroquial en la sociedad urbana moderna"[889] y en el "costo financiero enorme y el peso considerable de preocupaciones materiales" que representa la construcción de Iglesias... y que honestamente debemos reconocer que, en las condiciones actuales, por ligereza o por pereza de concebir otras soluciones posibles, construimos demasiado iglesias"[890].

Antoine insiste igualmente en que ya hoy, "que no hay lugar sagrado, tampoco hay tiempo sagrado"[891], y que lo grave sería que, empeñados en construir lugares para el culto, "en la opción entre el claro vigor del Evangelio y nuestras tradiciones eclesiásticas, sean las segundas las que nos parezcan más seguras y acaben por imponerse"[892].

El artículo de Álvarez Bolado no es tan concreto y claro como el de Antoine. Por de pronto, Álvarez Bolado se pone en el contexto de Robinson en Honest to God, tratando de explicar qué sería allí la vida

---

[885] Nº 26, abril-junio de 1968.
[886] Ibid., pág. 441.
[887] Ibid., pág. 442.
[888] Ibid., pág. 442.
[889] Ibid., pág. 443.
[890] Ibid., pág. 444.
[891] Ibid., pág. 445.
[892] Ibid., pág. 447.

de oración y el culto. Hay que decir que Robinson ha sido rebasado ya, y de lejos, en sus tentativas de secularización frente a la experiencia que proponen Hamilton y Harvey Cox. Sin embargo, Álvarez Bolado censura a Robinson por "exponerse realmente a "cierta" reducción que "vacíe de su médula" al cristianismo"[893].

Aceptando a Robinson, con algunas observaciones críticas, Álvarez Bolado hace suyas sus críticas a los métodos clásicos de oración, los cuales dan por supuesto "que la plegaria se define como una actitud desarrollada en las horas de desvinculación", en "esquema neoplatónico", por "seres preocupados por "tener que orar"", que gastan energías buscando "tiempos de oración" y en hacer viables "métodos" que nunca resultan válidos[894]. Robinson tiene razón, dice, por tanto al preguntarse "si la plegaria cristiana, la que surge en nosotros, a la luz de la Encarnación, no ha de ser definida en los términos que impliquen una penetración en el mundo para que a través de él nos dirijamos a Dios, y no una retirada del mundo para así enderezarnos a Dios"[895].

Álvarez Bolado demuestra timidez, de modo que no es representativo como autor del tema oración y culto en un mundo secularizado. Propone "hacer presente el misterio de Cristo a un mundo secularizado, pero no secularizar el cristianismo hasta convertirlo en un neohumanismo convencional"[896]. Advierte el peligro de su intento, pero no deja de exponer con agrado la tendencia hoy general, aunque imposible, de mantener las cosas sagradas en un mundo totalmente secularizado.

19. Algunos hechos que anticipan la nueva Iglesia secularizada

Tan interesante como la alteración de la doctrina que proponen los nuevos teólogos son los múltiples hechos que se producen en todos los países, en los viejos, y en los jóvenes, y que tienden a la liquidación total a que está entregada hoy la Iglesia. Ya es corriente en la mentalidad nueva que hay que liquidar, lisa y llanamente, los dos mil años de historia la Iglesia como una historia anti-evangélica, de puro poder, y de poder exterior y monástico en contra del laical. Cuando se usa la

---

[893] Selecciones de Teología, nº 26, pág. 197.
[894] Ibid., pág. 201.
[895] Ibid., pág. 201.
[896] Ibid., pág. 204.

palabra constantiniana para caracterizar a esta Iglesia, se anatematiza igualmente de todo lo que han escrito y predicado los Padres y Doctores, de todo lo que han enseñado con su ejemplo los santos y de todo lo que han mandado los grandes pontífices en todos los tiempos.

Por otra parte, se empuja a las nuevas generaciones a emprender el camino de un nuevo sacerdocio, sin celibato, comprometido en el mundo y en los placeres del mundo, comprometido en el sensualismo del cine, la televisión, el psicoanálisis. De aquí que las experiencias psicoanalíticas del convento benedictino de Cuernavaca no hayan sido sino un primer paso -felizmente frustrado por la intervención enérgica de Roma- que no deben desvincularse de la ola de sexualidad que domina en todos los ambientes religiosos y que amenaza con su irrupción en los conventos y casas religiosas. Con este nuevo ambiente, que se opone radicalmente al de austeridad ascética que se inculcaba antes, hay que relacionar las deserciones de sacerdotes y religiosas que se advierte en todo el mundo.

Órdenes religiosas enteras han entrado por el camino de la licencia sexual y de la violencia social. El pecado ya no es pecado. Sencillamente no existe y por lo mismo no se confiesa. La masturbación está a la orden del día. Las relaciones sexuales prematrimoniales son simplemente aconsejadas. El amor, y el amor sexual, es el gran principio que regula las relaciones de hombre y mujer. Todo está permitido en la asistencia a los espectáculos cinematográficos y todo está autorizado bajo el pretexto del arte.

La Iglesia se ha convertido en un factor de revolución social, y se propone como ejemplos de imitación los curas guerrilleros, los Camilo Torres. Los grandes exponentes del nuevo orden social lo constituyen Fidel Castro, Che Guevara y Mao Tse Tung.

La finalidad de la Iglesia no es la salvación de las almas sino el compromiso profético con el mundo y con la construcción de la sociedad futura, de la que deben ser desterrados el hambre, la miseria y la guerra.

La Iglesia ya no es luminar de verdad y de santidad en el mundo sino un verdadero factor de subversión y agitación. La Iglesia, la de la publicidad, la que aparece en la prensa y en la televisión, se ha convertido en la vanguardia de la Revolución.

CAPÍTULO XIII

HACIA UN CRISTIANISMO CABALÍSTICO

Los nuevos teólogos niegan o cuestionan los principales y más fundamentales dogmas de la Iglesia. Debemos preguntarnos: ¿hacia dónde van? ¿Qué imagen de la Iglesia quieren? Es evidente que en todas estas tentativas hay el propósito de ablandar a la Iglesia y de acomodarla al mundo, y al mundo moderno. Pero este es precisamente el intento modernista, y este intento no es sino la construcción del sistema gnóstico.

Esto ha sido advertido lúcidamente por el Obispo Rudolf Graber en el magnífico documento donde estudia sagazmente "la actitud de Pablo VI y la crisis interna de la Iglesia"[897]. Allí muestra Graber cómo Pablo VI ha advertido la perduración de la herejía modernista en los errores actuales de la Iglesia. Lo dice claramente el mismo Pablo VI en la Ecclesiam Suam en el párrafo capital en que se caracteriza al modernismo. Dice el Papa: "Todo ello, como las olas de la tempestad del mar, envuelve y sacude a la Iglesia misma; los espíritus de los hombres que a ella se confían están fuertemente influidos por el clima del mundo temporal. Esta influencia es tan fuerte que un peligro como de vértigo, de aturdimiento, de aberración (veluti vertiginis stuporis ac trepidationis periculum), puede sacudir su misma solidez e inducir a muchos a ir tras de los más extraños pensamientos, imaginando como si la Iglesia debiera renegar de sí misma y abrazar novísimas e impensadas formas de vida". Y entonces el Papa cita el modernismo, prosiguiendo así: "Los errores del modernismo -que vemos revivir hoy (reviviscere cernimus) en diversas tentativas de expresiones heterogéneas extrañas a la auténtica realidad de la religión católica-, ¿no fueron precisamente un episodio semejante de predominio de las tendencias psicológico-culturales, propias del mundo profano, sobre la

---

[897] Revista Roma, Buenos Aires, noviembre de 1967.

fiel y genuina expresión de la doctrina y de la norma de la Iglesia de Cristo?".

El Papa ve en el predominio de las tendencias psicológico-culturales, propias del mundo profano, sobre la concepción que propone la Iglesia la esencia misma del modernismo. Y en esto consiste precisamente el fenómeno típico del progresismo que hemos descripto en el capítulo anterior. La cultura moderna domina y rige a la doctrina católica. El mundo moderno gobierna la doctrina católica. El mundo moderno devora, en cierto modo, a la Iglesia.

Y esta cultura se refleja en todos los campos: el filosófico, el histórico, el sociológico, psicológico, y se manifiesta luego en la exégesis, en la teología y en la historia de la Iglesia.

Adviértase cómo los errores que hemos denunciado en el actual progresismo son los errores denunciados por San Pío X en el decreto Lamentabili[898], como propios del modernismo. Basta citar algunos:

2 "La interpretación de los Sagrados Libros hecha por la Iglesia no debe ser despreciada, pero ha de ser sometida al juicio más estudiado y a la corrección de los exégetas"[899].

18 "Juan se presenta a sí mismo como testigo de Cristo; pero en realidad no es sino un eximio testigo de la vida cristiana, o de la vida de Cristo en la Iglesia al final del primer siglo"[900].

20 "La Revelación no pudo ser otra cosa que la conciencia adquirida por el hombre de su relación con Dios"[901].

31 "La doctrina de Cristo que enseñan Pablo, Juan y los concilios de Nicea, Éfeso y Caledonia, no es la que enseñó Cristo, sino lo que de Jesús concibió la conciencia cristiana"[902].

36 "La Resurrección del Salvador no es propiamente un hecho del ser histórico, sino un hecho del orden meramente sobrenatural, ni

---

[898] Denz., 2.001 al 2.065.
[899] Denz., 2.002.
[900] Denz., 2.018.
[901] Denz., 2.020.
[902] Denz., 2.031.

demostrado ni demostrable, que la conciencia cristiana poco a poco derivó de otros hechos"[903].

53 "La constitución orgánica de la Iglesia no es inmutable, sino que la sociedad cristiana, lo mismo que la sociedad humana, está sujeta a perpetua evolución"[904].

58 "La verdad no es más inmutable que el hombre mismo, ya que en él, con él y por él se desenvuelve"[905].

60 "La doctrina cristiana en su comienzo fue judía, pero se hizo por las sucesivas evoluciones primero paulina, después joánica, luego helénica y universal"[906].

64 "El progreso de las ciencias pide que se reformen los conceptos de la doctrina cristiana sobre Dios, la creación, la revelación, la persona del verbo encarnado, la redención"[907].

65 "El catolicismo hoy no puede conciliarse con la ciencia verdadera si no se transforma en cierto cristianismo no dogmático, es decir, en el protestantismo abierto y liberal"[908].

El impacto de la cultura moderna, fundada en una filosofía subjetivista, sobre los dogmas religiosos produce el modernismo y el actual progresismo, que no es sino la realización concreta e histórica de las aspiraciones modernistas. El progresismo, lo mismo que el modernismo, no es sino la evacuación del contenido dogmático secular del catolicismo y su sustitución por una ideología protestante elaborada alrededor de un Cristo vago, hombre-Dios, con más de hombre que de Dios.

El Obispo Rudolf Graber ha visto bien que en esto no hay sino la elaboración de una gnosis y se pregunta: Pero, ¿no es justamente el problema que acompaña a la Iglesia y al cristianismo desde sus orígenes, desde las tentaciones de Cristo, desde la gnosis de los siglos II y III, desde los comienzos del capitalismo en la época del "Poverello"

---

[903] Denz., 2.036.
[904] Denz., 2.053.
[905] Denz., 2.058.
[906] Denz., 2.060.
[907] Denz., 2.064.
[908] Denz., 2.065.

y de la introducción de la filosofía aristotélica, el humanismo y el renacimiento, hasta el modernismo y la era atómica?[909].

El impulso de todo modernismo y de todo progresismo lleva a la Iglesia a la fusión con el mundo para hacer de la Iglesia un epifenómeno o un producto que emana del mundo mismo.

Es por ello que no es puramente accidental que todos los errores que despuntan en el actual progresismo terminen en la secularización o mundanización del cristianismo.

En esta secularización está la energía interna del progresismo mismo. Esto ya había sido denunciado por Pío IX en el Syllabus al hacer de la conciliación de la Iglesia y del mundo moderno el error clave que cerraba y resumía todo este documento [910]. Pero aquí radica esencialmente el carácter gnóstico y cabalístico del progresismo.

Sin embargo, este carácter gnóstico y cabalístico del actual progresismo ha de ser contemplado en dos etapas; la una, la de un sistema en formación que se va elaborando y que no ha llegado todavía a una cristalización acabada. Es un sistema gnóstico que se va haciendo.

Tal los errores parciales e inconexos en que se expresa actualmente el progresismo y que hemos descripto en el capítulo anterior. El progresismo puede manifestarse también en un sistema gnóstico acabado y completo, como por ejemplo en el teilhardismo, que sin embargo no constituye sino una de las tantas variantes en que puede traducirse un sistema gnóstico. Así como en los siglos II y III se multiplicaban las gnosis de Simón el Mago, de Marción, de Saturnino y de Valentín, así también ahora han de aparecer diversas construcciones gnósticas que reúnan en una amalgama sincretista el saber científico, filosófico y religioso del momento.

La esencia del error gnóstico y cabalístico

Es muy difícil determinar la esencia del error gnóstico y cabalístico como lo revela el presente libro en todo su desarrollo. Se puede indicar una serie de caracteres que individualizan un sistema gnóstico. Pero lo arduo es indicar el núcleo esencial o la nota distintiva que lo constituye.

---

[909] Ibid., pág. 24.
[910] Prop. 80 en Denz., 1.780.

Vamos a intentar establecer jerárquicamente una serie de notas que, a nuestro parecer, determinan el error gnóstico o cabalístico. Decimos gnóstico o cabalístico entendiendo que la palabra "gnosis" tiene mayor extensión que la de "Cábala", ya que ésta restringe el término de "gnosis" al mundo judío. Ha habido y hay una gnosis pagana, típicamente hindú, iránica o egipcia. Pensamos, sin embargo, que las gnosis que operan en el mundo cristiano están influenciadas por causas y elementos típicamente judíos, ya directos como en el caso de Boehme y Spinoza, ya indirectos como en Hegel o en los movimientos modernos de Teilhard de Chardin o de Jung.

Para elucidar este problema consideraremos el gnosticismo de la Cábala. Y como hemos sostenido el origen egipcio de la Cábala en la primera cautividad de Egipto, allá en el siglo XIII a.C., también afirmamos aquí el origen egipcio de la Cábala judía. Los textos que nos hablan de la creación, que nos han llegado del antiguo Egipto, pertenecen a todos los períodos de la historia faraónica, desde el Antiguo Imperio hasta la época en que Egipto era parte del Imperio Romano: son testigos materiales y directos de más de tres mil años de elaboración teológica.

Existen razones para suponer que los más antiguos de ellos, grabados en las pirámides de las V y VI dinastías (2600-2300 A.C.) habían sido compuestos oralmente, al menos en parte, por los egipcios prehistóricos, durante el IV milenario antes de nuestra era, a partir de las creencias nacidas en la noche de los tiempos[911].

Extractos de los Textos de las Pirámides

1. Antes de la creación: "Este [rey] ha sido puesto en el mundo en el Noum[912] cuando el cielo no existía, cuando la tierra no existía, cuando nada existía todavía que fuese establecido, cuando aún el desorden no existía, cuando aún el terror que debía nacer del ojo de Horus no se había producido".

2. Aparición del demiurgo: "¡Salud a ti, Atún! ¡Salud a ti, Khrepri, que has venido por ti mismo a la existencia! Tú culminas en éste tu nombre de "colina", tú vienes a la existencia en éste tu nombre de Khrepri".

---

[911] *La naissance du monde*, Aux éditions du Seuil, París, 1959, pág. 46.
[912] Noum significa "abismos".

3. El gargajo divino: "Atun-Khepri, tú has culminado en un cerro, tú te has elevado bajo la forma de fénix, que es el amo del betilo[913] en el Castillo del Fénix en Heliópolis. Tú has lanzado un gargajo que es Shu, tú has lanzado una escupida (tfen) que es Tefnut".

4. El Creador solitario: "Atún se ha manifestado bajo la forma de un masturbador en Heliópolis.

Agarró su miembro con su puño: los gemelos fueron puestos en el mundo, Shu con Tefnut".

5. El Dios Shu: "¡Oh, Shu, hijo de Atún, tú eres el Grande (=el Antiguo), hijo de Atún, su primer retoño. Atún te ha escupido de su boca. Él ha dicho: "Levántame, pues, a sus hijos".

En este escrito antiquísimo del Egipto, Dios sale del abismo, de la nada, de lo indeterminado. Y este dios fabrica los otros dioses y el mundo sexualmente. De aquí podían sacar los israelitas su concepción cabalística.

La Concepción de la Cábala encierra, pues cinco ideas fundamentales. 1°, Dios, en último análisis, es nada que sale de nada; 2°, esta nada, por evolución, se convierte en el mundo y en el hombre; 3°, Dios fabrica el mundo por una acción sexual; 4°, el mal está en Dios y el mal del mundo tiene un origen divino; 5°, Dios perfectamente cumplido y realizado culmina en el Hombre, en la Humanidad.

1. Dios es Nada que sale de Nada

En la Cábala está claramente expresada esta noción de que Dios es Nada. "El Anciano lleva el nombre de Nada"[914]. Y en el lenguaje cabalístico, y aun en el bíblico, llevar el nombre es lo mismo que ser. Y en otro lugar: "El Padre procede del Anciano sagrado como está escrito: "La sabiduría procede de la Nada""[915]. Gershom Scholem reconoce con su indiscutida autoridad que, por ejemplo, "los primeros cabalistas españoles se sirven de paráfrasis especulativas tales como "raíz de todas las raíces", "grande verdad", "unidad indiferenciada", y, principalmente, "En-Sof". Especialmente esta última calificación prueba, tan claramente como todas las otras, y quizás más aún que ellas, el carácter de impersonalidad que es propio del Dios oculto a los

---

[913] Piedra de los lugares sagrados que representaba la divinidad.
[914] Zohar III, 288 b.
[915] Zohar III, 290 a.

hombres. Ella no significa como frecuentemente ha sido traducida, "Aquel que es infinito", sino, por el contrario, "Aquello que es infinito", exactamente del mismo modo que Isaac el Ciego, el primer cabalista de quien nos han llegado noticias definidas, llama a este Dios oculto, "lo que no es captable", y no, con una alusión de carácter personal, "El no captable"[916].

2. Esta Nada por evolución se convierte en el mundo y en el hombre

Gershom Scholem prosigue diciendo a continuación del párrafo transcripto últimamente: "El pensamiento cabalístico al formular esta aserción teosófica de una causa impersonal en Dios - que por lo mismo aparece como persona sólo en su creación y en su revelación- abandona el fundamento personalístico del concepto bíblico de Dios; por tanto, se podría decir que tenía razón el autor de aquel aforismo místico cuando decía que del En-sof no se dice palabra en la Biblia ni en el Talmud"[917].

Después de reconocer que este Dios indeterminado, impersonal y propiamente igual a Nada, evoluciona y se realiza en los sefiroth, los cuales en su totalidad constituyen el mundo y la humanidad, dice Scholem: "El Dios oculto -por así decir la subjetividad más íntima de la divinidad- no tiene ni cualidad ni atributos. Este, su más íntima esencia, es llamada de buen grado por el Zohar y por la mayoría de los cabalistas, con el nombre de En-Sof, esto es, "lo Infinito". En cuanto, sin embargo, esta esencia escondida se manifiesta en el proceso cósmico, le convienen atributos positivos que representan la realidad profunda de la vida divina, tales atributos son grados del ser divino y manifestaciones divinas en las cuales fluye su vida secreta"[918].

Y prosigue Scholem: "En la emanación de los sefiroth algo fluye en Dios mismo e irrumpe a través de la corteza encerrada de su ser oculto: esta cosa es el poder creativo de Dios, que no vive sólo en la creación terrena aunque naturalmente vive en ella y le es inmanente y es por ella reconocible"[919].

Hay por tanto una verdadera "evolución creadora", a la manera de Bergson o de Teilhard de Chardin, en la concepción cabalística, de

---

[916] Gershom Scholem, *Le grandi correnti della mistica ebraica*, pág. 29.
[917] Ibid., pág. 29.
[918] Ibid., pág. 286.
[919] Ibid., pág. 287.

acuerdo con la cual se van formando los distintos mundos de la Cábala hasta llegar a la perfecta Humanidad.

Es fácil advertir cómo se opone a la doctrina católica la concepción cabalística. En aquélla, Dios es un ser personal perfectísimo que por su bondad y libérrimamente crea de la nada al universo, de acuerdo con el plan que desde la eternidad se ha formado. En cambio en ésta Dios, saliendo de lo indeterminado y de la Nada, se va haciendo por evolución hasta culminar en la Humanidad, que es Dios realizado. Partiendo de la Nada, Dios se hace en el Universo y en el Hombre.

3. Lo sexual se cumple en Dios

En el texto de las Pirámides transcripto más arriba, vimos cómo Atún, masturbándose, engendra a los otros dioses y con ellos al mundo y al Hombre. Algo parecido nos ha de transmitir la Cábala. La emanación y evolución de Dios -teogonía- se hace por un camino sexual. Gershom Scholem que estudia largamente este aspecto sexual del Zohar advierte que la novena sefirá Yesod, unidas en la imagen del Rey, fluyen en la Sekhina -la Matrona- y engendran la secreta vida del mundo[920]. El simbolismo fálico, conexo con las especulaciones de la sefirá Yesod[921], anticipa de una manera muy sugestiva las elucubraciones de Freud.

Sólo vamos a traer un texto del Zohar, de gran valor significativo. Dice así: "Rabí Simeón adjunta: Todo lo que acabo de decir del Anciano sagrado y del Pequeño Rostro designa una y misma cosa: todo es uno y no hay separación... advertid que el primer punto, llamado Padre, está contenido en la letra Yod... por lo cual esta letra encierra todas las letras. El yod es el principio y el fin de todas las cosas. Es el río que sale hacia fuera y que se llama "mundo futuro". Es el mundo futuro del porvenir que no dejará de existir. El mundo futuro ha sido creado por el yod, así está escrito: Y un río sale de él para regar el jardín..."[922].

4. El mal está en Dios

En Dios están los dos sexos complementarios, lo mismo que el sí y el no, la tesis y la antítesis[923], el bien y el mal. Gersom Scholem sostiene que, de acuerdo al Zohar, las causas últimas del mal son todavía más

---

[920] Ibid., pág. 308.
[921] Ibid., pág. 308, Zohar I, 162 a; II, 128 a/b; III, 5 a/b y 26 a.
[922] Zohar III, 290 b.
[923] Gersom Scholem, obra cit., pág. 297.

profundas y se encuentran en Dios mismo. Las fuerzas divinas forman un todo armónico y ninguna es buena o santa sino unida con la otra en una viva relación[924]. Esto sobre todo vale para la justicia o la severidad -en Dios y de Dios que es la causa más profunda del mal. La cólera de Dios está como su mano izquierda en íntima relación con la calidad de la gracia y del amor, su mano derecha[925]. La una no puede manifestarse sin la otra. Esta sefirá de la severidad es por tanto el gran "foco de la ira" que arde en Dios, pero es continuamente endulzado y frenado por la gracia. Si en un desarrollo enorme, hipertrófico, irrumpe al exterior y rompe su unión con la gracia, entonces huye del mundo de la divinidad y se convierte en el mal radical, el mundo de Satanás opuesto a aquel divino[926]. Traeremos un solo texto del Zohar: "...La discordia venía del lado izquierdo, porque en tanto que no había más que lado derecho, la discordia era imposible. Mas, en cuanto por la elevación del medio, los dos lados formados, uno derecho y otro izquierdo, es el izquierdo el que da lugar a la discordia y del que emana el infierno, el Gehinom[927].

5. Dios perfectamente cumplido y realizado culmina en el hombre de la Humanidad

Recordemos lo que nos dice Gersom Scholem acerca de que "Dios es una realidad impersonal, que no se convierte en persona sino en el proceso de la Creación y de la Revelación"[928]. Y el proceso de la Creación culmina en la emanación del hombre... luego sólo en el Hombre alcanza Dios la totalidad de su ser, la personalidad acabada de Dios[929].

De aquí, y en esto seguimos todavía a Scholem, que la más antigua mística hebraica sea la mística del trono, de la Merkaba. "En esa no se trata de sumergirse en la meditación de la verdadera naturaleza de Dios, sino en la visión de Su aparición sobre el trono, de que habla Ezequiel, y del conocimiento de los misterios de este mundo celeste del trono. El mundo del trono significa, para el místico hebreo, lo que para los místicos helenistas y protocristianos de aquella época, conocidos en la

---

[924] Ibid., pág. 318.
[925] Ibid., pág. 318.
[926] Ibid., pág. 318.
[927] Zohar, I, 17 a.
[928] *Le grandi correnti della mística ebraica*, pág. 29.
[929] Ibid., pág. 30.

historia de la religión con el nombre de gnósticos y herméticos; este mundo es el pleroma, el mundo luminoso de la divinidad, con su poder, con sus eones y dominaciones... el trono, preexistente de Dios -que contiene en sí en forma ejemplar todas las formas de la creación- es meta y objeto del arrebato místico y de la visión mística"[930]. Y en nota explica Scholem la parte preponderante que le cabe al nuevo cosmos o al hombre en esta mística del trono[931]. Por ello, la gran significación que le cabe al Adam Kadmon, al hombre arquetipo, que representa la plenitud de los sefiroth o de la Creación realizada[932].

Estas cinco notas del gnosticismo cabalista pueden expresarse por una fundamental equivalente, que las contiene virtualmente, nota fundamental que no hace sino subrayar de modo fuerte un aspecto con preferencia a los otros, que no son excluidos sino solamente oscurecidos. Que esta nota fundamental sea una con preferencia a otra dependerá de cada sistema y de las preferencias de su autor. Pero, al excluir a un Dios perfectísimo y personal, que por una acción libre saca de la nada al Universo, ya se cae, por una lógica ineluctable, en la concepción cabalista, que se llamará evolucionismo, materialismo, idealismo, humanismo, según sea el carácter unidimensional de la sustancia que componga la totalidad de Dios, el mundo y el hombre.

Cada una de estas notas fundamentales tiene una fuerza especial porque, colocada ella como la idea central del sistema, acaba por condicionar y modelar el sistema mismo en cada una y en todas sus partes. Así el evolucionismo en todo sistema, por muchas que sean las precauciones que se tomen, afirmado como verdad primera y metafísica, ha de acabar por condicionar la idea de Dios, del mundo y del hombre, dándonos una simple variante del gnosticismo cabalístico.

La esencia del error gnóstico expresada equivalentemente por alguna nota predominante

1º La totalidad de una única substancia. Tanto la Cábala como los diversos sistemas gnósticos se distinguen primeramente por la nota de "totalidad". Son sistemas que envuelven en su seno la totalidad de Dios, del mundo y del hombre. No dejan nada fuera de la totalidad y lo

---

[930] Scholem, ibid., pág. 68.
[931] Ibid., pág. 110, nota 8.
[932] Ibid., pág. 294.

explican todo. Una misma corriente fundamental de ser recorre todos los seres del universo, que irán ascendiendo o descendiendo, pero sin que se rompa la continuidad fundamental entre todos ellos. Por esto, son sistemas emanatistas y univocistas. El acto creador libérrimo de un Dios personal no establece una ruptura entre la esfera de Dios y la esfera de la creatura. Se puede transitar sin interrupción desde una a la otra esfera. Por lo mismo tampoco hay ruptura ni discontinuidad entre las esferas del bien y del mal. El mal no es sino un bien imperfecto e inacabado, como ocurre en René Guénon, o residuos del proceso evolutivo, como quiere Teilhard de Chardin, o cortezas, como imagina la Cábala.

Del En-sof, pasando por los Sefirot a los quliphah, hay en la Cábala una continuidad ininterrumpida. Y lo mismo, en los clásicos sistemas gnósticos hay una continuidad ininterrumpida desde el Pleroma pasando por el Intermediario, a nuestro universo[933].

Igualmente en el sistema de Hegel, en que el ser indeterminado termina en el Espíritu Absoluto, o en Teilhard de Chardin, en que "lo múltiple" culmina en el Pleroma.

2º Una emanación evolutiva del ser. Hemos visto que tanto la Cábala como los sistemas gnósticos conciben a Dios, al mundo y al hombre como una totalidad homogénea de ser.

Porque si no se quiere aceptar el acto libre creador, que tanto la Cábala como los sistemas gnósticos rechazan, no hay otra manera de explicar la aparición del ser nuevo que por una emanación de este ser del ser anteriormente existente. La misma substancia, la misma numéricamente, se despliega y desarrolla. Es decir, evoluciona. En rigor, no hay acrecentamiento de substancia ni de ser. Hay aparición de nuevo ser, pero una aparición aparente, es decir, fenoménica no ontológica, máyica y no real. Cuando mucho se puede conceder un paso del ser virtual al formal. Cuando mucho, digo, porque este acrecentamiento del ser formal sobre el virtual no podría tampoco explicarse suficientemente.

3º La emanación evolutiva puede entenderse en vía de ascenso o en vía de descenso. La emanación evolutiva, tanto en la Cábala como en los sistemas gnósticos antiguos, era una emanación involutiva o de

---

[933] Sagnard, *La Gnose Valentinienne*, De Vrin, París, 1947, pág. 569.

degradación, o camino de descenso. En la Cábala, al menos en una etapa de la misma, se pasaba por un camino descendente, del mundo de los Aziluth al de Briah, de éste al de Iesirah y por fin al de Asiah y a los Quliphah. En los sistemas gnósticos y en Plotino, el pleroma o el "Uno" por un camino de degradación llegaba al último límite de la creatura material. En cambio, en los sistemas gnósticos modernos, el de Hegel o el de Teilhard de Chardin, el proceso es evolutivo y van apareciendo seres más y más perfeccionados.

4º De cualquier manera, la emanación evolutiva tiene que arrancar de un Primer Ser Subsistente. Sea cualquiera la manera que se conciba la emanación evolutiva, sea ascendente o descendente, hay que partir de un primer ser. La nada no puede evolucionar ni para arriba ni para abajo. Si antes del ser fue la nada, nunca habría podido existir el ser. De cualquier modo que se piensen las cosas, el ser no puede brotar de la nada. El ser brota del ser y únicamente del ser. Ahora bien, este Primer Ser que hubo antes que comenzara el proceso de la emanación evolutiva, o fue un Primer Ser, Acto Puro con la plenitud de todo ser, o fue un Primer Ser que se ha ido haciendo, y que por lo mismo ha estado sujeto a un proceso evolutivo o ascendente.

En el primer caso, se trata del Dios de la tradición cristiana, que contiene infinitamente las perfecciones de un Ser personal, inteligente y libre, y que, por un exceso de bondad y libertad, crea el mundo finito, no de su substancia, sino simplemente de la nada, ex nihilo. Al no aceptarse este primer caso, se cae en un primer ser o dios de la Cábala, un dios que se va haciendo y del cual emana el mundo como una necesidad de este hacerse de Dios. De aquí que la Cábala, lo mismo que los sistemas gnósticos y Hegel y el mismo Teilhard, impliquen un evolucionar de Dios de lo indeterminado a lo más determinado, un proceso teogónico que se confunde con el proceso cosmogónico y antropogónico de la historia del mundo y de Dios.

Este primer ser, al no ser el Ser Subsistente que caracteriza a Dios en la teología de Santo Tomás, debe forzosamente ser caracterizado como un ser indeterminado que, en el límite, se aproxima a la Nada. De aquí que Teilhard de Chardin la llame Nada positiva o Nada creable, o Múltiple, nombres todos que implican contradicción. Porque si es Nada no puede ser positiva.

Lo puro indeterminado es Nada y la Nada no tiene ninguna cualidad que la determine y perfeccione. Si no existe el Ser Subsistente o Acto Puro, como Ser perfectísimo y personal, no puede existir absolutamente nada. Santo Tomás ha dado la razón definitiva de ello cuando afirma que "es necesario que el primer ente sea en acto y de ningún modo en potencia"[934]. Ya que si el primer ente estuviera en la indeterminación o potencia no podría salir de su indeterminación o potencia pues no habría un ser en acto para hacerle salir.

5° El Dios evolutivo encierra la contradicción esencial de la Cábala y de los sistemas gnósticos de que "lo más" sale de "lo menos". En absoluto, lo más no puede salir de lo menos, ni el acto de la potencia. Esto lo ha visto perfectamente Santo Tomás y lo ha dejado consignado en una forma definitiva. Licet enim in uno et eodem quod exit de potentia in actum, prius sit potentia quam actus tempore, simpliciter tamen actus prior est potencia[935]. Si bien en el ser que pasa de la potencia al acto, la potencia es anterior cronológicamente al acto, en absoluto el acto es anterior a la potencia, ya que lo que está en potencia no puede pasar al acto sino en virtud de algo que esté en acto. Aquí radica la contradicción esencial de "un Dios que se va haciendo", tanto en la Cábala como en los sistemas gnósticos. Un dios que se va haciendo es un dios que va adquiriendo perfecciones que no tenía y que, por lo tanto, salen de la nada. En este caso, el Ser sale de la nada. La Nada es igual al Ser. El principio ontológico y lógico de no-contradicción es sencillamente negado.

6° En los sistemas gnósticos y en la Cábala se hace del mundo y del hombre un "Dios totalizado" superior a Dios mismo. El Dios manifestado es superior al Dios no manifestado. El Dios desplegado es superior al Dios no desplegado. El universo, que es emanación de Dios añade perfecciones al Dios del cual emana. La humanidad, por lo mismo, que es la culminación del mundo de la piedra y de la vida, representa un valor inmensamente superior a Dios solo, y a Dios que se despliega en la piedra y en la vida. La humanidad es Dios desarrollado en la plenitud de sus virtualidades.

Es ésta una consecuencia directa del hecho de rechazar la Creación. En efecto, al aceptar la Creación, la creatura, efecto del acto libre y gratuito del Creador, no tiene un ser que añada algo al Creador. Porque ese ser de la creatura es participado y puro reflejo del Creador. El ser de la creatura y el ser del Creador podrán ser más seres, pero no más ser. En cambio, si se rechaza la creación y con ella la de la creatura, ser puramente participado y dependiente, se hace del mundo y del hombre

---

[934] 1, 3, 1.
[935]

una realidad emanada de la substancia divina que complementa y perfecciona a Dios mismo.

7º Esta idea de un emanatismo total que evoluciona en un Dios que culmina con la humanidad puede expresarse por la inmanencia absoluta de Dios en el mundo. Se habla hoy de inmanencia contra la trascendencia. No se quiere admitir la idea de un Dios, Señor del Mundo, que le crea por un modo libérrimo de su voluntad y que le ha de someter a juicio. Dios está en el mundo y es una cosa con el mundo mismo. O el mundo sale de Dios por emanación o se construye en las entrañas del mundo que se construye. En uno y otro caso la inmanencia de Dios con el mundo es estrecha y total. La trascendencia queda igualmente excluida. Dios no está ni fuera ni por encima del mundo. La inmanencia es absoluta y total. Esta inmanencia no es sino una consecuencia de aquel emanatismo total que encierra a Dios, al mundo y al hombre en una manera de expresar ese emanatismo. Si Dios es la totalidad del mundo, Dios se identifica con el mundo o le es perfecta y absolutamente inmanente, al ser idéntico con él.

8º Otra manera de expresar ese emanatismo total es rechazar todo extrinsecismo y afirmar que Dios es intrínseco a la humanidad. Porque si Dios es absolutamente intrínseco, o está dentro de la humanidad, forma con ella un todo completamente solidario. Esta idea del rechazo del extrinsecismo es importante en el tratado de la gracia y de la destinación del hombre a lo sobrenatural. Se quisiera excluir la gracia y la vocación sobrenatural del hombre a 935 1, 3, 1. la gloria y a la gracia, como dones puramente gratuitos, como dones que vienen de afuera. Se quisiera insinuar que, de alguna manera, hay una exigencia del hombre. Henri de Lubac, con su "Surnaturel"[936], es el autor más representativo de esta corriente, que es evidentemente gnóstica o cabalística.

9º Esta idea del emanatismo total se puede expresar igualmente por la de un monismo absoluto. Si el hombre y el mundo son seres que emanan de la substancia de Dios, es evidente que el hombre, el mundo y Dios forman una única substancia y un único ser. El monismo absoluto expresa adecuadamente la idea del inmanentismo total.

---

[936] Aubier, París. De Lubac ha corregido notablemente esta deficiencia en *Le mystère du Surnaturel* al enseñar que el deseo sobrenatural de Dios de la naturaleza humana es ineficaz.

10° En este emanatismo total desaparecen las oposiciones de materia y de espíritu, naturaleza y gracia, bien y mal, sí y no. Esta es una característica típica tanto de la Cábala como de los sistemas gnósticos. Como todos los seres y realidades proceden por emanación de una misma y única substancia, no se puede establecer una diversidad esencial entre los mismos. Y como la substancia divina, el Ain Sof de la Cábala, evoluciona para perfeccionarse y determinarse, y ello no lo puede hacer sino a expensas de una contradicción esencial encerrada en su seno, según hemos visto en el punto 5°; el sí y el no se hallan en su mismo substancia, y la negación es el motor del mismo movimiento evolutivo de los seres, como enseña Hegel en su Lógica[937]. Por esto, Hegel está llevado a admitir el absurdo del automovimiento, o sea un movimiento que se verifica identificando el motor y el móvil; el motor que, como tal, da, y el móvil que, como tal, recibe.

Si la contradicción forma la entraña misma de los seres, todo es una misma cosa, el sí y el no, el bien y el mal, la verdad y la mentira, la naturaleza y la gracia, la Iglesia y el mundo, Dios y la creatura.

11° De aquí que la Cábala y los sistemas gnósticos terminen en una unificación total de todas las religiones, razas, pueblos y culturas. Estas ideas del sincretismo religioso y de la desaparición de todas las diferenciaciones, aun o sobre todo las religiosas, es una nota típica de todo movimiento cabalístico y gnóstico. Se advierte en la Cábala y en los distintos sistemas gnósticos antiguos y modernos, y es, por lo mismo, la nota distintiva de todos los movimientos esotéricos y masónicos.

12° La Cábala y los sistemas gnósticos exigen asimismo una única dimensión de naturaleza y gracia, razón y revelación, filosofía y teología, Iglesia y mundo. Esto es una consecuencia ineludible de la concepción cabalística y gnóstica, derivada de su emanatismo total que tiende a confundirlo y unificarlo todo. De aquí que sea esencialmente cabalística y gnóstica la tentativa de Maritain, en su Humanismo Integral[938] al propiciar su "cristiandad laica", es decir, un mundo cristiano de una única dimensión. Por aquí, al rechazarse la subordinación del mundo a la Iglesia, se ha de favorecer un movimiento primero de igualdad entre mundo e Iglesia, y luego de fusión de la

---

[937] *Ciencia de la Lógica*, ed. cast. traducida por Augusto y Rodolfo Nondolfo, Hachette, Buenos Aires, 1956, II, pág. 72.
[938] Ver mi libro *De Lamennais a Maritain*, Ed. Theoría, Buenos Aires, 1967.

Iglesia con el mundo, y con ello, la secularización. El cristianismo laico y secular propiciado por los teólogos progresistas no es sino consecuencia de la Cristiandad laica.

Hay una continuidad total entre Maritain con su cristiandad laica, Congar con su autonomía del mundo frente a la Iglesia, Schillebeeckx y Rahner con el cristianismo implícito del mundo, y Robinson, Altizer, Hamilton, Harvey Cox con su secularización completa del cristianismo. Una cosa trae la otra. La lógica sigue un camino riguroso e irreversible. En efecto, Maritain inicia su campaña contra el orden público cristiano. Cangar sigue contra la Iglesia triunfalista y constantiniana, vale decir, contra un mundo y una cultura sometidos a la Iglesia. En cambio, reclama una Iglesia que se constituya en sirvienta del mundo, y que, por lo mismo, haya de estimular las aspiraciones malsanas del mundo. Finalmente, se ha de proclamar el programa máximo de la Cábala y de los sistemas gnósticos, que es un mundo totalmente unificado en lo que se refiere al aspecto religioso, de donde la Iglesia pierde totalmente su trascendencia frente al mundo.

13º Al hacer de Dios, del mundo y del hombre una única dimensión, todo es divino o puramente humano, todo es espíritu o puramente materia, todo es sacro o puramente secular. Esto es también conclusión de las premisas anteriores. Al hacer de Dios, del mundo y del hombre una única substancia ontológica se unifica la totalidad de la substancia de todas las cosas bajo una única dimensión. A esta dimensión se le da una dominante que en caso de ser la divina convierte todo en panteísmo; en caso de ser lo terrestre, o lo puramente humano en un puro positivismo, a lo Comte; en caso de ser el espíritu, origina el hegelianismo; y por fin, en caso de ser la materia, se convertirá en cualquier variante del materialismo, bien empirista o dialéctico. Cuando se admite que todo es sacro, surgen los sistemas gnósticos a lo valentiniano, y cuando se sostiene que todo es secular, tenemos las gnosis como el moderno secularismo o ateísmo.

14º Al existir una única dimensión ontológica de las realidades, todo lo existente o bien retorna a Dios, si se parte de su existencia, o retorna a la nada, si ésta es el primer presupuesto.

Consideramos este punto de la mayor importancia, porque pone de manifiesto la existencia de sistemas gnósticos no sólo no religiosos sino que, por lo mismo, no implican un retorno a Dios o al Pleroma, como se verificaba en las gnosis de los primeros siglos del cristianismo. En ese entonces no era posible imaginar sistemas gnósticos no religiosos porque los sistemas gnósticos querían precisamente satisfacer las aspiraciones religiosas del pueblo; pero hoy, que se ha manifestado con vigor lo profano, terrestre y secular, las distintas gnosis que se excogitan vienen a satisfacer aspiraciones humanas de puro bienestar terrestre. No se cree en el "más allá" y se coloca la aspiración definitiva en el "acá", y como el hombre ha de morir inevitablemente, se acaba por aceptar la nada como el término absoluto y definitivo de la vida.

De aquí que se hayan de admitir sistemas gnósticos nirvánicos como los de Freud, Marx, Schopenhauer, Nietzsche y los de todos los materialistas, comprendidos Sartre, Camus y Merleau Ponty.

15º Si se establece una única dimensión ontológica de Dios, el mundo y el hombre, no hay salvación para el hombre sino en el hombre mismo. Esto es también una consecuencia de todas las notas que venimos señalando como constitutivas de la Cábala y de los diversos sistemas gnósticos. La salvación del hombre no viene de fuera del hombre, de un redentor extrínseco al hombre, como profesa claramente el cristianismo. El hombre, con su pecado, se había enemistado con Dios, su Creador, y Éste, en su bondad, habría enviado a su Unigénito Jesucristo a hacerse hombre, padecer y morir en la Cruz para redimir al hombre.

Todos los sistemas gnósticos rechazan esta noción de redención, desde fuera del hombre mismo, y si admiten a los grandes iniciados, como hace Schuré, éstos no son sino paradigmas y ejemplares de lo que ha de verificarse en cada hombre particular.

La salvación del hombre se realiza por el esfuerzo del hombre mismo, apelando a las fuerzas interiores como en los sistemas esotéricos de René Guénon y de las diversas teosofías y rosacrucismo o a las fuerzas exteriores como en el materialismo dialéctico de Marx.

16º Tanto la Cábala como casi todos los diversos sistemas gnósticos rechazan a un Dios personal distinto del mundo y del hombre y hacen del mundo una eterna continuidad de fenómenos que se suceden eternamente. Este punto es también explicitación de todo lo dicho anteriormente. De aquí la importancia del pensamiento brahmánico y budista para ilustrar las gnosis que aparecen en Occidente, sean de carácter religioso o secular. De aquí también la suerte de todos los esoterismos que hacen del mundo una mera manifestación de lo no manifestado. De aquí la importancia del pensamiento kantiano, que, al negar el acceso de la inteligencia humana al nóumeno, es decir, a la realidad metafísica misma de las cosas, ha hecho de éstas un mundo de puras apariencias o fenómenos. La filosofía y la metafísica se han convertido desde entonces en fenomenología, la que puede conocer diversas variantes en Hegel, Husserl y Teilhard de Chardin y, en general, en el historicismo. El mundo, desde entonces, es un mundo mayzco, nirvánico, fenomenológico, en el que todas las realidades, en último análisis y en última instancia, serán reabsorbidas en la nada de donde salieron.

17º La ciencia moderna se halla asimismo orbitada por una filosofía gnóstica y cabalista. La ciencia moderna se ha desprendido de toda metafísica, ya que, después de la pretendida demostración de Kant, ésta sería imposible y absurda. En consecuencia, no podemos llegar por vía racional a la inteligibilidad de las cosas, ni siquiera de las más sensibles y accesibles al sentido. No podemos distinguir especulativamente una piedra de un caballo ni de un hombre ya que no podemos penetrar con la inteligencia en el nóumeno. Sólo nos resulta accesible lo que aparece, el fenómeno, la superficie de la realidad. La filosofía de la naturaleza y la metafísica son imposibles.

Sólo nos resta una ciencia cuantitativa de los fenómenos, es decir, la posibilidad de someter a mediciones el dato sensible, y así medido, coordinarlo a través de teorías aproximativas y cambiantes. Es decir, sólo es posible una ciencia de utilización de las cosas que aparecen en cuanto aparecen. La utilización se hace con fines prácticos de bienestar para el hombre. De aquí que todas las ciencias vengan, en último término a parar en una tecnología y finalmente, en una tecnocracia o ciencia de dominación del hombre por el hombre a través de la técnica.

La regulación de las cosas no viene de las ciencias mismas, ya que éstas nada nos dicen de la realidad y leyes de las cosas en sí, sino de la regulación que les quiere adjudicar el hombre.

Este inventa sistemas filosóficos y religiosos -sistemas gnósticos- con los que interpreta la ciencia de las cosas. Todos estos sistemas rechazan el camino para llegar racionalmente a Dios y, en consecuencia, para dar la base negativa necesaria para toda religión. Porque si a Dios no le conocemos por la razón no le podemos rendir culto en una religión fundada en la razón. De aquí que al negar el camino racional para llegar a Dios se imponga el ateísmo, y las ciencias y la filosofía deban ser ateas. Si Dios no existe, no hay otro camino para explicar la existencia del mundo y del hombre que el hombre mismo. El universo se habría hecho por pequeños incrementos que, partiendo de lo indeterminado, o de Brahman, o del Ain-Sof o de la Nada, en millones y millones de años habría llegado a seres más y más perfeccionados hasta darnos el homo sapiens, primero el del Neolítico y luego el Superhombre Colectivo que se va fabricando.

El Universo es un Dios que se hace. Tal la enseñanza de la Cábala, que es misma de Spinoza, de Hegel y de todos los pensadores modernos, y que asimismo es la cultura moderna y de masas que ha acabado por imponerse.

El universo es un Dios que se hace en el hombre, con el hombre y para el hombre. Luego, el hombre es la única gran realidad del universo. La construcción del hombre por sí mismo, a base de las ciencias y de las tecnologías, está en su punto álgido, y hoy, con las ciencias del acondicionamiento, psicología y sociología, se está por crear el Gran Hombre Máquina, en que se va a transformar la sociedad moderna. Un hombre que será científicamente dosificado en el consumo de alimentos, vivienda, vestidos, transporte, placeres, uso de la sexualidad, multiplicación de la especie para determinar a base de bancos de semen la calidad y cantidad de hombres en el planeta.

Las ciencias, en consecuencia, no se han de dirigir al conocimiento del Creador, sino, con la gran sociedad máquina producida por las técnicas, a la exaltación y glorificación del hombre.

18º Los nuevos teólogos no han de suprimir la teología como carente de objeto propio, ya que Dios no existe, sino que la harán servir a la secularización. Alguien podría pensar que en la nueva estructura de la ciencia habría que suprimir la teología, ya que ésta, como ciencia específica de lo sobrenatural, nada tendrá que hacer en un mundo secularizado en que se suprime lo sobrenatural. ¡Profundo error! Los teólogos de la secularización rechazan tamaño error, y hablan de que la teología ha de determinar cómo se realizará la ciudad secular, y ello según las prescripciones bíblicas. Por ello, las obras de Robinson y de Harvey Cox están llenas de citas bíblicas, y el famoso Pleroma de Teilhard de Chardin es el pleroma del Cuerpo místico y cósmico de Cristo que nos propondrían San Pablo y San Juan.

19º La Cábala y los sistemas gnósticos modernos nos proponen hoy la Ciudad feliz. La ciudad cristiana se levantó en la Europa cristiana sobre las instituciones del derecho natural -familia, propiedad y autoridad civil- coronadas por la gracia divina de la Iglesia Católica. La Cábala y las gnosis modernas asestaron fieros golpes a esa sociedad y lograron quebrantarla. Primero surgió la sociedad naturalista de la razón natural en los siglos XVI, XVII y XVIII. Surgió luego la ciudad animal del capitalismo, la ciudad burguesa del siglo XIX, en que el hombre buscó la satisfacción de sus necesidades materiales y sensibles. Aparece más tarde la ciudad comunista, ideada por Marx y ejecutada por Lenin, que para su edificación exige echar mano de los medios del terror para arrancar las resistencias burguesas opuestas. Es la ciudad que se levanta en la primera mitad del siglo XX. Pero hoy ya se está proyectando la Ciudad Feliz, la del siglo XXI, anunciada por Aldous Huxley[939]. Una ciudad para el hombre, organizada por las ciencias y las técnicas modernas, la sociedad máquina en que el hombre vivirá una esclavitud placentera, donde todo estará científicamente dosificado y planificado.

20º La ciudad feliz será la ciudad del nihilismo perfecto, donde se habrá suprimido toda trascendencia sobre el hombre. Si el hombre viene de la nada y acaba en la nada, la ciudad que le hará feliz y que igualmente lo salvará, será también la ciudad de la nada, del nihilismo. La Cábala y los sistemas gnósticos construyen la Gran Ciudad del nihilismo perfecto.

21º La Cábala y los sistemas gnósticos construyen la Ciudad del Superhombre de los pensadores modernos. La Cábala y los sistemas gnósticos se dirigen a la erección del Hombre como la unificación de Dios y el mundo. Todos ellos han de terminar en el Superhombre. El Superhombre progresivo de Condorcet que se va realizando a través de las adquisiciones y del progreso de la historia humana. El superhombre positivista de Comte que, pasando por los estados teológicos y metafísicos, llega a la cumbre del positivismo, en el que, a través de las ciencias positivas se construye a sí mismo, en plenitud. El superhombre materialista de Marx, que, pasando por las etapas de la esclavitud, del servilismo y del proletariado, llega a la plenitud del comunismo. El superhombre dionisíaco de Nietzsche, que venciendo todas las virtudes cristianas del resentimiento descubre la plenitud de su propia especie. El hombre auténtico de Heidegger, que descubre y apacienta el ser que trasciende todos los entes. El hombre del espíritu absoluto de Hegel, que con la dialéctica del espíritu recorre todas las etapas de la conciencia para identificarse con la divina trinidad. El hombre del pleroma de Cristo de Teilhard, que por evolución universal y partiendo de la nada creable, llega al hombre planetario totalmente cristificado. El hombre nirvánico de Freud, que hecho para el sexo y la muerte, acaba en la muerte. El hombre arquetipo de Jung, que se identifica con la divinidad del propio yo en los arquetipos colectivos. El hombre absurdo

---

[939] *A Brave New World*, 1932.

y perverso de Sartre, Saint-Génet, que da satisfacción a sus más bajos instintos para lograr su recuperación plena.

El progresismo de los teólogos, una primera etapa de un gnosticismo cristiano

Dijimos más arriba que el progresismo de los teólogos representa una primera etapa del gnosticismo. O sea, los teólogos debilitan las verdades firmes de la fe y, en esta forma, destruyen la coherencia de los dogmas cristianos, los cuales, al no quedar articulados en una síntesis y arquitectura también católicas, quedan en condición de ser articuladas y unificadas en otra síntesis que los vaciaría del contenido que hasta ahora les asigna la teología católica. Si, por ejemplo, se destruye, o al menos se debilita, la noción de pecado original que fue sancionada por el Concilio de Trento quedan igualmente debilitados o destruidos todos los dogmas de la Cristología, de la justificación y de los sacramentos. Esto lo vio clarísimamente el gran Papa San Pío X, quien, en Ad diem illud, el 2 de febrero de 1904, enseñó: "¿De dónde parten los enemigos de la religión para sembrar tantos y tan graves errores, con lo que la fe de un tan gran número se encuentra sacudida? Comienza por negar la caída primitiva del hombre y de su descendencia... El edificio de la fe queda destruido totalmente...".

El asunto no puede ser más claro. Si Adán no pecó con un pecado que se transmite a la humanidad por vía de generación, los actuales males de la humanidad no provienen de un primer pecado. El hombre de hoy no está corrompido y maleado. No hay una caída. Tanto Adán como los hombres, sus descendientes, salen así, como vienen hoy, de la mano de Dios.

Luego no necesitan ser redimidos y salvados. Cristo es un asunto de lujo para una humanidad que no lo necesita para cumplir su fin y vocación.

Cristo podrá traerle al hombre un bien de supererogación, pero no necesario e ineludible.

Además, sería falso lo de San Pablo de que "como por un hombre entró, el pecado en el mundo, y por el pecado la muerte... Pues si por la transgresión de uno solo mueren muchos, mucho más por la gracia de un solo hombre, Jesucristo... reinarán en la vida"[940]. Al caer la necesidad

---

[940] 940 Rom., 5, 12-21.

de Jesucristo, deja de tener razón la persona de Cristo, Dios y hombre. Deja de tener razón de ser la justificación y el Bautismo y la Eucaristía.

Con Cristo cae igualmente la maternidad divina de la Virgen María con todos los otros sublimes privilegios de que está dotada.

Al no haber caída en el pecado original tampoco hay pérdida de los dones sobrenaturales y de gracia, ni de los preternaturales de integridad y de inmortalidad. La antigua herejía de Pelagio, contra la que tan intrépidamente luchó San Agustín vuelve a prevalecer en el mundo cristiano y a desbaratar todo el edificio espléndido de la fe cristiana.

La teología, al perder junto con verdad tan trascendental la cohesión y coherencia de todas sus otras verdades, queda automáticamente desorganizada y pidiendo otro principio de cohesión.

Añádase a ello la falta de un magisterio infalible que asegure el valor de la Revelación y el proceso de secularización en curso por el que tiende el mundo secular y profano a absorber lo sacro, lo sobrenatural y lo trascendente en la inmanencia del mundo, y se comprenderá fácilmente cómo la única dimensión de lo mundano acabará por imponer las virtualidades plenas de un amplio y total gnosticismo. Porque si es cuestionado Cristo, ¿cómo queda asegurado el orden sobrenatural de la gracia, y con éste la Iglesia? Y si la Iglesia pierde su razón de ser, ¿cómo se evita que los poderes del mundo no dominen totalmente al hombre y le impongan su ley? Y si el hombre es absorbido por la inmanencia del mundo, ¿cómo puede ser salvado por un principio extramundano?

Pero es posible mostrar de manera más detallada cómo dentro de la Iglesia misma se están debilitando verdades claves de la doctrina católica que llevan lógicamente hacia el gnosticismo total.

Y primeramente el concepto de Dios, que es básico en la doctrina católica. Este concepto se está esfumando por la acción convergente de diversos factores. Y primeramente por el debilitamiento de las vías racionales para llegar a Él. Al cuestionar el camino de acceso a Dios, se cuestiona su existencia y se cuestiona, con mayor razón, su naturaleza. Se cae, en consecuencia, en una noción vaga e indeterminada de "lo divino", que ofrece base para que de allí prenda el dios indeterminado de la Cábala y de los sistemas gnósticos. El debilitamiento de la razón y el racionalismo criticista de la Biblia que ha entrado en el campo católico ayudan grandemente a crear esta confusión en la misma noción de Dios.

En segundo lugar, hay una verdadera valoración del ateísmo entre los teólogos católicos. Esta valoración está determinada por la sobreestimación que se hace de la cultura y del pensamiento modernos. Es evidente que el ateísmo crece con la cultura moderna, como repetidas veces hemos sostenido en el presente libro. Ello debía llevar a los teólogos a una censura en bloque de la cultura moderna como intrínsecamente perversa y al examen más prolijo de esta cultura, como causa de ateísmo. Pero, lejos de esto, los teólogos, en una admiración idolátrica de la cultura moderna, están llevados, por una lógica intrínseca, a valorar el ateísmo que está conectado con esa cultura[941]. De aquí la tendencia de los teólogos que hemos señalado anteriormente a justificar la secularización y la ateización de la antigua sociedad cristiana y a buscar la supervivencia del cristianismo en la sociedad secularizada.

En tercer lugar, conduce a una noción gnóstica de Dios la tendencia de los teólogos modernos a rechazar la trascendencia de Dios y a inmanentizarlo en la conciencia del hombre. El autor más caracterizado de esta tendencia es, como se sabe, Paul Tillich, pero ella ha adquirido gran difusión por los escritos de John Robinson en *Honest do God* y por toda la abundante literatura de la muerte de Dios.

En cuarto lugar, lleva también a una imposición del gnosticismo la transformación de la teología en antropología. Es cierto que esta tendencia está muy lejos de alcanzar el exceso con que fue expresada en La Esencia del Cristianismo de Ludwig Feuerbach[942]. Pero el hecho de hablar de "superar el dilema Dios o el hombre y la oposición entre "vertical" y "horizontal", entre "desde fuera" y "desde dentro", ya es harto significativa[943]. Como si el acentuar la parte de Dios fuera en detrimento de la del hombre y la afirmación de la verticalidad se hiciera a costa del diálogo horizontal y la palabra que viene "de fuera" restara algo a la acogida que debe venir "de dentro"". Ya de esto algo vimos al referirnos a la polémica entre Cardonnel y Congar a propósito de "horizontalismo". En la oración del Padre Nuestro, Jesucristo no tuvo reparos en afirmar claramente la verticalidad, Padre Nuestro, que estás en los cielos, y que el reino no sale desde dentro del hombre sino que

---

[941] Es tipo de esta actitud la de Jules Girardi en *L'Athéisme dans la vie et la culture contemporaines*, Desclée, París, 1967, págs. 20 y 24.
[942] François Maspero, París, 1968.
[943] L. Bakker, *Lugar del hombre en la divina revelación*, Concilium, n° 21.

viene desde fuera, venga a nos el tu reino; y que lo esencial y primero es que se cumpla la voluntad del Padre, hágase tu voluntad como en el cielo así en la tierra[944].

Al rebajar de una manera u otra la trascendencia inefable del Padre, se tiende asimismo a hacer olvidar el carácter divino de la persona del Hijo hecho hombre y a destacar casi exclusivamente su carácter humano. Lo hemos visto detenidamente en el capítulo anterior. El mismo método que se emplea en la Cristología, puramente funcional, tiende a hacer olvidar la preexistencia divina de la segunda hipóstasis, a pesar de que está claramente afirmada en el prólogo del Evangelio de San Juan. Esta tendencia es tanto más peligrosa cuanto va acompañada por un menoscabo manifiesto de la adoración de la persona del Verbo hecho carne en la Sagrada Eucaristía, ya que este misterio es oscurecido de mil diversas maneras: ya negando la transustanciación, o sea el carácter radical que sólo da cuenta plena de la presencia real de la persona de Cristo bajo las especies del pan y del vino; ya afirmando la transfiguración o transignificación, como si se tratara de una presencia puramente funcional o dinámica en contraposición a ontológica; ya dejando de tributar a la Eucaristía, presencia real, el homenaje central y permanente de todo el culto litúrgico que se desplaza desde allí hacia la comunidad de los fieles.

Al rebajar el misterio teándrico de la persona de Cristo y su actualización eucarística en la Iglesia, se menoscaban igualmente los privilegios de la Virgen Madre, cuyo papel en la Obra de Redención se reduce a un plano vulgar y sin trascendencia.

A pesar de que en Vaticano II se afirmó fuertemente la institucionalidad de la Iglesia, que se hizo girar en torno del primado jurisdiccional del Soberano Pontífice, en los medios progresistas se cuestiona esta autoridad, sobre todo en lo que se refiere al magisterio ordinario y a la necesidad del consentimiento universal para su validez; como si la autoridad no viniera de arriba, de Jesucristo, sino de abajo, de la sociedad de los hombres. Este punto lo estudiamos especialmente en las afirmaciones del teólogo suizo Hans Küng, representativo en la presente materia.

Estos errores de los teólogos no quedan en el alto nivel de la teología. Descienden al pueblo cristiano, que se va impregnando de una nueva

---

[944] Mt., 6, 9.

mentalidad religiosa. En Francia se ha impuesto por voluntad del Episcopado un Catecismo obligatorio para niños de nueve a once años en el que no se dice que Jesús es verdadero Dios y verdadero hombre. No se dice que la Santísima Virgen es Madre de Dios. No se habla del pecado original. Tampoco se habla de los Sacramentos de la Confirmación, Extremaunción, Orden y Matrimonio. Se omiten numerosos textos concernientes al sacrificio y al sacerdocio. No se habla de los mandamientos de Dios.

El gnosticismo del Catecismo Holandés

Pero mucho más grave es el caso del Catecismo Holandés[945]. Este Catecismo pretende ser una teología para laicos. Allí partiendo del Misterio de la existencia humana, se explica la historia religiosa de la humanidad como un camino de los pueblos hacia Cristo, sobre todo en el camino de Israel. La humanidad llega a Cristo, el Hijo del Hombre. Y el camino de Cristo en la Iglesia fundada por Él, queda abierto en la doctrina, en la liturgia y en los sacramentos. Es el Camino hacia el fin que nos lleva finalmente a Dios.

Pero este catecismo es ya típicamente gnóstico. En efecto; todo el hecho cristiano se desenvuelve en un trasfondo cabalístico. Sabido es que la teología católica, aunque es un hecho sobrenatural que conocemos por la Revelación, tiene como trasfondo lo que Santo Tomás llama preambula fidei, es decir, verdades de pura razón que se presuponen y son los fundamentos negativos sobre los que descansa la fe. Ningún valor, en efecto, tiene la palabra de Dios que nos revela sus planes sobre el hombre si no nos consta que Dios existe y que Dios ha hablado al hombre. Por ello, previo a la teología sobrenatural se hace indispensable fundar la teología natural. Y para fundar la teología natural, por la cual la razón llega a Dios, se hace necesaria la metafísica que nos enseña este camino racional a Dios. De esto, ni palabra en el Catecismo Holandés. En cambio, se presuponen como verdades aceptadas las del evolucionismo, y de un evolucionismo no solamente antropológico dando como un hecho probado la ascendencia del homo sapiens, a

---

[945] *A new Catechism, Catholic Faith for Adults,* Born and Oates (Herder and Herder), Nueva York, 1967.

través del hombre de Neanderthal y de los Australopitecos, sino de un evolucionismo extendido a todo el mundo[946]. Leemos allí:

"Las ciencias nos dicen que la historia del hombre ha sido precedida por una ascendencia mucho más larga, la venida de la vida. Su origen nos lleva hacia atrás, a edades de incalculable antigüedad, cuando en un globo enfriado de piedra, aire y agua, apareció el carbono que forma las células de la materia viva. Y por muy antigua que sea esta materia, resulta joven comparada con la inanimada, cuyos orígenes se pierden en las galaxias en expansión...". Y se pregunta el catecismo: "¿De dónde viene la materia? ¿No viene de cualquier parte?".

"¿Qué significa que todo esto exista y crezca? En el crecimiento de la vida el azar y la selección juegan un gran rol. Pero, ¿quién explica esto? ¿Es un accidente que las cosas se esfuercen por progresar por nuevas y admirables fases -existencia, vida, sentimiento, pensamiento? ¿Qué es este progreso? ¿Podemos ver en él alguna significación?".

"Hemos de creer que la historia humana, pasado, presente y futuro, toda la evolución del universo, con sus penas y ansiedades, con su amor, sus goces, y con su fin final, ¿es una broma sin significación? ¿Es una trayectoria sin objetivo, viniendo de no se sabe dónde, yendo a no se sabe dónde, como un universo que se contrae y se expande indefinidamente? Nadie hay en el mundo que nos pueda responder"[947].

"El misterio de la existencia se resuelve definitivamente en "La Palabra de Dios". La palabra que ha venido al mundo desde que en Jesús de Nazareth el Infinito se ha revelado a sí mismo...".

"Jesús es la respuesta más maravillosa que el hombre ha podido soñar. El Hijo de Dios se ha sumergido en nuestra miseria... Por medio de la cruz Dios ha abierto su corazón para revelar el más profundo misterio -Dios hecho una cosa con la víctima"[948].

Pero en la exposición del Catecismo Holandés no se exponen ni resuelven los grandes interrogantes del hombre: ¿de dónde sale el universo y el hombre? ¿Por qué existe Dios? Dios aparece al fin, como coronando el proceso de la evolución del Universo. ¿Cómo nos consta

---

[946] Ibid., pág. 10.
[947] Ibid., pág. 12.
[948] Ibid., pág. 20.

que Jesucristo es Dios? Pero la evolución parece resolver el enigma del origen, del plan y del destino del Universo. De modo que, al oscurecer la idea de Dios, que aparece como un Deux ex machina para satisfacer las aspiraciones infinitas del hombre y al dar a la evolución como causa explicativa del origen y del orden del universo, se cae en la Cábala, que explica el mundo partiendo de un Dios indeterminado que se va explicando y revelando en el mismo despliegue de la creación. El universo no aparece como saliendo de la mente y de la voluntad de Dios, como un efecto sale de la causa inteligente que primeramente lo ha ideado y que luego con su voluntad le comunica la existencia, sino que el universo brota por evolución en un progreso continuo.

El parecido de la concepción del mundo del Catecismo Holandés con la de la Cábala y la de los sistemas gnósticos se va a acrecentar si nos preguntamos por el origen del mal. En ningún momento el pecado aparece como un acto deliberado de la creatura racional. Aparece el "pecado del mundo"[949] como un pecado anónimo que se diluye en la totalidad de los pecados e imperfecciones del universo. Un pecado que, en cierto modo, fue inevitable, cometido con cierta libertad[950]. Leemos allí: "Cada pecado cometido no es inevitable, pero el mal que toma sitio es quizás inevitable en la práctica"[951]. Además, el pecado no es un acto plenamente responsable sino que "es una imperfección no inculpable". Ya que "en un mundo de evolución ascendente no es otra cosa que el negarse a crecer en la dirección que la conciencia revela"[952].

No aparece la transgresión a la ley, y a la ley grabada en el corazón humano por el autor del universo. ¿Cómo ha de aparecer esta transgresión si no aparece el Señor y Creador del Universo mismo?

Pero en realidad, el Catecismo Holandés altera la misma idea de Dios metiendo en ella el dolor y lo trágico. Giovanni Baget Bozzo lo ha advertido en nota crítica aparecida en Renovatio[953]. Allí observa que "la estructura de la existencia humana es vista como problemática y que su solución es Dios en cuanto crucificado. A través de la cruz, Dios ha abierto su corazón para revelar su más profundo misterio. Dios aparece como una cosa con la víctima". "La ascendencia, dice Baget Bozzo, de

---

[949] Ibid., pág. 259.
[950] Ibid., pág. 264.
[951] Ibid., pág. 264.
[952] Ibid., pág. 264.
[953] Renovatio, febrero-marzo 1968, pág. 123.

estas proposiciones hay que buscarla en la teología protestante contemporánea. Pero atribuir a Dios lo que en sí pertenece a la humanidad de Cristo y entender como una lógica ordinaria la de la communicatio idiomatum conduce a prospectivas inquietantes de tipo gnóstico", como si la crucifixión fuese el más profundo misterio de Dios en cuanto tal.

Pero hay más. La gnosis aflora en el Catecismo Holandés en cuanto el mal aparece como una potencia autónoma frente a Dios. Dice, en efecto:

> "Cuando nosotros afirmamos de cada cosa en sí misma o de cada acontecimiento tomado aisladamente que en cada caso viene enteramente de Dios, afirmamos más de lo que conocemos como materia de fe..."[954].

Y más adelante dice:

> "De la revelación de Dios sabemos como materia de fe que cualquier cosa viene de Él. Pero esto no significa que estemos justificados para adscribir cada acontecimiento particular enteramente a Él. Los hombres y las cosas poseen también una cierta eficacia real por sí mismas, siguen su camino en un cierto sentido. Y éste puede ser desfavorable, un camino por sí mismo contrario al todo... De aquí nosotros no podemos afirmar sin más ni más que una mala coyuntura, que una catástrofe o un crimen viene de Dios. El dolor y el mal como tal son contrarios al todo, contrarios al plan de Dios. Ellos están en contacto con lo que no es Dios"[955].

Al no aclarar que la causa del mal es una causa puramente deficiente, ya que el mal como tal no implica ninguna realidad[956], el Catecismo Holandés oscila entre la autonomía del mal, lo cual llevaría a un dualismo metafísico, o a la afirmación de que no todo está gobernado por la Providencia divina[957].

En todo el problema delicadísimo del mal y del pecado se advierte en el Catecismo Holandés una grave deficiencia al confundir el mal de culpa y el mal de pena y al no reconocer de un modo explícito que el mal viene de un acto deliberado y pleno de la creatura racional. Este reconocimiento, a su vez, debía faltar al servir el evolucionismo de

---

[954] A New Catechism, pág. 493.
[955] Ibid., pág. 499.
[956] Santo Tomás, Suma, I, 48 y 49.
[957] Suma, I, 103.

trasfondo de todo el desarrollo del universo. En efecto; si la criatura racional, en este caso el hombre, es producto de las fuerzas ciegas del universo que siguen un proceso ascendente, ¿en qué momento han pecado? ¿Pueden pecar en algún momento, o más bien se dejan arrastrar por sus impulsos incontenibles? En el caso de la concepción de San Agustín y de Santo Tomás, la criatura racional sale con la plenitud de sus facultades de la mano de Dios y peca con lucidez y porque quiere. El pecado no está mezclado en el mundo como un acto imperfecto de desarrollo, como quiere el Catecismo Holandés, que asigna "dos raíces de la miseria... la evolución del mundo y el pecado".[958] El pecado entra como un acto desordenado de la creatura que, a sabiendas y queriendo, viola el orden divino de la creación. Esta violación, lúcida y responsable, no puede aparecer en una concepción del mundo en que la evolución rige todo el proceso del universo.

Por esto, el Catecismo Holandés defiende un evolucionismo tímido que no llega a desarrollar las virtualidades que le expresan plenamente. El Catecismo Holandés está exigiendo una concepción del universo plenamente evolucionista, a lo Teilhard de Chardin. Concepción evolucionista que toma derecho de ciudadanía en la teología católica[959] y que, sin embargo, debe ser elucidado más prolijamente. Porque puede haber una concepción evolutiva del universo que sea compatible con la verdad católica siempre que obedezca a un plan divino totalmente regulado por la divina voluntad. Pero un evolucionismo casi automático en el que la progresión de los seres se verifica por la fuerza misma de la evolución, como si ésta fuera una evolución creadora, no es de ningún modo compatible ni con la sabiduría y libertad creadora de Dios ni con el acto libre de la creatura racional.

El gnosticismo de Karl Rahner

Para referirnos al gnosticismo de Karl Rahner vamos a echar mano de un notable trabajo elaborado por el dominico Guérard des Lauriers y aparecido en "La Pensée Catholique"[960].

---

[958] A new catechism, pág. 492.
[959] Rahner, La Cristología dentro de una concepción evolutiva del mundo, en *Escritos teológicos*, V, pág. 181.
[960] París nº 117, 1968.

El artículo que comentamos es de una sobriedad ejemplar. Su "objeto" son "Los Escritos de Teología" del mismo Rahner, publicados originalmente en alemán y traducidos al francés y al castellano[961]. Cada afirmación de G. d. L. responde a una cita de R. Su intención es descubrir los principios de la inspiración teológica del P. R. y demostrar cómo toda su doctrina, es decir, su interpretación de la doctrina cristiana, procede sistemáticamente de esos principios. Parece haber dado con la clave, con la vertebración interna del pensamiento rahneriano, de lo que el jesuita alemán llama su "hermenéutica trascendental" (su método teológico, podríamos decir).

Para G. d. L. ese principio de inspiración es una tesis del orden de la teoría del conocimiento, tesis que determina la antropología de R. y a través de ella, con lógica rigurosa, la teología fijada en sus escritos. Encuentra tal principio en la conclusión de "El Espíritu en el Mundo"[962]:

"Para Santo Tomás, abstractio y conversio son lo mismo: el Hombre". R. identifica (y atribuye incorrectamente esa identificación al Doctor Angélico) el proceso de formación o proferición del verbo mental (el término del acto de intelección), que pone al espíritu en posesión de la realidad, de la esencia, del "logos" u ordenación íntima del ser, con el "retorno al fantasma" o imagen sensible, es decir, con el proceso por el cual se adquiere conciencia de la configuración del acto intelectual en cuanto que tal acto procede de un término sensible y singular. Es decir, identifica la obietividad, la estructura del ser que puede ser concebida y proferida en una definición, con la subjetividad, la contemplación de la organización interna del acto cognoscitivo, de su origen y del lazo que lo enraíza en lo sensible y singular.

"La realidad sólo es captada como inmanente al Hombre: he allí todo el rahnerismo", sentencia G. d. L. El Hombre se convierte así en la medida de todas las cosas, de toda relación entre lo creado y Dios. El hombre rahneriano está abierto al infinito, pero en virtud de una

---

[961] Karl Rahner, *Schriten zur Theologie*; Einsiedeln; Benziger, Verlag, t. I-VI, 1954-1965. Traducidos al castellano por Taurus Ediciones; las citas, donde se indica tomo y página responden, las que van en primer término, a la edición alemana, y las que van en segundo término, a la española.

[962] Geist in Welt, Kösel Verlag Munchen, 1957 (Zweite Auflage), pág. 407. En cast., Espíritu en el mundo, Herder, 1963, pág. 388.

"autotrascendencia" de orden entitativo, de naturaleza ontológica, que le es inmanente y connatural[963].

Según G. d. L., la teología de R. es una interpretación de toda la doctrina cristiana en función de tal concepción del hombre y de su poder inmanente de auto-trascendencia. Esa es la norma, la "hermenéutica trascendental", aunque R. invoque a la Escritura, al Magisterio eclesiástico y a la doctrina tradicional.

Una primera prueba de la aplicación sistemática de ese principio del humanismo rahneriano y de su valor como norma de interpretación lo encuentra G. d. L. a propósito de la doctrina de la visión beatífica que Cristo tenía durante su vida terrena. Por un lado R. admite que no es lícito al exégeta poner en duda esa enseñanza impuesta por el Magisterio, pero ello no significa, en su opinión, que el exégeta "trabajando según el método de la teología fundamental deba o pueda tener en cuenta esa doctrina teológica"[964]. Entonces propone su versión:

> "Una interpretación teológicamente exacta de esta visión inmediata de Dios consiste en concebirla como un comportamiento de fondo, a-temático y radical, a-determinado y primitivo, de la naturaleza espiritual creada de Jesús"[965].

Según R., la visión inmediata de Dios se identifica, en Cristo, con "la toma de conciencia que Él tiene de su contacto inmediato con Dios"[966]; una "toma de conciencia que concierne al polo subjetivo de la conciencia de Jesús"[967].

Esta tesis cristológica -explica G. d. L.- procede de aquella posición tomada en materia de teoría del conocimiento y a la vez permite comprender otra aserción rahneriana: el hombre, en la eternidad bienaventurada, "solamente puede contemplar al Padre a través de la Humanidad de Jesús" y ésa es una contemplación inmediata, pues "la inmediatez de la divinidad no se opone de ningún modo a la mediación de Cristo en cuanto hombre"[968]. El P. R. critica la aprehensión de Dios al modo de objeto por parte del hombre, y le disgustan los términos de

---

[963] V, 192; V, 190.
[964] V, 244; V, 243.
[965] V, 245; V, 243.
[966] V, 245; V, 243.
[967] V, 237; v, 235.
[968] III, 57, III, 57.

la Constitución de Benedicto XII (Denz. 530), donde "sólo se trata de la esencia divina, a la cual se atribuye lo que hay de más íntimamente personal: el manifestarse"[969].

A continuación G. d. L. examina las formulaciones que R. propone de los dogmas de la Encarnación, la Redención, la Trinidad y la Eucaristía. Nosotros seguiremos su razonamiento y su presentación de los textos.

La Encarnación

Señala en primer lugar G. d. L. que R. concibe las relaciones de la Persona del Verbo en la Naturaleza divina y con la naturaleza humana como relaciones del mismo orden. Ambas relaciones desempeñarían el mismo papel respecto de la Persona divina. "La fe -dice R.- profesa una unidad sustancial, durable, indisoluble, hipostática, y la desapropiación de dos naturalezas en virtud de la misma Persona"[970].

El Verbo, así como es Él mismo según la Naturaleza divina (y permaneciendo en sí inmutable), deviene verdaderamente Él mismo en virtud de la naturaleza humana, en cuanto se constituye (por la Encarnación) diferente de sí y unido a sí mismo (t. I, pág. 202).

La naturaleza humana -concluye G. d. L.- condiciona al Verbo en su Ser, así como la Naturaleza divina es idéntica a su Ser. Y acopia una serie de textos rahnerianos para avalar esta conclusión. Veamos.

> "¿Qué significa (la comunicación de idiomas) si la realidad humana verdadera atribuida al Verbo en cuanto que Él es una Persona, no lo cambia; como si esa humanidad no lo convirtiera en aquello que sin ella El no sería?"[971].

Hay un cambio en el Verbo. Dios, aun siendo inmutable, puede ser sujeto de un devenir ("Dios puede devenir algo, Aquel que es inmutable en sí mismo puede ser cambiado en otro"[972]). El Verbo se cambia en la naturaleza humana. "Es necesario decir (ya que Dios es en sí inmutable) que el Dios inmutable en sí mismo puede cambiar, hacerse otro (propiamente: puede devenir hombre); y "cambiarse a sí mismo en otro"

---

[969] IV, 107, nota 9; IX, 109.
[970] I, 195; I, 195.
[971] I, 200; I 200.
[972] IV, 147; IV, 149.

no está en contradicción con la inmutabilidad divina ni es, por otra parte, reductible a un "cambio del otro"[973].

Más todavía, o dicho de otro modo, la naturaleza humana de Cristo, a semejanza de la Naturaleza divina, es la realidad misma del Verbo. "La humanidad de Cristo -arguye R.- en su realidad concreta (de ningún modo abstracta) sólo puede tener importancia teológica si ella es, como tal y no únicamente en cuanto formalmente unida al Verbo a posteriori, la manifestación de Dios en el mundo. Porque ella es la realidad del Verbo, forma una unidad con el Verbo"[974].

Así, por presentar a la naturaleza humana en paridad con la Naturaleza divina en su referencia al Verbo, R. concibe de manera contradictoria la humanidad de Cristo. Por un lado, esa naturaleza humana es la realidad misma del Verbo. Por otro, esa humanidad de Dios, considerada en sí misma, "no puede recibir ni de hecho recibe la gracia de aproximarse y encontrar a Dios de una manera esencialmente otra o esencialmente superior a la que, por la gracia, está reservada efectivamente a cada hombre"[975]. Más aún, esbozando una especie de kénosis invertida, R. explica: "Dios ha asumido una naturaleza humana porque ésta es en sí misma abierta y asumible; porque sólo ella (a diferencia de los seres no trascendentes, objeto de definición) puede existir en un total desprendimiento de sí, que le permite realizar el acabamiento de su tendencia esencial, la cual es incomprensible"[976].

Por fin, ¿cuál es el significado de la Encarnación en la interpretación rahneriana? "Que Dios suscite la auto-trascendencia del hombre y lo induzca a penetrar en su propio seno, que Dios por otra parte obre así en virtud de su absoluta auto-comunicación, que las dos cosas concurran a realizar la promesa hecha a todos los hombres y acabada en uno solo: eso es la Unión hipostática"[977].

G. d. L. entiende que según R., Cristo es simplemente el Hombre que en un individuo alcanza la perfección de la cual lleva en sí una exigencia connatural: "Cristo es el caso único y supremo del cumplimiento de la realidad humana en su esencia; este cumplimiento consiste en que el

---

[973] IV, 147, nota 3; IV, 149.
[974] I, 212; I, 212.
[975] IV, 145; IV, 147.
[976] IV, 143; IV, 146.
[977] V, 210; V, 207.

hombre exista renunciando a sí mismo"[978]. Se trata -siempre siguiendo la lectura de G. d. L.- de un ascenso del hombre (y no de un descenso de Dios) insertado en un evolucionismo generalizado[979].

La Redención

De acuerdo con su interpretación del misterio de la Encarnación, la Redención (el don de la gracia) es considerada por el P. R. como un resultado, para cada hombre, de una potencia de la humanidad a la auto-comunicación de Dios. Es obrada por Dios, pero resulta de una fuerza inmanente al Hombre, entiende G. d. L. He aquí el texto rahneriano:

> "Si se admite que esta comunicación original de la gracia ha sido hecha a la humanidad antes del pecado, no solamente como una exigencia sino como una potencialidad ya firmemente establecida, dado que en su misma fuente estaba ordenada a la Encarnación y por consiguiente a la irrevocable autocomunicación de Dios a toda la humanidad (y no en razón de que ya había comenzado a actuarse en Adán)... entonces se tiene la idea exacta de la redención cristiana..."*[980]*.

G. d. L. destaca dos observaciones de R. sobre la manifestación histórica de tal autocomunicación divina que confirman esta interpretación de la Redención. Primero: "El concepto de Salvador no implica que esta auto-comunicación (hecha) al mundo por Dios según su Subjetividad espiritual haya comenzado al mismo tiempo que el Salvador mismo. No hay ninguna necesidad de que así sea. Y se puede en cambio concebirla como ya comenzada antes del Salvador, como coexistente con toda la historia espiritual de la humanidad y del mundo... " (t. V, pág. 202). Segundo: La historia encuentra en Cristo su acabamiento: "... esta Redención en Cristo (se podría decir igualmente: llevada hasta Cristo) estuvo siempre operante desde el origen de la humanidad"[981].

Recordando la "confusión original de la epistemología rahneriana", G. d. L. sella así su encuesta sobre el tema: "El Salvador no es gratuitamente el Enviado desde lo alto; es necesariamente inmanente al desarrollo del Hombre; el objeto es identificado al Sujeto, del mismo

---

[978] IV, 142; IV, 145.
[979] V, 191-193; V, 188-191.
[980] V, 216; V, 213.
[981] V, 202; V, 199.

modo que según R. el verbo es absorbido en el fantasma y se identifica con él".

La Trinidad

Según R., la tesis que pone en luz al misterio de la Trinidad "como misterio de salvación (en su realidad y no solamente en cuanto doctrina), podría formularse así: la Trinidad de la economía de la salvación es la Trinidad inmanente, e inversamente"[982].

G. d. L. observa que esa identificación de la Trinidad en sí misma con la Trinidad en cuanto manifestada en la historia de la salvación, es un error que proviene del subjetivismo de R.

Señala tres jalones:

• Teniendo en cuenta que en el mundo se ha producido algo (la Encarnación) "que pertenece únicamente al Verbo, que es la historia de una de las Personas divinas y no de las otras"[983], R. concluye que todo lo que concierne a la "economía" (el designio salvífico de Dios realizado en la historia) "puede ser dicho del Dios Trino en su conjunto y de cada persona en particular"[984].

G. d. L. advierte una contradicción en la deducción rahneriana, pues si el Verbo es una Persona distinta (lo cual se manifiesta en la "economía"), también el Padre y el Espíritu Santo son Personas distintas. Y como el Verbo sólo se encarnó, resulta evidente que la manifestación de la Trinidad en la historia de la salvación no es siempre, sin más, la Trinidad inmanente.

• R. sostiene que "no se puede distinguir adecuadamente entre la doctrina de la Trinidad y la doctrina de la economía"[985]. Pero en realidad -objeta G. d. L.-, hay afirmaciones que conciernen a la Trinidad en sí misma, distintamente, aunque de hecho esas afirmaciones se hallen ligadas más o menos directamente a la historia de la salvación. Es lo que la tradición ha entendido a partir de la palabra del Señor en Juan 8, 38: "Yo digo lo que he visto junto a mi Padre".

---

[982] IV, 115; IV, 117.
[983] IV, 116; IV, 118.
[984] Ibid.
[985] Ibid.

• R. pone en duda una verdad metafísica fundamental: Dios no puede tener una relación o referencia real a una realidad distinta de Él[986]. G. d. L. deduce que de la tesis rahneriana se desprende necesariamente la negación misma de esta verdad. En efecto, si se identifica la Trinidad inmanente con la Trinidad de la "economía", y por consiguiente al Verbo encarnado según su humanidad con el Logos íntimo de la Trinidad, entonces las relaciones que el Verbo encarnado tiene según su humanidad con algo distinto de Él mismo, relaciones que pertenecen al orden de lo creado, se convierte en relaciones de Dios a lo creado.

Si no se acepta su tesis -arguye finalmente R.- no se puede captar el misterio de Dios más que "de una manera verbal y nocional, por pura revelación verbal, opuesta a una revelación por la acción salvífica de Dios en nosotros". G. d. L. responde: Otra vez R. ha suplantado el verbo por el fantasma impuesto como autosuficiente; ya que la verdad es que en esta tierra "la Trinidad inmanente que el creyente abraza en su verbo está absolutamente por encima de cualquier manifestación por íntima que sea de la Trinidad percibida por el creyente en su propia interioridad".

La Eucaristía

Sobre la Presencia de Cristo en el Sacramento de la Cena del Señor[987] distingue R. dos tipos de interpretación. Una que llama lógica y que consiste en analizar en sí mismas las palabras "Esto es mi Cuerpo", es la explicación expresada en las fórmulas dogmáticas. Y otra, la explicación óntica, que corresponde a su "hermenéutica trascendental", excluye tal análisis y consiste en relacionar con otros hechos el hecho constituido por la pronunciación de esas palabras.

Su interpretación, que él mismo dice expresar en tono polémico, la encuentra G. d. L. en el siguiente texto[988]: "Se quiere circunscribir la acción de Dios a la esfera puramente divina; entonces esa acción no está más presente y transformante en las cosas del mundo (la paz, la moral, el sepulcro, etc.). De ese modo, tal acción permanece no sólo más allá de la experiencia del que no cree (lo cual siempre es verdadero), sino también más allá de las realidades mismas de la tierra; Dios queda en el cielo; donde está el pan, no pasa nada. En esas condiciones, me parece

---

[986] IV, 116, nota 15; IV, 118.
[987] IV, 357-385; IV, 367.
[988] IV, 379; IV, 390.

más coherente decir: Cristo (el de la Eucaristía) no está más que en la fe, sólo en virtud de la fe está presente". Por otra parte, continúa R., los teólogos católicos podrían aprender algo de los cristianos evangélicos y de su teoría de la presencia "in usu", es decir, durante la celebración del Sacramento[989].

En cuanto a la Presencia real después de la comunión, R. sostiene que "la Presencia real de Cristo subsiste solamente mientras la unidad sensible del pan constituye un dato humano"[990].

O sea que cesa inmediatamente después de la deglutición, ya que el pan no puede ser percibido entonces como tal por los sentidos externos[991]. G. d. L. objeta como deformación subjetivista el apoyo que R. busca en la enseñanza de Santo Tomás (la Presencia cesa si una partícula es demasiado pequeña) y responde que el criterio de la Presencia real es objetivo, como la Presencia misma (que sólo cesa si la partícula corresponde a una desintegración de la molécula).

Hasta aquí llega este asombroso examen. La conclusión la ha expresado G. d. L. a lo largo de su artículo, y ya está dicha en la detectación de la "inspiración" del R. teólogo. Según el avisado dominico sentencia, esta inspiración es la antigua y siempre renovada inspiración de la gnosis: el Hombre, que se va convirtiendo evolutivamente hacia la fuerza divina que connaturalmente lo habita, es la medida de todas las cosas, incluso la medida del misterio de Dios. Por ello, en toda la obra de Rahner, hay que destacar el texto en que afirma el evolucionismo generalizado, o sea, que por un proceso de autodinámica interna la materia se convierte en vida, la vida en conciencia, la conciencia en espíritu y el espíritu, abierto al infinito, en Dios. Este texto dice así:

> "Ahora bien, esta discontinuidad, esta esencial diversidad entre la materia, la vida, la conciencia, el espíritu no excluye de ningún modo la evolución, si es verdad que existe el devenir, si el devenir es o puede ser en sentido propio una autotrascendencia activa, si la autotrascendencia es o puede ser igualmente y por lo menos una autotrascendencia entitativa"[992].

---

[989] IV, 383; IV, 394.
[990] IV, 390; IV, 400.
[991] IV, 390; IV, 400.
[992] V, 193; V, 190.

El teilhardismo, una etapa plena de gnosticismo

El gnosticismo de Teilhard de Chardin ha sido ya denunciado por voces autorizadas. El sabio teólogo e historiador Mons. André Combes ha formulado su denuncia en un magnífico artículo, A propos de theodicée teilhardienne, aparecido en diciembre de 1965 en "Les Etudes Philosophiques" y reproducido en "La Pensée Catholique"[993]. Allí, después de demostrar Mons.

Combes, cómo el Cristo cósmico, que constituye la pieza clave de todo el sistema teilhardiano, hay que entenderlo en toda la fuerza de su palabra como de un verdadero pancristismo, como una conjugación orgánica y total del universo evolutivo en un solo ser y sustancia con Cristo, de suerte que Cristo habría asumido una tercera naturaleza, no humana ni divina, sino cósmica, pasa a señalar influencias que habrían producido en Teilhard este gnosticismo.

Mons. Combes encuentra la influencia de Edouard Schuré, con su famoso libro Los Grandes Iniciados, que Teilhard había leído en noviembre de 1918 y que lo habría "sumergido en entusiasmo"[994]. Schuré, dice Teilhard, lo ha hecho reflexionar. Sin duda, lo ha encontrado "fantasioso", "artificial", "insuficiente", pero, por sus defectos mismos, este maestro lo ha incitado a defender, a liberar 'las más bellas iniciaciones" de este "aire infantil", de esta "nota de iluminismo", para cultivar "el verdadero esoterismo, la verdadera gnosis"[995].

Además, hay que recordar que la expresión Cristo Cósmico, asociada a especulaciones sobre "la evolución planetaria y el origen del hombre" se lee bajo la pluma del mismo Edouard Schuré, y esto desde 1912. "La cuestión es saber, escribe Mons. André Combes, si Teilhard no se ha contentado con "Los Grandes Iniciados", sino que ha leído también "La Evolución Divina".

Ningún texto leído por mí lo prueba. La analogía, por otra parte, puede ser superficial y muy limitada. Con todo, no se puede evitar preguntarse si Schuré no habría sólo estimulado a Teilhard a desarrollar una gnosis

---

[993] Nº 108.
[994] Carta de Teilhard de Chardin a su sobrina del 8 de noviembre de 1918, en Genese dúne pensée, pág. 323.
[995] Ibid., pág. 334.

menos infantil o fantasiosa que la suya, pero que habría ofrecido a su especulación original el tema y la expresión misma del Cristo Cósmico.

Termina Mons. André Combes advirtiendo que el propósito de Teilhard de Chardin ha sido el de elaborar, en virtud del "sentido cósmico" más bien que de largas observaciones o de exigencias racionales, menos una teología que una cosmogonía cristificada que le procura una "visión" global del universo. En el fondo, Teilhard está mucho más emparentado con los "sabios" que proceden por "videncia superior" y para los cuales "la ciencia contemporánea está al borde de lo Invisible y con frecuencia nada en pleno ocultismo sin saberlo" que con sus colegas sabiamente entregados a la búsqueda científica y que estiman que las disciplinas técnicas están hechas no para ser arbitrariamente trascendidas sino escrupulosamente respetadas".

Louis Salleron publicó en "Itinéraires"[996] un artículo con el título El gnosticismo de Teilhard de Chardin. Allí hace observar que, de acuerdo al pequeño libro de H. Cornely y A. Léonard, La gnosis eterna, se encuentra en todos los gnósticos lo que es típico de Teilhard, la voluntad de una visión integral del mundo. Teilhard quiere construir un sistema riguroso en el que se conjuguen totalmente todas las ciencias, agrupadas en la noción de Evolución, con toda la fe, agrupada en su noción de Cristo, de cuya conjugación saldría el Cristo Cósmico. Y Salleron señala cómo Serge Hutin en su libro Les Gnostiques manifiesta "que aún es curioso comprobar cómo un pensador como el P. Teilhard de Chardin, partiendo de la biología y de la antropología, ha acabado por alcanzar grandiosas perspectivas gnósticas (en el sentido amplio y católico del término)". Cita luego Salleron largos párrafos de Edouard Schuré donde muestra que "la cosmogonía de Schuré, extraña a las ciencias exactas, es diferente de la de Teilhard; pero la preocupación es la misma y la orientación profunda igual".

Un estudio sobre "El gnosticismo de Teilhard" ha publicado la revista "Aujourd'hui Quebec", de J. M. Jourdain. Allí se advierte que en el sistema teilhardiano, "de entrada, nada de Creador, sino el caos, el gran todo, la materia indeterminada, receptáculo infinito de los posibles.

Interdicción de razonar, de buscar las razones del Ser, la causa de los seres. Y el gran todo informe se determina progresivamente, por sí mismo, por empuje interno, virtud intrínseca; los seres formales

---

[996] N° 109, enero 1967.

proceden espontáneamente, cada vez más perfeccionados". "Lo más emana de lo "menos", gracias a la mutación. Y el escalonamiento de las mutaciones constituye la evolución -evolución que se hace funcionar como se puede".

Y añade Jourdain:

> "He aquí el credo esencial de la contrarreligión. He aquí el fondo común de la Cábala, del esoterismo, de la *"metafísica"* de René Guénon, de la gnosis, de la francmasonería, de la teosofía, del panteísmo. Se dice: el mundo tiene unidad, de otra suerte sería ininteligible; esta unidad excluye todas las dicotomías -por ejemplo, materia y espíritu, materia y vida, naturaleza y gracia- y no admite ninguna intervención intrínseca. Nada más que la nueva inmanencia, y el progreso por grados. Así, el mundo sube irreversiblemente, se diviniza -la evolución se hace Dios".

> "Y la moral sigue la cosmogénesis. Quien se ama con todo su yo soberbio y gozador, ama al mundo y quien ama al mundo con su más ardiente concupiscencia entra en el movimiento evolutivo, y empuja allí con su entera energía, se esfuerza, con tanto fervor cuanto el mundo está a punto de llegar a su plenitud efectuando su mutación definitiva".

Unos estudios de gran seriedad sobre el gnosticismo de Teilhar de Chardin fueron publicados en la revista "Catolicismo", de Brasil. Uno, de Alberto Luiz du Plessis con el título Influencias gnósticas no pensamiento do Padre Teilhard de Chardin [997], y el otro, Da paleontologia à metafisica, historia de una extrapolaçao, de Giocondo Mario Vita[998].

El gnosticismo de Teilhard de Chardin se hace evidente por muchas razones que iremos puntualizando, las que concuerdan con los veintiún puntos en que hemos caracterizado a la Cábala y los sistemas gnósticos. Prescindiremos de muchas notas y referencias que el lector podrá consultar en mi libro "Teilhard de Chardin o la religión de la evolución"[999].

1º Una visión científico-religiosa de la totalidad. En primer lugar, Teilhard de Chardin, sin acudir a un Dios personal que entre los muchos

---

[997] En el nº 156, diciembre de 1963.
[998] N° 183 y 184, mayo y abril de 1966.
[999] Ediciones Theoría, 1965.

mundos posibles habría escogido y creado libremente al mundo presente, excogita una visión total, científicoreligiosa, de la totalidad del ser. Ciencia y religión, fenomenología y cristianismo, evolución y Cristo, se conjugan en un sistema cerrado que, en cierto modo, se forma automáticamente, pasando de la cosmogénesis a la biogénesis, de ésta a la noogénesis y finalmente a la Cristogénesis y a la misma Teogénesis.

Todo queda integrado en el Pleroma, en el Cristo cósmico, todas las corrientes de la vida, las profanas y las religiosas, el bien y el mal, todo marcha hacia la convergencia total donde queda unificado.

2º No hay un Dios que crea el Universo de la nada. Teilhard de Chardin es categórico. Ya desde 1917, en L'Union Creatrice, rechaza la creación ex nihilo y la idea de un Creador por causa eficiente[1000]. Con ello, la creación del Universo no tiene por tanto una causa extrínseca, sino que es el resultado de un proceso inmanente, intrínseco, de interna evolución. Dios, o el Punto Omega, actúa desde el principio, pero no como causa que da el ser, sino como principio de orientación y de convergencia. Así como Teilhar emplea mucha fuerza para rechazar la creación ex nihilo por causa eficiente, emplea mucha más para colocar un "Centro unificador de las mónadas (...) real y trascendente". "Energía extracósmica en su origen (aunque inmanente en término) animando ad extra los elementos materiales, y soldándolos entre ellos por el aflujo de una potencia extraña a ellos"[1001].

De aquí que Philippe de la Trinité, O. C. D., al exponer los postulados del sistema teilhardiano, coloque primero el de la evolución, pero a continuación, como segundo, el primado del Espíritu, es decir, de Dios. Teilhard no es ateo o panteísta o, explícitamente, no nos presenta como Hegel o la Cábala un "Dios que se hace", en devenir; aunque sí el "Dios teilhardiano" se enriquece con la creación y está necesitado de ella.

3º En el sistema teilhardiano, la evolución crea el universo. Si el universo no sale de Dios, de la nada, por causa eficiente, debe ser producido por la misma evolución. Esto ha sido señalado por una de las admiradoras de Teilhard, Madeleine Barthelemy-Madaule[1002]: "La evolución fue primeramente descubierta por Teilhard en su amplitud

---

[1000] *Écrits du temps de guerre* (1916-1919), Grasset, París, 1965, pág. 184.
[1001] Ibid., pág. 181.
[1002] Bergson et Teilhard de Chardin, Éditions du Seuil, París, 1963, pág. 77.

total, y bajo la forma de una emoción creadora, donde la religión, la metafísica, lo científico, estaban en estado de fusión ardiente.

Pero, una vez brotada, la intuición desarrolla su fecundidad sobre todos los planos. Busca su expansión máxima y no acaba sino cuando ha estructurado una visión sintética". "... La evolución es, en pleno sentido del contenido, toda la visión teilhardiana"[1003]. Y más adelante:

> "Un solo movimiento de fondo anima la materia, la vida, el pensamiento. Este movimiento tiene la forma de una convergencia. A partir de esta teoría de la evolución vista como acción del uno en el corazón de lo múltiple, y transfiguración de la materia en espíritu, se aclara toda la perspectiva teilhardiana cósmica y religiosa. Estamos en el corazón de la síntesis"[1004].

4º En la Cábala y los sistemas gnósticos conocidos se parte de un absoluto divino indeterminado, el cual, al llegar cierto tiempo, se dividiría y emprendería el proceso evolutivo del universo. En Teilhard no pasa propiamente eso. "En el origen, dice, había en los dos polos del ser, Dios y la Multitud. Y Dios, sin embargo, estaba solo, ya que la multitud soberanamente disociada, no existía. De toda eternidad, Dios veía bajo sus pies, la sombra desparramada de su unidad, y esta sombra, siendo una aptitud absoluta para dar algo, no era otro Dios, porque ella misma no era, ni había sido jamás, ni nunca habría podido ser, ya que su esencia era estar infinitamente dividida en sí, es decir, inclinarse sobre la Nada. Infinitamente vasto e infinitamente rarificado, lo Múltiple, hecho nada en su esencia, dormía en las antípodas del ser Uno y concentrado..."[1005].

Con Teilhard por tanto no acaece como en el Brahmanismo, en el que Brahman, lo absoluto neutro, tiene un deseo[1006] y se produce la división del ser; o como en la Cábala, donde el Ein-Sof, o su primera determinación, Kether, se divide en Binah, la inteligencia; sino que desde el primer momento se encuentran Dios y su antípoda y sombra, lo múltiple puro, la Multitud, la nada física, la cual, bajo la atracción divina, sin que medie causa eficiente, comienza a condensarse,

---

[1003] Ibid., pág. 155.
[1004] Ibid., pág. 600.
[1005] *Écrits du temps de guerre* (1916-1919), Grasset, París, 1965, pág. 114.
[1006] *La naissance du monde*, Aux Éditions du Seuil, París, 1959, pág. 337.

concentrarse, organizarse y unificarse"[1007]. Aquí radica el punto de partida fundamental de todo el sistema teilhardiano.

5° Claude Tresmontant denuncia aquí el gnosticismo de Teilhard. Claude Tresmontant comenta así estas páginas teilhardianas: "La idea de una "lucha" entre lo Uno y lo Múltiple recuerda estas cosmogonías babilónicas en que vemos al demiurgo entrar en lucha con el Caos...

"Estamos en plena mitología metafísica; Teilhard está en buena compañía, por otra parte, ya que se sitúa al lado de Anaxágoras y Aristóteles.

"Para evitar el Caribdis de un Universo creado de una manera contingente y arbitraria, Teilhard cae en la Scilla de una mitología bien conocida: Dios se complementa al crear el mundo, Dios emprende una lucha con lo Múltiple (el Caos antiguo) para encontrarse a sí mismo en el término de esta obra, más rica y pacificada: vieja idea gnóstica que se encuentra en Boehme, en Hegel, en Schelling..."[1008].

6° El concepto de unión creadora, con el cual la evolución de Teilhard produce el universo, elimina la creación ex nihilo y lo une con Dios. La afirmación de una nada creable no es para Teilhard una vana sutileza, un exceso de diletantismo refinado. Aquí está en cuestión la teoría misma de la Unión creadora que se opone por definición a la eficiencia ex nihilo, ya que "crear" es unir y no, formalmente, producir[1009]. Teilhard ha escrito una carta el 10 de febrero de 1955[1010] en que aclara su pensamiento, haciendo ver que la creación no es sólo unir sino unirse al Creador, de suerte que el universo forma parte del ser divino. Dice allí: "Pienso verdaderamente que, bajo la palabra "creación", están confundidas dos concepciones muy diferentes una de la otra; una (la clásica "creación del cosmos") que ve al mundo como la obra de un Obrero, por analogía con "causalidad eficiente"; y la otra (todavía no claramente formulada, "creación de cosmogénesis") mirando al Creador como constituyendo al universo por y en el acto mismo de unírselo (por analogía con una "causalidad formal") porque la Unión

---

[1007] *Écrits du temps de guerre*, pág. 114.
[1008] *Introduction à la pensée de Teilhard...*, págs 112-116.
[1009] Philippe de la Trinité, O. C. D., *Teilhard de Chardin, vision cosmique et christique*, La Table Ronde, París, 1968, pág. 59.
[1010] Lettres.

crea -aun a los ojos de la física, para la cual el movimiento engendra la masa".

7° El universo, con sus inmensas riquezas minerales, vegetales, animales, humanas y aun crísticas, saldría, por la ley de recurrencia, de una primera materia inicial. Teilhard insiste en varios pasajes de sus obras en la existencia de una "estofa del universo", Weltstoff, que contendría todas las formas superiores, que irían apareciendo luego como las diversas especies de minerales, vegetales, animales, humanas y aun crísticas. El mundo crístico, y el noosférico, el biosférico y el cosmosférico estarían contenidos, por la ley de la recurrencia[1011] en la estofa del universo, y de allí saldrían, siguiendo la ley de complejidad-conciencia. Y así escribe Teilhard: "... lo humano nace, no de un accidente, sino del juego prolongado de las fuerzas de cosmogénesis, sus raíces deben poder teóricamente (y de hecho pueden para un ojo alertado) reconocer y seguir con pérdida de vista en el pasado, hacia atrás: no sólo en la mutación neuropsíquica de donde ha salido, hacia el final del Terciario, el primer animal pensante de la tierra, sino más lejos todavía, descendiendo hasta lo más bajo del tronco de los primates; y aún más bajo todavía, en los mecanismos mismos por donde, desde hace billones de años, no cesa de tejerse la estofa del universo"[1012].

La Weltstoff teilhardiana contendría entonces en un núcleo primitivo inicial todo el universo, de donde éste saldría por un despliegue evolutivo hasta alcanzar los más altos grados de la socialización y del Cristo Cósmico. El ascenso desde la Estofa inicial hasta el Universo del Cristo Universal se verificaría de acuerdo a una dialéctica, muy parecida a la hegeliana, en los tres tiempos de unión de diferencias, salto cualitativo y convergencia.

8° De la estofa del universo saldría igualmente el espíritu, y el espíritu humano. Teilhard es categórico al respecto. El Espíritu no sería como lo ha enseñado hasta aquí la filosofía cristiana, una realidad totalmente independiente de la materia, sino que sería un estado especial de la materia, en un grado de condensación también especial, alcanzado por un grado determinado de la ley de complejidad-conciencia. "Materia y Espíritu, escribe, no dos cosas sino dos estados, dos caras de una misma estofa cósmica, según se las mira, o se la prolongue en el sentido de que

---

[1011] Ver en mi libro, Importancia en la obra teilhardiana de la ley de recurrencia, pág. 124.
[1012] Teilhard de Chardin, *L'Apparition de l'homme*, pág. 298.

(como hubiese dicho Bergson) ella se hace o al contrario en el sentido de que se deshace"[1013]. "Se puede decir, finalmente, que si el psiquismo más refinado coincide en nuestro universo con el soporte material más complicado, es por construcción. En virtud del mecanismo de la Evolución, en el ciclo de nuestra creación, el uno nace de lo múltiple, lo simple se forma uniéndole lo complejo, el espíritu es hecho por medio de la materia"[1014]. Y Teilhard asigna esta explicación: "Entre las almas perecederas de las bestias y el espíritu inmortal del hombre no hay posiblemente hiato, sino paso de un grado a otro a través de un punto crítico: lo difuso se hace puntiforme, la sección del cono se convierte en cumbre. ¿No experimentamos esta continuidad bajo una forma sensible cuando creemos reconocer en nosotros mismos que el pensamiento es sensación transformada?"[1015].

Esta consecuencia deriva del carácter gnóstico del pensamiento teilhardiano que construye el universo con una única sustancia homogénea en la cual entran la materia, la vida, la conciencia y el espíritu; la naturaleza y la gracia; el bien y el mal y todo converge a un punto de unificación total, que es el Punto Omega, o el Cristo Cósmico.

9º El sistema gnóstico teilhardiano suprime el pecado propiamente dicho. Es propio de todas las gnosis, de una u otra manera, hacer derivar el pecado y el mal moral de la divinidad misma o del mundo cósmico. Teilhard pondrá el origen de la culpa en el proceso evolutivo, como un subproducto inevitable del camino de unificación[1016]. El pecado no tendría como causa la acción libre de la inteligencia que quiebra a sabiendas el orden establecido por su Creador.

10º Otra nota, típicamente gnóstica, la constituye el carácter fatalista y necesario en que se desenvuelve todo el proceso evolutivo. "De ningún modo por impotencia, dice Teilhard, sino en virtud de la estructura de la nada, sobre la cual se inclina, Dios, para crear, no puede proceder más que de una sola forma: ordenar, unificar poco a poco, bajo su influencia atractiva, utilizando a tientas el juego de los grandes números, una multitud inmensa de elementos, primero infinitamente numerosos, extremadamente simples y apenas conscientes; luego, gradualmente más raros, más complejos, y finalmente, dotados de

---

[1013] Citado por Philippe de la Trinité, obra citada, pág. 117.
[1014] *Écrits du temps de guerre*, pág. 179.
[1015] Ibid., pág. 179.
[1016] Ver mi libro, *Teilhard de Chardin o la Religión de la Evolución*.

reflexión"[1017]. Y a continuación de este párrafo explica el mal en el mundo como un subproducto o un residuo, necesariamente inevitable, dada la naturaleza de la creación. El camino de convergencia, a partir de lo múltiple y pasando por la cosmogénesis, biogénesis, noogénesis y Cristogénesis, sigue una ruta obligada y necesaria hasta alcanzar la teogénesis. La creación no es obra de inteligencia sino de fatalidad.

11º Los grandes misterios cristianos de la Encarnación, Redención y Resurrección son asimismo interpretados dentro de este sistema gnóstico evolutivo. En mi libro Teilhard de Chardin o la Religión de la Evolución he demostrado abundantemente con citas tomadas de las principales obras teilhardianas cómo los misterios cristianos no serían la respuesta de amor del Creador a la insolencia de la creatura libre, que había quebrantado el orden de la creación, sino que estarían determinados, de un modo fatalista y necesario, por la exigencia de la evolución convergente, que pediría un universo con una cabeza y no bicéfalo[1018]. Y por lo mismo, con el Cristo Cósmico por coronación. Así, la Creación, la Encarnación, y la Parusía serán tres momentos de un mismo y único progreso evolutivo.

Tanto la Cábala como los distintos sistemas gnósticos nos dan una explicación del mundo y del hombre que no la hacen derivar de un plan que, escogido entre otros muchos posibles, haya querido Dios libremente llevar a la ejecución. Las cosas se desenvuelven por la fuerza intrínseca de ellas mismas, en un ritmo riguroso y fatalista, que se enriquece por el proceso acumulativo mismo, y que además enriquece a Dios. Además, tanto la Cábala como los sistemas gnósticos, miran no tanto la perfección de Dios, de donde por misericordia y amor sale el universo, para retornar a Él después de un período de prueba, sino que miran a la Perfección de Dios enriquecido y acabado con el universo que se le incorpora y que se hace una cosa en Él. En estas gnosis, la creatura se perfecciona y se libera por el propio esfuerzo y perfecciona y libera a su Creador. Tales condiciones se cumplen rigurosamente en el evolucionismo convergente de Teilhard de Chardin.

[1017] *Comment je vois*, nº 30, citado por Claude Tresmontant, pág. 86.
[1018] *Super humanité*, citado por Claude Tresmontant, ibid, pág. 63.

CONCLUSIÓN

La conclusión del presente libro es clara y firme. A través de toda la historia humana no hay sino dos formas fundamentales del pensamiento y de la vida: la católica y la gnóstica.

La tradición católica profesa el conocimiento cierto en un Ser perfectísimo, que libremente y en el tiempo ha sacado al mundo de la nada y al cual debe retornar la creatura. Antes de existir una historia del mundo existe desde la eternidad una metahistoria, de la que aquella depende como el efecto depende de su causa. Entre la metahistoria y la historia, entre Dios y la creatura, existe un abismo insondable, en la misma estructura del ser, por cuanto Dios es por esencia, y, en cambio, la creatura lo es por participación. Dios se basta a sí mismo plenamente, mientras la creatura precisa una dependencia absoluta de su Creador. La creatura ha de retornar a Dios, de donde ha salido, pero por una gracia, por un don que se le da gratuitamente y que la ha de convertir en divina. La culpa de la creatura ha determinado en la creación una catástrofe para cuya reparación ha venido el Hijo de Dios, que para ello ha tomado la naturaleza humana. Desde entonces, Jesucristo, y la humanidad sólo en torno de Jesucristo, es el signo de salvación para el mundo.

La fe católica es una raíz que determina una psicosociocultura. En el plano individual produce los santos y en el plano social todo un modo de vida cultural que alcanzó su cumbre en la política de un San Luis, Rey de Francia, en el arte de un Fra Angélico y en la filosofía de un Santo Tomás. Pero la psico-socio-cultura católica proviene de la fe. Si el pensamiento no está impregnado por la fe, no es posible una cultura católica. Porque la cultura católica, como la fe, es una gracia. Y la gracia la da Dios gratuitamente, sin que la naturaleza sola pueda hacer nada para merecerla. Y la gracia primera es la de la fe, que es raíz de todas las otras gracias y virtudes. Por ello, no puede darse una psicosociocultura católica sin la fe católica.

La Gracia supone la naturaleza y la fe el valor de la razón. La tradición católica envuelve verdades sobrenaturales, pero previamente y como fundamento de aquellas supone verdades también puramente naturales. En rigor, el hombre puede acceder sin la gracia a esas verdades naturales, pero de un modo expedito y conveniente no podrá adquirirlas sin la gracia de la Revelación. De aquí que el Tomismo, aún en la profesión de verdades puramente naturales, sea una gracia. La Metafísica cristiana no hubiera llegado nunca a descubrir la transcendencia del esse si el cristianismo no hubiera logrado descubrir que el esse es el constitutivo de la divina Esencia.

Sin la gracia del cristianismo la razón no hubiera podido evitar la confusión y las tinieblas que acompañan a la tradición cabalística y gnóstica en el problema de las relaciones de naturaleza y gracia, de mundo e Iglesia; y aun, dentro de la razón misma, a las que existen entre los sentidos y la inteligencia, entre las fuerzas del apetito y las del conocimiento, entre la Física y la Metafísica, entre el mundo de las esencias y el de esse.

De aquí que con la caída gnóstica, el hombre haya quedado profundamente afectado en la integridad de la naturaleza y de las facultades humanas. Su inclinación natural al bien y a la virtud ha quedado sensiblemente disminuida. Así lo enseña expresamente Santo Tomás[1019]. En la justicia original, el hombre, tal como salió de las manos de Dios, se movía virtuosamente, y ello de un modo puramente espontáneo y natural. La concupiscencia y la ira, que son las pasiones fundamentales del ser humano, estaban sometidas a la razón, y la razón lo estaba a Dios. El hombre estaba regido por las virtudes cardinales: fortaleza, templanza, justicia y prudencia[1020]. Al no experimentar ningún desorden en su vida práctica, ésta no le apartaba, sino al contrario, le empujaba a la contemplación.

Con la caída gnóstica, el hombre se ha hecho incapaz de contemplar las verdades que están más arriba de él, y se ha convertido en un homo faber inclinado y propenso a mirar sólo por sus necesidades materiales. De aquí que los errores gnósticos entran de preferencia por la vida psico-socio-cultural, mientras que la tradición católica penetra por la fe y de ella se extiende a toda la realidad psico-socio-cultural. Con la caída gnóstica el hombre queda preso del medio cultural y se hace incapaz de ejercer su libertad sobre las determinaciones sociológicas que le aprisionan y determinan. Esto acaece con el hombre antiguo, en

---

[1019] 1-2 85, 1.
[1020] 1-2 85, 3.

especial con el de las civilizaciones orientales y con el hombre moderno, el de la técnica. El hombre antiguo absolutiza la realidad psico-socio-cultural de las fuerzas naturales, y el hombre moderno, en cambio la de las fuerzas técnicas. Por ello, el hombre antiguo diviniza y sacraliza la naturaleza, mientras que el hombre moderno en el proceso de secularización diviniza todo el esfuerzo técnico. La tecnología se convierte en tecnocracia y en tecnolatría.

El milagro greco-romano, que, al valorizar la razón y la ley natural, se independiza en cierta manera de los errores gnósticos, se produce como una preparación providencial al Evangelio.

La grandiosa visión teológica de la Edad Media no hubiera sido posible sin el vasto trabajo de sistematización emprendido por Aristóteles, que llevó a su punto último la idea griega de un mundo ordenado como un coro. El cosmos suspendido por el amor a un Bien supremo, que es Dios. El espíritu medieval se empleará en hacer aparecer como el espíritu griego, la convergencia de todos los seres, de todos los bienes, hacia el Bien, de todos los intereses materiales, intelectuales y espirituales, hacia la armonía total. La Cristiandad de la Edad Media es, en este sentido, heredera directa del cosmos griego y su trasposición en el nivel superior de lo sobrenatural.

Pero la recaída de la edad moderna en los errores gnósticos ya no puede producirse en la inocencia pagana. El paganismo queda vencido con el advenimiento del cristianismo. Y a el mundo no ha de conocer más la inocencia de la naturaleza del mundo pagano. Podrá apostatar del cristianismo y volver al paganismo, pero ha de ser a un paganismo colocado bajo otro signo, en cierto modo sobrenatural. Después de Cristo la lucha se entabla entre dos fuerzas típicamente sobrenaturales: la una, un sobrenaturalismo y mesianismo carnal; la otra, un sobrenaturalismo espiritual.

La lucha se entabla entre la Sinagoga y la Iglesia. El paganismo vuelve, pero ya bajo el manejo judaico. De aquí también que la recaída gnóstica de la edad moderna sea una recaída en una gnosis judaica o cabalística.

Después del advenimiento del cristianismo, toda la dialéctica que agita al mundo cristiano se mueve entre los polos Iglesia-Sinagoga. Cristo vence a la Sinagoga. Y la era de los mártires de los primeros siglos del cristianismo, cuando la Sinagoga azuza al mundo pagano para que torture a los cristianos, no ha de servir sino para regar la simiente cristiana, que, vigorosa, ha de brillar con la Iglesia de los Padres y Doctores, sobre la Sinagoga. El esplendor medieval de la Iglesia ha de reducir la Sinagoga a la vida de los ghettos. Pero en la edad moderna la Sinagoga se ha de vengar del exilio a que la redujo el mundo cristiano, y la Cábala penetra dentro de la Cristiandad hasta secularizarla y amenazarla con la secularización del mismo cristianismo.

Frente a este último fenómeno nos encontramos actualmente. Con la táctica de la "amistad" y del "diálogo judea-cristiano", la Sinagoga está obteniendo un triunfo sobre la Iglesia. Es claro que, en manos de Dios, este triunfo puede en definitiva trocarse en un triunfo de la Iglesia.

La dialéctica Sinagoga-Iglesia se resuelve finalmente en un misterio más central y luminoso, en el misterio de Cristo. Cristo es el punto clave de la Historia. La Sinagoga prepara en su carne a Cristo. La Iglesia le continúa en espíritu. Pero, una en el sobrenaturalismo carnal y la otra en el sobrenaturalismo espiritual, ambas completan en el juego dialéctico de las fuerzas del bien y del mal el misterio completo de la redención cristiana. Y el misterio de la Redención, aunque sólo tiene un fruto salvífico, no se cumple sino por la intervención de las dos fuerzas, las malas y las buenas.

La Historia, para ser completa, reúne en su seno, en una alianza misteriosa, estas dos fuerzas que sólo podrán ser resueltas en la escatología. Por eso, en el tiempo, los hombres y con ellos la Historia, están dinamizados por Dios y por Satán, por Cristo y el Anticristo, por la Iglesia y la Sinagoga, por la Ciudad de Dios y por la Ciudad del Diablo. Todo está mezclado en un mismo individuo, sea santo, sea pecador. Y cada uno de los actos libres de cada hombre busca en definitiva a Cristo o al Anticristo.

Uno de los errores más siniestros del progresismo cristiano y de la Cábala es la tendencia a homogeneizar las acciones de los hombres, como si el mundo del mal no tuviera, en cierto modo, consistencia propia y no hubiera de ser separado y expulsado finalmente en la hora escatológica del reino de Dios. Se quiere hacer del mal una realidad puramente residual del Reino de Dios. Y el mal, en una malicia esclarecida y perfectamente deliberada, ocupa su lugar en la Historia. Los ángeles malos pecaron en un acto de perfecta lucidez. El hombre Adán pecó en un acto también de perfecta lucidez. Y en todas las generaciones humanas hay hombres que pecan sabiendo perfectamente lo que hacen y queriendo hacer el mal con perfecta lucidez. No hay que negar el mal para que el bien resplandezca. Hay que mostrarle en su total malicia y ruindad para que brille con más fuerza la misericordia divina, que en definitiva ha de triunfar sobre la malicia y la debilidad del hombre.

La Historia, con el mal y con el bien, con los hechos profanos y con las acciones sagradas, ha de servir a Jesucristo y los elegidos. El curso y el fin de la Historia lo determina la Metahistoria. Y en la Metahistoria el acto final de la contemplación de la gloria que se llama la vida eterna. Por esto, la historia corre hacia la etapa final que tendrá lugar después de la resurrección de los cuerpos y del juicio final. Allí Jesucristo, Señor del Tiempo y de la Historia, pronunciará el veredicto último y definitivo sobre la historia de los pueblos y del hombre. Allí se verá en una intuición abarcadora y total de las acciones de los hombres cuál es el pensamiento definitivo que Dios tiene sobre la Historia humana. Allí tendrá lugar la verdadera lección de la Teología de la Historia.

El progresismo, y con él todos los mesianismos y milenarismos, quiere encerrar dentro de la historia al mismo juicio de la historia. El mundo camina hacia una Ciudad feliz, hacia una tercera edad de felicidad y de paz. Concíbase ésta a la manera del espíritu absoluto de Hegel o del comunismo de Marx, siempre ha de ser un acontecimiento nuevo que traerá un cambio radical en el comportamiento humano.

La teología de la historia de San Agustín y Santo Tomás ha visto estupendamente que después del advenimiento de Cristo a la tierra nada nuevo ha de acontecer que pueda modificar el curso ordinario de los acontecimientos. Como enseña el Eclesiastés[1021]:

> "Para todas las cosas hay sazón, y todo lo que se quiere debajo del cielo, tiene su tiempo;
> "Tiempo de nacer y tiempo de morir; tiempo de plantar, y tiempo de arrancar lo plantado;
> "Tiempo de matar, y tiempo de curar; tiempo de destruir, y tiempo de edificar;
> "Tiempo de llorar, y tiempo de reír; tiempo de endechar y tiempo de bailar;
> "Tiempo de esparcir las piedras, y tiempo de allegar las piedras; tiempo de abrazar, y tiempo de dejar de abrazar;
> "Tiempo de agenciar, y tiempo de perder; tiempo de guardar, y tiempo de arrojar;
> "Tiempo de romper, y tiempo de coser; tiempo de callar, y tiempo de hablar;
> "Tiempo de amar, y tiempo de aborrecer; tiempo de guerra, y tiempo de paz".

[1021] 3, 1-8.

Ya hemos entrado en la sexta edad del mundo, en la cual Cristo inició para nosotros el camino nuevo. Después de la ley natural y mosaica, la ley evangélica. Qué curso han de seguir los pueblos en sus desvaríos, no lo puede conocer el hombre. Porque la Revelación sólo le da a conocer "ea quae pertineht ad necessitatem salutis"[1022]. El hombre sólo puede vislumbrar generalidades sobre el curso de los acontecimientos y sobre la densidad de la historia. Esta densidad se ha de medir por un acercamiento más o menos grande a la norma de Cristo, que constituye el centro y el eje de la historia. La Historia se ha de acomodar a la tradición cabalística o a la tradición católica. No hace falta mucha sagacidad para ver que desde hace cinco siglos el mundo se está conformando a la tradición cabalística. El mundo del Anticristo se adelanta velozmente. Todo concurre a la unificación totalitaria del hijo de la perdición. De aquí también el éxito del progresismo. El cristianismo se seculariza o se ateíza.

Como se hayan de cumplir, en esta edad cabalística, las promesas de asistencia del Divino Espíritu a la Iglesia y cómo se haya de verificar el portae inferi non prevalebunt, las puertas del infierno no han de prevalecer, no cabe en la mente humana. Pero, así como la Iglesia comenzó siendo una semilla pequeñísima[1023], y se hizo árbol y árbol frondoso, así puede reducirse en su frondosidad y tener una realidad mucha más modesta. Sabemos que el mysterium iniquitatis ya está obrando[1024]; pero no sabemos los límites de su poder. Sin embargo, no hay dificultad en admitir que la Iglesia de la publicidad pueda ser ganada por el enemigo y convertirse de Iglesia Católica en Iglesia gnóstica. Puede haber dos Iglesias, la una la de la publicidad, Iglesia magnificada en la propaganda, con obispos, sacerdotes y teólogos publicitados, y aun con un Pontífice de actitudes ambiguas; y otra, Iglesia del silencio, con un Papa fiel a Jesucristo en su enseñanza y con algunos sacerdotes, obispos y fieles que le sean adictos, esparcidos como "pusillus grex" por toda la tierra. Esta segunda sería la Iglesia de las promesas, y no aquella primera, que pudiera defeccionar. Un mismo Papa presidiría ambas Iglesias, que aparente y exteriormente no sería sino una. El Papa, con sus actitudes ambiguas, daría pie para mantener el equívoco. Porque, por una parte, profesando una doctrina intachable

---

[1022] Sólo aquellas cosas que son necesarias para la salvación (Santo Tomás, Suma Teol., 1-2, 106, 4, ad. 2).
[1023] Mt., 13; 32.
[1024] 2 Tes., 2, 7.

sería cabeza de la Iglesia de las Promesas. Por otra parte, produciendo hechos equívocos y aun reprobables, aparecería como alentando la subversión y manteniendo la Iglesia gnóstica de la Publicidad.

La eclesiología no ha estudiado suficientemente la posibilidad de una hipótesis como la que aquí proponemos. Pero si se piensa bien, la Promesa de Asistencia de la Iglesia se reduce a una Asistencia que impida al error introducirse en la Cátedra Romana y en la misma Iglesia, y además que la Iglesia no desaparezca ni sea destruida por sus enemigos[1025].

Ninguno de los aspectos de esta hipótesis que aquí se propone queda invalidado por las promesas consignadas en los distintos lugares del Evangelio. Al contrario, ambas hipótesis cobran verosimilitud si se tienen en cuenta los pasajes escriturarios que se refieren a la defección de la fe. Esta defección, que será total, tendrá que coincidir con la perseverancia de la Iglesia hasta el fin. Dice el Señor en el Evangelio: "Pero cuando venga el Hijo del Hombre, ¿encontrará fe en la tierra?"[1026].

San Pablo[1027] llama apostasía universal a esta defección de la fe, que ha de coincidir con la manifestación del "hombre de la iniquidad, del hijo de la perdición".

Y esta apostasía universal es la secularización o ateización total de la vida pública y privada en la que está en camino el mundo actual.

La única alternativa al Anticristo será Cristo, quien lo disolverá con el aliento de su boca. Cristo cumplirá entonces el acto final de liberar a la Historia. El hombre no quedará alienado bajo el inicuo. Pero no está anunciado que Cristo salvará a muchedumbre. Salvará sí a su Iglesia, "pusillus grex"[1028], rebañito pequeño, a quien el Padre se ha complacido en darle el Reino.

[1025] Las promesas están contenidas de modo particular en: Mt., 16, 13-20; 28, 18-20; Juan, 14, 16-26.
[1026] Lc., 18, 8.
[1027] II Carta a los cristianos de Tesalónica, 2, 3.
[1028] Lc., 2, 32.

Otros títulos

ⓄMNIA VERITAS

Los procesos revolucionarios necesitan agentes, organización y, sobre todo, financiación, dinero.

Omnia Veritas Ltd presenta:

HISTORIA PROSCRITA
I
LOS BANQUEROS Y LAS REVOLUCIONES

POR

VICTORIA FORNER

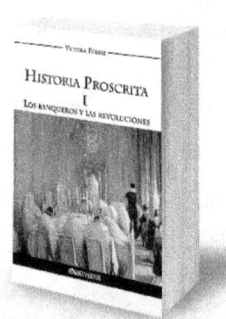

LAS COSAS NO SON A VECES LO QUE APARENTAN...

ⓄMNIA VERITAS

"El verdadero crimen es acabar una guerra con el fin de hacer inevitable la próxima."

Omnia Veritas Ltd presenta:

HISTORIA PROSCRITA
II
LA HISTORIA SILENCIADA DE ENTREGUERRAS

POR

VICTORIA FORNER

EL TRATADO DE VERSALLES FUE "UN DICTADO DE ODIO Y DE LATROCINIO"

ⓄMNIA VERITAS

Distintas fuerzas trabajaban para la guerra en los países europeos

Omnia Veritas Ltd presenta:

HISTORIA PROSCRITA
III
LA II GUERRA MUNDIAL Y LA POSGUERRA

POR

VICTORIA FORNER

MUCHOS AGENTES SERVÍAN INTERESES DE UN PARTIDO BELICISTA TRANSNACIONAL

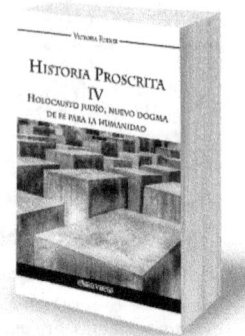

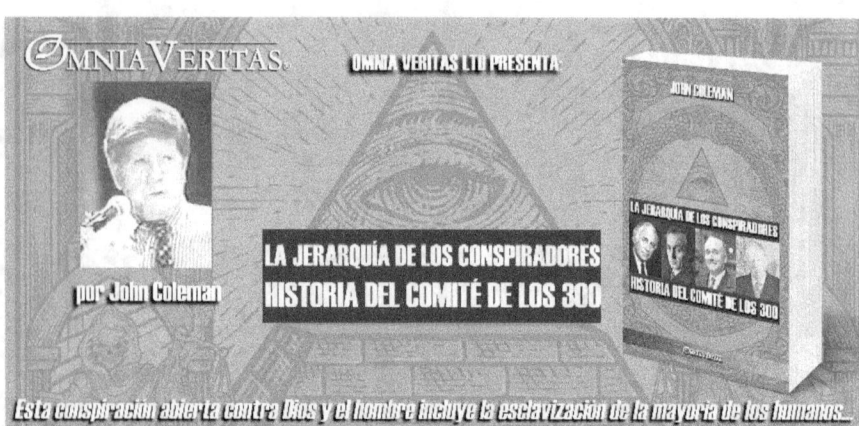

www.ingramcontent.com/pod-product-compliance
Lightning Source LLC
Chambersburg PA
CBHW050323230426
43663CB00010B/1722